Grands arrêts du droit de la concurrence

2004 – 2018

Volume III

Pratiques commerciales déloyales

Distribution

ISBN 979-10-94201-15-2

Livres Concurrences

Mélanges

Frédéric Jenny – Standing Up for Convergence and Relevance in Antitrust, Vol. I, *Nicolas Charbit, Sonia Ahmad (ed.), 2019*

Herbert Hovenkamp – Liber Amicorum, *Nicolas Charbit, Sonia Ahmad (ed.), 2019*

Albert Foer – Liber Amicorum, *Nicolas Charbit, Sonia Ahmad (ed.), 2019*

Wang Xiaoye – A Chinese Antitrust Tale, *Adrian Emch, Wendy Ng (ed.), 2019*

Douglas H. Ginsburg – An Antitrust Professor on the Bench, Vol. I, *Nicolas Charbit, Ellie Yang (ed.), 2018*

Ian S. Forrester – A Scot Without Borders, Vol. I & II, *Assimakis Komninos et al. (ed.), 2015*

William E. Kovacic: An Antitrust Tribute, Vol. I & II, *Nicolas Charbit et al. (ed.), 2013 & 2014*

Pratiques

Competition Women, Vol. I & II, *Kristina Nordlander & Evelina Kurgonaite (ed.), 2019*

La réparation des préjudices causés par les pratiques anticoncurrentielles, *Rafael Amaro, Jean-François Laborde, 2019*

Competition Law Inquiries in the EU – A Practitioner's Guide, *Nathalie Jalabert-Doury, 2019*

Grands arrêts du droit de la concurrence – Régulations, Vol. IV, *Francesco Martucci (ed.), 2019*

Grands arrêts du droit de la concurrence – Distribution & Pratiques commerciales déloyales, Vol. III, *Nicolas Ferrier & Frédéric Buy (ed.), 2019*

Les pratiques restrictives, *Erwann Kerguelen & Jean-Christophe Grall, 2019*

Petit manuel (irrévérencieux) d'économie, *Emmanuel Combe, 2018*

Competition Digest – A Synthesis of EU and National Leading Cases, 3rd ed., *Frédéric Jenny (ed.), 2018*

EU Law and Life Science, *Peter Bogaert, Damien Geradin (ed.), 2014*

Choice – A New Standard for Competition Analysis?, *Paul Nihoul et al., 2016*

Grands arrêts du droit de la concurrence – Ententes, Abus & Aides d'Etat – Concentrations, Vol. I & II, *Laurence Idot (ed.), 2016*

A quoi sert la concurrence ?, *Martine Behar-Touchais et al. (ed.), 2014*

Thèses

The Role of Media Pluralism in the Enforcement of EU Competition Law, *Konstantina Bania, 2019*

Les accords de report d'entrée *(Pay-for-delay)*, *Walid Chaiehloudj, 2019*

Buyer Power in EU Competition Law, *Ignacio Herrera Anchustegui, 2017*

Google, la presse et les journalistes, *Guillaume Sire, 2015*

L'Union européenne et le droit international des subventions, *Loïc Wagner, 2015*

Actes

Antitrust in Emerging and Developing Countries – Vol II, *Eleanor Fox, Harry First (ed.), 2016*

Global Antitrust Law – Current Issues in Antitrust Law and Economics, *Douglas Ginsburg, Joshua Wright (ed.), 2015*

Antitrust in Emerging and Developing Countries – Vol. I, *Eleanor Fox, Harry First (ed.), 2015*

Competition Law on the Global Stage: David Gerber's Global Competition Law in Perspective, *David Gerber, 2014*

La version électronique de ces ouvrages est disponible sur le site concurrences.com.

Sommaire

Note des éditeurs

Ce troisième volume des Grands arrêts du droit de la concurrence réunit plus de 110 commentaires de jurisprudence parus dans les Chroniques Pratiques de concurrence déloyale et Distribution dans la revue Concurrences de 2004 à 2018 sous la direction du Professeur Laurence Idot. Ce volume a été dirigé par les Professeurs Frédéric Buy pour la partie Pratiques de concurrence déloyale et Didier et Nicolas Ferrier pour la partie Distribution. Les commentaires des 16 contributeurs accompagnent cette sélection de grands arrêts et décisions. Leurs présentations biographiques apparaissent en fin d'ouvrage.

L'intégralité des arrêts et décisions commentés dans cet ouvrage est accessible sur le site de la revue Concurrences. Le lecteur peut par ailleurs approfondir la recherche de la doctrine en consultant les commentaires suggérés sous les principaux textes commentés. Ces commentaires additionnels signalés par le cartouche ci-dessous sont accessibles dans le cadre de l'abonnement Concurrences+.

Nicolas Charbit – Fanny Méjane

Concurrences+

Préface

La revue Concurrences, soucieuse d'honorer son pluriel (D. Ferrier "Concurrence(s): Un singulier pluriel...", Concurrences, n° 2-2015, p. 5), poursuit sa présentation des "grands arrêts" du droit de la concurrence dont elle se fait l'écho depuis presque quinze ans. Voici donc, rassemblées dans un troisième volume venant s'ajouter à ceux déjà consacrés aux pratiques anticoncurrentielles (vol. 1) et aux concentrations (vol. 2), les grandes décisions rendues en matière de "pratiques commerciales déloyales" et de "contrats de distribution".

* * *

"Pratiques commerciales déloyales". L'intitulé de la première partie de l'ouvrage surprendra peut-être certains, mais sûrement pas les lecteurs de la revue Concurrences, qui ont vu en 2014 la chronique "Pratiques restrictives" être ainsi rebaptisée. Comme l'avait écrit Laurence Idot à l'époque, ce changement visait surtout à dissiper toutes les "*ambiguités (...) de la terminologie juridique française*" (Concurrences 2014-1), qui distingue les "*pratiques anticoncurrentielles*" (titre II, livre IV, C. com.) et les "pratiques restrictives de concurrence" (titre IV, livre IV, C. com.). Souvent trompeuse vue de l'étranger, l'expression "pratiques restrictives" méritait d'être écartée au profit d'une formule plus claire. Celle de "*pratiques commerciales déloyales*" s'est imposée assez naturellement (L. Idot, préc.). C'est qu'elle correspond assez bien à la nature profonde d'un corps de règles, certes moucheté de considérations concurrentielles, mais principalement destiné à assurer la loyauté des relations commerciales entre fournisseurs et distributeurs (v. par ex. F. Buy, M. Lamoureux et J.-C. Roda, Droit de la distribution, LGDJ, 2017, n° 319 et s.). L'expression s'est au reste progressivement installée dans le paysage du droit européen, dans le sillage de la directive 2005/29/CE du 11 mai 2005 relative aux pratiques commerciales déloyales "B2C". La Commission avait déjà publié il y a quelques années un livre vert sur les pratiques commerciales déloyales dans la chaîne d'approvisionnement alimentaire et non-alimentaire interentreprises (COM (2013) 37 final, 31 janv. 2013). A l'heure où ces lignes sont écrites, c'est une proposition de directive sur les pratiques commerciales déloyales entre professionnels dans la chaîne de distribution alimentaire (COM (2018) 173 final, 12 avr. 2018) qui préfigure une harmonisation des droits en la matière (v. déjà E. Terryn et D. Voinot (dir.), Droit européen des pratiques commerciales déloyales. Evolution et perspectives, Larcier, 2012). Il ne restera plus à la réforme annoncée du titre IV du livre IV du Code de commerce qu'à s'approprier ce nouveau nom, comme certains le suggèrent au reste depuis longtemps (v. Rapport G. Canivet, Restaurer la concurrence par les prix, La documentation française, 2004, p. 97 et s.).

Sous cette bannière, les spécialistes retrouveront donc, en premier lieu, le "*petit droit*" de la concurrence qu'est le droit des pratiques restrictives, accompagné du droit de la transparence. Evidemment, les décisions de justice n'y sont pas aussi marquantes qu'en droit des ententes ou des abus de position dominante: la matière étant structurée par une kyrielle de textes souvent très techniques, on ne peut pas toujours attendre de la jurisprudence qu'elle prenne une place qui n'est pas la sienne. La forte instabilité législative ne favorise pas, non plus, la recension des grands arrêts. Certaines interdictions symboliques, comme celle des pratiques discriminatoires, ont disparu il y a quelques années (L. 4 août 2008, dite "*LME*"). D'autres thèmes n'ont émergé que récemment et/ou ont mis du temps à être stabilisés par la jurisprudence. Le lecteur comprendra mieux pourquoi nous avons, à la manière d'un *case book*, choisi de signaler, aux côtés des arrêts de la Cour de cassation, certains arrêts d'appel et, même, quelques jugements de tribunaux de commerce! Cela étant, les "*grands arrêts du petit droit*" (F. Buy, "*Les grands arrêts du petit droit*", D. 2017, p. 1481) existent bel et bien, et chacun pourra retrouver, en particulier, les décisions phares récemment rendues en matière de déséquilibre significatif et de ruptures brutales de relations commerciales, qui ont sciemment orchestré, après un temps d'expansion, le "reflux" de l'article L. 442-6 du Code de commerce (C. Mouly-Guillemaud (dir.), Flux et reflux de la rupture d'une relation commerciale, LexisNexis, 2018).

L'intitulé "*pratiques commerciales déloyales*" permet aussi de couvrir plus largement, en second lieu, le contentieux de la concurrence déloyale et, par extension, celui des obligations de non-concurrence. On le sait, la jurisprudence s'est ici toujours montrée extrêmement créative. Ces pans du droit de la concurrence n'ont pas eu besoin de textes spéciaux pour exister et les ressorts du droit des obligations (responsabilité civile délictuelle et droit des contrats) ont longtemps suffi pour saisir la grande diversité des pratiques. Deux observations cependant. L'une concerne la part du droit écrit, qui progresse incontestablement. Encore assez discrètement en matière de concurrence déloyale – en dépit des exhortes d'une partie de la doctrine (Y. Picod, "*Plaidoyer pour une consécration législative de la concurrence déloyale*", in Mélanges Yves Serra, Dalloz, p. 359) –, plus lourdement en matière de clauses de non-concurrence, depuis que la loi Macron du 6 août 2015 a entrepris d'éradiquer une grande partie des clauses restrictives d'après-contrat dans les réseaux de distribution (C. com., art. L. 341-2). L'autre concerne la teneur du droit prétorien. La collecte de décisions rendues en matière de concurrence déloyale permettra de constater que la jurisprudence ne s'est pas tellement déployée à coups d'arrêts de principe, mais plutôt sous forme de sédimentation. Il faut dire que la période de référence (2004-2018) est un peu particulière: les dernières "grandes guerres" se sont jouées dans les années 1980-1990 (distribution parallèle, parasitisme), et leurs prolongements modernes (i.e. Le contentieux de la désorganisation des réseaux par Internet) n'en sont encore qu'à leurs balbutiements. En comparant cette jurisprudence avec celle rendue au sujet de l'obligation de non-concurrence, le constat sera presque inverse. La question a été profondément renouvelée à la lumière de l'objectif de protection des libertés du débiteur, et les décisions rendues sur un mode quasi-législatif se sont multipliées, en particulier à l'initiative de la chambre sociale de la Cour de cassation. Au point qu'il ne nous semble pas excessif d'affirmer que nous venons de vivre, en ce début de siècle, le véritable âge d'or de la construction prétorienne du régime des clauses de non-concurrence.

* * *

"*Contrats de distribution*". Ce second thème, comme le premier d'ailleurs, se situe davantage en amont, soit à la source, plutôt qu'en aval du droit de la concurrence, depuis le passage, au milieu du XX siècle d'une économie de pénurie à l'économie d'abondance (J.-K. Galbraith, *The affluent society*, Penguin Book, London, 1958), qui a créé le besoin, voire la nécessité pour le producteur et de manière générale le fournisseur, de favoriser la commercialisation des produits ou services, et a les conduits à imaginer des formules contractuelles propres à renforcer leur relation avec les distributeurs au détriment des fournisseurs concurrents et parfois même au détriment d'autres distributeurs (Pour une présentation, V. D et N. Ferrier, Droit de la distribution, 8e éd. 2017, n° 2 et s.).

Les liens contractuels ainsi établis ont conduit à éprouver la conception classique du droit des contrats et ont d'ailleurs favorisé l'évolution des règles qui lui sont applicables (reconnaissance de la notion de contrat-cadre et admission au sein de cette catégorie de la détermination unilatérale du prix ; obligation de renégocier ; sanction de la violence économique...) ou des conceptions du droit des contrats (défense du solidarisme contractuel, promotion de la catégorie des contrats-coopération ou d'intérêt commun...).

Ces liens contractuels ont surtout très tôt suscité le contrôle des autorités de concurrence, sensibles à leurs potentiels effets restrictifs de concurrence. Certaines restrictions de concurrence, qualifiées de "verticales" pour traduire les positions respectives du fournisseur en amont et du distributeur en aval, et les distinguer des restrictions dites "horizontales" entre concurrents situés au même stade de l'activité économiques, ont été ainsi stigmatisées mais traitées de manière singulière et généralement moins rigoureuse.

Et un nouveau champ d'interventions et d'interrogations s'est ainsi ouvert entre celui du droit des contrats fondé sur le principe de la liberté contractuelle, en particulier la liberté d'organiser une relation privilégiée entre un fournisseur et un distributeur découlant de la liberté d'entreprendre, et celui du droit de la concurrence fondé sur le paradigme, plus économique que juridique, de la liberté de la concurrence.

Une première question est celle de la distinction au sein même de ce vaste champ, entre l'approche contractuelle et l'approche concurrentielle. On constate en effet qu'elle tend à se brouiller. D'un côté, des dispositifs contractuels sont présentés comme poursuivant un objectif concurrentiels (V. en particulier les articles L. 330-1 et L. 341-1 du Code de commerce) ; d'un autre côté, des dispositifs concurrentiels conditionnent la validité des contrats (V. en particulier les articles 101 § 2 T FUE et L. 420-3 du Code de commerce sanctionnant par la nullité les pratiques ayant un effet restrictif de concurrence). En d'autres termes, il semble que le droit de la distribution vienne transcender la distinction entre droit des contrats et droit de la concurrence en révélant la porosité de leur frontière.

Une seconde question, cruciale, est celle des limites que le principe de la liberté de la concurrence pouvait assigner à celui de la liberté contractuelle.

La réponse a été apportée par les autorités de concurrence et par les juges au fil de décisions que le présent ouvrage recense pour la période allant de 2004 à 2017. Ce n'est pas dire que la pratique décisionnelle et la jurisprudence antérieures ne présentent pas d'intérêt. De grandes décisions ont profondément marqué la confrontation entre le droit de la concurrence et le droit des contrats: arrêts "Duo" de 1982 libérant la distribution dite "sélective" des mises en cause dont elle faisait l'objet devant les tribunaux correctionnels pour atteinte à la concurrence (Cass. crim., 3 nov. 1982, n° 82-90522) ; arrêt "Pronuptia" reconnaissant le caractère pro-concurrentiel de la "franchise commerciale" (CJCE, 28 janv. 1986, aff. 161/84) ; arrêts de l'assemblée plénière de la Cour de cassation de 1995 admettant la fixation unilatérale du prix de vente de produits par leur fournisseur à un distributeur exclusif (Cass. ass. plén., 1er déc. 1995: *D.* 1996, p. 13, concl. M. Jéol), et combien d'autres..., mais le choix est ici éditorial. Il s'articule autour de deux grands thèmes du droit de la distribution, que sont, d'une part, la force de vente (VRP, agent commercial, gérant de succursale) et, d'autre part, les réseaux (approvisionnement exclusif, distribution sélective, concession et franchise, considérés à travers des règles qui leur sont communes et celles spécifiques à chacun d'eux).

Il tient à la décision prise par le Comité éditorial la revue Concurrences de traiter désormais ces questions en raison de l'évolution de la réglementation comme de la pratique décisionnelle et de la jurisprudence sous la double pression de l'ouverture des marchés avec la "mondialisation" et de l'apparition de nouveaux modes de commercialisation avec l'Internet.

Il en résulte que si nombre de décisions recensées s'inscrivent dans le prolongement des solutions passées qu'elles confortent, précisent voire adaptent, d'autres créent des solutions nouvelles qui s'ajoutent voire s'opposent aux solutions passées, en raison précisément des évolutions évoquées.

La difficulté mais aussi l'intérêt de cette recension tiennent à la vigilance et la prudence qui doivent alors commander tant la sélection des décisions pertinentes que leur commentaire.

C'est le mérite des auteurs des contributions retenues auxquels cette publication rend aussi hommage, d'avoir toujours su manifester ces qualités.

Il reste à espérer que le lecteur pourra lui-même profiter de cet éclairage sur l'évolution passée, l'état actuel et les perspectives attendues du droit des pratiques commerciales déloyales et du droit de la distribution…

Frédéric BUY, professeur à l'université d'Aix-Marseille

Nicolas FERRIER, professeur à l'université de Montpellier

Partie 1

PRATIQUES COMMERCIALES DÉLOYALES

1. Transparence tarifaire

1.1 Conditions générales de vente

Cass. com., 29 mars 2017, Pyxis c/ Cooper, n° 15-27811

La Cour de cassation rappelle, en des termes très clairs, la nécessité pour les fournisseurs d'établir leurs conditions catégorielles de vente (CCV) sur la base de critères objectifs et d'en justifier en cas de refus de communication en application de l'article L. 441-6 du C. com.

La Cour de cassation, dans le cadre des relations entre un laboratoire et des officines, rappelle la nécessité pour les fournisseurs d'établir les conditions catégorielles de vente sur la base de critères objectifs. Dans cette affaire, un laboratoire pharmaceutique avait saisi le tribunal de grande instance de Paris d'actes de concurrence déloyale commis à son encontre par une centrale d'achat pharmaceutique (CAP), une structure de regroupement à l'achat (SRA), ainsi que plusieurs officines de pharmacie, à raison des rétrocessions commises par ces dernières et facilitées par la CAP et la SRA.

En effet, selon une jurisprudence constante, le fait pour un opérateur économique de s'affranchir des dispositions légales encadrant son activité est susceptible de constituer un acte de concurrence déloyale. Les officines de pharmacie sont des établissements affectés à la vente au détail des médicaments, à l'exclusion de toute vente en gros. La pratique des rétrocessions, qui consiste pour une officine de pharmacie à revendre des médicaments à une autre officine ou à un autre établissement, constitue une vente en gros prohibée en application des dispositions du Code de la santé publique.

Pour tenter de justifier les pratiques de rétrocessions, les pharmaciens arguaient du comportement du laboratoire qui avait refusé d'accorder à la SRA les conditions de vente applicables aux officines de pharmacies. À titre reconventionnel, la SRA demandait au tribunal de grande instance de Paris d'enjoindre au laboratoire de lui communiquer les conditions de vente applicables aux officines de pharmacies, sur le fondement de l'article L. 442-6, 9° C. com.

Tant en première instance qu'en appel, les juges du fond ont condamné les pratiques de rétrocession mises en œuvre par les défendeurs et rejeté leur demande reconventionnelle. Les défendeurs se sont pourvus en cassation à la suite de l'arrêt de la Cour d'appel de Paris du 17 septembre 2015. Parmi les moyens du pourvoi, deux retiendront principalement l'attention. Les auteurs du pourvoi soutenaient que les pratiques de rétrocession avaient été causées par les "*pratiques discriminatoires*" du laboratoire, et que le simple constat par la Cour d'appel que la SRA n'était pas une officine de pharmacie ne suffisait pas à établir que le laboratoire était fondé à lui appliquer les conditions "grossistes".

Sur les pratiques de rétrocession la Cour de cassation rejette ce moyen du pourvoi au motif que "*le refus de communication à la société Pyxis des conditions générales de vente applicables aux ventes en direct, à le supposer fautif, n'est pas susceptible de justifier une pratique illégale telle que la rétrocession litigieuse.*"

C'est sans doute sur le refus de communication des conditions catégorielles de vente que cet arrêt de cassation, promis aux honneurs de la publication, est riche d'enseignements et sur les modalités de contrôle par le juge.

Sur l'élaboration des conditions catégorielles de vente

Depuis la loi dite Dutreil du 2 août 2005, "*les conditions générales de vente peuvent être différenciées selon les catégories d'acheteurs de produits ou de demandeurs de prestation de services.*" Le texte de l'article L. 441-6 C. com. précisait alors que cette différenciation pouvait notamment s'effectuer "*entre grossistes et détaillants.*" Un décret devait préciser "*les conditions dans lesquelles sont définies ces catégories [...] en fonction notamment du chiffre d'affaires, de la nature de la clientèle et du mode de distribution.*"

Ce décret n'a toutefois jamais été publié et la loi de modernisation de l'économie (la loi LME du 4 août 2008) a supprimé de l'article L. 441-6 C. com. tant la référence au décret, que l'exemple de différenciation des conditions de vente "*entre grossistes et détaillants*".

À la suite de cette modification législative, la DGCCRF a précisé que les fournisseurs sont désormais responsables de la définition des CCV, lesquelles doivent répondre à des critères objectifs qui permettent de viser tous les opérateurs répondant à ces critères.

Dans cette affaire, la Cour de cassation confirme qu'il ne suffit pas de désigner des catégories de clients (ici "*Pharmacies*" / "*Grossistes*") pour satisfaire aux exigences légales. Il appartient au fournisseur de justifier desdites catégories par des critères objectifs exprimés clairement.

Il est donc essentiel pour les fournisseurs lorsqu'ils disposent ou souhaitent élaborer des CCV, de définir une liste de critères objectifs communs à l'ensemble des clients appartenant à la même catégorie. Cette exigence va au-delà de l'intitulé qui sera donné à chaque catégorie établie. Seuls ces critères objectifs permettront, le cas échéant, au juge de contrôler la catégorie à laquelle appartient un client.

Sur la charge de la preuve

La Cour de cassation rappelle qu'un fournisseur ne peut refuser à un acheteur la communication de conditions de vente "*applicables à une catégorie de clientèle que s'il établit, selon des critères objectifs, que cet acheteur n'appartient pas à la catégorie concernée.*"

Les juges du fond avaient rejeté la demande de la SRA au motif qu'elle n'établissait pas en quoi elle avait vocation à bénéficier des CCV applicables aux pharmacies.

Or, l'arrêt d'appel est privé de base légale car la Cour d'appel s'est prononcée "*sans préciser les critères appliqués par la société Cooper pour définir ses catégories d'acheteurs, lui permettant ainsi de retenir que la société Pyxis, qui n'est pas une officine, ne relevait pas de la même catégorie d'acheteurs que les officines et groupement d'officines et relevait ainsi nécessairement de celle des grossistes*".

Ainsi, le fournisseur qui refuse la communication de CCV a un client, doit justifier son refus sur la base des critères objectifs définissant chaque catégorie de clients. Il appartient au juge du fond de contrôler ce refus de communication au regard desdits critères, le fournisseur demeurant responsable de ses conditions de vente.

Les entreprises doivent donc être vigilantes non seulement sur la rédaction de leur CCV, mais également sur la justification à apporter à leur refus de communication à un acheteur professionnel qui en ferait la demande, sous peine d'engager leur responsabilité.

J.-L. Fourgoux
Concurrences N° 3-2017, p. 90

1.2 Délais de paiement

Cass. com., 3 mars 2009, Eurovia c/ FIT, n° 07–16527

La Cour de cassation juge que les pénalités en cas de retard de paiement sont dues de plein droit sans qu'il soit nécessaire qu'elles figurent dans les conditions générales des contrats

L'arrêt de la chambre de la Cour de cassation du 3 mars 2009 est intéressant à plusieurs égards. En premier lieu, et c'est l'apport le plus évident de l'arrêt, il met un terme au débat sur la nature contractuelle ou légale des pénalités de retard prévues par l'article L. 441-6 du Code de commerce. En second lieu, et c'est plus surprenant, la Cour de cassation indique que les dispositions de la loi NRE du 15 mai 2001 relatives aux pénalités de paiements répondent à des "*considérations d'ordre public particulièrement impérieuses*" et qu'en conséquence, la loi nouvelle s'applique aux contrats en cours, dérogeant ainsi au principe de la non-rétroactivité des lois prévu par l'article 2 du Code civil.

L'article L. 441-6 du Code de commerce dispose que les pénalités de retard, qui figurent obligatoirement dans les conditions générales d'un professionnel, sont dues dès lors que le paiement n'a pas été effectué à la date d'échéance de la facture. La nature de ces pénalités de retard, introduites par la loi du 31 décembre 1992, a suscité de nombreuses interrogations: ont-elles une nature conventionnelle, ce qui permettrait d'y déroger ou de les aménager, ou au contraire, ont-elles la nature de sanctions légales résultant de la volonté du législateur ? La loi NRE du 15 mai 2001, en ajoutant la disposition selon laquelle "*les pénalités de retard sont exigibles sans qu'un rappel soit nécessaire*" avait déjà apporté une première réponse tendant vers la reconnaissance du caractère de sanctions légales des pénalités.

Toutefois, une interrogation demeurait quant à l'application de ces pénalités dans l'hypothèse où les parties n'avaient rien prévu dans leurs documents contractuels. En effet, l'article L. 441-6 du Code de commerce dispose que les pénalités et leurs modalités doivent être fixées dans les conditions de règlement figurant dans les conditions générales de vente. A défaut de telles conditions de règlement, les pénalités sont-elles néanmoins dues ? C'est la question que la Cour de cassation a eue à trancher dans l'arrêt commenté. En l'espèce, dans le cadre d'un marché de travaux conclu le 19 mars 2001, la société France Immobilier Travaux avait contracté une dette à l'égard de la société Eurovia Bourgogne, qu'elle s'était engagée, dans une reconnaissance de dette en date du 18 décembre 2001, à solder avant le 15 juillet 2002.

Le délai n'étant pas respecté, la société Eurovia Bourgogne a, le 23 février 2004, mis en demeure sa débitrice de lui régler le solde de la créance, règlement auquel cette dernière a immédiatement procédé. Toutefois, le règlement ne portait que sur le principal, et la société Eurovia Bourgogne a assigné la société France Immobilier Travaux pour obtenir le recouvrement des intérêts de sa créance pour les années 2001, 2002 et 2003 en se prévalant des dispositions de l'article L. 441-6 du Code de commerce.

Déboutée en première instance, la société Eurovia Bourgogne a interjeté appel, mais la Cour d'appel de Lyon a confirmé le jugement au motif que l'article L. 441-6 du Code de commerce impose que les conditions d'application et le taux des pénalités figurent dans les conditions générales. La société Eurovia Bourgogne ne justifiant pas de telles "*conditions générales de règlement*" communiquées à sa cocontractante lors de la signature du marché, et la reconnaissance de dette ne pouvant être assimilée à de telles conditions en raison de son manque de "caractère général", elle ne pouvait exiger les pénalités prévues à ce même article. La Cour de cassation casse l'arrêt d'appel dans ces termes: "*les pénalités de retard pour non-paiement des factures sont dues de plein droit, sans rappel et sans avoir à être indiquées dans les conditions générales des contrats.*"

La décision de la Cour de cassation doit être approuvée pour plusieurs raisons

D'une part, les conditions générales ne sont pas obligatoires entre les professionnels et il serait pour le moins étrange de considérer qu'un tel document, à l'exclusion de tout autre document exprimant la volonté des parties sur les conditions de règlement, est nécessaire pour appliquer les pénalités de retard prévues par l'article L 441-6 du Code de commerce. La position de la Cour d'appel sur ce point était donc critiquable, indépendamment du débat sur la nature conventionnelle ou légale des pénalités, car elle aurait eu pour effet de limiter l'octroi des pénalités aux secteurs d'activité où les professionnels adoptent habituellement de telles conditions générales de vente, comme par exemple les fournisseurs de la grande distribution. Or, l'article L. 441-6 du Code de commerce vise un groupe bien plus large de professionnels, qui inclut comme en l'espèce des prestataires de services qui utilisent le plus souvent des devis et qui n'ont pas de conditions générales de service.

D'autre part, la solution retenue par la Cour de cassation est conforme à la lettre de l'article L. 441-6 du Code de commerce, qui ne prévoit pas que l'absence de mention des conditions de règlement dans le contrat conclu par les parties, entraîne la perte du droit, pour le créancier, de réclamer les pénalités de retard. A l'époque des faits, la sanction de l'omission des conditions de règlement prévue par l'article était une amende pénale (supprimée par la loi du 3 janvier 2008).

Enfin, et surtout, la décision tranche finalement le débat sur la nature des pénalités en confirmant que les pénalités de l'article L. 441-6 du Code de commerce résultent de la volonté du législateur et non de celles des parties, et qu'en conséquence, elles sont dues même en l'absence de tout document contractuel sur les modalités de règlement.

Par ailleurs, il est intéressant de noter que la Cour de cassation a jugé que les dispositions relatives aux pénalités de retard introduites par la loi NRE s'appliquaient en l'espèce même si le contrat de travaux entre les parties avait été conclu avant l'entrée en vigueur de cette loi, dérogeant ainsi au principe selon lequel le contrat demeure dans toute son exécution et ses effets sous l'empire de la loi contemporaine de sa naissance. A cet effet, la Cour de cassation se prévaut du caractère d'ordre public particulièrement impérieux de ces dispositions, qui permet, à défaut de dispositions législatives prévoyant expressément la rétroactivité, d'appliquer une loi nouvelle à un contrat en cours ou à ses effets (Cass. com, 4 décembre 2001, n° 98-18411 ; Cass. 1ère civ. 17 mars 1998, n° 96-12183). Toutefois, la Cour de cassation ne donne aucune indication sur les critères permettant de considérer qu'une loi a un caractère d'ordre public particulièrement impérieux. Cette notion demeure assez mystérieuse, puisqu'à ce jour, la jurisprudence précise seulement que les notions d'ordre public et d'ordre public particulièrement impérieux ne se confondent pas; une loi d'ordre public n'étant pas nécessairement rétroactive (Cass. 1ère civ, 17 mars 1998 n° 96-12183).

M. Dany

Concurrences N° 2-2009, p. 131

Cass. com., 10 novembre 2015, Parquets Lemoine c/ Isorov, n° 14–15968

La Cour de cassation considère que les pénalités de retard prévues à l'article L. 441-6 C. com. peuvent faire l'objet d'une capitalisation, et précise que le point de départ doit être fondé soit sur les CGV, soit sur un accord interprofessionnel

À l'occasion d'un litige assez banal entre un fournisseur de panneau de bois (la société *Isoroy*) et un client, la chambre commerciale de la Cour de cassation en profite pour rendre un arrêt de principe sur les pénalités de retard qui fera date car publié. La société *Isoroy* avait obtenu une ordonnance d'injonction de payer à laquelle la société *Parquets Lemoine* avait fait opposition. Devant la Cour d'appel de Nancy les parties s'étaient imputées des fautes et des manquements respectifs et le client s'était vu condamné à payer les marchandises objet de l'injonction majorées de pénalités de retard de 10,65 % et 10,38 % par an assorties de la capitalisation prévue par l'article 1154 du Code civil (anatocisme). Devant la Cour de cassation le client soulevait le fait que cette capitalisation des intérêts ne pouvait s'appliquer car le taux de majoration de 10 % prévu par l'article L. 441-6 du Code de commerce n'a pas nature d'intérêts moratoires et que l'article 1154 du Code civil ne lui est pas applicable. La réponse sèche de la Cour est assez claire et n'entraine aucune hésitation : "*la pénalité de retard prévue par l'article L. 441-6 du Code de commerce constituant un intérêt moratoire, la Cour d'appel a pu l'assortir de la capitalisation prévue par l'article 1154 du Code civil conformément à la demande de la société Isoroy*".

Ce rejet est assez justifié et s'inscrit dans la lignée des arrêts qui appliquent l'anatocisme de manière générale aux intérêts moratoires prévu par des textes spéciaux (L. 211-9 et L. 211-13 du Code des assurances (Cass. 2e civ., 22 mai 2014, n° 13-14618, D. 2014, p. 1201). Par ailleurs le caractère moratoire de ces pénalités découle de la directive 2000/35 du 29 juin 2000 (JOUE L 200, 8 août 2000, p. 35) dont l'article 3 1 dispose que les pénalités sont dues automatiquement du seul fait du non-respect du délai de paiement. La Cour de cassation avait d'ailleurs précisé que les délais de paiement prévus par l'article L. 441-6 transposant la directive sont d'ordre public et que les pénalités sont dues de plein droit, sans rappel et sans avoir à être indiquées dans les CGV (Cass. com., 3 mars 2009, n° 07-1 6527, *Concurrences* n° 2-2009, p. 131, M.D.).

L'arrêt est plus original et un peu moins précis sur le moyen de cassation retenu. Le client contestait, en effet, le fait d'avoir été condamné au taux de 10,65 % et de 10,38 %, par an, sur la base des taux d'intérêt applicables en 2010 et 2011, majorés de dix points, à partir du 9 juillet 2010, alors que les panneaux de bois, objet des factures litigieuses, avaient été commandés au mois d'avril 2010, et livrés au mois de juillet 2010. Le moyen avançait qu'aux termes de l'article L. 441-6 du Code de commerce, le délai de règlement des sommes dues par l'acheteur est, sauf stipulation contraire des parties ou accord conclu par les organisations professionnelles du secteur concerné, fixé au trentième jour suivant la date de réception des marchandises. La cassation est prononcée aux motifs que les juges du fond n'ont pas constaté que les conditions générales de ventes applicables entre les parties ou qu'un accord conclu par les organisations professionnelles du secteur concerné faisaient exception au délai de règlement de trente jours prévu par l'article L. 441-6 du Code de commerce.

En réalité, c'est bien le point de départ des intérêts au 9 juillet qui semblait poser problème pour des marchandises livrées en juillet et commandées en avril. Il est effectivement prévu que les délais de paiement supplétifs (à défaut d'accord entre les parties) sont de 30 jours. Les CGV peuvent raccourcir le délai ou le rallonger sans toutefois dépasser 60 (avant la modification apportée par la loi Macron) sauf accord dérogatoire interprofessionnel. Il faut croire que la Cour de cassation manquait de précision sur le délai de paiement contractuel ou usuel applicable, pour vérifier si le paiement devait être comptant (date de livraison) ou à la commande avec 60 jours. La censure s'imposait donc même si la lecture de l'arrêt peut surprendre car le point de départ, ne semble pas avoir fait l'objet d'un débat devant les juges du fond. Enfin le fait qu'il ne soit rien dit sur le caractère d'ordre public de l'exigibilité automatique des pénalités (les intérêts courent à compter de l'exigibilité sans qu'une mise en demeure ne soit nécessaire) ne doit pas conduire à considérer qu'il s'agit d'un revirement mais tout simplement que telle n'était pas la question soumise à la Cour...

J.-L. Fourgoux
Concurrences N° 1-2016, p. 118

Concurrences+

M. Dany, La Cour de cassation juge que les pénalités en cas de retard de paiement sont dues de plein droit sans qu'il soit nécessaire qu'elles figurent dans les conditions générales des contrats (Eurovia c/ FIT), 3 mars 2009, Revue Concurrences N° 2-2009, pp. 131-132

2. Pratiques restrictives

2.1 Article L. 442-6,I,2°

2.1.1 Constitutionnalité

Cons. const., QPC du 13 janvier 2011, Darty et Fils, n° 2010-85

Le Conseil constitutionnel considère que le déséquilibre significatif des droits et obligations, prohibé par l'article L. 442-6-I 2° du Code de commerce, respecte le principe de légalité des délits et des peines

Cette décision était très attendue, et ce, pas seulement par les juristes pratiquant le droit de la distribution. Son point de départ remonte à octobre 2009, lorsque le ministre de l'Économie a engagé huit procédures devant divers tribunaux de commerce contre des distributeurs pour voir condamner, au visa du nouvel article L. 442-6-I 2, telle ou telle clause des contrats qui les liaient à leurs fournisseurs.

Une première condamnation a été prononcée par le tribunal de commerce de Lille le 6 janvier 2010 (Trib. com. Lille, 6 janvier 2010, *ministre de l'Économie c/ SAS Castorama France*, RG 09/05184, *Concurrences*, n° 2-2010, n° 31252, p. 99-102, note M. Chagny). Cependant, le tribunal de commerce de Bobigny, à l'instigation du Conseil avisé de la société Darty, a hésité sur la qualification du texte – répressif ou civil – et sur sa compatibilité avec la Constitution, au motif que l'appréciation du déséquilibre était "*nécessairement subjective*" et dans un "*contexte différent de celui dans lequel s'effectue l'examen des clauses abusives régies par le droit de la consommation*". La Cour de cassation, le 15 octobre 2010, relevait que la question était sérieuse et a transmis la QPC au Conseil constitutionnel.

Les plaidoiries se sont déroulées le 14 décembre (elles sont consultables sur le site Internet du Conseil de la concurrence, ce qui démontre que la publicité des audiences peut être assurée dans les conditions satisfaisantes pour les juridictions et les justiciables). Le requérant initial était rejoint par d'autres enseignes (Système U, Galec, Carrefour, EMC Distribution).

Les arguments, pour contester la conformité de cet article par la Constitution, partaient du principe que l'amende civile fait basculer le texte dans le versant répressif et que les différences avec les clauses abusives du droit de la consommation sont telles que le texte du Code de commerce est imprévisible, laissant trop de place à l'arbitraire. Cette attaque à l'encontre de l'une des dispositions les plus originales de la loi LME a été diversement accueillie et la décision apporte deux enseignements.

Dès lors qu'une amende civile peut être prononcée, l'incrimination doit être suffisamment claire et précise

En ce qui concerne le caractère répressif du texte et la nécessité de se conformer au principe de légalité des délits et des peines, le Conseil constitutionnel admet, pour la première fois, qu'une amende civile est une sanction pécuniaire et qu'elle doit donc être formulée dans des termes suffisamment clairs et précis (§ 4 Nouv. Cah. Dr. Const., n° 32).

Elle donne raison à la doctrine qui soulignait qu'il ne suffit pas de qualifier l'amende de civile pour lui enlever le caractère de peine (M. Behar-Touchais, "L'amende civile est-elle un substitut satisfaisant à l'absence de dommages et intérêts punitifs?", dans *Faut-il moraliser le droit français de la réparation du dommage?*, colloque CEDAG, 21 mars 2002, *LPA*, 20 nov. 2002, numéro spécial, p. 36).

Le Conseil constitutionnel adopte à cet égard le vocabulaire répressif en soulignant que le législateur a souhaité "*prévenir et réprimer l'incrimination*". Cette décision n'est pas limitée à l'article sur le déséquilibre significatif, mais concerne toutes les autres pratiques restrictives de concurrence qui figurent dans l'article L. 442-6 et qui, bien que n'ayant jamais été soumises à l'examen du Conseil constitutionnel, pourraient au coup par coup faire l'objet d'une nouvelle contestation. C'est sur le caractère prévisible de la sanction que la décision va forcément décevoir les distributeurs.

L'article L. 442-6-I-2° est défini dans des termes suffisamment clairs et précis pour ne pas méconnaître le principe de légalité

Le premier argument de poids est la quasi-identité de rédaction entre la nouvelle disposition du Code de commerce soumise à l'appréciation du Conseil constitutionnel et la prohibition des clauses abusives interdites par l'article L. 132-1 du Code de la consommation dont la rédaction est issue de la directive communautaire du 5 avril 1993.

Il n'est pas dit un mot, dans la décision du Conseil, sur les différences entre cette incrimination et le droit de la consommation. Ce silence et cette absence de réponse associée à une motivation qui rappelle l'ancienneté de cette notion dans le droit de la consommation pourraient être un encouragement à un alignement du Code de commerce sur l'interprétation faite par la jurisprudence nationale et communautaire de la disposition consumériste. Le Conseil constitutionnel, pour écarter la critique, insiste sur le fait que le contenu de cette notion a déjà été précisé par la jurisprudence.

Si le parallélisme est poussé jusqu'au bout, c'est à une appréciation contrat par contrat et clause par clause que les juges devront se livrer pour déterminer si la pratique est constituée ou non. Mais la décision va un peu au-delà et si cette motivation était prévisible, elle appelle deux réserves. La première est la reconnaissance de l'extrême complexité des pratiques en cause. Cette extrême complexité conduit à une extrême diversité, ce qui laisse planer un doute sur l'anticipation que les entreprises pourront en faire. Mais cette incertitude n'a pas été considérée comme suffisante, et dans son commentaire dans *Les Nouveaux cahiers du Conseil Constitutionnel* n° 32, le Conseil constitutionnel, en faisant référence à la jurisprudence de la CEDH, précise que si une norme doit énoncée avec assez de précision, les actes prohibés n'ont pas besoin d'être "*prévisibles avec une certitude absolue et le droit doit savoir s'adapter aux changements de situations ...*", quitte à recourir à l'assistance d'un "*conseil éclairé...*" (CEDH, 26 avril 1979, *Sunday Times*).

Le Conseil constitutionnel ajoute que l'interprétation qui a pu et pourra être faite du déséquilibre significatif permet éventuellement de compléter les lacunes du texte. À cet égard, la promotion de la CEPC dont le rôle est mis en avant est ainsi assurée par la décision.

Cet encouragement à voir préciser la notion de déséquilibre significatif entre opérateurs professionnels par la CEPC correspond certes aux attentes du législateur et à la structure actuelle des pratiques restrictives de concurrence dans le Code de commerce. Il est néanmoins regrettable que le fait que les juridictions aient été spécialisées, ce qui pourrait permettre une meilleure visibilité de la jurisprudence, n'ait pas été mis en avant par le Conseil constitutionnel, alors qu'il appartiendra au juge d'appliquer et de trancher pour séparer ce qui relève de la négociation et de la liberté contractuelle du déséquilibre significatif.

Le déséquilibre significatif, clause abusive entre professionnels, sauvé des eaux ? Si ce texte est effectivement appliqué, pas seulement à la demande du ministre de l'Économie, mais, comme en matière de rupture des relations commerciales, dans tous les autres secteurs économiques, il pourrait devenir le fil rouge des bonnes pratiques entre professionnels.

J.-L. Fourgoux
Concurrences N° 1-2011, p. 131

Concurrences+

A. Ronzano, Le Conseil constitutionnel juge la notion de "déséquilibre significatif" suffisamment claire et précise pour déclarer le 2° du I de l'article L. 442-6 du Code de commerce conforme à la Constitution, 13 janvier 2011, Revue Concurrences N° 2-2011, www.concurrences.com

M. Chagny, Le Tribunal de commerce de Lille, appliquant le nouvel article L. 442-6-I-2° C. com., condamne plusieurs clauses relatives au paiement sur saisine du ministre de l'Économie, ordonne la cessation de ces pratiques et prononce une amende civile (Castorama France), 6 janvier 2010, Revue Concurrences N° 2-2010, pp. 99-102

2.1.2 Champ d'application

CA Paris, 3 février 2016, Distribution Labege c/ Intersport e. a., RG n° 13/15768

La Cour d'appel de Paris considère que les dispositions de l'article L. 442-6, I, 2° et 5° C. com. sont étrangères aux rapports entretenus entre une société et ses associés

Nul n'ignore que l'article L. 442-6 du Code de commerce, qui avait été initialement créé pour régir les rapports de distribution, est depuis longtemps sorti de son lit. Peut-il aller aujourd'hui jusqu'à s'appliquer aux rapports entretenus entre une société et ses propres associés? Voilà la très intéressante question que posait l'arrêt sous commentaire, signalé par Irène Luc lors des dernières journées d'études de l'AFEC ("Actualités concurrence 2015", 12 févr. 2016).

La société *Groupe Intersport*, structurée sous la forme d'une société coopérative d'achats en commun de commerçants détaillants, avait été assignée par plusieurs sociétés associées qui exploitaient – c'est le système des coopératives de commerçants – des points de vente à l'enseigne *Intersport*. Ces dernières, ainsi que leur société mère, lui reprochaient d'avoir agréé un nouveau commerçant en vue de l'implantation d'un magasin, et de l'avoir fait à la suite d'une décision du conseil d'administration qui avait augmenté la part de marché nécessaire pour bénéficier d'une exclusivité territoriale. Ces décisions des organes de la société faisaient ainsi l'objet de plusieurs séries de critiques.

Les unes étaient fondées sur le droit des sociétés: les associés demandaient l'annulation des décisions litigieuses au motif qu'elles n'avaient pas respecté les statuts et le règlement intérieur du groupement. Sans réelle surprise au regard d'une politique des nullités que l'on sait très restrictive en droit des sociétés, la Cour d'appel a jugé ces demandes non fondées: "*la nullité des délibérations des organes de la société ne peut avoir lieu que dans les conditions précisées par l'article L. 235-1 du Code de commerce dont les appelantes ne démontrent aucunement qu'elles sont remplies*".

Les autres étaient plus originalement fondées sur le droit des relations commerciales: les sociétés défendaient en effet l'idée selon laquelle la décision du conseil, relative à la modification des parts de marché, méconnaissait les dispositions de l'article L. 442-6, I, 2° et 5° du Code de commerce en ce qu'elle créait un déséquilibre significatif des droits et obligations des contractants et constituait une rupture brutale de relation commerciale établie. Mais sans succès une fois encore, puisque les magistrats parisiens ont estimé qu'"*il ne saurait être appliqué à ces décisions et à leur conséquences les dispositions de l'article L. 442-6, I, 2° et 5° du Code de commerce qui sont étrangères aux rapports entretenus par les sociétés appelantes et intimées lesquels sont issus du contrat de société qui les lie et qui relèvent du seul droit des sociétés*". Essayons brièvement de comprendre pourquoi.

L'article L. 442-6, I, 2° est-il applicable aux rapports internes à une société?

Pour originale qu'elle soit, la question n'a certainement rien d'absurde. De fait, la Cour d'appel de Paris avait déjà annulé il y a peu, sur l'autel du déséquilibre significatif, une clause de dédit payant qui avait été stipulée dans le règlement intérieur d'un groupement d'intérêt économique constitué par des radios locales pour la vente de leurs espaces publicitaires. Les juges avaient alors expliqué que "*le GIE et les radios adhérentes constituent des personnes morales distinctes, dont les relations se développent sur un secteur économique, le secteur intermédiaire de l'accès à la publicité radiophonique nationale, sur lequel le GIE offre aux radios locales ou régionales une prestation de regroupement de leur audience en vue d'une commercialisation nationale commune, moyennant une rémunération versée au GIE, constituée par un droit d'entrée, un droit de sortie, et des cotisations pendant la vie du contrat ; qu'il en résulte que leurs relations sont régies par l'article L. 442-6, I du Code de commerce*" (CA Paris, pôle 5, ch. 4, 29 oct. 2014, *Concurrences* n° 1-2015, p. 126, obs. M. Chagny ; *AJCA* 2015, p. 39, obs. C. Pecnard et C. Tournaire).

Pourquoi admettre ici ce qui est refusé là ? L'exclusion de l'article L. 442-6, I, 2° est justifiée, dans l'arrêt commenté, par le fait que le texte serait "*étranger*" aux rapports litigieux "*qui relèvent du seul droit des sociétés*". La solution est moins technique qu'opportune. Il n'aurait pas été difficile d'expliquer, en effet, que l'adhérent d'une coopérative était, en sa double qualité d'associé et de client du groupement, le "*partenaire commercial*" désigné par l'article L. 442-6. Cette donnée contextuelle ne permet pas, d'ailleurs, de cerner l'exacte portée de la décision : les juges ont-ils exclu l'application du texte à tout rapport noué entre une société et ses membres, sans distinction aucune, ou ont-ils souhaité, en visant les seuls rapports "*issus du contrat de société*", réserver le cas des rapports issus du contrat de coopération ? Nous avouerons une préférence pour la première interprétation. Celle-ci n'est pas, au reste, en décalage avec les motifs de l'arrêt car, strictement, "*le principe de la double qualité n'est surtout pas celui de la dualité des qualités* (...). *Le contenu des engagements résultant de la double qualité ne peut avoir sa source que dans les statuts, ou dans les décisions que les organes sociaux compétents prennent en vertu des statuts*" (G. Parléani, note *Rev. Sociétés* 2015, p. 452).

Quoi qu'il en soit, les magistrats parisiens semblent avoir exprimé le souci d'éviter que le droit des sociétés ne soit perturbé par l'application d'un droit "*étranger*" qui ne poursuit pas les mêmes objectifs et qui n'a, d'ailleurs, jamais été pensé pour être appliqué à des rapports collectifs (v. C. Pecnard et C. Tournaire, obs. préc.). C'est à notre sens une très bonne chose (v. F. Buy, "Le droit pénal et le fonctionnement de la société", *in Le droit pénal et l'éthique des affaires* (dir. J.-B. Perrier), à paraître). Reste à savoir si, chassée par la porte, la question du déséquilibre significatif ne reviendra pas demain par la fenêtre, quand le nouvel article 1171 du Code civil sera entré en vigueur. On ne peut manquer de relever, en effet, que ce dernier texte vise, de façon très générale, tous les contrats d'adhésion, et donc possiblement les statuts de sociétés...

L'article L. 442-6, I, 5° est-il applicable aux rapports internes à une société ?

On n'aurait guère compris que la Cour d'appel fasse une application distributive de l'article L. 442-6 du Code de commerce, pour juger que les dispositions du texte relatives aux ruptures brutales pouvaient s'appliquer pendant que celles relatives au déséquilibre significatif ne le pouvaient pas.

Certes, ici encore, la thèse de la rupture brutale (en l'occurrence une rupture partielle, puisqu'il s'agissait pour les commerçants de se plaindre d'une modification des conditions juridiques de la relation) n'était pas sans arguments. On sait en effet à quel point la notion de "*relation commerciale*" est accueillante. Suffisamment pour que la 5e chambre ait pu juger, dans un arrêt du 28 mai 2015, que l'exclusion d'un membre d'une société coopérative de transport routier, décidée sans préavis, devait être sanctionnée sur le fondement d'une rupture brutale. Répondant à l'argument selon lequel seule devait être appliquée la loi du 10 septembre 1947 portant statut de la coopération et dont les dispositions sont d'ordre public, la Cour a alors expliqué que "*l'article L. 442-6, I, 5° s'applique à toute relation commerciale portant sur la fourniture d'un produit ou d'une prestation de service ; que CTB constitue une société coopérative de transport routier régie par l'article L. 3441-1 du Code des transports qui dispose que 'les sociétés coopératives de transport routier sont exclusivement formées par des personnes physiques en vue de l'exploitation en commun d'un fonds de commerce de transport public routier de marchandises ou de personnes' ; qu'établie entre personnes morales à caractère commercial et portant sur l'exploitation d'un fonds de commerce, la relation existant entre la SA coopérative CTB et le coopérateur, la SARL Roland Vanbelle, est une relation commerciale au sens de l'article L. 442-6, I, 5° ; que c'est en conséquence à raison que les premiers juges ont dit l'article L. 442-6, I, 5° en l'espèce applicable*" (CA Paris, pôle 5, ch. 5, 28 mai 2015, n° 14/00099, *Coopérative des transporteurs en benne c/ SPS Roland Vanbelle*, CCC 2015, n° 203, obs. N. Mathey).

On ne reviendra pas sur le particularisme des sociétés coopératives, qui empêche de mesurer la portée exacte de chacune des décisions. Mais retenir en principe, comme le fait l'arrêt du 3 février 2016, que le droit des ruptures brutales est "*étranger*" aux rapports sociétaires, nous paraît être une excellente solution. L'article L. 442-6, I, 5° ne doit pas être emmené aussi loin de ses rives originelles : ce serait alourdir (eu égard aux nombreux cas où il pourrait être invoqué) et fragiliser (eu égard à la difficulté de déterminer la durée raisonnable d'un préavis) le fonctionnement des sociétés (v. not. C. Mouly-Guillemaud, "*Redéfinir le champ de l'article L. 442-6, I, 5° du Code commerce pour préserver le droit des sociétés*", *RLDA* 2015, n° 109, p. 56).

F. Buy
Concurrences N° 2-2016, p. 128

Concurrences+

M. Chagny, La Cour d'appel de Paris, après avoir admis l'existence d'un déséquilibre significatif, prononce la nullité de la clause litigieuse et ordonne en conséquence la correction du règlement intérieur dans laquelle elle figure (Radiophonie), 29 octobre 2014, Revue Concurrences N° 1-2015, pp. 126-127

Cass. com., 18 octobre 2017, Sport c/ Intersport, n° 16-18864

La Cour de cassation pose en principe que les dispositions de l'article L. 442-6, I, 2° et 5° C. com. sont étrangères aux rapports sociétaires

Nous avions rapporté et approuvé dans ces colonnes, il y a quelques mois, l'excellent arrêt de la Cour d'appel de Paris du 3 février 2016 qui avait refusé, en substance, d'appliquer les règles sur le déséquilibre significatif et la rupture brutale aux rapports entretenus par une société coopérative de commerçants détaillants avec ses membres (CA Paris, 3 févr. 2016, RG 13/15768, *Concurrences* n° 2-2016, p. 128, obs. F. Buy). Depuis lors, la Cour de cassation avait clairement confirmé que les rapports de ce type échappaient à l'application des dispositions de l'article L. 442-6 C. com., qu'il s'agisse du 2° (Cass. com., 11 mai 2017, n° 14-29717, publié au *Bulletin*, *AJ Contrat* 2017, p. 337, obs. F. Buy et J.-C. Roda; *Concurrences* n° 4-2017, p. 116, obs. V. Durand ; *RTD civ.* 2017, p. 643, obs. H. Barbier) ou du 5° (Cass. com., 8 févr. 2017, n° 15-23050, publié au *Bulletin* ; *Concurrences* n° 2-2017, p. 118, obs. F. Buy ; *RTD civ.* 2017, p. 372, obs. H. Barbier ; *BJS* 2017, p. 324, note M. Behar-Touchais). Les raisons pour lesquelles la Haute juridiction décrétait la mise hors-jeu du texte restaient, toutefois, un peu obscures: application de l'adage *specialia generalibus derogant*? Absence de la condition de partenariat commercial? En approuvant l'arrêt du 3 février 2016, la Cour de cassation livre la réponse que l'on pouvait attendre.

Rappelons qu'en l'espèce, la société *Groupe Intersport*, coopérative d'achat de commerçants détaillants, avait informé ses membres de la décision du conseil d'administration de rehausser le seuil de parts de marché ouvrant droit à exclusivité, puis d'agréer une nouvelle société dans la région de Toulouse. Or plusieurs commerçants associés s'en étaient émus, qui avaient perdu ce faisant le bénéfice d'une précieuse exclusivité territoriale. Le groupement fut donc assigné en réparation du préjudice résultant d'un déséquilibre significatif dans les droits et obligations des parties et du manquement à l'obligation d'accorder un préavis suffisant en cas de rupture d'une relation commerciale établie. La Cour d'appel décida de rejeter ces demandes. Elle a été approuvée de la façon la plus ferme par la Chambre commerciale de la Cour de cassation: *"l'arrêt énonce à bon droit que les dispositions de l'article L. 442-6, I, 2° et 5° du Code de commerce sont étrangères aux rapports entretenus par les sociétés en cause, adhérentes d'une société coopérative de commerçants détaillants avec cette dernière"*.

On comprend ainsi que les rapports en cause ne peuvent être passés au crible du déséquilibre significatif ou de la rupture brutale d'une relation commerciale établie, et que l'éviction des dispositions de l'article L. 442-6 C. com. repose sur l'idée qu'elles sont "étrangères" à ces rapports, c'est-à-dire qu'elles n'ont jamais eu prétention à s'y appliquer. C'est la meilleure des solutions: le droit des sociétés ne doit pas être perturbé par l'application de règles qui pourraient entamer sa cohérence (v. C. Mouly-Guillemaud, Redéfinir le champ de l'article L. 442-6, I, 5° C. com. pour préserver le droit des sociétés, *RLDA* 2015, n° 5767), et il n'est pas question qu'il le soit par l'article L. 442-6, un texte qui n'a jamais eu la prétention (du moins aux yeux du législateur) de régir autre chose que les rapports de distribution (v. F. Buy, M. Lamoureux et J.-C. Roda, *Droit de la distribution*, LGDJ, 2017, n° 344 et s.).

On peut ajouter que la solution, qui s'inscrit dans un mouvement actuel de "*reflux*" de l'article L. 442-6 (v. *Flux et reflux de la rupture brutale d'une relation commerciale établie*, dir. C. Mouly-Guillemaud, LexisNexis, 2018, à paraître; v. aussi infra, Cass. com., 25 oct. 2017, n° 16-16839), vaut probablement, au-delà des coopératives de commerçants, pour tous les types de groupements. Il reste peut-être simplement à savoir, dans l'hypothèse toujours un peu particulière des coopératives, si le texte sera aussi exclu en dehors du pur rapport sociétaire pouvant exister entre le groupement et ses membres coopérateurs (pour une discussion, v. nos obs. préc. sous l'arrêt d'appel).

F. Buy

Concurrences N° 1-2018, p. 113

Concurrences +

F. Buy, La Cour de cassation poursuit son travail de cantonnement de l'article L. 442-6 C. com. et considère que seules les activités de production, de distribution ou de services entrent dans le champ d'application des dispositions relatives au déséquilibre significatif (Au Marahja), 15 février 2018, Revue Concurrences N° 2-2018, pp. 106-107

F. Buy, La Cour de cassation pose en principe que l'article L. 442-6, I, 5° C. com. ne s'applique pas à la rupture ou au non-renouvellement de concours bancaires (AMG Compagnie / CIC), 25 octobre 2017, Revue Concurrences N° 1-2018, pp. 114-115

V. Durand, La Cour de cassation précise que l'article L. 442-6, I, 2° C. com. n'est pas applicable au règlement intérieur d'un groupement d'intérêt économique (Les indépendants c/ RadioNova), 11 mai 2017, Revue Concurrences N°4-2017, pp. 116-117

F. Buy, La Cour de cassation juge que les conditions dans lesquelles les liens unissant une coopérative et un associé peuvent cesser échappent à l'application de l'article L. 442-6, I, 5° C. com. (Coopérative des transporteurs en benne / SPS Roland X), 8 février 2017, Revue Concurrences N°2-2017, pp. 118-119

F. Buy, La Cour d'appel de Paris considère que les dispositions de l'article L. 442-6, I, 2° et 5° C. com. sont étrangères aux rapports entretenus entre une société et ses associés (Distribution Labege / Intersport), 3 février 2016, Revue Concurrences N°2-2016, pp. 128-129

Cass. com., 11 mai 2017, Les Indépendants c/ RadioNova e. a., n° 14-29717

La Cour de cassation précise que l'article L. 442-6, I, 2° C. com. n'est pas applicable au règlement intérieur d'un groupement d'intérêt économique

Le GIE *Les indépendants* est créé en 1992 par des radios locales. Il s'agit alors pour ces radios d'agréger leurs audiences respectives afin de proposer aux annonceurs nationaux une offre d'espaces publicitaires groupée. Après avoir rejoint les membres du GIE – respectivement en 1993 et 2003 –, *Radio Nova* et *TSF Jazz* ont, le 21 août 2011, manifesté leur souhait de démissionner du GIE et de la commercialisation de leurs espaces publicitaires par la société *Nova régie*, leur retrait devant intervenir à l'issue d'un préavis expirant le 30 septembre 2012. La difficulté est née de ce que pendant le préavis, le GIE a constaté que l'enquête publiée par "*Médiamétrie*" mentionnait l'audience de *Radio Nova* et celle d'un nouveau couplage regroupant l'audience des deux radios sortantes.

Or, le règlement intérieur du GIE prévoyait dans sa version signée en 2009 par les deux radios sortantes – et partant, applicable à leur retrait – "*qu'en cas de départ d'un membre ou d'un adhérent du GIE, celui-ci s'engage, pendant la durée du préavis, i) à ne pas apparaître dans un autre produit ou couplage commercial et ii), pour le produit national, à ne pas apparaître seul dans les résultats nationaux d'audience publiés par l'institut de sondage "Médiamétrie", ces engagements étant assortis d'une faculté de dédit, moyennant le versement d'une indemnité égale à 30 % du chiffre d'affaires de publicité nationale perçu dans les douze derniers mois précédant la décision de retrait*".

Fort des dispositions du règlement intérieur, le GIE a donc réclamé à ses anciens membres, le paiement de l'indemnité de dédit. Ces derniers ripostèrent tout d'abord en soutenant que la clause dont l'application était invoquée créait un déséquilibre significatif dans les droits et obligations des parties et en demandant l'annulation de celle-ci sur le fondement de l'article L. 442-6, I, 2° C. com. Ensuite les sociétés anciennement membres du GIE assignèrent le GIE une seconde fois en sollicitant sa condamnation et celle de la société *TFI publicité* – laquelle était alors chargée de la commercialisation du produit publicitaire national intitulé "*Les indépendants*" – au paiement de dommages et intérêts pour concurrence déloyale et parasitaire et pour pratiques commerciales trompeuses.

Dans un arrêt rendu le 29 octobre 2014, la Cour d'appel de Paris *(RTD com.*, 2014, p. 785 obs. M. Chagny ; *AJCA* janv. 2015, obs. C. Pecnard et C. Tournaire p. 39 ; *D.* 2015, p. 943 obs. D. Ferrier) rejette les demandes de dommages et intérêts formulées sur le fondement de la concurrence déloyale et de parasitisme d'une part, et sur celui des pratiques commerciales trompeuses d'autre part. Devant la Cour de cassation, le pourvoi échoue également sur ces deux points.

Il en va tout autrement de la demande d'annulation fondée sur l'article L. 442-6, I, 2° C. com. Le contrôle de la clause 21.1 – constitutive d'une clause de dédit – du règlement intérieur du GIE en tant qu'elle créerait un déséquilibre significatif entre les droits et obligations des parties achoppe, devant la Cour de cassation, sur le champ d'application de l'article L. 442-6, I, 2° C. com.

Les juges parisiens (*RTD com.* 2014, p. 785, obs. M. Chagny; *AJCA* janv. 2015, p. 39, obs. C. Pecnard et C. Tournaire; *D.* 2015, p. 943, obs. D. Ferrier) ont en effet retenu que l'article 21.1, ii) et l'indemnité due en cas de retrait "*induisent un déséquilibre manifeste entre les parties*" justifiant la nullité de des dispositions litigieuses. Les juges du fond avaient pour ce faire retenu tout d'abord que les protagonistes – le GIE, *Radio Nova* et *TSF* – étaient en l'espèce des personnes morales distinctes dont "*les relations se développent dans un secteur économique pour lequel le GIE offre aux radios locales ou régionales une prestation de regroupement de leur audience en vue d'une commercialisation commune*" et ce, en contrepartie d'une rémunération – laquelle rémunération comprend un droit d'entrée, de sortie et des cotisations pendant la vie du contrat.

Dans l'arrêt rendu le 11 mai 2017 (*Bull. civ. IV*, à paraître; *AJ Contrat* 2017, obs. F. Buy et J.-C. Roda; *D.* 2017, p. 1583, E. Chevrier; *D.* 2017, 1583, note O. Deshayes et A. Tadros; *D.* 2017, 1044, E. Chevrier; *Contrats conc. consom.* 2017, comm. 147, obs. N. Mathey; *JCP G* 2017, 763, note M. Béhar-Touchais; *JCP E* 2017, 1304, note N. Dissaux; *RTD civ.* 2017, p. 643, obs. H. Barbier; *Gaz. Pal.*, 13 juin 2017, n° 22, p. 37, obs. C. Berlaud; *Bull. Joly* 2017, p. 455, obs. C. Grimaldi; F. Buy, Les grands arrêts du petit droit, *D.* 2017, 1481), la Chambre commerciale de la Cour de cassation censure fermement l'arrêt rendu par les juges du fond. La censure est prononcée au visa des articles L. 251-1, L. 251-8, L. 251-9 et L. 442-6, I, 2° C. com. et en application du principe selon lequel "*Sont exclues du champ d'application de l'article L. 442-6, I, 2° du Code de commerce les modalités de retrait du membre d'un groupement d'intérêt économique, prévues par le contrat constitutif ou par une clause du règlement intérieur de ce groupement*". Les modalités de retrait d'un membre d'un GIE sont donc exclues du champ d'application du dispositif de l'article L. 441-6, I, 2° C. com. – et conséquemment du contrôle du déséquilibre significatif –, à tout le moins lorsqu'elles sont prévues dans le contrat constitutif ou contenues dans une clause du règlement intérieur du groupement.

L'exclusion est fondée d'une part sur l'article L. 442-6, I, 2° C. com. et, d'autre part sur certaines dispositions relatives au GIE. Retenir cela, c'est au fond retenir qu'il n'y a pas coordination entre ces deux dispositifs et que les dispositions susmentionnées régissant le GIE tiennent en échec celles de l'article L. 442-6, I, 2° C. com. Or, comme cela a pu être souligné dans les commentaires auxquels a donné lieu l'arrêt étudié, le principe retenu conduit à s'interroger sur la raison qui fonde le choix d'une non-coordination des deux dispositifs et l'exclusion consécutive de celui – *a priori* plus protecteur – prévu au titre des pratiques restrictives de concurrence.

Encore que l'arrêt rendu par la Chambre commerciale de la Cour de cassation demeure silencieux sur ce point, il est possible de penser que des éléments de réponse se logent dans les rapports qu'entretiennent le GIE et ses membres. Le GIE a en effet pour but "*de faciliter ou de développer l'activité économique de ses membres, d'améliorer ou d'accroitre les résultats de cette activité*" et non "*de réaliser des bénéfices pour lui-même*" (C. Com., art. L. 251-1, al. 1) et au-delà il a l'obligation de rattacher son activité "*à l'activité économique de ses membres*", celle-ci ne pouvant avoir qu'un caractère auxiliaire par rapport à celle-là (C. Com., art. L. 251-1, al. 2). Partant, si le GIE dispose de la personnalité morale, ce qui le distingue de la personne de ses membres, il peut être délicat d'analyser la relation qu'il entretient avec ses membres sous le prisme d'une relation commerciale au sein de laquelle les membres du GIE seraient des partenaires commerciaux de celui-ci. Plus largement il est possible de penser que la spécificité de la relation qui unit le GIE à ses membres ne permet pas de remplir les conditions d'application de l'article L. 442-6, I, 2° C. com. (v. égal. CA Paris, 3 février 2016). Cette analyse n'est néanmoins pas certaine (v. not. *JCP G* 2017, 763, note M. Béhar-Touchais).

Dans le prolongement de la proposition précédente, l'arrêt pourrait également s'expliquer au regard du texte litigieux. En l'espèce est en cause le règlement intérieur du GIE soit un texte qui régit le fonctionnement du groupement. Un élément du principe énoncé par la Cour de cassation semble aller dans ce sens. La Cour de cassation vise en effet les modalités de retrait prévues dans le contrat constitutif ou le règlement intérieur et vise les articles L. 251-8 et L. 251-9 C. com. – respectivement relatifs au contenu du contrat constitutif et aux conditions d'adhésion et de retrait fixées par le contrat constitutif. La nature particulière de ces textes – contrat constitutif et règlement intérieur – ne pourrait-elle pas expliquer l'exclusion de l'article L. 442-6, I, 2° C. com. ?

Il est également intéressant de noter que cette solution s'inscrit dans le même courant qu'un arrêt rendu par la Chambre commerciale de la Cour de cassation, le 8 février 2017 (n° 15-23050, *Contrats conc. consom.* 2017, comm. 78, obs. N. Mathey ; *Concurrences* n° 2-2017, p. 118, F. Buy ; *Bull. Joly* 2017, 324, note M. Béhar-Touchais ; *RTD civ.* 2017, 372, obs. H. Barbier). Dans cet arrêt, la Cour de cassation retient en effet, au visa de l'article L. 442-6, I, 5° C. com. et de l'article 7 de la loi du 10 septembre 1947, que "*les statuts des coopératives fixant aux termes du second de ces textes, les conditions d'adhésion, de retrait et d'exclusion des associés ces textes, les conditions dans lesquelles les liens unissant une société coopérative et un associé peuvent cesser sont régies par les statuts de cette dernière et échappent à l'application du premier de ces textes*". Cela conduit un auteur à se demander si "(...) *la chambre commerciale de la Cour de cassation prend peu à peu la voie d'une autonomisation des relations sociétaires et des relations commerciales*" (H. Barbier, in *RTD civ.* 2017, 643).

En tout état de cause, dans cet arrêt la Chambre commerciale de la Cour de cassation a placé les textes régissant le GIE dans un rapport d'autonomie voire, de spécialité par rapport aux dispositions de l'article L. 442-6, I, 2° C. com. (v. sur l'application de l'adage *Specialia generalibus derogant* not., *JCP G* 2017, 763, note M. Béhar-Touchais), en laissant intacte la question de l'éventualité d'un contrôle du déséquilibre significatif entre les droits et obligations contenus dans le contrat constitutif ou le règlement intérieur ainsi que celle de l'outil pertinent pour réaliser un tel contrôle s'il est nécessaire.

V. Durand

Concurrences N° 4-2017, p. 116

Concurrences +

F. Buy, La Cour de cassation juge que les conditions dans lesquelles les liens unissant une coopérative et un associé peuvent cesser échappent à l'application de l'article L. 442-6, I, 5° C. com. (Coopérative des transporteurs en benne / SPS Roland X), 8 février 2017, Revue Concurrences N° 2-2017, pp. 118-119

Cass. 3e civ., 15 février 2018, Au Marahja, n° 17-11329

La Cour de cassation poursuit son travail de cantonnement de l'article L. 442-6 C. com. et considère que seules les activités de production, de distribution ou de services entrent dans le champ d'application des dispositions relatives au déséquilibre significatif

L'arrêt rendu le 15 février 2018 par la troisième chambre civile de la Cour de cassation (*AJ Contrat* 2018, p. 143, obs. K. Magnier-Merran) peut être rangé dans la famille des "*grands arrêts du petit droit*" (F. Buy, Les grands arrêts du petit droit, *D.* 2017, p. 1481). Il fait partie de ces décisions, de plus en plus nombreuses, qui participent actuellement au cantonnement du champ d'application de l'article L. 442-6 C. com. (v. not. dir. C. Mouly-Guillemaud, *Flux et reflux de la rupture d'une relation commerciale*, LexisNexis, 2018).

En l'espèce, la société *Au Marahja*, locataire d'un local commercial, avait assigné son propriétaire devant le tribunal de grande instance de Paris en indemnisation sur le fondement des articles 1134 (nouvel article 1104) et 1719 C. civ. pour manquement à ses obligations contractuelles et de délivrance, et sur le fondement de l'article L. 442-6, I, 2° C. com. En ce que les clauses de non-responsabilité et de fixation du loyer traduisaient un déséquilibre significatif. Infirmant l'ordonnance du juge de la mise en état qui avait déclaré le TGI de Paris seul compétent pour connaître de l'ensemble du litige, la Cour d'appel de Paris a désigné le TGI de Bobigny. La Cour de cassation l'en approuve : "*ayant retenu à bon droit que seules les activités de production, de distribution ou de services entrent dans le champ d'application de l'article L. 442-6, I, 2° du Code de commerce, la Cour d'appel, sans excéder ses pouvoirs, en a exactement déduit que le litige, qui portait sur l'exécution d'un bail commercial, ne relevait pas des juridictions spécialement désignées pour statuer en application de ce texte*".

En somme, la question se posait de savoir si le litige, qui portait sur l'exécution d'un bail commercial, relevait ou non des juridictions spécialisées. Elle avait déjà été posée à la Cour de cassation il y a quelques années, et celle-ci semblait alors avoir répondu par l'affirmative (Cass. com., 18 oct. 2016, n° 14-27212, publié au *Bulletin* ; *AJ Contrat* 2016, p. 538, obs. S. Regnault). Mais l'heure n'était pas encore au cantonnement de l'article L. 442-6, et cette affaire était tout de même particulière : la compétence territoriale des juridictions parisiennes n'était pas discutée, si bien qu'il s'agissait surtout, pour la Cour, de rappeler que le TGI, seul compétent pour apprécier le respect du statut des baux commerciaux, faisait aussi partie des juridictions spécialisées, au même titre que le tribunal de commerce (voir notre article, Intérêts et méfaits de la spécialisation juridictionnelle, in *Flux et reflux de la rupture d'une relation commerciale, op. cit.,* p. 133). Quoi qu'il en soit, l'arrêt rapporté prend clairement parti en faveur de la thèse inverse : il est clair désormais (au moins pour la troisième chambre civile) que ce type de litige échappe aux juridictions spécialisées. Mais pour quelle raison ?

Si les juridictions spécialement désignées sont ainsi mises hors-jeu, c'est, selon l'arrêt, parce que le litige n'entre pas dans le champ d'application de l'article L. 442-6. Le fait de lier ainsi la compétence et le fond ne doit pas étonner au regard des textes, qui précisent effectivement que les juridictions spécialisées connaissent des litiges "*relatifs à l'application de l'article L. 442-6*" (C. com., art. L. 442-6, III, et D. 442-4). Peut-être la Cour prend-elle une certaine distance avec une jurisprudence antérieure qui considérait que "*la détermination du tribunal compétent n'était pas subordonnée à l'examen du bien-fondé des demandes*" (Cass. com., 26 mars 2013, n° 12-12685, *Bull. civ. IV*, n° 49). Mais là n'est pas le plus important. Le principal intérêt de l'arrêt se trouve dans l'affirmation selon laquelle "*seules les activités de production, de distribution ou de services entrent dans le champ d'application de l'article L. 442-6, I, 2° du Code de commerce*". La Cour indique en substance que la clé d'entrée des pratiques restrictives de concurrence est la même que celle du droit antitrust. Sans doute n'est-ce pas la première fois que les juges opèrent un tel rapprochement. La Cour de cassation l'avait déjà suggéré à quelques reprises sous l'angle du droit des ruptures brutales (v. dernièrement Cass. com., 25 janv. 2017, n° 15-13013, publié au *Bulletin*, *AJ Contrat* 2017, p. 135, obs. E. Duminy et J.-D. Bretzner ; *RLDC* 2018, n° 155, p. 12, chron. F. Buy). Certains juges du fond avaient fait de même sous l'angle du déséquilibre significatif, mais de façon incidente, le plus souvent dans le but de circonscrire la notion de partenaire commercial (ex : CA Paris, 5-4, 27 sept 2017, n° 16/00671 : le partenariat "*suppose une volonté commune et réciproque d'effectuer de concert des actes ensemble dans des activités de production, de distribution ou de services, par opposition à la notion plus large d'agent économique ou plus étroite de cocontractant*"). Avec l'arrêt commenté, la solution est déconnectée de la question du champ d'application personnel: il est plus simplement et fermement dit (la Cour d'appel a "*retenu à bon droit*") que le champ d'application matériel de l'article L. 442-6, I, 2° C. com. est limité aux activités de production, de distribution ou de services.

La conclusion s'impose au cas d'espèce: le texte est inapplicable au rapport contractuel né d'un bail commercial. Cette décision peut être évidemment rapprochée de celles qui ont fait en sorte, ces derniers mois, de contenir l'application du déséquilibre significatif dans des limites raisonnables. On rappellera, en particulier, que les rapports internes aux groupements échappent désormais à l'application de l'article L. 442-6, I, 2°, pas tant parce qu'il existe un rapport de droit spécial à général, mais plus simplement parce que le droit des relations commerciales est hors sujet (v. not. Cass. com., 11 mai 2017, n° 14-29717, publié au *Bulletin* ; *Concurrences* n° 4-2017, p. 116, obs. V. Durand ; *AJ Contrat* 2017, p. 337, obs. F. Buy et J.-C. Roda ; Cass. com., 18 oct. 2017, n° 16-18864, publié au *Bulletin* ; *Concurrences* n° 1-2018, p. 113, obs. F. Buy ; *AJ Contrat* 2018, p. 31, obs. G. Parleani). On ne peut qu'approuver. Et l'on attend maintenant la suite: que les plaideurs se rabattent sur le nouveau droit commun…

F. Buy

Concurrences N° 2-2018, p. 106

Concurrences+

F. Buy, La Cour de cassation pose en principe que les dispositions de l'article L. 442-6, I, 2° et 5° C. com. sont étrangères aux rapports sociétaires (Sport / Intersport), 18 octobre 2017, Revue Concurrences N° 1-2018, p. 113

V. Durand, La Cour de cassation précise que l'article L. 442-6, I, 2° C. com. n'est pas applicable au règlement intérieur d'un groupement d'intérêt économique (Les indépendants c/ RadioNova), 11 mai 2017, Revue Concurrences N° 4-2017, pp. 116-117

2.1.3 Notion de partenaire commercial

Cass. com., 26 avril 2017, Darty c/ Ministre de l'économie, n° 15-27865

La Cour de cassation approuve la condamnation d'un distributeur spécialisé au titre d'un déséquilibre significatif et refuse, au passage, de critiquer le Ministre qui a médiatisé son action

Après les enseignes de la grande distribution alimentaire, voici que les enseignes de la distribution spécialisée se trouvent, à leur tour, sous les feux de la Cour de cassation. Le scénario est connu, avec une action initialement lancée par le ministre qui estimait que deux clauses insérées dans les contrats conclus entre Darty et ses fournisseurs soumettaient ces derniers à un déséquilibre significatif (C. com., art. L. 442-6, I, 2°). Les réponses de la Haute juridiction n'étonnent pas, non plus, pour la plupart d'entre elles. On remarquera néanmoins que ce long arrêt de rejet de la Cour de cassation traite de toutes les conditions posées par l'article L. 442-6, I, 2° C. com., sauf... de la principale, à savoir la condition de déséquilibre significatif! On observera aussi que l'arrêt recèle une question originale: celle de la médiatisation de l'action du ministre.

Premier point: la qualité de partenaire

Darty contestait l'existence d'un partenariat commercial, condition première posée par les textes. La Cour de cassation répond que les juges ont caractérisé la qualité de partenaire des fournisseurs en cause, dès lors que "*les clauses litigieuses ont été insérées dans des contrats conclus en 2009 entre la société Darty et certains de ses fournisseurs, à l'occasion de la formalisation de leur négociation commerciale annuelle*". On en déduit que la négociation annuelle pose forcément les bases d'un partenariat. La question n'avait jamais été posée jusqu'à présent dans le secteur de la grande distribution (voir F. Buy et J. Heinich, "*Le déséquilibre significatif entre les droits et les obligations des parties*", Lamy Droit du contrat (dir. B. Fages), 2017, à paraître, et les réf. citées), sans doute parce qu'elle est moins délicate qu'ailleurs. Et la réponse de la Cour est plutôt logique.

Deuxième point: la soumission

Approuvant les juges du fond qui avaient considéré que la soumission des fournisseurs était établie, la Cour de cassation reprend à plusieurs reprises l'affirmation selon laquelle "*la société Darty était un incontournable pour les fournisseurs, compte tenu de sa position de leader de la distribution des produits de l'électroménager, de l'image et du son et de la micro-informatique, se classant en première position sur le marché en termes de chiffre d'affaires, et qu'elle disposait de ce fait d'une puissance de négociation incontestable*". Dans un autre arrêt, la même chambre commerciale avait posé une présomption de soumission à partir d'un constat semblable, fondé sur la structure du secteur de la distribution alimentaire (Cass. com., 4 oct. 2016, n° 14-28013, *Concurrences* n° 1-2017, p. 122, obs. F. Buy; *RDC* 2017, p. 81, obs. M. Behar-Touchais). Mais l'on remarque qu'ici, la puissance du grand distributeur spécialisé sur le marché n'est qu'un élément au soutien de la démonstration. "*L'absence de marge réelle de négociation des fournisseurs*" est, en effet, confortée à plusieurs reprises par des éléments de fait, tels que l'insertion de la clause dans tous les contrats déférés, la suppression des limites posées par les documents contractuels des fournisseurs, ou encore l'exécution de la clause alors que certains contrats ne la prévoyaient pas formellement. On attendra de voir si la position rigoureuse de l'arrêt du 4 octobre 2016 sera demain confirmée ; mais il est évident que la Cour n'allait pas se priver, en l'espèce, de prendre appui sur la motivation étayée des juges du fond (pour d'autres exemples, F. Buy, M. Lamoureux et J.-C. Roda, *Droit de la distribution*, LGDJ, 2017, n° 350).

Troisième point : l'obligation objet de la soumission

Le point est intéressant. L'article L. 442-6, I, 2° C. com. exige que le partenaire soit soumis à des "*obligations*". Mais *quid* lorsqu'une clause comprend, formellement, une alternative prévoyant en sa première branche que le fournisseur établira un avoir et en sa deuxième branche que les parties pourront convenir que le fournisseur établira un tel avoir selon des conditions fixées d'un commun accord sous la forme d'un échange de correspondance ? Réponse : ce n'est pas une simple faculté mais bien une obligation, dès lors que la clause a été "*exécutée par les fournisseurs cependant qu'aucun échange n'était intervenu entre les parties pour en définir les modalités d'application*". En d'autres termes, la réalité d'une obligation peut être parfaitement révélée par son exécution. C'est très bien jugé.

Et pour finir... le droit du Ministre d'informer le public !

On sait que la pratique du *name and shame* existe dans nos textes depuis plusieurs années, et l'on sait aussi que celle-ci a été confortée par la loi Sapin II du 9 décembre 2016 (F. Buy, "*Le Parlement adopte la loi n° 2016-1691 du 9 décembre 2016 relative à la transparence, à la lutte contre la corruption et à la modernisation de la vie économique*", *Concurrences* n° 1-2017, p. 119) : publication systématique des décisions judiciaires rendues sur le fondement de l'article L. 442-6 (C. com., art. L. 442-6, III, al. 3) ; publication systématique ou non, selon les infractions, des décisions prononcées par l'autorité administrative (C. com., art. L. 470-2, V).

Mais la pratique de stigmatisation des opérateurs économiques est-elle encore légitime lorsque le ministre révèle plus en amont, et alors que ce n'est prescrit par aucun texte, l'existence du contentieux au grand public ? La société *Darty*, naturellement soucieuse de son image, estimait que le ministre avait, ce faisant, manqué à l'obligation générale de mesure et de prudence à la charge de la partie qui initie un contentieux. Réponse des juges : "*le ministre, gardien de l'ordre public économique, n'avait effectué aucune publicité en communiquant sur les assignations dirigées contre neuf enseignes de la distribution, dont la société Darty, mais avait rempli son rôle d'information à l'égard des consommateurs concernant son action fondée sur les dispositions de la loi du 4 août 2008, dite LME, et alerté les opérateurs économiques quant à sa vigilance concernant l'équilibre des négociations commerciales*". Il ne s'agit donc pas d'un dénigrement, mais de la simple expression du droit pour le ministre d'informer le public et d'alerter le marché. Et tant pis pour les conséquences...

F. Buy
Concurrences N° 3-2017, p. 93

Concurrences +

F. Buy, Le Parlement adopte la loi n° 2016-1691 du 9 décembre 2016 relative à la transparence, à la lutte contre la corruption et à la modernisation de la vie économique (Loi Sapin 2), 9 décembre 2016, Revue Concurrences N° 1-2017, pp. 119-121

F. Buy, La Cour de cassation approuve, une nouvelle fois, la condamnation d'un grand distributeur ayant soumis ou tenté de soumettre ses fournisseurs à des obligations créant un déséquilibre significatif (Carrefour), 4 octobre 2016, Revue Concurrences N° 1-2017, pp.122-123

2.1.4 Soumission ou tentative de soumission

Cass. com., 4 octobre 2016, Carrefour c/ Ministre de l'économie, n° 14-28013

La Cour de cassation approuve, une nouvelle fois, la condamnation d'un grand distributeur ayant soumis ou tenté de soumettre ses fournisseurs à des obligations créant un déséquilibre significatif

Dernier épisode en date de la lutte, pour l'instant victorieuse, menée par le ministre de l'Économie contre les acteurs de la grande distribution. Par un arrêt rendu le 4 octobre 2016 (*CCC* 2016, comm. 253, obs. N. Mathey; blog Vogel & Vogel), la chambre commerciale de la Cour de cassation approuve la décision de condamnation des sociétés du groupe *Carrefour* qui s'étaient vues reprocher d'avoir soumis ou tenté de soumettre les fournisseurs du réseau à des obligations créant un déséquilibre significatif à raison de certaines clauses (art. L. 442-6, I, 2°, C. com. ; sur ce texte, F. Buy et J. Heinich, "*Le déséquilibre significatif entre les droits et obligations des parties*", *Lamy droit du contrat* 2016, dir. B. Fages, n° 1222 et s.). On en retiendra les enseignements suivants:

La possibilité de condamner in solidum plusieurs sociétés du groupe

La chambre commerciale approuve la Cour d'appel d'avoir condamné, tout à la fois, la société mère *Carrefour France*, "*au titre de son rôle pilote*" dans l'élaboration d'une convention de partenariat rédigée par l'une de ses filiales, qui prévoyait que le fournisseur aurait un seul point de contact en matière de négociation annuelle pour l'ensemble des enseignes du groupe; la société *Carrefour proximité*, qui a en tant que franchiseur "*assuré l'exécution*" de ladite convention en faisant en sorte que ses dispositions soient reprises dans les contrats d'approvisionnement; et les "*sociétés signataires de la convention, comme celles au nom ou pour le compte desquelles elle a été conclue*". L'argument tiré du non-respect du principe de personnalité des délits et des peines, séduisant à première vue (il s'agissait ici de contester la condamnation au paiement de l'amende civile), a été écarté au regard de la participation personnelle de chacune des sociétés à l'agissement délictueux. Mais on n'est pas loin, surtout en ce qui concerne *Carrefour France*, d'une responsabilité de la tête de réseau à raison du contrôle (v. les obs. de N. Mathey, préc.; *adde* la thèse aixoise en cours de P. Pérez, *La responsabilité de l'entreprise à raison du contrôle*).

La facilite à caractériser la soumission ou la tentative de soumission

Ce n'est pas une surprise, à défaut d'être une évidence: le principe d'une analyse concrète peut s'accommoder de considérations générales. La Cour de cassation juge ainsi que "*la Cour d'appel a pu se référer à la structure du secteur de la distribution alimentaire en France pour caractériser l'existence d'une soumission ou d'une tentative de soumission au sens de l'article L. 442-6, I, 2° du Code de commerce*". Le sentiment selon lequel la soumission serait quasiment présumée dans certains secteurs, en particulier dans le secteur de la distribution alimentaire, se confirme donc. À charge pour les grands distributeurs de rapporter la preuve contraire, ce qui n'a pas été fait en l'espèce puisqu'il n'était "*pas allégué que certains* (fournisseurs)*, à raison de leur puissance économique, du nombre important de références qu'ils proposaient ou de leur caractère incontournable, seraient parvenus à obtenir la suppression des clauses litigieuses dans le cadre de négociations*".

L'arrêt confirme par ailleurs que l'analyse peut être menée sur les bases d'un simple contrat-type, c'est-à-dire un modèle de contrat non encore signé par les partenaires (v. déjà Cass. com., 3 mars 2015, *Eurauchan*, D. 2015, p. 1021, note F. Buy ; *RTD* com. 2015, p. 486, obs. M. Chagny ; 27 sept. 2015, *EMC distribution*, *Concurrences* n° 1-2016, p. 120, obs. F. Buy). Ici, un argument de texte conforte la méthode : l'article L. 442-6 prohibe "*tant le fait de soumettre que celui de tenter de soumettre*".

L'illicéité des clauses relatives aux livraisons tardives

Autre confirmation : le déséquilibre peut résulter d'une "*absence de réciprocité*" et d'une "*disproportion entre les obligations des parties, qu'aucun impératif ne (permet) de justifier*". D'où la stigmatisation, en l'espèce, des clauses permettant à *Carrefour* de refuser la livraison en laissant tous les frais à la charge du fournisseur et de demander réparation du préjudice subi avec des pénalités financières. Les juges constatent, en effet, que les sociétés *Carrefour* ne s'engagent, de leur côté, qu'à tout mettre en œuvre afin de respecter les horaires définis dans la prise de rendez-vous, le principe de dédommagement des surcoûts engendrés par le retard s'établissant sur la base d'une négociation préalable avec le fournisseur. De plus, la prérogative du distributeur lui est reconnue quelles que soient les circonstances et sans avoir à fournir d'explication. Et de surcroit, les pénalités sont déterminées de façon automatique lorsqu'elles sont dues par le fournisseur, mais à partir d'une négociation préalable lorsqu'elles sont dues par *Carrefour*.

Il n'y a pas grand-chose à y redire, sauf à observer que ces éléments auraient pu être pris en compte par le fournisseur "*dans l'élaboration de son prix*". Mais les juges ne relèvent aucune offre de preuve en ce sens.

L'illicéité des clauses relatives aux dates limites de conservation (DLC) ou d'utilisation optimale (DLUO)

Ici, une belle illustration de disproportion dans les droits des parties non justifiée. Une clause prévoyait que les produits livrés ne devaient pas comporter de DLC ou DLUO antérieure ou identique à celle figurant sur des produits déjà livrés. Or, selon les juges, "*si le refus d'une livraison de produits comportant une DLC ou DLUO antérieure à celle figurant sur les produits déjà livrés se justifie par les nécessités de gestion des stocks et des magasins du distributeur, tel n'est pas le cas de la faculté de refuser une livraison de produits présentant des dates limites identiques à une livraison antérieure, puisque cette situation n'occasionne aucune désorganisation des stocks du distributeur*".

L'illicéité des clauses relatives aux délais de paiement

Peut-être l'analyse la plus intéressante. Les juges du fond ont constaté que, d'un côté, les prestations de coopération commerciale fournies par le distributeur étaient payées, non lors de leur réalisation, mais suivant un calendrier d'acomptes mensuels payables à 30 jours, et que, de l'autre côté, les fournisseurs étaient réglés dans un délai de 45 jours pour les produits non alimentaires. Ils en ont déduit, avec l'aval de la Cour de cassation, que "cette situation crée un solde commercial à la charge du fournisseur, source d'un déséquilibre significatif, peu important que les délais de paiement concernent des obligations différentes". Où l'on voit, comme le souligne la chambre commerciale, toutes les virtualités de l'analyse de "l'économie générale de la convention" : le déséquilibre peut résulter d'une comparaison réalisée à l'échelle de plusieurs conventions, et faisant apparaître un solde commercial à la charge du fournisseur.

F. Buy
Concurrences N° 1-2017, p. 122

Concurrences +

J.-L. Fourgoux, La Cour d'appel de Paris refuse de condamner les clauses contractuelles d'un grand distributeur en l'absence de soumission même en présence d'un déséquilibre significatif (ITM Alimentaire International), 20 décembre 2017, Revue Concurrences N° 2-2018, pp. 108-109

F. Buy, La Cour d'appel de Paris censure, au visa de l'article L. 442-6 C. com., les "clauses de parité" imposés aux hôteliers, en retenant la compétence du juge français et l'application de la loi française (Expedia), 21 juin 2017, Revue Concurrences N° 4-2017, pp. 117-119

F. Buy, La Cour de cassation approuve la condamnation d'un distributeur spécialisé au titre d'un déséquilibre significatif et refuse, au passage, de critiquer le ministre qui a médiatisé son action (Darty), 26 avril 2017, Revue Concurrences N° 3-2017, pp. 93-94

F. Buy, La Cour de cassation bâtit, petit à petit, une jurisprudence rigoureuse sur le déséquilibre significatif dans les contrats de la grande distribution (EMC distribution), 29 septembre 2015, Revue Concurrences N° 1-2016, pp. 119-120

CA Paris, 20 décembre 2017, Ministre de l'économie c/ ITM Alimentaire International, RG n° 13/04879 et 13/11192

La Cour d'appel de Paris refuse de condamner les clauses contractuelles d'un grand distributeur en l'absence de soumission même en présence d'un déséquilibre significatif

L'article L. 442-6-I-2° C. com. qui interdit "*le fait de soumettre ou tenter de soumettre le partenaire commercial à des obligations un déséquilibre significatif*" a pu être présenté comme un garde-fou contre la puissance d'achat de la grande distribution. Les premières décisions de la Cour d'appel de Paris, juridiction spécialisée, et de la Cour de cassation ont laissé croire aux fournisseurs et à leurs conseils que cet article était le sésame pour remettre en cause toutes les obligations déséquilibrées dans les contrats entre professionnels (*Carrefour*: Cass. com., 4 oct. 2016, *EMC*, n° 14-28013 ; *Leclerc*: Cass. com., 25 janv. 2017, n° 15-23547, *Concurrences* n° 2-2017, pp. 115-116, obs. F. Buy; Cass. com. Galec, 27 mai 2015 Bulletin 2015 n° 5, IV, n° 87, *Concurrences* n° 4-2015, Art. n° 76122, pp. 138-139 ; *U, Darty*: Cass. com., 26 avril 2017, n° 15-27865 ; *Provéra-Cora* et *Eurochan*: Cass. com., 3 mars 2015, *Provera France*, n° 14-10.907 et *Eurochan*, n° 13-27.525, *Concurrences* n° 2-2015, obs. J.-L. Fourgoux, pp. 117-119). Le tableau de chasse des grandes enseignes condamnées pour avoir imposé à l'occasion des négociations annuelles, à leurs fournisseurs des obligations contestées par le ministre de l'Économie apparaît assez long.

Dans ce dossier le ministre de l'Économie estimait que certaines clauses de la convention d'affaires signée en 2009 entre la société *ITM Alimentaire France* – aux droits desquelles vient la société *ITM* – une enseigne de la grande distribution et quatre de ses fournisseurs (*SPAL Boissons, SCA LS Frais, SCA Laits, SCA Condiments*) étaient contraires aux prescriptions de l'article L. 442-6 I, 2° C. com.

Le ministre de l'Économie soutenait qu'étaient constitutives de déséquilibre significatif la clause de renégociation de tout ou partie des CGV du fournisseur, et la clause en vertu de laquelle le paiement des factures et avoirs par le fournisseur présume de la réalisation effective des obligations et services et du caractère justifié et proportionné des rémunérations versées au titre de l'année écoulée.

Ce dossier a été marqué par des soubresauts procéduraux assez importants puisqu'au-delà de la QPC devant le Conseil constitutionnel, la Cour d'appel de Paris a par arrêt avant-dire-droit du 11 mars 2015 (qui a fait l'objet d'un pourvoi rejeté par la Cour de cassation) saisi la Commission d'examen des pratiques commerciales pour avis sur les dispositions de l'article 2 de la convention d'affaires de 2009 et invité celle-ci à donner toutes les précisions utiles notamment sur les usages, pratiques et expériences permettant à la Cour d'apprécier lesdites clauses au regard de l'article L. 442-6, I, 2° C. com.

L'avis cité par l'arrêt semble avoir été assez sommaire puisque la Cour ne reviendra pas sur la position de la CEPC exposée sommairement: "*le problème posé est par conséquent moins celui de l'existence d'un déséquilibre significatif que celui de la remise en cause du contrat signé entre les parties et de l'incertitude qui en découle du point de vue de la force exécutoire. En effet, le risque que présente cette convention d'affaires est de voir le distributeur revenir sur certaines clauses du contrat établi à l'issue de la négociation… En définitive, la question préalable, avant d'analyser l'existence ou non d'un déséquilibre significatif, est celle de la force obligatoire des contrats. Dans le cas présent, l'article 2 implique que la négociation n'est jamais véritablement achevée et que, par conséquent, l'accord de volonté des parties peut être de force obligatoire*".

L'approche de la Cour sera différente même si elle semble très traditionnelle. L'arrêt, après avoir évacué les questions de procédure et de recevabilité, rappelle les critères usuels d'application de l'article L. 442-6 I 2° C. com. tels qu'interprétés par cette chambre et la Cour de cassation: "*Les deux éléments constitutifs de cette pratique restrictive de concurrence sont, en premier lieu, la soumission ou la tentative de soumission et, en second lieu, l'existence d'obligations créant un déséquilibre significatif. L'insertion de clauses dans une convention type ou un contrat d'adhésion qui ne donne lieu à aucune négociation effective des clauses litigieuses peut constituer ce premier élément. L'existence d'obligations créant un déséquilibre significatif peut notamment se déduire d'une absence totale de réciprocité ou de contrepartie à une obligation, ou encore d'une disproportion importante entre les obligations respectives des parties*".

Pourtant la Cour ajoute: "*L'élément de soumission ou de tentative de soumission de la pratique de déséquilibre significatif implique la démonstration de l'absence de négociation effective des clauses incriminées…*" sans que le "*seul contenu des clauses ou du contexte économique caractérisé par une forte asymétrie du rapport de force en faveur du distributeur*" induise la soumission ou tentative de soumission exigée par le législateur. Ces indices doivent pour la Cour être complétés, par exemple: "*la preuve de l'absence de négociation effective peut résulter de la circonstance que des fournisseurs cocontractants ont tenté, mais ne sont pas parvenus, à obtenir la suppression des clauses litigieuses dans le cadre de négociations ou qu'aucune suite n'a été donnée aux réserves ou avenants proposés par les fournisseurs pour les modifier*".

La Cour considère au terme de cette analyse que la soumission des fournisseurs n'est pas établie et c'est la première fois qu'elle déboute le ministre de l'Économie de ses demandes face à la grande distribution. Mais comme pour alerter les professionnels ou les guider, la Cour examine de façon surabondante les clauses critiquées.

La clause de renégociation des CGV du fournisseur n'est, à ce stade, pas constitutive d'un déséquilibre significatif dans la mesure où elle ne fait peser aucune obligation positive sur celui-ci, mais renvoie à la faculté, pour les parties, d'exclure ou rediscuter des CGV du fournisseur d'un commun accord.

En revanche, concernant la clause instaurant une présomption de réalisation de la prestation et du caractère équilibré de la rémunération découlant du paiement des factures par le fournisseur, la Cour d'appel juge qu'elle constitue un déséquilibre significatif dès lors qu'elle implique un renversement de la charge de la preuve au profit de la société *ITM*, sans que celle-ci ne démontre que cet avantage est rééquilibré par une autre clause de la convention. Avis aux rédacteurs de contrats de distribution : si cette clause est imposée sans négociation elle pourra tomber sous le coup de l'article L. 442-6 C. com.

De façon générale, ce recul de la répression et du contrôle des clauses peut rassurer ceux qui en ressentaient un "*vertige*" (F. Buy, précité) mais confirme une certaine saturation des juridictions qui, après avoir interprété librement les pratiques restrictives de concurrence, semblent vouloir infléchir l'hégémonie du droit de la concurrence sur le droit des contrats.

J.-L. Fourgoux
Concurrences N° 2-2018, p. 108

Concurrences+

F. Buy, La Cour de cassation juge que l'article L. 442-6, I, 2° C. com. permet au juge de contrôler les prix et approuve la Cour d'appel de Paris d'avoir jugé qu'une clause de réduction de prix créait un déséquilibre significatif (Le Galec), 25 janvier 2017, Revue Concurrences N°2-2017, pp. 115-116

F. Buy, La Cour de cassation approuve, une nouvelle fois, la condamnation d'un grand distributeur ayant soumis ou tenté de soumettre ses fournisseurs à des obligations créant un déséquilibre significatif (Carrefour), 4 octobre 2016, Revue Concurrences N° 1-2017, pp. 122-123

M.Chagny, La Cour de cassation adopte une nouvelle décision apportant des précisions à la règle sur le déséquilibre significatif (GALEC), 27 mai 2015, Revue Concurrences N°4-2015, pp. 138-139

J.-L. Fourgoux, La Cour de cassation rejette le pourvoi formé par deux enseignes de la distribution contre les arrêts ayant accueilli l'action du ministre chargé de l'Economie et déclaré que les clauses des contrats de référencement créaient un déséquilibre significatif dans les droits et obligations des parties au sens de l'art. L. 442-6 C. com. (Eurauchan, Provéra), 3 mars 2015, Revue Concurrences N°2-2015, pp. 117-119

2.1.5 Appréciation du déséquilibre significatif

Trib. com. Lille, 6 janvier 2010, Ministre de l'économie c/ Castorama France, RG n° 09/05184

Le Tribunal de commerce de Lille, appliquant le nouvel article L. 442-6-I-2° C. com., condamne plusieurs clauses relatives au paiement sur saisine du Ministre de l'économie, ordonne la cessation de ces pratiques et prononce une amende civile

Quelle application le juge judiciaire allait-il faire du nouvel article L. 442-6-I-2° introduit dans le Code de commerce par la loi de modernisation de l'économie du 4 août 2008, en vue de renforcer l'arsenal des dispositions destinées à contrôler les éventuels abus dans les relations d'affaires ?

Ce texte – dont la rédaction n'est pas sans évoquer celle de l'article L. 132-1 du Code de la consommation – dispose qu'"*engage la responsabilité de son auteur et l'oblige à réparer le préjudice causé le fait, par tout producteur, commerçant, industriel ou personne immatriculée au répertoire des métiers, de soumettre ou de tenter de soumettre un partenaire commercial à des obligations créant un déséquilibre significatif dans les droits et obligations des parties*". Apparemment pourvu d'un domaine étendu et susceptible de lectures plurielles, il soulève de nombreuses questions, en doctrine comme en pratique (V. not. M. Behar-Touchais, "*Que penser de l'introduction d'une protection contre les clauses abusives dans le Code de commerce ?*", RDC 2009-3, p. 1258 et s. ; C. Lucas de Leyssac et M. Chagny, "*Le droit des contrats, instruments d'une forme nouvelle de régulation économique ?*", RDC 2009-3, p. 1268 et s. ; R. Saint-Esteben, "*L'introduction par la loi LME d'une protection des professionnels à l'égard des clauses abusives : un faux ami du droit de la consommation*", RDC 2009-3, p. 1275 et s.).

Il aura fallu à peine plus d'un an pour que ces interrogations reçoivent une première réponse, ceci notamment sous l'impulsion du ministre de l'Économie qui, à l'automne 2009, a marqué sa détermination à faire un large usage de cette disposition en lançant une – première – salve d'assignations à l'encontre de grands distributeurs.

Le jugement, rendu le 6 janvier 2010, retient d'autant plus l'attention qu'il émane du tribunal de commerce de Lille, lequel fait partie des trop rares juridictions spécialisées auxquelles l'application des règles contenues à l'article L. 442-6 du Code de commerce est réservée, depuis l'adoption du décret n° 2009-1384 du 11 novembre 2009.

S'il ne saurait être question de tirer des conclusions définitives à partir d'une décision de première instance – d'autant que celle-ci est frappée d'appel –, le jugement fournit néanmoins de précieuses indications sur les contours d'une disposition dont le potentiel dépend largement de son interprétation judiciaire. Ces enseignements concernent, pour l'essentiel, le contenu même de la règle édictée à l'article L. 442-6-I-2 ° du Code de commerce, mais les développements consacrés aux sanctions civiles encourues au titre d'une pratique restrictive de concurrence sont également instructifs.

Le contenu de la règle de l'article L. 442-6-I-2° C. com.

Le jugement du 6 janvier 2010 reflète la structure dualiste du texte qui, combinant un élément objectif et un élément subjectif, convie non seulement à s'attacher au résultat, sous la forme d'"*un déséquilibre significatif entre les droits et obligations des parties*", mais aussi au comportement à son origine et consistant à "*soumettre ou tenter de soumettre le partenaire commercial*" (En ce sens, v. not. R. Saint-Esteben, art. préc., p. 1279).

Le comportement : "*soumettre ou tenter de soumettre le partenaire commercial*"

D'un point de vue subjectif, la décision lilloise confirme, d'une part, que l'application de l'article L. 442-6-I-2° C. com. n'est pas assujettie à la vérification préalable d'une disparité de forces entre les parties et souligne, d'autre part, la nécessité d'apprécier l'attitude de l'auteur de la pratique.

En quête de "*simplification et d'effectivité*", selon son exposé des motifs, la loi de modernisation de l'économie a adopté une disposition rédigée de telle façon que sa mise en jeu ne requiert pas d'établir une situation d'infériorité d'une partie à l'égard de l'autre. Il s'agissait de surmonter l'obstacle qu'avait constitué, pour l'ancien article L. 442-6-I-2° b) du Code de commerce, l'exigence préalable d'une relation de dépendance ou d'une puissance d'achat ou de vente, interprétée très restrictivement par la jurisprudence (M.-D. Hagelsteen, "*La négociabilité des tarifs et des conditions générales de vente*", 12 février 2008, p. 29 ; M. Chagny, "*Le contrôle des abus dans la négociation*", Rapport de la Commission d'examen des pratiques commerciales 2007-2008, annexe 10, p. 142 et s.).

La référence faite, à plusieurs reprises, à la dépendance ne doit pas tromper. Si la décision du 6 janvier 2010 observe que les pratiques litigieuses ont accru la dépendance des fournisseurs ou encore qu'elles "*s'appuient sur un rapport de dépendance lié à la puissance d'achat du distributeur*", c'est seulement *in fine*, après avoir conclu à leur contrariété à l'article L. 442-6-I-2 C. com. Elle n'érige à aucun moment l'inégalité des partenaires en condition préalable susceptible de restreindre l'application de la nouvelle règle (rappr. DGCCRF, Communiqué du 28 novembre 2008).

En revanche, il importe de noter que la juridiction consulaire retient, pour chaque stipulation jugée contraire à l'article L 442-6-I-2° C. com., que celle-ci a été imposée sans négociation, mettant ainsi l'accent sur le comportement adopté par l'auteur de la pratique. Ce raisonnement apparaît respectueux de la lettre d'une disposition qui stigmatise "*le fait de soumettre ou tenter de soumettre le partenaire commercial*", là où le droit de la consommation actuel appréhende les clauses litigieuses à raison de leur objet ou effet, sans référence à l'attitude du cocontractant professionnel (art. L. 132-1 C. consom.). Il est possible d'observer, à cette occasion, une parenté avec, d'un côté, la rédaction initiale de l'article L. 132-1 du Code de la consommation (visant les clauses *imposées* par un abus de la puissance économique du cocontractant professionnel) et, de l'autre, le projet d'introduire dans le Code civil un contrôle réservé aux clauses *non négociées* (art. 87 bis du Projet de réforme du droit des contrats, Ministère de la justice, février 2009).

Même si, dans certains cas de figure, le déséquilibre contractuel peut être d'une ampleur telle que sa seule constatation conduit, faute d'autre explication plausible, à conclure à une attitude fautive du contractant, ce dernier disposera alors de la possibilité d'établir que le déséquilibre, aussi criant soit-il, n'est pas le résultat d'une sujétion exercée sur son partenaire commercial.

Le résultat : "*un déséquilibre significatif dans les droits et obligations des parties*". Pour être emprunté au dispositif consumériste de lutte contre les clauses abusives, l'élément objectif n'en a pas moins une portée plus large que ce dernier quant à l'origine du déséquilibre, comme le confirme le jugement du 6 janvier 2010. Cette décision fournit par ailleurs des indications sur la façon de caractériser *"un déséquilibre significatif dans les droits et obligations des parties"*. Celles-ci sont d'autant plus utiles que l'article L. 442-6-I-2° du Code de commerce, contrairement à la règle de consommation, ne fournit aucune illustration du résultat prohibé.

En l'absence de toute distinction entre les *"obligations"* – mentionnées sans autre précision – et à défaut d'exclusion du type de celle prévue à l'article L. 132-1 du Code de la consommation, écartant tout examen des stipulations relatives à *"l'adéquation du prix ou de la rémunération au bien vendu ou au service offert"*, l'article L. 442-6-I-2° du Code de commerce concerne n'importe quelles obligations et autorise le contrôle des déséquilibres financiers autant que juridiques. Il est d'ailleurs permis de penser que l'adoption de cette règle, parallèlement à l'abrogation de l'interdiction *per se* des pratiques discriminatoires, était tout particulièrement destinée à saisir les abus tarifaires dans la négociation. La lecture du jugement lillois conforte indiscutablement cette analyse puisqu'il se prononce sur la licéité de stipulations se rapportant, pour certaines d'entre elles, à des obligations tarifaires (délais de paiement et intérêts de retard).

Quant à la mise en évidence du déséquilibre significatif, il importe de relever que le Tribunal de commerce, s'il n'a pas fait usage de la faculté de consulter la Commission d'examen des pratiques commerciales, s'inspire d'un avis rendu par cette dernière (CEPC, avis n° 09-12 du 28 octobre 2009, venant compléter le dispositif de Questions-Réponses relatif à la mise en œuvre de la loi de modernisation de l'économie). Au demeurant, ce n'est pas sa seule source d'appréciation puisqu'il évoque également, outre l'objectif poursuivi par la LME, un avis de l'autorité française de concurrence (Cons. conc., n° 09-A-02 du 20 février 2009, relatif à un accord dérogatoire pour les délais de paiement dans le secteur du bricolage) ainsi que la directive n° 2000/35 du 29 juin 2000 relative à la lutte contre le retard de paiement dans les transactions commerciales.

Il convient également de noter que la recherche du déséquilibre significatif est effectuée à partir du contrat et de la situation bilatérale des parties. Le jugement s'abstient opportunément de procéder à une quelconque comparaison avec la situation de tiers à la relation : aussi tentant soit-il, un tel raisonnement pourrait entrer en conflit avec l'esprit de la loi de modernisation de l'économie ayant supprimé la prohibition des pratiques discriminatoires. Le contrôle effectué, intrinsèque à la relation considérée, conduit la juridiction consulaire à retenir, là encore pour chaque clause envisagée, que l'obligation litigieuse est dépourvue de réciprocité et de toute contrepartie au profit de l'autre partie, ainsi qu'à en souligner le caractère *"nettement défavorable"*.

Ainsi, s'agissant des acomptes versés mensuellement au titre des remises différées, il est observé que le distributeur exige, sur des volumes financiers importants, des délais de paiement bien différents de ceux dont il bénéficie lui-même pour le règlement des achats et que ce différentiel pénalise les fournisseurs, entraînant pour ces derniers des besoins de trésorerie accrus et des coûts financiers supplémentaires. Quant aux pénalités prévues en cas de retard de paiement, le taux est *"exorbitant"* et même *"usuraire"*.

De façon plus surprenante, le jugement stigmatise aussi la stipulation prévoyant l'emploi exclusif du virement par les fournisseurs ainsi que l'absence de clause autorisant une révision du montant des acomptes, en cas de baisse substantielle des volumes d'affaires. Effectivement, on pourrait douter que le seul emploi d'un moyen de paiement ou encore le silence du contrat puissent être à l'origine d'un déséquilibre *significatif*. Cependant, il faut remarquer que la décision indique, à leur propos, que cela *"renforce"* ou encore *"contribue"* au déséquilibre significatif déjà constaté du fait des délais de paiement et pénalités de retard.

Il est également permis de s'étonner que le Tribunal de commerce paraisse apprécier chaque stipulation isolément ou en la combinant avec les seules autres clauses relatives au paiement, sans la replacer dans l'ensemble des droits et obligations des parties découlant du contrat, voire de la relation dans sa globalité, ainsi que la lettre du texte – visant *"un déséquilibre significatif dans les droits et obligations des parties"* – semble pourtant convier à la faire.

Les sanctions civiles des pratiques restrictives de concurrence

S'il est une différence ostensible et accusée entre l'article L. 442-6-I-2° du Code de commerce et le dispositif consumériste qui lui a servi de source d'inspiration, c'est celle qui a trait aux sanctions civiles encourues. Là où l'article L. 132-1 du Code de la consommation dispose que la clause abusive est réputée non écrite, celui qui enfreint la règle du Code de commerce est exposé à d'autres sanctions civiles dont le prononcé peut être demandé par la victime de la pratique ou, conformément à l'article L. 442-6-III, par le ministre de l'économie ou le ministère public. À vrai dire, et comme pour l'ensemble des dispositions de l'article L. 442-6-I, à l'exception notable de l'interdiction de la rupture brutale, il est vraisemblable que l'initiateur principal des actions fondées sur l'existence d'un déséquilibre significatif sera le ministre de l'Économie. À ces occasions, il pourra demander, outre le prononcé de mesures susceptibles d'être sollicitées par la victime directe, celui d'une amende civile dont le plafond, fixé en valeur absolue à deux millions d'euros, a été complété, dans la loi du 4 août 2008, par un plafond en valeur relative correspondant à trois fois le montant des sommes indûment perçues. En revanche, alors que cela a pu être envisagé, le législateur a renoncé – pour le moment – à fournir la moindre indication aux juridictions appelées à arrêter le *quantum* de l'amende civile. Dès lors, il pourrait être tentant de transposer, en tant que de besoin, les préceptes guidant le prononcé des sanctions pécuniaires par les autorités de concurrence.

L'examen de la jurisprudence fait apparaître une assez grande disparité dans le montant des amendes civiles prononcées. Ainsi, une même pratique – consistant à obtenir un avantage sans contrepartie ou disproportionné avec la valeur du service rendu, en violation de l'article L. 442-6-I-1° du Code de commerce – expose-t-elle son auteur, dans certains cas, à l'amende maximale (Trib. Com. Evry, 14 octobre 2009, n° RG 2008/00380, *Concurrences*, n° 1-2010, p. 121, obs. M.C.) ou d'un montant très substantiel (un demi-million: Colmar, 12 août 2008, RG n° 05/05738), dans d'autres affaires, à des montants plus réduits (18000 euros: Trib. Com. Toulon, 10 juillet 2008, RG n° 2007/000037; 30000 euros: Trib. Com. Lille, 19 juin 2008, RG n° 2006/82092; 22000 euros: Trib. Com. Dreux, 9 octobre 2008, RG n° 2008/001395) et parfois assez symboliques, de l'ordre de quelques milliers d'euros (5000 euros: Versailles, 21 février 2008, RG n° 06/07780; 3000 euros: Trib. Com. Manosque, 6 mai 2008, RG n° 06/052008). Or, dans ces différentes espèces, le *quantum* retenu n'est guère explicité par la décision judiciaire, cela y compris lorsque la juridiction d'appel décide de modifier le montant prononcé en première instance (v. par exemple, Nîmes, 17 janvier 2008, RG n° 05/01724).

S'agissant du jugement du 6 janvier 2010, le ministre de l'Économie – à l'origine de l'action en justice dénonçant une violation de l'article L. 442-6-I-2° du Code de commerce – avait demandé la cessation des pratiques litigieuses et le prononcé d'une amende civile. Si pleine satisfaction lui est donnée quant à la première mesure destinée à faire cesser, pour l'avenir, le trouble concurrentiel, la juridiction consulaire, faisant usage de son pouvoir d'appréciation, prononce une amende de 300 000 euros, soit pratiquement sept fois moins que le montant de deux millions d'euros sollicité par le ministre. Le raisonnement suivi, plus développé que dans d'autres décisions judiciaires (v. cependant Trib. Com. Evry, 14 octobre 2009, déc. préc.), ne peut manquer de retenir l'attention et ceci, bien au-delà de la seule règle appréhendant les déséquilibres significatifs.

Le jugement souligne, pour commencer, que l'État n'a pas souffert directement d'un préjudice et qu'il n'a pas chiffré celui supporté par les fournisseurs, pas plus qu'il n'a sollicité, ainsi que l'article L. 442-6-III du Code de commerce lui en donne la faculté, la répétition de l'indu en leur faveur.

Il est vrai que selon toute vraisemblance, l'absence de demande relative à la répétition de l'indu, comme d'ailleurs à la nullité des stipulations concernées, s'explique par le fait que la cessation des pratiques pour le futur suffisait à rétablir l'ordre public concurrentiel. On notera par ailleurs le vocabulaire employé par la décision évoquant l'absence de chiffrage du préjudice des fournisseurs et non l'absence de demande en réparation dudit préjudice. Il faut sans doute y voir un écho à la jurisprudence de la Cour de cassation qui a admis la conventionalité de l'article L. 442-6-III C. com. au regard de l'article 6 § 1 CEDH ; elle a mentionné, à ce propos, toutes les prérogatives conférées par ce texte au ministre, à l'exception toutefois de la demande en réparation des préjudices subis (Com. 8 juillet 2008, Bull. civ. IV, n° 143), omission qui n'est sans doute pas fortuite (M. Chagny, obs. sous Com. 8 juillet 2008, JCP 2008, I, 218, n° 18 et s. ; v. Cour de cassation, Rapport annuel pour 2008).

Quoi qu'il en soit, les observations formulées par la juridiction consulaire quant à la répétition de l'indu et quant au préjudice subi par l'État et par la victime pourraient sembler faire lointainement et imparfaitement écho au dommage à l'économie, lequel est l'un des critères – quelque peu controversé – de fixation de la sanction pécuniaire par l'Autorité de la concurrence (art. L. 464-2-I C. com.). Cela étant, elles se relient aussi à l'affirmation, contenue dans une récente et importante décision, selon laquelle l'amende civile a une nature, non seulement répressive, mais aussi indemnitaire (Nîmes, 25 février 2010, n° RG 07/00606).

Dans leur décision, les juges lillois prennent également en considération le caractère récent de la disposition violée qui est issue de la loi LME et pour laquelle une période d'adaptation est nécessaire, en vue de préciser modalités d'application et bonnes pratiques. Ils retiennent aussi la compréhension dont a fait preuve le distributeur à l'égard de ses cocontractants lorsque ceux-ci ont rencontré des difficultés. Cet ensemble de considérations concourt, sans que cela ne soit exprimé, à apprécier la gravité des pratiques commises, critère de détermination des sanctions pécuniaires également énoncé à l'article L. 464-2-I du Code de commerce (v. déjà Trib. Com. Evry, 14 octobre 2009, déc. préc.). Il est encore relevé que l'auteur des pratiques condamnées a fait preuve de loyauté au cours de l'enquête, circonstance de nature à atténuer le montant de l'amende civile ordonnée à son encontre.

Par ailleurs, il est tenu compte de la durée des pratiques, observation étant faite que celles-ci ne concernent que l'année 2009 et que leur auteur a la possibilité de modifier son comportement dès l'année suivante. Ce paramètre correspond à l'un des critères utilisés en droit communautaire (rappr. art. 23 § 3 du Règlement 1/2003 du 16 décembre 2002, selon lequel le montant de l'amende est déterminé en prenant en considération, outre la gravité de l'infraction, sa durée). Il faut cependant observer qu'il ne s'adapte que très imparfaitement à certaines pratiques susceptibles d'être sanctionnées par une amende civile et, en particulier, à la rupture brutale des relations commerciales établies.

Si ce seul jugement ne suffit évidemment pas à tracer les lignes directrices suivies par les juridictions civiles au moment d'"*arbitrer*", en "*usant de [leur] pouvoir d'appréciation*" (selon les termes mêmes de la décision), le *quantum* de l'amende civile, d'autres décisions ne manqueront pas d'être rendues, à l'avenir, ne serait-ce qu'en raison des assignations d'ores et déjà introduites par le ministre de l'Économie à l'automne 2009. Ces décisions contribueront aussi à construire, au fil du temps et sans doute avec le concours de la Commission d'examen des pratiques commerciales, l'interprétation jurisprudentielle de l'article L. 442-6-I-2 du Code de commerce, dont il ne faudrait pas oublier qu'il concerne les relations d'affaires, bien au-delà des rapports noués entre grands distributeurs et fournisseurs. Avis aux praticiens du droit des contrats !

M. Chagny
Concurrences N° 2-2010, p. 99

Concurrences +

M.Chagny, Le Tribunal de commerce d'Evry, sur saisine du ministre de l'économie, condamne un distributeur ayant obtenu de ses fournisseurs une rémunération sans contrepartie ou manifestement disproportionnée à la valeur du service rendu, en violation de l'art. L. 442-6-I 1° C. Com. S'il prononce l'amende civile maximale, l'indivisibilité entre les contrats de services litigieux et les contrats de vente le conduit à refuser d'ordonner la nullité et la répétition de l'indu (Carrefour), 14 octobre 2009, Revue Concurrences N° 1-2010, pp. 121-123

Cass. com., 3 mars 2015, Eurauchan, n° 13-27525 ; et Provéra, n° 14-10907

La Cour de cassation rejette le pourvoi formé par deux enseignes de la distribution contre les arrêts ayant accueilli l'action du Ministre de l'économie et déclaré que les clauses des contrats de référencement créaient un déséquilibre significatif dans les droits et obligations des parties au sens de l'art. L. 442-6 C. com.

C'est la première fois que la haute juridiction se prononce sur la notion de déséquilibre significatif depuis l'introduction, controversée, de ce texte dans le Code de commerce par la loi LME du 4 août 2008. La position adoptée conforte, à l'évidence, la Cour d'appel de Paris, juridiction spécialisée dont l'approche du déséquilibre significatif entre professionnels est ainsi validée (sur le déséquilibre: Tendances: J.-L. Fourgoux, M. Chagny, J. Riffault-Silk, D. Tricot, C. Pecnard, "*Approches plurielles du déséquilibre significatif*", mai 2011, *Concurrences* n° 2-2011, art. n° 35454).

Dans les deux arrêts, les griefs sur la procédure spécifique de l'article L. 442-6 et la recevabilité de l'action du ministre sont évacués. La réserve d'interprétation émise par le Conseil constitutionnel (Cons. const., déc. n° 2010-126 QPC du 13 mai 2011, *Système U*, *Concurrences* n° 3-2011, art. n° 37950, pp. 129-132, M. Chagny) imposant l'information des co-contractants ne concerne pour la Cour que la demande de nullité des conventions illicites, la restitution des sommes indûment perçues et la réparation des préjudices mais pas la cessation des pratiques ni le prononcé d'une amende civile.

Le premier arrêt commenté (*Eurauchan*), sera publié au bulletin, ce qui marque l'importance de la solution retenue par la Cour sur la méthode d'appréciation du déséquilibre significatif. Le Tribunal de commerce de Lille avait, le 7 septembre 2011, été l'une des premières juridictions à se prononcer dans la série d'assignations lancées par le ministre de l'Économie en septembre 2009 à l'encontre de neuf enseignes de la grande distribution généraliste et spécialisée. Le Tribunal de commerce de Lille avait condamné Eurauchan à une amende civile d'un million d'euros pour déséquilibre significatif de sa convention annuelle. La Cour d'appel de Paris avait (CA Paris, 5-4, 11 sept. 2013, RG n° 11/17041, *Concurrences*, n° 4-2013, art. n° 59273, p. 103, M. Dany) purement et simplement confirmé la décision en écartant les nombreux moyens de procédure relatifs à la recevabilité et en maintenant l'analyse sur le déséquilibre de deux clauses, celles relatives à la révision de prix et celle relative au taux de service.

On comprend clairement que, pour la Cour de cassation, l'article L. 442-6 I 2° du Code de commerce invite à apprécier le contexte dans lequel le contrat est conclu et son économie. En l'espèce la Chambre commerciale trouve dans la motivation de la Cour d'appel une "*appréciation concrète et globale des contrats en cause*", permettant de caractériser le déséquilibre significatif auquel la société Eurauchan a soumis ses fournisseurs et approuve les juges du fond qui ne se sont pas déterminés "*en considération des seules clauses litigieuses*".

Pourtant, à la lecture de l'arrêt soumis à l'examen de la chambre commerciale, certes une formule avait fait référence à l'approche globale, mais avait par la suite principalement procédé comme le Tribunal de commerce à une analyse clause par clause et parachevé par une conclusion par laquelle Eurachan ne rapportait pas la preuve que "*d'autres clauses insérées lors des négociations permettent le rééquilibrage*".

Les deux clauses censurées par les juges méritent d'être commentées. La première clause concernait la révision des prix du fournisseur en cours d'exécution de la convention annuelle. Le ministre de l'Économie faisait valoir que cette clause présentait un déséquilibre significatif entre les droits et obligations des parties au contrat. En effet, après avoir posé comme principe l'intangibilité des tarifs négociés annuellement, la convention annuelle prévoyait les conditions de révision des prix à la hausse et à la baisse. Mais, en cas de hausse de tarif, le fournisseur devait justifier sa demande, obtenir le consentement d'Eurauchan et différer l'application du nouveau tarif de 2 ou 4 mois après l'accord d'Eurauchan, alors qu'en cas de baisse des prix des matières premières, le distributeur pouvait dénoncer l'accord et contraindre le fournisseur à renégocier à la baisse. Pour rejeter le pourvoi, la Chambre commerciale, approuve le constat selon lequel cette clause ouvre au distributeur la possibilité de figer le tarif pendant un laps de temps important ou de négocier de nouvelles conditions commerciales annihilant la hausse.

La deuxième clause relative au "*taux de service*" concernait les pénalités appliquées aux fournisseurs en cas d'incidents de livraison. Plus précisément, la clause prévoyait l'obligation d'atteindre un taux de service mensuel de 98,5 %. En cas de non-atteinte de ce taux, des pénalités sont facturées au fournisseur à hauteur de 10 % de la valorisation des marchandises non livrées et de 20 % pour les marchandises faisant l'objet d'une promotion.

Le rejet est, sur ce point, basé sur le caractère général et imprécis de la définition du taux de service qui ne précisait pas si le taux de service se référait à un taux par magasin, par entrepôt ou au plan national, ni la notion de *"chiffre d'affaires manquant"* à partir duquel la pénalité était calculée. Par ailleurs, la Cour de cassation cite les critères retenus par les juges du fond et notamment le fait que cette clause prérédigée étant imposée à tous les fournisseurs revêt un caractère automatique, source de disproportion entre le manquement et la sanction et confère au distributeur une arme dans la négociation.

L'appréciation du déséquilibre est effectuée de façon concrète sur la globalité des contrats

Le deuxième arrêt concerne Provéra qui avait vu deux de ses clauses censurées par le Tribunal de commerce de Meaux le 6 décembre 2011 (*Concurrences* n° 1-2012, art. n° 42375, pp. 130-131, M. Chagny) et une amende civile de 250 000 euros prononcée à son encontre. La Cour d'appel de Paris avait intégralement confirmé cette décision par arrêt du 20 novembre 2013 (RG 12/04791).

La Chambre commerciale rejette de la même façon les questions procédurales en précisant que l'interdiction à l'avenir de clauses précises issues de contrats conclus entre distributeur et fournisseurs, reprises chaque année, ne contrevenait pas à l'interdiction des arrêts de règlement. La Cour refuse en outre, de contrôler l'amende civile prononcée en raison du rejet des moyens sur le déséquilibre.

Sur le fond, l'approche globale est là encore validée et les deux clauses critiquées interdites à l'avenir par la Cour. En premier lieu une clause résolutoire pour *"sous performance du produit par rapport aux objectifs fixés d'un commun accord entre les parties et/ou aux résultats annoncés par le fournisseur"*. La Cour d'appel avait considéré que cette disposition avantageait le distributeur en lui offrant la possibilité de rompre *"automatiquement"* la relation contractuelle sans préavis et sans indemnisation indépendamment de la gravité du manquement. La deuxième clause était relative aux délais de paiement différenciés (30 jours non négociable pour les sommes dues par les fournisseurs et plus élevés et négociables pour les sommes dues par le distributeur).

Cette motivation est approuvée par la Cour de cassation qui y trouve la recherche et l'appréciation souveraine du déséquilibre par les juges. Finalement les apports de ces arrêts sont très symboliques.

La chambre commerciale met un point final aux critiques à l'encontre d'un texte novateur destiné à servir de garde-fou, non seulement dans les négociations des grandes enseignes mais dans tous les contrats. Le choix de privilégier une analyse globale du déséquilibre pourrait l'éloigner du droit de la consommation contrairement aux pistes données par le Conseil Constitutionnel et favorisera le contentieux. De façon assez répétitive et didactique, la Cour de cassation semble exiger l'absence de négociation ou de négociabilité des clauses pour appliquer l'article L. 442-6 I 2° du Code de commerce.

Ces orientations devront être retenues par les rédacteurs pour assurer la sécurité juridique des accords commerciaux. À l'approche d'une généralisation de la sanction des clauses déséquilibrées dans le droit des contrats cette application du droit des pratiques restrictives est encourageante. Le projet d'ordonnance propose en effet, d'introduire dans le Code civil un article 1169 relatif aux clauses qui créent un déséquilibre significatif entre les droits et obligations des parties au contrat. Elles pourront être supprimées par le juge à la demande du contractant au détriment duquel elle est stipulée.

Si ce texte est adopté, la coordination avec le Code de commerce devra néanmoins être repensée.

J.-L. Fourgoux
Concurrences N° 2-2015, p. 117

Concurrences +

F. Buy, La Cour de cassation bâtit, petit à petit, une jurisprudence rigoureuse sur le déséquilibre significatif dans les contrats de la grande distribution (EMC distribution), 29 septembre 2015, Revue Concurrences N° 1-2016, pp. 119-120

M. Dany, M. Le Moullec, La Cour d'appel de Paris confirme la décision du Tribunal de commerce de Lille qui, sur saisine du ministre de l'Économie, avait condamné un distributeur à une lourde amende civile en raison du caractère déséquilibré de deux clauses de la convention annuelle conclue avec ses fournisseurs (Eurauchan), 11 septembre 2013, Revue Concurrences N° 4-2013, p. 103

M. Chagny, Le Tribunal de commerce de Meaux applique l'article L. 442-6-I-2° du Code de commerce et condamne, sur saisine du ministre de l'Économie, une clause résolutoire et une clause relative aux délais de paiement (Ministre de l'Économie / Provera France), 15 février 2012, Revue Concurrences N° 1-2012, pp. 130-131

J.-L. Fourgoux, M. Chagny, J. Riffault-Silk, D. Tricot, C. Pecnard, Approches plurielles du déséquilibre significatif, mai 2011, Revue Concurrences N° 2-2011, www.concurrences.com

M. Chagny, Le Conseil constitutionnel considère que l'article L. 442-6-III alinéa 2 du Code de commerce ne contrevient pas aux droits et libertés garantis pas la Constitution, mais assortit sa décision d'une réserve d'interprétation (Système U), 13 mai 2011, Revue Concurrences N° 3-2011, pp. 129-132

Cass. com., 12 avril 2016, Bénéteau c/ LGM Yachting, n° 13-27712

La Cour de cassation approuve les juges du fond qui ont considéré qu'une clause de résiliation réciproque ne crée pas de déséquilibre significatif et que le délai de préavis pour 19 années de relations commerciales pouvait être fixé à 12 mois, en l'absence de faute du concédant laissant croire à la poursuite des relations commerciales ou de fraude avec un éventuel successeur sur le territoire

Les faits sont assez traditionnels puisqu'ils opposent un concessionnaire exclusif, *Bénéteau*, qui depuis 1992, commercialise la gamme de bateaux du constructeur dans le cadre d'un contrat dont le dernier d'une durée de cinq ans n'a pas été renouvelé. Le concédant, pour ce faire, a adressé une notification dans le délai contractuel, huit mois avant le terme. Le concessionnaire avançait des arguments assez sérieux pour contester ce non-renouvellement, sur la base du droit des pratiques déloyales et restrictives de concurrence. La Cour de cassation les a examinés successivement pour les rejeter les uns après les autres.

La première critique consistant à soulever que la clause de résiliation, au motif qu'elle avantage le concédant, devrait être qualifiée de déséquilibre significatif aux dépens du concessionnaire. La Cour d'appel de Paris avait refusé de tenir compte de la dépendance économique dans laquelle se trouvait le concessionnaire. La chambre commerciale relève que "*la clause de résiliation anticipée confère au concédant, comme au concessionnaire, le droit de mettre fin au contrat et dans les mêmes conditions, notamment, sans justification d'une faute, et que les intérêts de l'un comme de l'autre peuvent varier en fonction de l'évolution de la situation à la conjoncture économique*" et que cette analyse permet de retenir que la clause ne crée pas un déséquilibre significatif entre les parties.

Ainsi le caractère symétrique d'une clause, quand bien même il est plus rare de voir le concessionnaire dénoncer le contrat de concession, permettra d'échapper à la critique. Cette analyse assez formelle est cependant assez proche de la rédaction de l'article L. 442-6-I, 2° qui sanctionne "*les obligations*" créant un déséquilibre et pourrait ainsi encourager les partisans de l'analyse clause par clause du déséquilibre plutôt que l'approche globale et concrète de la relation.

Le moyen relatif à la durée du préavis et l'application de l'article L. 442-6-I, 5° visant à contester le fait que les relations avec une ancienneté de 19 ans et le concessionnaire compte tenu de sa situation considérait que le préavis de 8 mois était insuffisant. La Cour d'appel de Paris avait fixé le préavis, proportionné, au sens du texte, à 12 mois, ce que le concessionnaire estimait insuffisant.

La Cour de cassation rejette cette critique sur la base du pouvoir souverain d'appréciation des juges du fond en rappelant qu'il devait être relevé que les juges avaient valablement vérifier si le délai contractuel de huit mois était assez long pour permettre de disposer d'un temps suffisant pour se reconvertir compte tenu de l'exclusivité et de la notoriété des produits *Bénéteau*. De façon claire, la haute juridiction mentionne que le préavis de 12 mois relevait de son "*appréciation souveraine*".

Ceci pourrait annoncer une évolution de la Cour d'appel de Paris, sans que la Cour de cassation ne trouve, en l'état, rien à redire, à la réduction du préavis proportionné pour adopter une interprétation moins attractive de l'article L. 442-2-6-I, 5°.

Faut-il y voir aussi une volonté de la Cour d'appel de Paris de mettre un terme à une dérive conduisant à des délais de préavis parfois excessifs ? Toujours est-il que la durée moyenne que certains ont cru déceler (d'un mois par année d'ancienneté) semble être sévèrement réduite dans cette décision, alors même que l'exclusivité et la dépendance économique n'étaient pas contestées.

Toujours est-il que ces variations jurisprudentielles par lesquelles les juges, après avoir appliqué de façon (excessivement ?) généreuse, en viennent à une application significativement plus étroite peut être considérée comme moins déroutante. Déroutante car difficile à anticiper pour les plaideurs et parce que ce recul est peut-être lié à des situations conjoncturelles et des contraintes de la Cour d'appel de Paris dans la gestion des dossiers en stock.

Le dernier point était plus original même s'il est assez factuel. Le concessionnaire avait souligné que les relations commerciales auraient dû se poursuivre car le concédant avait, d'une part, laissé croire à une volonté du terme contractuel et, d'autre part, utilisé des manœuvres frauduleuses pour le priver de son fonds de commerce. L'ensemble de ces faits aurait dû être condamné et indemnisé plus significativement.

La Cour les écarte en soulignant sur la première branche que, si avant le terme contractuel, des échanges, notamment l'encouragement du concédant à ce que le concessionnaire trouve un partenaire pour se développer est certes un élément marquant, il ne pouvait être interprété comme traduisant la même volonté de le poursuivre au-delà du terme convenu, puisque intervenant *trois ans* avant le terme contractuel. Pour les manœuvres tendant à priver le concessionnaire de son fonds de commerce et l'empêchant de négocier avec un éventuel successeur, la Cour de cassation se range derrière la Cour d'appel de Paris et son appréciation selon laquelle il n'y avait pas d'éléments permettant de caractériser une telle manœuvre frauduleuse.

Ainsi cet arrêt, certes non publié, sous couvert de décision d'espèce, marque néanmoins une orientation privilégiant l'application des dispositions contractuelles et un contexte moins favorable aux critiques et aux recours invoquant le caractère déloyal et restrictif de concurrence pour les concessionnaires.

J.-L. Fourgoux
Concurrences N° 3-2016, p. 101

Concurrences+

N. Ereseo, La Cour de cassation considère que la clause offrant au concédant une faculté discrétionnaire de résiliation d'un contrat à durée déterminée n'instaure pas un déséquilibre significatif entre les droits et obligations des parties (SPBI / LGM Yachting), 1er septembre 2016, Revue Concurrences N° 3-2016, p. 95

Cass. com., 25 janvier 2017, Le Galec c/ Ministre de l'économie, n° 15-23547

La Cour de cassation juge que l'article L. 442-6, I, 2° C. com. permet au juge de contrôler les prix et approuve la Cour d'appel de Paris d'avoir jugé qu'une clause de réduction de prix créait un déséquilibre significatif

L'arrêt de la Chambre commerciale de la Cour de cassation du 25 janvier 2017 (*D.* 2017, p. 481, obs. F. Buy; *JCP G* 2017, obs. M. Béhar-Touchais; *JCP E* 2017, 1135, obs. S. Pech-Le Gac), présidée pour la circonstance par le Premier président Louvel, constitue probablement la décision la plus importante que la haute juridiction ait jusqu'ici rendu au sujet de l'article L. 442-6, I, 2° C. com. Une partie de la doctrine, extrêmement critique à son sujet, a déjà dénoncé "*la prise de pouvoir du juge sur les négociations commerciales*" (M. Béhar-Touchais, préc.). Mais si l'on peut, certes, être pris d'un certain vertige devant ce nouveau pouvoir du juge, on doit aussi rappeler que tout ce qui a été dit n'était pas, loin s'en faut, imprévisible.

Rappelons que l'affaire en cause était celle des ristournes de fin d'année (RFA) imposées par le Galec, qui avaient justifié, devant la Cour d'appel de Paris (CA Paris, ler juill. 2015, n° RG 13/19251, *Concurrences* n° 4-2015, p. 138, obs. J.-L. Fourgoux), sur demande du ministre de l'Économie, la condamnation de la centrale à restituer plus de 61 millions d'euros à ses fournisseurs au titre d'une répétition de l'indu consécutive à un déséquilibre significatif dans les droits et obligations des parties. À quoi s'était ajouté le paiement d'une amende civile de 2 millions d'euros. C'est cette décision qui est en l'espèce confirmée. On en retiendra les éléments suivants.

L'article L. 442-6, I, 2° C. com. autorise un contrôle judiciaire du prix

C'est le point le plus remarquable. L'idée d'un "*contrôle judiciaire du prix*" jure, bien évidemment, avec la tradition française. Mais nul ne contestera que la solution était dans l'air du temps: d'une part, la réforme du droit des contrats a largement bousculé les habitudes (art. 1143, C. civ. : sanction de la violence par abus d'état de dépendance en cas d' *"avantage manifestement excessif"* ; art. 1195, C. civ. : révision judiciaire du contrat en cas d'imprévision) ; d'autre part, l' "histoire" de l'article L. 442-6 C. com. rappelle que ce texte n'a eu d'autre objectif que de canaliser la libre négociabilité tarifaire, reconnue en 2008. Si le Conseil constitutionnel n'y avait pas trouvé un argument suffisant pour distinguer les dispositifs anti-abus du Code de commerce et du Code de la consommation (déc. n° 2010-85 QPC du 13 janv. 2011), la Cour d'appel de Paris avait, elle, déjà reconnu à plusieurs reprises le particularisme du droit commercial (v., outre l'arrêt d'appel, CA Paris, 23 mai 2013, n° RG 12/01166, *RTD com.* 2013, p. 500, obs. M. Chagny). Elle reçoit désormais le soutien officiel de la Cour de cassation, qui énonce que *"la similitude des notions de déséquilibre significatif prévues aux articles L. 132-1, devenu L. 212-1, du Code de la consommation et L. 442-6, I, 2° du Code de commerce, relevée par le Conseil constitutionnel dans sa décision n° 2010-85 QPC du 13 janvier 2011, n'exclut pas qu'il puisse exister entre elles des différences de régime tenant aux objectifs poursuivis par le législateur dans chacun de ces domaines, en particulier quant à la catégorie des personnes qu'il a entendu protéger et à la nature des contrats concernés"*.

La solution est confortée par deux arguments de texte. Premièrement, *"l'article L. 442-6, I, 2° précité, qui figure dans le Livre quatrième du Code de commerce relatif à la liberté des prix et de la concurrence, et au Chapitre II du Titre IV, dédié aux pratiques restrictives de concurrence, n'exclut pas, contrairement à l'article L. 212-1 du Code de la consommation, que le déséquilibre significatif puisse résulter d'une inadéquation du prix au bien vendu"*. Deuxièmement, *"la loi du 4 août 2008, en exigeant une convention écrite qui indique le barème de prix tel qu'il a été préalablement communiqué par le fournisseur, avec ses conditions générales de vente, a entendu permettre une comparaison entre le prix arrêté par les parties et le tarif initialement proposé par le fournisseur"*. Il est à noter, toutefois, que la portée de cette explication de texte a divisé les premiers commentateurs : tandis que certains ont considéré que la référence au mécanisme de l'article L. 441-7 C. com. cantonnait la solution aux seuls rapports fournisseurs-distributeurs (en ce sens, M. Béhar-Touchais, préc.), d'autres, dont l'auteur de ces lignes, ont estimé que la portée de la solution pouvait être plus générale (v. *D.* 2017, p. 481, préc.). C'est qu'il nous semble, en effet, que l'argument tiré de l'article L. 441-7 n'est qu'un argument de renfort. Car on ne voit pas comment l'article L. 442-6 pourrait être à géométrie variable, autorisant ici un contrôle du prix, et le récusant là. *Ubi lex non distinguit* !

Ce dont chacun conviendra, en revanche, c'est de la difficulté à concrètement appréhender ce nouveau contrôle des prix. L'arrêt déçoit un peu à ce titre lorsqu'il précise que le déséquilibre reproché au Galec *"ne résultait pas du niveau des prix consentis"*. On ne sait donc toujours pas quel est le mode d'emploi pour déterminer ce que le demandeur au pourvoi a appelé le *"juste prix"*. Ce qui est sûr (et rassurant), c'est que cette tâche délicate incombera à un juge spécialisé, et non au juge de droit commun.

L'article L. 442-6, I, 2° C. com. autorise, en particulier, un contrôle judiciaire des réductions de prix

L'arrêt ne tranche finalement que la question, spécifique, de la mise en œuvre des ristournes de fin d'année, que l'on peut voir comme une sorte de *"prix négatif"* (S. Pech-Le Gac, préc.).

La Cour estime, d'abord, que les clauses litigieuses relèvent bien de l'article L. 442-6, I, 2° C. com. Une RFA s'analyse bien, en effet, en une *"obligation"* et l'arrêt rappelle, si besoin était, que le droit des négociations commerciales l'exprime de son côté très clairement: "*dans les rapports noués entre un fournisseur et un distributeur, le déséquilibre significatif dans les droits et obligations des parties s'apprécie au regard de la convention écrite prévue par l'article L. 441-7 du Code de commerce, laquelle précise les obligations auxquelles se sont engagées les parties et fixe, notamment, les conditions de l'opération de vente des produits ou des prestations de services, comprenant les réductions de prix*".

La Chambre commerciale précise, ensuite, que "*le principe de la libre négociabilité n'est pas sans limite*". On peut concevoir que, s'agissant des réductions de prix, la chose n'était pas évidente. D'un côté, la possibilité de convenir de conditions particulières de vente sans craindre une condamnation pour discrimination semblait devoir passer par la fin du système des contreparties ligne à ligne (sur ce point, v. M. Béhar-Touchais et F. Buy, préc.). D'un autre côté, était-il concevable d'abandonner toute idée de contrôler ce qui représente un pan essentiel de la négociation commerciale, alors que l'article L. 442-6 avait été précisément adopté pour canaliser les abus découlant de la nouvelle liberté proclamée en 2008 ? La Cour de cassation a tranché: "*la Cour d'appel a déduit à bon droit que le principe de la libre négociabilité n'est pas sans limite et que l'absence de contrepartie ou de justification aux obligations prises par les cocontractants, même lorsque ces obligations n'entrent pas dans la catégorie des services de coopération commerciale, peut être sanctionnée au titre de l'article L. 442-6, I, 2° du Code de commerce, dès lors qu'elle procède d'une soumission ou tentative de soumission et conduit à un déséquilibre significatif*". Ainsi, les contreparties ligne à ligne sont-elles réhabilitées: toute réduction de prix, directe (remise, RFA...) comme indirecte (coopération commerciale), doit être accompagnée d'une contrepartie ou d'une justification propre. La sanction n'est pas inéluctable, certes, car il n'est pas impossible, comme le rappelle l'arrêt, que d'autres stipulations contractuelles puissent rééquilibrer la convention; mais c'est au distributeur de le démontrer, ce que le Galec n'a pas fait en l'espèce. Concernant les RFA, on retiendra donc qu'un déséquilibre significatif peut découler du fait que le paiement des ristournes soit prévu, "*soit en contrepartie de la constatation d'un chiffre d'affaires non chiffré ou d'un chiffre d'affaires inférieur de près de moitié à celui réalisé l'année précédente et l'année durant laquelle la RFA était due, soit sans aucune contrepartie*". Les juges ont également condamné (ce qui était assez prévisible) le fait que le distributeur pouvait obtenir le paiement d'acomptes "*avant que le prix des marchandises ait été réglé et de bénéficier ainsi d'une avance de trésorerie aux frais du fournisseur*".

L'arrêt rappelle, enfin, que la sanction du déséquilibre significatif passe par la caractérisation d'une condition préalable de soumission ou de tentative de soumission. On sait que, dans le contexte de la grande distribution, cela relève presque d'un constat formel (v. dernièrement Cass. com., 4 oct. 2016, *Concurrences* n° 1-2017, obs. F. Buy). En l'espèce, la condition a été jugée remplie dès lors que la ristourne litigieuse figurait dans les contrats-cadres pré-rédigés par le Galec et signés par tous les fournisseurs, mais non dans les CGV de ces derniers. Ce faisant, "*les clauses litigieuses pré-rédigées par le Galec constituaient une composante intangible de tous les contrats examinés et n'avaient pu faire l'objet d'aucune négociation effective*".

F. Buy

Concurrences N° 2-2017, p. 117

Concurrences +

M. Chagny, La Cour de cassation admet que la règle sur le déséquilibre significatif est applicable au prix (Galec), 25 janvier 2017, Revue Concurrences N° 2-2017, www.concurrences.com

F. Buy, La Cour de cassation juge que l'article L. 442-6, I, 2° C. com. permet au juge de contrôler les prix et approuve la Cour d'appel de Paris d'avoir jugé qu'une clause de réduction de prix créait un déséquilibre significatif (Le Galec), 25 janvier 2017, Revue Concurrences N° 2-2017, pp. 115-116

F. Buy, La Cour de cassation approuve, une nouvelle fois, la condamnation d'un grand distributeur ayant soumis ou tenté de soumettre ses fournisseurs à des obligations créant un déséquilibre significatif (Carrefour), 4 octobre 2016, Revue Concurrences N° 1-2017, pp. 122-123

J.-L. Fourgoux, La Cour d'appel de Paris sanctionne un déséquilibre financier sur le fondement de l'art. L. 442-6-I-2° c. com. (GALEC), 1er juillet 2015, Revue Concurrences N° 4-2015, pp. 139-140

P. Vanni, Le Tribunal de commerce de Paris refuse de sanctionner un groupement d'achat sur le fondement du déséquilibre significatif (Galec), 24 septembre 2013, Revue Concurrences N° 4-2013, www.concurrences.com

CA Paris, 21 juin 2017, Ministre de l'économie c/ Expedia, RG n° 15/18784

La Cour d'appel de Paris censure, au visa de l'article L. 442-6 C. com., les "clauses de parité" imposés aux hôteliers, en retenant la compétence du juge français et l'application de la loi française

Les pratiques des plates-formes de réservation hôtelière ne passent plus inaperçues depuis quelque temps. Et c'est ainsi que les juristes ont découvert les clauses dites "*de parité*", que ces plateformes imposent dans les contrats conclus avec les hôteliers : les clauses "*de parité des tarifs*", qui permettent de s'assurer de l'obtention automatique des meilleures conditions tarifaires, et les clauses "*de parité des disponibilités*", qui garantissent à la plate-forme les meilleures conditions en termes de disponibilité de chambres (soit en lui réservant la dernière chambre disponible, soit en lui garantissant le même nombre de chambres que celui disponible sur tout canal de distribution de l'hôtel ou d'un tiers).

Contexte

L'arrêt de la Cour d'appel de Paris du 21 juin 2017 (*AJ contrat* 2017, p. 305, obs. X. Delpech, et p. 388, obs. V. Pironon ; *LEDICO* 2017, n° 9, p. 2, obs. M. Behar-Touchais), qui met à l'amende le groupe *Expedia*, est le dernier épisode en date d'une véritable saga. Pour mémoire :

- l'Autorité de la concurrence (ADLC, déc. du 21 avr. 2015, n° 15-D-06, *RDC* 2015, p. 931, obs. M. Behar-Touchais), saisie par les syndicats hôteliers des pratiques mises en œuvre par les principales plateformes (*Booking.com*, *Expedia*, *HRS*), avait d'abord obtenu une série d'engagements de la part de *Booking.com*, aux termes desquels les hôteliers avaient recouvré leur entière liberté, sauf celle de publier des tarifs plus avantageux sur leurs propres sites Internet ("*clause de parité restreinte autorisée*") ;
- le tribunal de commerce de Paris, qui avait été parallèlement saisi à l'initiative du ministre, s'était, lui, prononcé sur les pratiques du groupe *Expedia* (T. com. Paris, 7 mai 2015, *RDC* 2015, p. 931, obs. M. Behar-Touchais). Le tribunal avait alors jugé que les clauses de parité tarifaire étaient constitutives d'un déséquilibre significatif, mais validé les clauses de "*dernière chambre disponible*". Il avait en outre mis hors de cause certaines sociétés du groupe, dont *Expedia France* ;

- le législateur est, peu après, intervenu pour enfoncer le clou au sujet des clauses de parité tarifaire. L'article L. 311-5-1 du Code du tourisme, créé par la loi *Macron* du 6 août 2015, dispose ainsi désormais que "*l'hôtelier conserve la liberté de consentir au client tout rabais ou avantage tarifaire, de quelque nature que ce soit, toute clause contraire étant réputée non écrite*".

Voici donc désormais la position de la Cour d'appel de Paris, livrée sous l'angle du droit des pratiques restrictives de concurrence (pour une critique de l'arrêt, au regard de "*l'empiètement*" qu'il opèrerait sur le droit antitrust, v. M. Behar-Touchais, obs. préc.). Certains commentateurs avaient à l'époque écrit que le jugement du tribunal de commerce ressemblait, sur ce terrain, à un "*rouleau compresseur*" (M. Behar-Touchais, obs. préc. sous T. com. Paris, 7 mai 2015). On pourra constater que l'arrêt rendu sur appel est plus sévère encore.

Questions de droit international privé

L'arrêt comporte un premier volet de droit international qui retiendra brièvement l'attention. Les contrats litigieux désignaient les juridictions anglaises et le droit anglais, de sorte qu'il n'était pas évident que le droit français puisse s'appliquer devant un juge français.

La question de la compétence a été réglée, d'abord, en appliquant la solution que la Cour de cassation retient en matière de clauses compromissoires (Cass. 1ère civ., 6 juill. 2016, n° 15-21811, publié au *Bulletin*, *D.* 2016, p. 1910, note J.-C. Roda). La Cour d'appel énonce à cet égard que "*l'action ainsi attribuée au ministre au titre d'une mission de gardien de l'ordre public économique pour protéger le fonctionnement du marché et de la concurrence est une action autonome dont la connaissance est réservée aux juridictions étatiques au regard de sa nature et de son objet. Le ministre n'agissant ni comme partie au contrat ni sur le fondement de celui-ci, la clause des contrats attribuant la compétence aux juridictions britanniques est manifestement inopposable au ministre et inapplicable au présent litige*".

Cela n'a rien d'étonnant. Ce qui surprend, en revanche, c'est que la juridiction compétente a été ensuite déterminée par référence au règlement européen 44/2001 du 22 décembre 2000, dit "*Bruxelles I*", sans que personne ne se soit demandé, le moindre instant, si la question relevait bien de la matière "*civile et commerciale*". Il a pourtant été pertinemment démontré que l'action du ministre, intentée à des fins de régulation ou de répression, devait plus certainement répondre à un principe de territorialité (v. M. Behar-Touchais, obs. *RDC* 2015, p. 891).

Quoi qu'il en soit, c'est en application de l'article 5-3 du règlement que la compétence des juridictions françaises a été retenue, au titre du tribunal du "*lieu de survenance du dommage*" puisque les hôteliers victimes étaient situés sur le territoire français. On remarque ainsi que le litige relève de la "*matière délictuelle*", dans le droit fil de la jurisprudence de la Cour de cassation qui considère que l'action autonome du ministre revêt la nature d'une action en responsabilité quasi délictuelle (Cass. com., 18 oct. 2011, n° 10-28005, *Bull. civ. IV*, n° 160 ; *Concurrences* n° 1-2012, p. 133, obs. J.-L. Fourgoux).

La Cour a prolongé sa réflexion au plan du droit applicable. Jugeant que l'objet de la procédure ne relevait pas de la "*matière contractuelle*", mais de la "*matière délictuelle*", elle en a déduit que le règlement 864/2007 du 11 juillet 2007, dit "*Rome II*", devait s'appliquer. C'est cohérent, comme l'est aussi sa décision de rendre les clauses de désignation de la loi anglaise inopposables au ministre (V. Pironon, obs. préc.). Ce qui est plus discutable, en revanche, c'est d'avoir appliqué par conséquent les dispositions de l'article 4.1 de ce règlement et d'avoir retenu l'application de la loi française au titre de la loi "*du pays où le dommage survient*". On aurait tout de même aimé que la règle de conflit relative aux délits concurrentiels soit interrogée, ne serait-ce que pour savoir si les pratiques incriminées en relevaient effectivement (V. Pironon, obs. préc.).

Mais le plus intéressant est ailleurs. La Cour a en effet pris soin d'ajouter, "*à titre surabondant*" comme le précise l'arrêt, que les articles L. 442-6, I, 2° et L. 442-6, II, d) C. com. se seraient imposés au juge du for, même si la loi applicable avait été une loi étrangère, en tant que lois de police. Pour quelle raison ? Parce que ces textes prévoient "*des dispositions impératives dont le respect est jugé crucial pour la préservation d'une certaine égalité des armes et loyauté entre partenaires économiques et s'avèrent donc indispensables pour l'organisation économique et sociale. Le régime spécifique commun à ces délits, prévu au III, caractérisé par l'intervention du ministre de l'économie pour la défense de l'ordre public, et les instruments juridiques dont celui-ci dispose, notamment demander le prononcé de sanctions civiles, illustrent l'importance que les pouvoirs publics accordent à ces dispositions*". Voilà qui est dit !

Questions de fond

Ce faisant, les clauses de parité ont été passées au crible de l'article L. 442-6. Après un rappel utile ("*le champ d'application de l'article L. 442-6 du Code de commerce excède le secteur de la grande distribution et ne suppose pas un acte d'achat ou de vente*"), la Cour a statué en application de deux dispositions du texte : l'article L. 442-6, II, d) et l'article L. 442-6, I, 2°.

Les clauses de parité au prisme de l'article L. 442-6, II, d), C. com.

Les clauses nulles du II de l'article L. 442-6 n'ont pas souvent les honneurs du contentieux (v. F. Buy, M. Lamoureux et J.-C. Roda, *Droit de la distribution*, LGDJ, 2017, n° 369). Le d) de ce texte, qui stigmatise la clause dite de "*la nation la plus favorisée*" (selon l'expression de la Cour), vise en substance à interdire à un commerçant d'exiger de son partenaire qu'il lui consente les mêmes avantages qu'à ses concurrents. S'oppose-t-il aux clauses de parité ?

Oui, en ce qui concerne les clauses de disponibilité des chambres. C'est dans leur dimension de "*garantie d'alignement*" que ces clauses sont, en l'occurrence, illicites. Mais elles échappent à la nullité lorsqu'elles prévoient que l'hôtelier ne pourra faire bénéficier ses propres clients de conditions plus favorables. C'est un argument de texte qui le justifie : les conditions doivent avoir été consenties aux "*entreprises concurrentes*", ce que n'est pas l'hôtelier.

Oui encore, en ce qui concerne les clauses de parité tarifaire. Mais à nouveau, à condition de distinguer, car la clause peut excéder le champ d'application du texte à plusieurs titres. D'abord, en ce qu'elle "*s'étend aussi aux conditions les plus favorables accordées par l'hôtelier lui-même*". Ensuite, en ce qu'elle ne garantit pas seulement un alignement, mais "*garantit en plus à Expedia des réductions supplémentaires significatives par rapport à ces conditions les plus favorables*".

L'interprétation stricte est donc de mise.

Les clauses de parité au prisme de l'article L. 442-6, I, 2° C. com.

Le déséquilibre significatif hors la grande distribution, c'est possible ! Telle est, en substance, la dernière leçon qui s'évince de cet arrêt. Celui-ci appelle trois séries d'observations.

En premier lieu, on constate qu'il peut être parfois plus intéressant de se prévaloir des dispositions du I de l'article L. 442-6, que de celles du II. Comme l'explique en effet la Cour, il importe peu, dans le premier cas, et à la différence du second, que les sociétés poursuivies ne soient pas signataires des contrats. Il suffit, comme les sociétés *Expedia France* et *Expedia Inc*, que lesdites sociétés aient "*concouru au dommage* (...) *en fournissant certains moyens humains et matériels nécessaires au démarchage des hôteliers et à la conclusion des contrats litigieux*", de telle sorte qu'elles ont pu, par ces comportements, soumettre ou tenter de soumettre les hôteliers à des clauses déséquilibrées.

En deuxième lieu, on observe que l'on n'est pas loin d'une présomption de "*soumission*", à l'instar de ce qui est parfois retenu dans le secteur de la distribution alimentaire (v. Cass. com., 4 oct. 2016, n° 14-28013, *Concurrences* n° 1-2017, p. 122, obs. F. Buy ; *RDC* 2017, p. 81, obs. M. Behar-Touchais ; adde F. Buy, M. Lamoureux et J.-C. Roda, *Droit de la distribution*, LGDJ, 2017, n° 350). La Cour d'appel a estimé en effet, après une analyse du marché, que les sociétés du groupe *Expedia*, "*acteur important de la réservation hôtelière en ligne, étaient donc en mesure de soumettre ou tenter de soumettre les hôteliers*". Si les mots ont un sens, "*être en mesure*", c'est pouvoir faire, mais ce n'est pas forcément faire... Gare ici à la cassation, car les motifs de l'arrêt sont, sur ce point de la démonstration, parfois dubitatifs ou hypothétiques.

En troisième lieu, enfin, le déséquilibre significatif créé par les clauses de parité tarifaire résulterait de ce que "*l'avantage tarifaire et concurrentiel dont bénéficient les sociétés Expedia est entièrement pris en charge par les hôteliers, via ces clauses, sans que celles-ci ne prennent en retour aucun risque*". De même, les clauses de parité des disponibilités entraineraient "*un risque de surréservation entièrement supporté et pris en charge par les hôteliers*", et les clauses de dernière chambre disponible, tout spécialement, imposeraient aux hôteliers "*de la vendre par l'intermédiaire d'Expedia et donc de payer une commission sur elle*". L'idée d'une charge entièrement supportée par l'un et d'une absence de risque supporté par l'autre est, à ce stade du raisonnement, assez classique (v. F. Buy et J. Heinich, *Le déséquilibre significatif entre les droits et obligations des parties*, Lamy droit du contrat (dir. B. Fages), 2017, n° 1298 et la jurisp. citée). On attendait évidemment la suite, sur le terrain des contreparties ou justifications. Le groupe *Expedia* avançait à ce titre deux arguments intéressants. D'abord, que des investissements et dépenses publicitaires avaient été consentis pour la promotion des hôtels, et que la rémunération de la plateforme sous la seule forme d'une commission payée par les hôteliers ne suffisait pas à compenser ces investissements. Réponse de la Cour : il n'a pas été établi que l'importance desdits investissements aurait été sans commune mesure avec les commissions dont le montant était déjà important. Ensuite, que les clauses permettaient d'éviter que les internautes n'utilisent massivement le site *Expedia* "*comme une sorte de catalogue ou d'annuaire*" qui leur permettrait de comparer des offres avant d'aller réserver une nuitée ailleurs. Il s'agissait, en somme, de lutter contre une forme de parasitisme. Nouvelle réfutation des juges : l'affirmation n'a pas été valablement démontrée, les internautes étant en réalité captifs (*Expedia* aurait un "*taux de conversion*" de 5 %, ce qui serait élevé) et les hôteliers "*pas facilement joignables*". Soit !

Ces deux clauses auront donc, "*par leur effet cumulé*", créé un déséquilibre entre les droits et obligations des parties. La Cour les a annulées et a, par ailleurs, prononcé une amende civile de 1 million d'euros.

F. Buy

Concurrences N° 4-2017, p. 117

Concurrences +

A. Ronzano, La Cour d'appel de Paris condamne les clauses de parité stipulées dans les contrats des plateformes de réservation (Expedia et al.), 21 juin 2017, Revue Concurrences N° 4-2017, www.concurrences.com

F. Buy, La Cour de cassation approuve, une nouvelle fois, la condamnation d'un grand distributeur ayant soumis ou tenté de soumettre ses fournisseurs à des obligations créant un déséquilibre significatif (Carrefour), 4 octobre 2016, Revue Concurrences N° 1-2017, pp. 122-123

V. Durand, Le Tribunal de commerce de Paris retient que pour des établissements situés en France, l'article L. 442-6 I, 2° du Code de commerce est une disposition dont l'observation est nécessaire pour la sauvegarde de l'organisation politique, sociale et économique du pays au point de régir impérativement la situation quelle que soit la loi applicable et de constituer une loi de police (Expedia), 7 mai 2015, Revue Concurrences N° 3-2015, p. 106

A. Ronzano, Le Tribunal de commerce de Paris considère que les clauses de parité tarifaire stipulées dans des contrats conclus entre une plateforme de réservation en ligne française et des hôteliers français sont constitutives d'un déséquilibre significatif au sens de l'article L. 442-6, I, 2e et prononce leur nullité (Expedia), 7 mai 2015, Revue Concurrences N° 3-2015, www.concurrences.com

J.-L. Fourgoux, Le Tribunal de commerce de Paris ordonne à un distributeur de cesser d'exiger de ses fournisseurs le remboursement de sommes auxquelles il a été condamné par une précédente action en justice du ministre de l'Économie et analyse la demande d'exécution d'engagements pris par les fournisseurs et la renonciation à des sommes devant leur revenir comme une tentative de soumission à un déséquilibre significatif au sens de l'article L. 442-6-I 2° justifiant la cessation des pratiques, une amende civile et la publication du jugement (Ministre de l'Économie/GALEC), 15 février 2012, Revue Concurrences N° 1-2012, pp. 132-133

2.1.6 Sanctions du déséquilibre significatif

Cass. com., 24 mai 2017, Nord Toitures c/ SCT, n° 15-18484

La Cour de cassation considère que la demande en nullité d'une clause pour déséquilibre significatif est fondée de manière inopérante sur l'article L. 442-6 C. com.

Voici un arrêt non publié de la Cour de cassation qui, l'air de rien, semble avoir tranché, pour la première fois, l'une des grandes questions relatives au régime de l'article L. 442-6, I, 2° C. com. En l'espèce, une société avait souscrit auprès d'un opérateur en téléphonie à destination de professionnels un contrat portant sur un service de téléphonie fixe et de raccordement direct. Reprochant à l'opérateur de n'avoir pas réalisé le raccordement, la société cliente avait résilié le contrat, avant de se rétracter. Refusant d'y donner suite, l'opérateur l'avait finalement assignée en paiement d'une facture au titre de l'indemnité de résiliation du service, avec succès devant la Cour d'appel. La société plaida alors, devant la Cour de cassation, le fait qu'elle avait fait valoir dans ses écritures que la clause indemnitaire était nulle au regard des dispositions de l'article L. 442-6 C. com., comme créant un déséquilibre significatif, et qu'en ayant statué au regard de l'ancien article L. 132-1 C. consom., les juges du fond avaient violé l'article 4 C. proc. civ. Le pourvoi a été rejeté en ces termes : "*c'est sans méconnaître l'objet du litige que la Cour d'appel, qui était saisie d'une demande en nullité de la clause pour déséquilibre significatif fondée de manière inopérante sur l'article L. 442-6 C. com., a, statuant au regard des dispositions de l'article L. 132-1 du Code de la consommation que la société Nord Toitures évoquait dans ses écritures, retenu que le contrat conclu entre les deux sociétés, toutes deux commerçantes, pour les besoins professionnels de l'une d'elles, ne relevait pas de la législation sur les clauses abusives dont seul cet article permettait l'annulation*".

Cet arrêt intrigue incontestablement. Pourquoi la demande en nullité était-elle fondée de manière inopérante sur l'article L. 442-6 C. com. ? Première interprétation : parce qu'il n'existait aucun partenariat commercial entre les sociétés contractantes. On rejoindrait alors les décisions du fond qui considèrent, par exemple, qu'un locataire de matériel n'est pas un partenaire au sens du texte "*mais un simple cocontractant, locataire pour ses besoins professionnels*" (CA Paris, pôle 2, ch. 2, 6 mars 2015, n° RG 13/20879). Cela étant, on sait aussi que la jurisprudence est loin d'être constante sur la question (voir F. Buy et J. Heinich, "*Le déséquilibre significatif entre les droits et les obligations des parties*", Lamy Droit du contrat (dir. B. Fages), 2017, et les réf. citées).

Deuxième interprétation : parce que la sanction demandée, en l'occurrence une nullité, ne pouvait être obtenue sur le fondement du Code de commerce. Cette lecture, qui est la plus probable, paraît confortée par l'affirmation selon laquelle "*le contrat conclu (...) ne relevait pas de la législation sur les clauses abusives dont seul cet article* [i.e. l'article L. 132-1 du C. consom.] *permettait l'annulation*". En somme, bien que le droit des clauses abusives "version Code de la consommation" ne fût pas applicable en l'espèce (le juge devait néanmoins l'examiner d'office : C. consom., art. R. 632-1), lui seul pouvait justifier une annulation. Voilà donc peut-être tranchée la grande question des sanctions applicables en cas d'action privée : le déséquilibre significatif "*version Code de commerce*" ne pourrait être sanctionné, à la demande de la victime, que par des dommages et intérêts (voir déjà en ce sens CA Paris, pôle 5, ch. 4, 18 mai 2016, RG n° 14/12584, *RTD civ.* 2016,

p. 852, H. Barbier). On peut ne pas être totalement convaincu (F. Buy, M. Lamoureux et J.-C. Roda, *Droit de la distribution*, LGDJ, 2017, n° 352) et penser, comme la CEPC, que la violation de l'ordre public concurrentiel pourrait, au contraire, fonder une nullité (CEPC, 23 janv. 2014, avis 14-02). En tout cas, l'arrêt révèle aussi, en creux, tout l'intérêt du nouvel article 1171 C. civ. qui, lui, prévoit expressément la sanction du réputé non écrit…

F. Buy
Concurrences N° 3-2017, p. 94

2.2. Article L. 442-6,I,5°

2.2.1 Champ d'application

Cass. com., 3 avril 2012, Boudier c/ Baron Philippe de Rothschild France Distribution, n° 11-13527

La Cour de cassation décide que l'article L. 442-6,I,5° du Code de commerce ne s'applique pas au contrat d'agent commercial

À protection spéciale, protection dégradée? Ainsi pourraient être synthétisées les conséquences de la solution énoncée par la Chambre commerciale dans son arrêt du 3 avril 2012 promis à publication au Bulletin des arrêts de la Cour de cassation.

Postérieurement à la rupture du contrat d'agent commercial, le distributeur avait assigné son ancien cocontractant à l'initiative de la cessation des relations afin de le voir condamné à lui payer des dommages-intérêts en raison du caractère insuffisant du préavis. La juridiction du fond lui avait donné satisfaction en considérant, en substance, que le délai de prévenance de deux mois respecté par l'auteur de la rupture, quoique conforme aux exigences spécialement prévues, dans le cas du contrat d'agent commercial, par l'article L. 134-11 du Code de commerce, était d'une durée insuffisante au regard des conditions prescrites par l'article L. 442-6,I,5° du Code de commerce. Ce faisant, la Cour d'appel avait procédé à une application cumulative de la règle propre au type de contrat considéré et de la règle de concurrence applicable, selon ses propres termes, à "tout producteur, commerçant, industriel ou personne immatriculée au répertoire des métiers" venant à rompre "une relation commerciale".

Ce raisonnement est censuré pour violation de la loi sous le double visa des articles L. 442-6,I,5° et L. 134-11 du Code de commerce. "*L'article L. 442-6-I-5° du Code de commerce ne s'applique pas lors de la cessation des relations ayant existé entre un agent commercial et son mandant pour lesquelles la durée de préavis qui doit être respectée est fixée par l'article L. 134-11 du Code de commerce en fonction du nombre d'années d'exécution du contrat*", énonce la Cour de cassation. En d'autres termes, la règle spécifiquement édictée par le législateur pour un type de contrat donné exclut le jeu de la règle d'application plus large ayant vocation à s'appliquer à n'importe quel type de contrat.

La solution semble à première vue parée des vertus de la logique juridique dès l'instant où l'article L. 134-11 du Code de commerce, issu de la transposition d'une directive européenne, arrête très précisément la durée du préavis à respecter en cas de rupture d'un contrat d'agent commercial à durée indéterminée et le fait d'ailleurs en considération de la durée de la relation. Cette solution ne surprend guère lorsqu'on la met en perspective avec un précédent arrêt rendu par la même formation : le 4 octobre 2011, la Chambre commerciale avait écarté l'application de l'article L. 442-6,I,5° du Code de commerce aux "*relations commerciales de transports publics routiers de marchandises exécutés par des sous-traitants, lorsque le contrat-type qui prévoit la durée des préavis de rupture, institué par la LOTI régit, faute de dispositions contractuelles, les rapports du sous-traitant et de l'opérateur de transport*" (Cass. com., 4 octobre 2011, n° 10-20.240, *Contrats, conc., consom.* 2011, n° 259, obs. N. Mathey ; *Concurrences* 2011, n° 4, p. 124, obs. J.-L. Fourgoux). Ce qui était affirmé, à propos d'un contrat-type, ne pouvait manquer de l'être en présence d'une disposition législative.

Il n'en demeure pas moins que cela aboutit à ce que l'agent commercial, pour lequel il a été considéré nécessaire d'édicter une protection spéciale, initialement supérieure à celle dont bénéficiaient à l'époque les autres catégories de distributeurs, est dorénavant soumis, dans certaines hypothèses, à une protection plus réduite que n'importe quel autre puisque la durée du préavis est limitée par la loi à trois mois. Il n'est pas certain que ce résultat corresponde à l'intention qui a inspiré le législateur ayant adopté successivement les deux textes.

M. Chagny

Concurrences N° 3-2012, p. 132

Concurrences+

M.-C. Mitchell, La Cour de cassation confirme que l'article L. 442-6, I, 5° C. com. ne s'applique pas à la cessation des relations commerciales ayant existé entre un agent commercial et son mandant (Velati c/ Poular), 18 octobre 2017, Revue Concurrences N° 1-2018, p. 116

J.-L. Fourgoux, La Cour de cassation fait primer le délai spécial de préavis prévu par la loi d'orientation du transport intérieur (LOTI) sur le préavis proportionné à la durée des relations commerciales prévu à l'article L. 442-6-I-5° du Code de commerce (Gefco, Frigo 7-Locatex), 4 octobre 2011, Revue Concurrences N° 4-2011, p. 124

Cass. com., 24 novembre 2015, Sté X c/ Banque Populaire Atlantique, n° 14-22578

La Cour de cassation approuve la Cour d'appel d'Angers d'avoir jugé que l'article L. 442-6, I, 5° C. com. n'est pas applicable aux relations entre un avocat et son client

Bien que prévisible (l'arrêt n'est d'ailleurs pas publié au Bulletin), la solution qui a été adoptée en l'espèce par la chambre commerciale de la Cour de cassation saura certainement retenir l'attention des professionnels du droit. La haute juridiction décide en effet, pour la première fois à notre connaissance, que les dispositions de l'article L. 442-6, I, 5° du Code de commerce relatives aux ruptures brutales de relations commerciales ne sont pas applicables aux relations nouées entre un avocat et son client.

Les faits étaient simples. Une société d'avocats, constituée sous forme de SELARL, avait été pendant de nombreuses années l'avocat de la société *Banque populaire atlantique* (*BPA*). Reprochant à cette dernière d'avoir brutalement cessé de lui confier des dossiers, la SELARL l'assigna en responsabilité pour rupture brutale d'une relation commerciale établie et, subsidiairement, en responsabilité contractuelle sur le fondement des articles 1134 et 1147 du Code civil. Mais sans succès, ni devant la Cour d'appel, ni devant la Cour de cassation.

La relation avocat-client et le droit spécial

Les juges du fond sont, en premier lieu, approuvés sur la question de la rupture brutale: "*Mais attendu qu'ayant énoncé que, selon l'article 111 du décret n° 91-1197 du 27 novembre 1991, la profession d'avocat est incompatible avec toutes les activités de caractère commercial, qu'elles soient exercées directement ou par personne interposée, l'arrêt retient que les textes organisant la profession d'avocat excluent expressément que l'avocat puisse exercer une activité s'apparentant à une activité commerciale; que de ces seules énonciations et appréciations, abstraction faite des motifs surabondants critiqués par la première branche, la Cour d'appel a exactement déduit que l'article L. 442-6, I, 5° du Code de commerce n'était pas applicable à la relation nouée entre la Selarl et son client*". On n'en sera pas surpris. Si les prestations de services ne sont pas exclues du champ d'application de l'article L. 442-6 (Cass. com., 16 déc. 2008, n° 07-18050, *Concurrences* n° 1-2009, art. 29578, obs. D. Ferrier; *D.* 2009, p. 164, obs. E. Chevrier; *Contrats, Conc., Consom.* 2009, n° 110, obs. N. Mathey), il résulte d'une jurisprudence constante que l'existence d'un statut professionnel prohibant l'exercice du commerce s'oppose à l'application du texte: cela a déjà été jugé à propos des médecins (Cass. com., 23 oct. 2007, n° 06-16774, *D.*2007, p. 2805, obs. E. Chevrier; *RTD civ.* 2008, p. 105, obs. B. Fages), des notaires (Cass. com., 20 janv. 2009, n° 07-17556, *Concurrences* n° 1-2009, art. 29578, obs. D. Ferrier; D. 2009, p. 369, obs. E. Chevrier; *Contrats, Conc., Consom.* 2009, n° 100, obs. N. Mathey) ou encore des conseils en propriété industrielle (Cass. com., 3 avr. 2013, n° 12-17905, Bull. Joly 2013, p. 383, obs. H. Barbier; *Contrats, Conc., Consom.* 2013, n° 131, obs. N. Mathey). Le fait qu'une SELARL ait été impliquée dans l'affaire rapportée ne changeait rien à cet égard, puisqu'il est également acquis que lorsque la profession concernée peut être exercée sous forme de société commerciale, "*une telle faculté ne permet pas de déroger à* (l')*incompatibilité*" (Cass. com., 3 avr. 2013, préc.).

On peut très bien comprendre, même si cela ne nous paraît pas, comme à d'autres (par ex. N. Mathey, obs. sous l'arrêt d'appel: CA Angers, 17 juin 2014, *Contrats, Conc., Consom.* 2014, n° 222), indiscutable, que les juges affichent ainsi le souhait de sanctuariser certaines professions. Les motifs de l'arrêt nous paraissent en revanche assez contestables. En effet, la Cour de cassation ne remet nullement en cause la pertinence de l'appréciation de la Cour d'appel selon laquelle "*les textes organisant la profession d'avocat excluent expressément que l'avocat puisse exercer une activité s'apparentant à une activité commerciale*". Or l'article 111 du décret n° 91-1197 du 27 novembre 1991 énonce seulement que la profession d'avocat est incompatible "*avec toutes les activités de caractère commercial*", ce qui, si les mots ont un sens, n'est pas exactement la même chose. Veut-on signifier que les avocats n'ont pas la possibilité de développer une quelconque activité économique? Ou s'agit-il d'une simple maladresse? Si tel est le cas, comme nous le pensons, il ne reste qu'une explication: l'article L. 442-6, I, 5° du Code de commerce est jugé inapplicable aux rapports clients-avocats pour la seule raison qu'il implique l'existence d'une relation "*commerciale*" au sens le plus strict. Il faut dès lors se résoudre à admettre qu'au sens de ce texte, la commercialité est une notion à géométrie variable, qui est largement interprétée dans la plupart des cas, mais qui peut l'être plus étroitement dans d'autres, pour des considérations de pure politique judiciaire.

La relation avocat-client et le droit commun

Ne pouvant rien espérer du droit spécial, la société d'avocats pouvait-elle, en second lieu, trouver refuge du côté du droit commun? C'est encore une réponse négative qui a été apportée en l'espèce. Il était certainement intéressant de solliciter le droit des contrats car l'article 1134 du Code civil permet parfois d'offrir au partenaire délaissé ce que l'article L. 442-6, I, 5° du Code de commerce n'a pas pu donner (ex.: Cass. com., 7 déc. 2014, n° 13-21086, *D.* 2014, p. 2329, note F. Buy; *RDC* 2015, p. 18, obs. E. Savaux; *RTD civ.* 2015, p. 381, obs. H. Barbier, à propos d'une chute brutale de commandes). Mais comme on le sait, le droit des pratiques restrictives possède, de son côté, cet avantage singulier qui est de saisir les "*relations*", au-delà des simples contrats. Or, dès l'instant où la SELARL, qui avait reçu mandat "*dossier par dossier*", n'avait pas réussi à démontrer l'existence d'une "*convention cadre*" passée avec la banque, la Cour de cassation ne pouvait qu'approuver les juges du fond d'avoir rejeté la demande de réparation sur le fondement d'une responsabilité contractuelle. Faut-il le préciser, la solution eût été sans doute différente sur le fondement de l'article L. 442-6, I, 5°, dès lors que celui-ci n'exige ni volant d'affaires continu ni contrat-cadre (v. Cass. com., 6 sept. 2011, n° 10-30679, *Concurrences* n° 4-2011, p. 122, obs. J.-L. Fourgoux ; *Contrats, Conc., Consom.* 2011, n° 238, obs. N. Mathey).

F. Buy

Concurrences N° 1-2016, p. 124

Concurrences +

J.-L. Fourgoux, La Cour de cassation se prononce une nouvelle fois sur le caractère établi de la relation relevant de l'article L. 442-6-I-5° du Code de commerce et censure les juges du fond qui avait insisté sur l'indépendance des contrats (Racer, Décathlon), 6 septembre 2011, Revue Concurrences N° 4-2011, p. 122

D. Ferrier, La Cour de cassation précise les conditions d'application de l'article L. 442-6, I, 5° C. com. sur la rupture brutale de relation commerciale, 16 décembre 2008 et autres, Revue Concurrences N° 1-2009, www.concurrences.com

Cass. com., 8 février 2017, Coopérative des Transporteurs en Benne c/ Roland X, n° 15-23050

La Cour de cassation juge que les conditions dans lesquelles les liens unissant une coopérative et un associé peuvent cesser échappent à l'application de l'article L. 442-6, I, 5° C. com.

Parmi les questions que suscite l'article L. 442-6, I, 5° C. com., celle de la délimitation de son champ d'application est certainement l'une des plus délicates (F. Buy, "*L'article L. 442-6, I, 5° du Code de commerce*", Lamy droit du contrat dir. B. Fages), 2016, n° 2495 et s. ; adde notre article Rupture brutale des relations commerciales établies : panorama 2016, *RLDC* 2016, n° 6245). On se souvient que la Cour d'appel de Paris avait notamment jugé, il y a quelques mois, que les dispositions de ce texte étaient "*étrangères*" aux rapports entretenus entre une société coopérative de commerçants détaillants et ses associés, lesquels relevaient "*du seul droit des sociétés*" (CA Paris, pôle 5, ch. 4, 3 févr. 2016, RG n° 13/15768, *Concurrences* n° 2-2016, p. 128, obs. F. Buy). Il nous avait semblé, avec d'autres (v. not. C. Mouly-Guillemaud, Redéfinir le champ de l'article L. 442-6, I, 5° du Code de commerce pour préserver le droit des sociétés, *RLDA* 2015, n° 109, p. 56), que ce cantonnement du droit des pratiques restrictives de concurrence était une excellente chose : l'harmonie du droit des sociétés aurait été inutilement perturbée par l'immixtion d'un droit qui n'a jamais été pensé pour régir ce genre de rapports. Pour autant, toutes les chambres de la Cour d'appel de Paris ne semblaient pas tenir cette ligne, puisqu'un arrêt de la 5e chambre en date du 28 mai 2015 avait, au contraire, jugé que l'exclusion d'un membre d'une société coopérative de transport routier, décidée sans préavis, devait être sanctionnée sur le fondement d'une rupture brutale (CA Paris, pôle 5, ch. 5, 28 mai 2015, n° 14/00099, *CCC* 2015, n° 203, obs. N. Mathey). Le temps des divergences semble désormais révolu. La Chambre commerciale de la Cour de cassation vient, en effet, de censurer cet arrêt, et ce, dans des termes extrêmement fermes : sous le double visa des articles L. 442-6, I, 5° C. com. et 7 de la loi du 10 septembre 1947, celle-ci énonce que "*les statuts des coopératives fixant aux termes du second de ces textes, les conditions d'adhésion, de retrait et d'exclusion des associés ces textes, les conditions dans lesquelles les liens unissant une société coopérative et un associé peuvent cesser sont régies par les statuts de cette dernière et échappent à l'application du premier de ces textes*".

On ne peut qu'approuver cette mise hors-jeu du droit des ruptures brutales, d'autant plus intéressante qu'elle concerne le rapport unissant une coopérative à son adhérent. C'est qu'en raison de sa "double qualité" d'associé et de coopérateur, ce dernier pourrait, plus facilement qu'un associé ordinaire, prétendre avoir noué une "relation commerciale", au sens de l'article L. 442-6, avec la société. La Cour d'appel l'avait précisément admis en l'espèce, en expliquant que "*la relation en cause, nouée entre deux personnes morales à caractère commercial pour l'exploitation d'un fonds de commerce, est une relation commerciale*". Mais c'était aller trop loin : si l'on peut, à la rigueur, admettre que le partenariat économique entre la société et le coopérateur constitue une relation commerciale, on ne peut, par extension, considérer qu'il en va de même pour le rapport sociétaire. La Cour de cassation le signifie clairement : les conditions dans lesquelles les liens unissant une société coopérative et un associé peuvent cesser "*échappent à l'application*" de l'article L. 442-6. En somme, à chaque texte son empire.

F. Buy

Concurrences N° 2-2017, p. 118

Concurrences+

F. Buy, La Cour d'appel de Paris considère que les dispositions de l'article L. 442-6, I, 2° et 5° C. com. sont étrangères aux rapports entretenus entre une société et ses associés (Distribution Labege / Intersport), 3 février 2016, Revue Concurrences N° 2-2016, pp. 128-129

Cass. com., 25 octobre 2017, AMG c/ Crédit Industriel et Commercial, n° 16-16839

La Cour de cassation pose en principe que l'article L. 442-6, I, 5° C. com. ne s'applique pas à la rupture ou au non-renouvellement de concours bancaires

L'arrêt commenté est important (*Lettre distr.* nov. 2017, obs. C. Mouly-Guillemaud ; *JCP E* 2017, 1665, note N. Dissaux ; *RLDC* janv. 2018, chron. F. Buy, à paraître). Il constitue une nouvelle illustration de l'actuel "*reflux*" de l'article L. 442-6 C. com. (*Flux et reflux de la rupture brutale d'une relation commerciale établie*, dir. C. Mouly-Guillemaud, LexisNexis, 2018, à paraître).

La question était la suivante : le droit des ruptures brutales s'applique-t-il en cas de cessation d'un concours bancaire ? Saisie par une société emprunteur et ses garants, une Cour d'appel avait, en l'espèce, considéré que la banque n'avait pas rompu brutalement ses concours dès lors que le dernier contrat à durée déterminée était arrivé à son terme. Sur pourvoi, les demandeurs firent cependant valoir que l'emprunteur avait bénéficié de concours financiers à durée indéterminée depuis 12 ans et que des concours à durée déterminée avaient été prorogés puis renouvelés sans difficultés, de sorte qu'il pouvait légitimement s'attendre à un renouvellement. Rejet: "*Mais attendu que les dispositions de l'article L. 442-6, I, 5° du Code de commerce relatives à la responsabilité encourue pour rupture brutale d'une relation commerciale établie ne s'appliquent pas à la rupture ou au non-renouvellement de crédits consentis par un établissement de crédit à une entreprise, opérations exclusivement régies par les dispositions du Code monétaire et financier; que, par ce motif de pur droit, substitué, après avertissement délivré aux parties, à ceux critiqués, la décision se trouve justifiée*".

On aura évidemment compris que la Cour procède ici à un sauvetage de l'arrêt d'appel. La motivation de ce dernier, qui réfutait la brutalité de la rupture tout en suggérant que l'article L. 442-6 était applicable, était un peu légère au regard d'un contexte qui pouvait effectivement justifier la croyance en la pérennité de la relation. Mais la Chambre commerciale passe outre: si les demandeurs sont renvoyés dans les cordes, c'est parce que l'article L. 442-6, I, 5° C. com. n'est pas applicable.

Quelques brèves observations. D'abord, il ne nous semble pas, contrairement à l'opinion d'une partie des commentateurs, que l'éviction de l'article L. 442-6 procède d'une application de l'adage *specialia generalibus derogant*. La Cour dit en effet que les opérations litigieuses sont "*exclusivement régies par les dispositions du Code monétaire et financier*". Exclusivement, c'est-à-dire sans qu'aucun autre texte n'ait la moindre prétention à s'appliquer. L'arrêt n'arbitre pas un concours de textes, mais assigne *a priori* à chacun son propre empire. C'est une très bonne chose (rappr. supra, Cass. com., 18 oct. 2017, n° 16-18864).

Ensuite, il est évident que l'arrêt revêt une portée générale. En visant à la fois "la rupture" et le "non-renouvellement", la Cour de cassation ne distingue pas, contrairement à ce que faisaient jusqu'ici une partie des juges du fond, selon que le concours bancaire est à durée indéterminée (l'article L. 442-6 n'était pas appliqué) ou à durée déterminée (l'article L. 442-6 était appliqué) (v. la jurisprudence citée in F. Buy, "L'article L. 442-6, I, 5° C. com.", *Lamy Droit du contrat*, dir. B. Fages, n° 2529). Les spécialistes du droit bancaire apprécieront (v. obs. F.-J. Crédot et Th. Samin, *RD bancaire et fin.* 2013, comm. 78).

On en déduira que l'interruption d'un concours à durée indéterminée consenti à une entreprise est uniquement soumise au respect du délai de préavis contractuellement fixé, qui doit lui-même respecter la durée minimale de 60 jours prévue par l'article L. 313-12 du Code monétaire et financier. Quant au non-renouvellement d'un concours à durée déterminée, sciemment passé sous silence par le même article, il ne relève désormais, et avec certitude, que du droit commun. Donc pas de droit au renouvellement (l'arrêt le dit par ailleurs: la décision du banquier est "*discrétionnaire*"; v. déjà Cass. Ass. plén., 9 oct. 2006, n° 06-11056, *Bull. plén.*, n° 11). Et pas de préavis, sauf à l'avoir envisagé dans le contrat.

F. Buy

Concurrences N° 1-2018, p. 114

2.2.2 Notion de relation commerciale établie

Cass. com., 18 mai 2010, Planète Prod et Presse Planète c/ France Télévisions et France 2, n° 08-21681

La Cour de cassation ouvre une brèche dans la construction jurisprudentielle de la notion de rupture brutale de relations commerciales établies

C'est cette question que soulève la lecture de l'arrêt de la Cour de cassation du 18 mai 2010. L'affaire opposait la Société Planète Prod, concepteur et producteur de magazines, documentaires et fictions, et son sous-traitant, la Société Presse Planète, aux Sociétés France Télévisions et France 2 à qui elles reprochaient d'avoir mis fin brutalement à leurs relations commerciales remontant à 1998 en laissant sans réponse toutes leurs propositions à compter de l'été 2005.

La Cour d'appel de Paris avait fait droit à leurs demandes, estimant que l'interruption d'un courant régulier de contrats pendant une durée significative était bien constitutive d'une rupture brutale de relations commerciales établies.

L'arrêt de la Cour de cassation du 18 mai 2010, censurant celui de la Cour d'appel, retient l'attention sur trois points relatifs, d'une part à l'action introduite par le sous-traitant de la victime directe de la rupture, d'autre part à l'imputabilité de la rupture décidée à l'intérieur d'un groupe, enfin et surtout aux critères permettant de caractériser une rupture brutale de relations commerciales établies dans le domaine particulier de la production télévisuelle.

Sur le premier point, la question soumise à la Cour de cassation était celle de savoir si l'action engagée par la Société Presse Planète était recevable, alors que cette Société n'était pas partie aux contrats signés avec la Société France 2 et n'avait déployé son activité qu'au travers de contrats de sous-traitance conclus avec la Société Planète Prod.

Par le passé, la Cour de cassation a eu l'occasion de préciser que l'action en rupture brutale n'est ouverte qu'à la victime directe de la rupture, entendue comme celle ayant entretenu des relations contractuelles, voire simplement commerciales, avec l'auteur de la rupture (Cass. Com. 3 novembre 2004, *Ronyl c/ Sociétés Breitling Suisse et France,* n° 02-17078, cette chronique, *Concurrences*, n° 1-2005, p. 71).

Dans le cas d'espèce, la Cour d'appel avait retenu que, si les contrats successifs produits aux débats avaient été conclus entre les Sociétés France 2 et Planète Prod, ils reconnaissaient expressément la qualité de sous-traitant à la Société Presse Planète et précisaient en outre que les prestations de cette Société seraient directement rémunérées par la chaîne, générant un chiffre d'affaires propre relevant d'une activité directement déployée auprès de la Société France 2.

De ce lien direct ainsi caractérisé entre les Sociétés France 2 et Presse Planète, la Cour d'appel avait déduit l'existence d'un intérêt à agir dans le chef de cette dernière, en conformité avec la jurisprudence précitée de la Cour de cassation. L'arrêt est donc – logiquement, nous semble-t-il – approuvé sur ce point par la Cour de cassation.

S'agissant, en second lieu, de la question de l'imputabilité de la rupture, la Cour d'appel avait estimé recevable l'action engagée à l'encontre de la Société France Télévisions, Société mère de France 2, au motif que cette Société avait pour objet de définir les orientations stratégiques et de coordonner et promouvoir les politiques de programmes et l'offre de services et intervenait ainsi directement dans le choix de la programmation des chaînes du service public.

L'analyse est en revanche ici censurée par la Cour de cassation, en l'absence de preuve de ce que la Société France Télévisions intervenait effectivement dans la mission de programmation de sa filiale.

Autrement dit, il appartient au juge saisi, sur le fondement de l'article L. 442-6, I, 5°, d'un litige mettant en cause un groupe de Sociétés de déterminer à quelle Société du groupe la rupture est imputable et d'en apporter la justification.

La Cour souligne ainsi, à juste titre selon nous, l'exigence d'un lien direct entre la décision de rompre et l'auteur de la rupture. C'est enfin sur l'application de la notion de relations commerciales établies au domaine particulier de la production télévisuelle que s'arrête laCour de cassation, et c'est là l'intérêt principal de son arrêt.

Deux approches quelque peu contradictoires ont, à cet égard, été retenues par la Cour de cassation par le passé, en ce qui concerne la notion de relations commerciales établies. Dans un arrêt du 16 décembre 2008 (*BBI c/ Les Ateliers d'Origine,* n° 07-15589, cette chronique, *Concurrences*, n° 1-2009, p. 128), elle avait dénié la qualification de relations commerciales établies à des relations reposant, non pas sur un accord-cadre, mais sur des contrats indépendants les uns des autres par lesquels n'étaient garantis ni chiffre d'affaires, ni exclusivité au partenaire ensuite évincé. Quelques mois plus tard, elle estimait au contraire, s'agissant d'une participation régulière à un salon professionnel, que la notion de relations commerciales établies n'était pas conditionnée par l'existence d'un échange permanent et continu et qu'une succession de contrats ponctuels pouvait être suffisante pour caractériser une telle relation (*JCP E* 2009, n° 41, p. 32).

C'est à la première approche que se ralliait dans le cas d'espèce le troisième moyen du pourvoi, par lequel il était reproché à la Cour d'appel d'avoir retenu une rupture abusive de relations commerciales établies, alors que les contrats de production successivement conclus ne reposaient pas sur un accord-cadre, ne comportaient ni garantie de chiffre d'affaires, ni exclusivité, et portaient sur des projets d'émissions distincts et indépendants les uns des autres.

La Cour de cassation a fait droit à ce moyen. Selon elle, la Cour d'appel a privé sa décision de base légale en considérant que les relations entre les parties avaient eu une durée significative et étaient marquées par un courant régulier et en nombre important de contrats de production télévisuelle, et en caractérisant de ce fait une rupture brutale de relations commerciales établies. Il lui appartenait en effet de rechercher si, eu égard à la nature de leurs prestations de conception et réalisation de programmes télévisuels, les Sociétés Planète Prod et Presse Planète pouvaient légitimement s'attendre à la stabilité de leurs relations avec la Société France 2.

La solution nous semble devoir être approuvée, même si l'on se permettra de la trouver, dans son expression, quelque peu elliptique. Le domaine naturel de la notion de rupture brutale de relations commerciales établies est sans aucun doute celui de la distribution. Celui qui rompt sans délai de préavis suffisant une relation continue d'achats ou de ventes de produits engage logiquement sa responsabilité. La solution ne souffre aucune discussion et c'est cette hypothèse très précise que visait le législateur français en adoptant les dispositions de l'article L. 442-6, I, 5° C. com.

L'application de cette disposition au domaine des prestations intellectuelles appelle une approche beaucoup plus nuancée. Dans un tel cas, la continuité de la relation est fonction de l'appréciation qualitative – forcément sujette à une certaine subjectivité – de la prestation.

C'est en tenant compte de cette nécessaire subjectivité que la Cour de cassation a déjà implicitement admis qu'un distributeur, acheteur régulier de créations vestimentaires, puisse, sans se voir imputer une rupture brutale, refuser une collection de vêtements non conforme aux tendances de la saison (Cass. Com. 7 juillet 2004, *Kiasma c/ CIM et Continent*, n° 03-11472).

Alors, l'arrêt commenté marque-t-il une brèche dans la construction jurisprudentielle de la notion de rupture brutale de relations commerciales établies ? Nous ne le pensons pas. Il nous semble, au contraire, que c'est à une interprétation pragmatique de cette notion que se livre la Cour, en laissant subsister une certaine souplesse dans l'appréciation de la rupture lorsque la relation commerciale a pour objet une prestation intellectuelle.

M.-C. Mitchell
Concurrences N° 3-2010, p. 110

Concurrences +

M. Dany, la Cour d'appel de paris reconnait le caractère commercial et établi d'une relation entre une société de production audiovisuelle et une chaîne de télévision (Planete Prod, France Televisions), 1er juillet 2011, Revue Concurrences N° 4-2011, pp. 121-122

M.-C. Mitchell, la Cour de cassation se rallie à la Cour d'appel de paris s'agissant de l'application de la notion au secteur de la production audiovisuelle (France Télévisions/Planète Prod. et presse planète), 5 septembre 2012, Revue Concurrences N° 1-2013, pp. 120-121

J.-L. Fourgoux, la Cour de cassation approuve les juges du fond ayant retenu qu'un producteur audiovisuel ne pouvait exiger un préavis supérieur à la période entre la fin de la saison et la date de la nouvelle grille de rentrée (Paris modes éditions/a prime group), 31 janvier 2012, Revue Concurrences N° 2-2012, pp. 94-95

J.-L. Fourgoux, la Cour d'appel de paris confirme un jugement qui accorde un préavis proportionné de trois mois à un producteur audiovisuel et précise que le préjudice réparable est la perte de marge brute et non la perte de marge sur coûts variables (Equidia/25 mars production), 20 janvier 2011, Revue Concurrences N° 2-2011, p. 134

M.-C. Mitchell, La Cour de cassation apporte de nouvelles précisions sur les éléments constitutifs de la rupture brutale de relations commerciales établies (Bouygues c/ Ateliers d'Origine, Tomécanic-Benetière c/ Castorama,Tomécanic-Benetière c/ Brico-Dépôt), 16 décembre 2008, Revue Concurrences N° 1-2009, pp. 128-129

M.-C. Mitchell, La Cour de cassation apporte quelques précisions s'agissant du lien entre l'auteur et la victime de la rupture et sur la durée du préavis à respecter (Ronyl c/ Breitling), 3 novembre 2004, Revue Concurrences N° 1-2005, pp. 71-72

Cass. com., 20 septembre 2011, YF c/ Habitat France, n° 10-15750

La Cour de cassation approuve des juges du fond qui écartent le caractère établi de la relation au sens de l'article L. 442-6, I, 5° du Code de commerce dès lors que les relations sont fondées sur des appels d'offres

Le groupe de distribution Habitat faisait mettre en forme et imprimer son catalogue depuis de nombreuses années par une société spécialisée, en dehors de tout cadre contractuel strict. À la suite d'une réorganisation, Habitat a informé son éditeur de son souhait de le mettre en concurrence avec d'autres prestataires pour l'édition printemps-été 2006. L'entreprise a été retenue mais a perdu la mise en concurrence suivante pour le catalogue automne-hiver 2006. La société Habitat, assignée par son éditeur pour avoir brutalement rompu les relations commerciales, convainc la Cour de Versailles de ce que la mise en place de la procédure d'appel d'offres et la participation du fournisseur au premier appel d'offres "*implique le jeu de la concurrence entre les participants et... rend inopérante la notion de préavis*". La Chambre commerciale rejette le pourvoi en reprenant l'ensemble des éléments factuels qui pouvaient confirmer que le long fleuve tranquille de la relation commerciale avait été perturbé par la première mise en concurrence. En effet, la participation à l'appel d'offres qu'elle a remporté caractérise l'information par Habitat de sa décision "*de rompre leur relation commerciale établie et d'inscrire pour le futur leur relation commerciale dans un cadre précaire*". L'arrêt souligne que l'éditeur a accepté sans réserve cette évolution puisqu'il n'a pas manifesté son "*refus de mise en concurrence*". Cet arrêt mérite donc une attention particulière car les faits et le secteur concernés semblent confirmer le recours fréquent aux appels d'offres. L'édition comme la création publicitaire font très fréquemment l'objet de mise en concurrence et l'analyse de la Cour de Versailles, approuvée par la haute juridiction, ne choquera guère les professionnels du secteur ; mais, transposée à d'autres domaines, la solution retenue n'est pas sans conséquences et pourrait inspirer les partenaires liés depuis longtemps avec un prestataire dont ils souhaitent se débarrasser puisque la participation à un appel d'offres sans réserves pourrait être une renonciation au préavis prévu par l'article L. 442-6 I 5°. Cette évolution devra, là encore, être confirmée par les arrêts à venir qui pourront sans doute préciser s'il importe de traiter de la même manière les simulacres de concurrence et la vraie compétition acceptée.

J.-L. Fourgoux
Concurrences N° 4-2011, p. 123

Concurrences+

M.-C. Mitchell, La Cour d'appel de Versailles remet en cause le principe selon lequel le lancement d'un appel d'offres vaut point de départ du préavis (Laurent De Funès/Toyota France), 27 octobre 2011, Revue Concurrences N° 2-2012, pp. 95-96

J.-L. Fourgoux, La Cour de cassation affirme de façon très claire que la notification du recours à un appel d'offres manifeste l'intention de faire courir le délai de préavis, 22 octobre 2013, Revue Concurrences N° 1-2014, pp. 97-98

Cass. com., 15 septembre 2015, Vivien c/ Poitou Boissons, n° 14-17964

La Cour de cassation considère que la cession d'un fonds de commerce n'entraîne pas automatiquement transfert à l'acquéreur des relations commerciales ou contractuelles du vendeur

Le partenaire commercial du cédant d'un fonds de commerce peut-il se prévaloir de l'ancienneté de ses relations avec le cédant lors de la rupture des relations notifiée par le cessionnaire ? Telle est la question soumise à la Cour de cassation dans l'affaire ayant donné lieu à son arrêt du 15 septembre 2015.

Cette affaire opposait la société *Poitou Boissons*, laquelle avait pris en location-gérance le fonds de commerce de la société *ElidisBoissons* en octobre 2005, avant d'en faire l'acquisition le 30 mars 2006, à la société *Vivien*, transporteur des boissons du cédant, avec lequel la société *Poitou Boissons* avait poursuivi les relations pendant la durée de la location-gérance, avant de lui notifier leur rupture 15 jours après la date d'acquisition du fonds de commerce, et à l'issue d'un délai de préavis d'environ trois mois.

C'est dans ce contexte factuel que la Cour de cassation a été saisie d'un pourvoi formé par le transporteur contre l'arrêt ayant rejeté sa demande d'indemnisation pour rupture brutale, en excluant la prise en compte de l'ancienneté de ses relations avec le cédant.

En rejetant le pourvoi, la Cour apporte une réponse très ferme à la double question de savoir si, d'une part, l'acte de cession d'un fonds de commerce entraîne automatiquement reprise par l'acquéreur des relations commerciales établies existant entre le cédant et ses partenaires commerciaux et si, d'autre part, la poursuite – temporaire – de ces relations par l'acquéreur permet au partenaire ensuite évincé de se prévaloir de l'ancienneté des relations entretenues avec le cédant.

Selon la Cour de cassation, si l'opération de cession du fonds de commerce a transféré à la Société *Poitou Boissons* la propriété du fonds cédé, elle n'a pas, de plein droit, substitué le cessionnaire au cédant dans les relations contractuelles et commerciales que celui-ci entretenait avec la société *Vivien*.

Et la Cour d'ajouter que le seul fait que la société *Poitou Boissons*ait confié le transport de ses boissons à la société *Vivien* pendant le temps de la location-gérance ne permet pas de considérer que cette société ait eu l'intention de poursuivre la relation commerciale initialement nouée entre le cédant et la société *Vivien*.

La solution a le mérite d'être claire. La cession d'un fonds de commerce n'a pas pour effet de transmettre de plein droit au cessionnaire les contrats ou relations commerciales ayant lié le cédant à des tiers. Il faut, pour qu'une telle transmission se produise, que le cessionnaire en ait manifesté l'intention. Toute la question est alors de savoir dans quelles conditions – explicites ou implicites – l'intention est susceptible de se manifester.

Par le passé, la Cour de cassation a trouvé dans la continuité des relations contractuelles nouées au fil du temps par *Mr Bricolage* avec des partenaires successifs, à travers la signature de contrats avec chacun de ces partenaires, une justification à la pris en compte de l'ensemble de ces relations pour en évaluer l'ancienneté (Cass. com., 2 nov. 2011, pourvoi n° 10-25323).

Dans son arrêt du 22 octobre 2013 (pourvoi n° 12-28704), elle avait estimé que la signature par un concédant d'un nouveau contrat de commission avec le locataire-gérant de son concessionnaire, entré en vigueur à une date antérieure à celle de la constitution de la société du locataire-gérant, entraînait de même (implicitement) reprise des droits et engagements souscrits par le concessionnaire.

Dans la présente affaire, enfin, la Cour reconnaît en quelque sorte à l'acquéreur d'un fonds de commerce un délai de réflexion dans la période consécutive à l'acquisition sur la poursuite des relations commerciales nouées par le cédant.

La diversité de ces solutions appelle une grande prudence, de la part de ceux qui font l'acquisition de fonds de commerce ou des actifs d'une entreprise, ainsi qu'en cas de succession dans le temps de différents partenaires remplissant les mêmes fonctions, dans l'expression de la volonté de poursuivre les relations commerciales en cours au moment de l'opération concernée. Un exercice bien délicat !

M.-C. Mitchell
Concurrences N° 4-2015, p. 138

Concurrences +

M. Chagny, La Cour d'appel de Paris se prononce sur la détermination de l'existence d'une relation unique et du préavis nécessaire en matière succession de contractants (Vivien Fret), 13 février 2014, Revue Concurrences N° 2-2014, p. 124

Cass. com., 25 janvier 2017, Rubis c/ GMPA et Allianz Vie, n° 15-13013

La Cour de cassation apporte des précisions sur l'applicabilité à une association de la relation commerciale au sens de l'article L. 442-6, I, 5° C. com.

Les faits un peu emmêlés de cette espèce vont amener la Cour de cassation à rendre un arrêt de principe promis à publication. La société Rubis avait contracté avec la société d'assurance Allianz vie, un établissement de crédit et l'association Groupement de prévoyance des armées (GMPA). La société Rubis avait, par contrat, vocation à exercer une fonction de mandataire en distribuant les produits financiers auprès des adhérents de GMPA. À la suite de l'absorption de l'établissement de crédit, une nouvelle convention a été conclue entre la société Rubis et l'association ainsi que deux établissements de crédit. Constatant une réduction puis une disparition de son chiffre d'affaires, la société Rubis introduit une action en réparation de son préjudice découlant de la rupture brutale des relations commerciales établies à l'encontre de l'association et la société d'assurances. Cette décision promise à la publication permet d'éclairer la notion centrale de la relation commerciale, et de son applicabilité éventuelle à une association ainsi que les modalités du grief de rupture brutale invoqué à l'encontre d'une tierce personne.

Une association à but non lucratif peut être un acteur de la relation commerciale dès lors qu'elle procède à une activité de production, de distribution ou de services et qu'elle entretient des relations commerciales avec le demandeur

La Cour de cassation saisit l'opportunité de cette affaire rappeler les critères d'application de l'article L 442-6, I, 5° qui sont liées à la relation commerciale et non au statut juridique des parties.

La Cour de cassation rappelle ainsi que "*le régime juridique d'une association, comme le caractère lucratif de son activité, ne sont pas de nature à l'exclure du champ d'application de l'article L. 442-6, I, 5°*". Toutefois cette appréciation a des limites : encore faut-il que l'association "*procède à une activité de production, de distribution ou de services*", et "*qu'elle ait entretenu une relation commerciale établie avec le demandeur à l'action*".

En l'espèce, la Cour de cassation approuve les juges du fond d'avoir exclu l'action du champ d'application de l'article L. 442-6, I, 5° dès lors que les relations entre l'association et la société

Rubis visaient uniquement à faciliter l'exécution du mandat octroyé par les banques et établissements de crédit, et qu'il n'était pas établi que l'association percevait une commission.

Le principe de la mise en œuvre de la responsabilité des associations n'est que la reprise d'une jurisprudence établie qui prévoit que "*l'article L. 442-6, I,5° du Code de commerce, qui prévoit qu'engage sa responsabilité tout producteur, commerçant, industriel ou personne immatriculée au répertoire des métiers, qui rompt brutalement une relation commerciale établie, peut être mis en œuvre quel que soit le statut juridique de la victime du comportement incriminé*" (Cass. Com, 6 février 2007, n° 03-20463 ; A.-L. Archambault, Rupture brutale d'une relation commerciale au sens de l'article L. 442-6, I 5° du Code de commerce : indifférence du statut de la victime, LCJ G n° 24, 13 juin 2007 ; E. Chevrier, La rupture brutale d'une relation commerciale avec une association, *Dalloz Actualité* 5 mars 2007). Cette solution a pu être réaffirmée par la Cour de cassation dans un arrêt *Carrefour* (Cass. com., 21 janvier 2014, Carrefour n° 12-29166, E. Chevrier, La personnalité des peines exclue du droit économique, *Dalloz Actualité* 3 février 2014 ; L. Constantin, Prononcé d'une amende civile : le principe de la personnalité des peines hors-jeu ? *AJCA* 2014 p. 41 ; N. Mathey, QPC : transmission de culpabilité à raison de pratiques restrictives, *Contrats conc. consom.* n° 5, mai 2016, comm. 118), dans lequel la Cour affirme que "*les dispositions de l'article L. 442-6 du Code de commerce, qui visent tout producteur, commerçant, industriel ou personne immatriculée au répertoire des métiers, auteur des pratiques restrictives énoncées par ce texte, s'appliquent à toute entreprise, indépendamment du statut juridique de celle-ci, et sans considération de la personne qui l'exploite*".

La société Rubis avait ici dirigé son action en rupture brutale à la fois contre l'association et la compagnie d'assurance Allianz vie, anticipant cette situation. Allianz Vie n'étant cependant pas partie à la relation commerciale litigieuse, la Cour de cassation nous rappelle les conditions d'engagement de la responsabilité pour rupture brutale d'une tierce partie à la relation.

La rupture brutale ne peut être invoquée à l'encontre d'une personne non partie à la relation commerciale que si l'exigence d'"une seule entité économique" est remplie

La responsabilité d'une personne non partie au contrat peut être engagée dès lors que son comportement fautif a concouru à la réalisation de la faute. Encore faut-il identifier une faute ou un lien suffisamment fort entre elles.

En effet s'agissant de responsabilité délictuelle il a déjà été jugé que le demandeur devait justifier "en quoi" chaque défendeur était intervenu dans la rupture des relations commerciale et "*avait pu engager sa responsabilité à ce titre*" (Cass. com., 11 septembre 2012, *Carrefour*, n° 11-17458 ; N. Mathey, Rôle de la société mère dans la rupture d'une relation commerciale, *Contrats conc. consom.* n° 11, novembre 2012, comm. 257).

S'agissant en l'espèce de la société Allianz vie, la Cour de cassation juge que dès lors "*que la société Rubis ne démontrait pas que la société Allianz et le GMPA, personnes morales distinctes, formaient une seule entité économique, la Cour d'appel en a justement déduit que la responsabilité de la société Allianz, qui n'était recherchée qu'en raison de cette seule circonstance, ne pouvait être engagée*". Le critère de l'engagement de la responsabilité d'une partie tierce à la relation contractuelle est donc lié à l'existence démontrée d'une "*seule entité économique*". On pourrait regretter l'extrême synthèse de cette motivation et le caractère flou de la notion d'entité économique unique : repose-t-elle sur des liens capitalistiques, des liens contractuels ?

Cette solution doit néanmoins être rapprochée de la solution adoptée par la Cour de cassation dans l'arrêt *Carrefour* susmentionné, dans lequel la Cour de Paris avait prononcé une amende civile à l'encontre d'une société ayant absorbé par voie de fusion l'auteur de pratiques contraires à l'article L. 442-6, I C. com. La Chambre commerciale a rejeté le pourvoi aux motifs que "*le principe de la personnalité des peines, résultant des articles 8 et 9 de la Déclaration de 1789, ne fait pas obstacle au prononcé d'une amende civile à l'encontre de la personne morale à laquelle l'entreprise a été juridiquement transmise*" (Cass. Com. 21 janvier 2014, n° 12-29166, précité). Il a déjà été observé que "*toute personne morale, à laquelle une entreprise a été juridiquement transmise, quel que soit le mode de transmission, encourt le risque de se voir infliger une amende civile, sans que le principe de la personnalité morale y fasse obstacle*" (Concurrences n° 2-2014, p. 122, obs. M. Chagny). Cette solution a d'ailleurs été confortée par la décision du Conseil Constitutionnel du 18 mai 2016 (déc. n° 2016-542, ITM ; Voir L. Arcelin, L'adaptabilité du principe de personnalité des peines aux sanctions du droit économique, obs. AJCA 2016, p. 338 ; H. Barbier, La regrettable distinction entre sanctions pénales et sanctions administratives ou civiles afin d'en déterminer leur transmissibilité en cas de fusion, obs. RTD civ. 2016, p. 628 ; *Concurrences* n° 3-2016, art. n° 81056 obs. A. Ronzano ; *Concurrences* n° 4-2016, art. n° 82104, pp. 200-201, obs. J. Martinez).

Cette problématique de notion d'entreprise dans le cadre d'une action en réparation découlant du droit de la concurrence a été tranchée par l'ordonnance puisque le nouvel article L. 481-1 C. com. prévoit que "*Toute personne physique ou morale formant une entreprise ou un organisme mentionné à l'article L. 464-2 est responsable du dommage qu'elle a causé du fait de la commission d'une pratique anticoncurrentielle définie aux articles L. 420-1, L. 420-2, L. 420-2-1, L. 420-2-2 et L. 420-5 ainsi qu'aux articles 101 et 102 du traité sur le fonctionnement de l'Union européenne*".

Cette extension de la personne morale à l'entreprise dans le droit des pratiques anticoncurrentielles échappera-t-elle au droit des pratiques restrictives ? Rien n'est moins sûr… mais reste à savoir quelle approche les juridictions françaises décideront de suivre, et quelle conception de l'entreprise sera choisie.

J.-L. Fourgoux

Concurrences N° 2-2017, p. 117

Concurrences +

J. Martinez, Le Conseil constitutionnel déclare conforme à la Constitution l'interprétation d'une disposition de la Cour de cassation selon laquelle la sanction pour pratiques anticoncurrentielle infligée à une entreprise absorbée peut être appliquée, après fusion-absorption, à l'entreprise absorbante (ITM Alimentaire International), 18 mai 2016, Revue Concurrences N° 4-2016, pp. 200-201

A. Ronzano, Le Conseil constitutionnel déclare conforme à la Constitution la 3e phrase du 2e alinéa du paragraphe III de l'article L. 442-6 du Code de commerce, jugeant qu'une amende civile peut être prononcée à l'encontre de la personne morale à laquelle l'exploitation de l'entreprise, auteur des pratiques restrictives de concurrence, a été transmise, pour autant que cette dernière ait été dissoute sans liquidation (ITM Alimentaire International), 18 mai 2016, Revue Concurrences N° 3-2016, www concurrences.com

M. Chagny, La Cour de cassation affirme qu'une amende civile peut être prononcée à l'encontre d'une société ayant absorbé par voie de fusion l'auteur de pratiques contraires à l'article L. 442-6-I du Code de commerce (Carrefour) , 21 janvier 2014, Revue Concurrences N° 2-2014, p. 122

2.2.3 Caractérisation de la rupture brutale

2.2.3.1 Notions de brutalité et de rupture

Cass. com., 6 septembre 2016, US Import Export c/ Sniw, n° 14-25891

La Cour de cassation décide que le caractère prévisible de la rupture d'une relation commerciale établie ne prive pas, en lui-même, celle-ci de son caractère brutal

---

Étrangement, la condition centrale du délit de rupture brutale de relation commerciale établie n'était, jusqu'ici, qu'imparfaitement comprise (v. cependant l'étude éclairante de C. Mouly-Guillemaud, "Répercussion de la crise économique, perte de rentabilité d'une relation ou prévisibilité de la rupture: la brutalité en quête de sens", RTD com. 2016, p. 385). Comment entendre, en effet, la formule de l'article L. 442-6, I, 5° du Code de commerce selon laquelle engage la responsabilité de son auteur le fait de rompre "*brutalement (...) une relation commerciale établie, sans préavis écrit*" ? Une rupture prévisible est-elle encore brutale, quoiqu'elle soit prononcée sans préavis écrit ? (v. not. C. Mouly-Guillemaud, note *LPA* 2014, n° 54, p. 6) La jurisprudence n'était pas limpide, c'est le moins que l'on puisse dire (v. C. Mouly-Guillemaud, art. préc. ; *adde* la jurisprudence citée *in* F. Buy, "*L'article L. 442-6, I, 5° C. com.*", *Lamy droit du contrat* 2017 (dir. B. Fages), n° 2508). Certains arrêts, faisant preuve de souplesse, considéraient qu'en présence d'une rupture qui n'était "*ni imprévisible, ni soudaine, ni violente*", la prétendue victime "*ne pouvait raisonnablement anticiper une continuité de la relation commerciale pour l'avenir*" et donc se plaindre d'une violation de l'article L. 442-6 du Code de commerce (Cass. com., 20 nov. 2012, n° 11-22660, *Concurrences* n° 1-2013, p. 122, obs. J.-L. Fourgoux ; *Contrats, Conc. Consom.* 2013, n° 32, obs. N. Mathey). Récemment encore, une Cour d'appel était par exemple approuvée d'avoir jugé qu'un fournisseur évincé par une grande enseigne de bricolage ne pouvait légitimement espérer la poursuite de la relation dès lors que celle-ci pouvait être remise en cause à l'occasion de la renégociation légale annuelle (Cass. com., 7 juill. 2015, n° 14-17657, *D.* 2016, p. 964, obs. D. Ferrier). Mais d'autres décisions consacraient, à l'inverse, une approche beaucoup plus formelle. Un arrêt publié de la chambre commerciale de la Cour de cassation, en particulier, avait ainsi refusé qu'une annonce verbale de rupture ou qu'un ralentissement des commandes puissent pallier l'absence de préavis écrit (Cass. com., 24 sept. 2013, n° 12-24538, Bull. civ. IV, n° 137 ; *LPA* 2014, n° 54, p. 6, note C. Mouly-Guillemaud).

L'arrêt commenté, porteur d'un attendu de principe et publié lui aussi au Bulletin, opère à cet égard une clarification bienvenue. En l'espèce, une centrale d'achats de produits alimentaires, qui avait constaté une cessation de commandes de son fournisseur (la société US), s'estimait victime d'une rupture brutale de relation commerciale établie. Le fournisseur fut condamné par la Cour d'appel et son pourvoi a été rejeté en ces termes : "*Mais attendu que le caractère prévisible de la rupture d'une relation commerciale établie ne prive pas celle-ci de son caractère brutal si elle ne résulte pas d'un acte du partenaire manifestant son intention de ne pas poursuivre la relation commerciale et faisant courir un délai de préavis ; qu'ayant constaté que la société US avait cessé ses approvisionnements auprès de la société Sniw du jour au lendemain, sans lui adresser ni lettre de rupture, ni préavis écrit, la Cour d'appel (...) a pu retenir la responsabilité de la société US*".

Une rupture prévisible est-elle encore brutale ?

On comprend ainsi qu'imprévisibilité et brutalité n'ont pas partie liée. Peu importe qu'elle eut été prévisible : la rupture n'est purgée de son caractère brutal qu'à la condition de résulter d'un acte qui 1/ manifeste l'intention de son auteur de ne pas poursuivre la relation et 2/ fasse courir un délai de préavis. On en déduit, d'une part, que la brutalité s'incarne toute entière dans l'absence de notification d'un préavis, et d'autre part, que la prévisibilité de la rupture n'exerce aucune influence à ce stade. Cela peut sembler rigoureux, mais il n'est pas dit que la question de la prévisibilité des ruptures ne puisse être traitée autrement. Comme l'a montré Clémence Mouly-Guillemaud, une approche opérée sur le terrain, distinct, de la précarisation d'une relation qui était antérieurement établie, serait dans bien des cas plus appropriée (art. préc.). Notons que certains arrêts raisonnent déjà ainsi (v. à propos d'un appel d'offres, CA Paris, 13 oct. 2016, n° RG : 15/03037 : "*la procédure mise en place* (...) *tendait à précariser les relations*").

F. Buy
Concurrences N° 4-2016, p. 125

Concurrences +

J.-L. Fourgoux, La Cour de cassation rappelle qu'aucune relation commerciale ne peut être éternelle et qu'une partie, préalablement informée du non-renouvellement au terme du contrat, ne peut prétendre à son renouvellement (STPM / Bosch), 20 novembre 2012, Revue Concurrences N° 1-2013, pp. 122-123

Cass. com., 8 novembre 2017, Esquiss c/ Yves Dorsey n° 16-15285

La Cour de cassation considère que la baisse des commandes momentanée du fait d'une crise subie par le donneur d'ordre ne peut être qualifiée de rupture brutale et que l'augmentation tarifaire réclamée par le prestataire pour compenser la baisse de volume peut justifier une rupture

Cette affaire marque la confirmation de la jurisprudence *Caterpillar-CMI* (Cass. com., 12 févr. 2013, *Concurrences* n° 2-2013, Art. n° 52124, pp. 98-99, obs. J.-L. Fourgoux) selon laquelle une rupture brutale suppose une décision de l'auteur et non une simple répercussion d'une baisse du marché, mais va au-delà en précisant que le prestataire qui ne bénéficie d'aucun engagement de volume ne peut pour compenser la perte imposer au client une augmentation tarifaire.

Les faits sont pour partie originaux car ils concernaient une société (*Esquiss*) chargée du *sourcing* par la société *Yves Dorsey* pour la confection de chemises, au Bangladesh, moyennant le règlement de commissions. La Cour d'appel de Paris avait refusé de sanctionner la société *Esquiss* d'avoir diminué le volume des commandes de *Dorsey* à partir de l'année 2008.

Devant la Cour de cassation, *Esquiss* soulevait le fait que la baisse d'activité de *Dorsey* était de seulement 15 % alors qu'en 2009 aucune commande n'avait été passée et qu'en janvier 2010 les commandes avaient représenté pour une saison seulement 25 % du volume annuel habituel.

La Cour de cassation rejette le moyen en approuvant la motivation des premiers juges et souligne que *Dorsey* n'avait pris aucun engagement de volume envers son partenaire et qu'elle a souffert une baisse de chiffre d'affaires du fait de la situation conjoncturelle du marché du textile, qu'elle a répercuté sur ses commandes. Par ailleurs, "*un donneur d'ordre ne peut être contraint de maintenir un niveau d'activité auprès de son sous-traitant lorsque le marché lui-même diminue*". Cette formule générale semble transposable à beaucoup d'évolutions conjoncturelles – y compris en dehors de période de crise – et rendra plus délicate la contestation de baisse significative de chiffre d'affaires. Le montant réduit de l'impact de la crise sur le donneur d'ordre est à cet égard assez révélateur du caractère souple de ce critère puisque n'ayant baissé que de 15 % son activité, les commandes en 2009 ont été interrompues pour ne reprendre qu'en janvier 2010. C'est alors l'accompagnement de *Dorsey* auprès de son prestataire qui a permis d'échapper à la critique puisque le fait que *Dorsey* ait proposé une aide financière à *Esquiss* pour faire face à la baisse de ses commissions, démontrant sa volonté de poursuivre leur relation commerciale a permis, à bon droit, à la Cour d'appel de juger que la baisse des commandes n'engageait pas sa responsabilité.

Cette approche constitue la consécration selon laquelle les évolutions de chiffre d'affaires ne peuvent, à elles seules, caractériser une rupture brutale des relations commerciales. Néanmoins, cette solution passe quand même un peu rapidement sur la notion de rupture partielle des relations commerciales en assimilant l'absence de commandes en 2009 à une baisse momentanée.

Le deuxième moyen sur l'imputabilité de la rupture définitive en 2010 confirme que les victimes de rupture partielle ne peuvent compenser le manque à gagner en imposant une augmentation tarifaire. Le refus immédiat de l'augmentation et l'annonce de l'impossibilité de commander des chemises par suite de cette augmentation était, elle aussi, une conséquence de la crise du secteur d'activité et de l'économie nouvelle de la relation commerciale.

Comme cela a été justement observé "*statistiquement rares sont les affaires dans lesquelles une action en rupture des relations commerciales n'est pas accueillie au motif que c'est en réalité au demandeur à l'action qu'est imputable la rupture*" (M.-C. Mitchell sous CA Paris, 4 avr. 2013, *Concurrences* n° 3-2013 p. 97). Cet arrêt est cependant une illustration assez libérale de la sanction du demandeur à l'action.

Au final, si l'absence d'accord sur de nouveaux tarifs peut justifier la rupture, cette sévérité démontre que les dossiers de rupture sont appréciés de façon plus stricte que par le passé. Le reflux de la protection de l'article L. 442-6, I, 5° (thème du colloque de la FNDE http://www.cde-montpellier.com/save-the-date-colloque-flux-reflux-de-rupture-brutale-dune-relation-commerciale-vendredi-24-novembre-2017/) est en marche.

J.-L. Fourgoux

Concurrences N° 1-2018, p. 115

Concurrences +

J.-L. Fourgoux, La Cour de Cassation précise qu'une baisse considérable des volumes peut ne pas constituer une rupture brutale des relations commerciales, dès lors qu'elle est la conséquence d'une crise économique, 12 février 2013, Revue Concurrences N° 2-2013, pp.98-99

M.-C. Mitchell, La Cour d'appel de Paris juge qu'une baisse conjoncturelle d'activité, due à la crise, n'est pas assimilable à une rupture brutale de relations commerciales établies (Darty & Fils/MBCO), 4 avril 2013, Revue Concurrences N° 3-2013, p. 97

2.2.3.2 Notification du préavis

Cass. com., 22 octobre 2013, La Languedocienne c/ Areva, n° 12-25992

La Cour de cassation affirme de façon très claire que la notification du recours à un appel d'offres manifeste l'intention de faire courir le délai de préavis

La Cour de cassation, dans un arrêt rendu le 22 octobre 2013, a censuré la Cour d'appel de Montpellier qui avait condamné la société Areva à payer à son prestataire logistique, une indemnité pour rupture brutale d'une relation commerciale établie, non pas sur le principe mais sur le calcul du délai de préavis. La société Languedocienne entretenait des relations commerciales depuis 1993 avec une société du groupe Areva. Des contrats successifs avaient été conclus et le dernier, d'une durée d'un an prévoyait un préavis contractuel de six mois.

Un appel d'offres avait été lancé et le prestataire logistique avait vu officiellement son contrat non renouvelé à son terme, avec un préavis de six mois. La Cour d'appel de Montpellier avait considéré que le préavis dû à ce prestataire aurait dû être de 18 mois et, par voie de conséquence, avait condamné son partenaire à l'indemniser pour les 12 mois de marge perdue. Devant la Cour de cassation Areva soutenait un moyen en trois branches dont certains ont été écartés au motif qu'ils ne seraient pas de nature à permettre l'admission du pourvoi. La première branche consistait à avancer que le dernier contrat était un contrat à durée déterminée et que seul le préavis contractuel s'imposait et qu'en tout état de cause le préavis proportionné à la durée du contrat ne peut pas avoir une durée supérieure à la durée du contrat. Enfin le demandeur au pourvoi avançait que le contrat type applicable au transport public routier de marchandise prévoit un préavis maximum de trois mois.

Ces moyens sont écartés sèchement en n'étant pas de nature à permettre l'admission du pourvoi. Ce rejet n'est pas sans incidence, car il souligne l'autonomie de l'article L 442-6, I, 5° du Code de commerce qui s'inscrit dans l'ordre public économique et dont la violation relève de la responsabilité délictuelle des partenaires. En revanche, sur le point de délai du préavis et donc du calcul du préjudice, la Cour de cassation adopte une position très claire, sur les conséquences du recours à un appel d'offres.

Pour censurer les juges du fond, la Cour de cassation considère que "*la notification faite par la société Areva à la société Languedocienne de son recours à un appel d'offres pour choisir son prestataire en logistique manifestait son intention de ne pas poursuivre des relations contractuelles dans des conditions antérieures et faisait ainsi courir le délai de préavis*". Depuis plusieurs arrêts l'influence des appels d'offres sur la durée des relations commerciales a été soulignée. Un premier arrêt a considéré que des contrats isolés résultant d'appel d'offres alors même qu'elles n'étaient pas formalisées dans un contrat portant engagement dans la durée, n'étaient pas de nature à caractériser relation commerciale établie (Cass. com., 16 décembre 2008, *Bouygues Bâtiment International (BBI)* c/ *Les Ateliers d'Origine*, n° 07-15589, *Concurrences* n° 1-2009, art. n° 23424, pp. 128-129, note MCM). Un arrêt ultérieur a précisé que le prestataire qui accepte de participé à cette mise en concurrence est informé de la décision "*de rompre leur relation commerciale établie et d'inscrire pour le futur leur relation commerciale dans un cadre précaire*". Cass. com., 20 septembre 2011, *YF* c/ *Habitat France*, n° 10-15750, novembre 2011, *Concurrences* n° 4-2011, art. n° 39963, p. 123, note JLF).

La position adoptée par l'arrêt du 22 octobre 2013 semble désormais clarifier la question : l'invitation d'un prestataire à participer à un appel d'offres est annonciateur d'une remise en cause de la pérennité de la relation et le délai de la procédure d'appel d'offres doit s'imputer sur le préavis du, en application du Code de commerce. Cette solution avait été annoncée par un précédent arrêt de la chambre commerciale du 2 novembre 2011 (*Mercialys* n° 10-26656) est un encouragement pour les partenaires commerciaux à recourir aux appels d'offres de façon plus systématique et plus organisée pour pouvoir justifier de la notification du préavis.

Pendant la soumission à l'appel d'offres, l'exécution du contrat se poursuit dans des conditions généralement satisfaisantes, ce que redoutent le plus souvent les cocontractants qui hésitent à accorder un préavis proportionné. Il faudra cependant être attentif à ne pas détourner la procédure d'appels d'offres pour qu'elle ne soit pas artificielle et considérée comme un contournement de la disposition protectrice. La Cour d'appel de Paris désignée comme juridiction de renvoi suivra probablement la recommandation claire de la chambre commerciale.

J.-L. Fourgoux
Concurrences N° 1-2014, p. 97

Concurrences+

M.-C. Mitchell, la Cour de cassation confirme que la notification du recours à un appel d'offres vaut notification de la rupture de la relation commerciale établie et constitue le point de départ du délai de préavis (Trans Plus Services / Leroy Merlin France), 8 décembre 2015, Revue Concurrences N° 1-2016, p. 126

J.-L. Fourgoux, La Cour de cassation approuve des juges du fond qui écartent le caractère établi de la relation au sens de l'article L. 442-6-I-5° du Code de commerce dès lors que les relations sont fondées sur des appels d'offres (YF, Habitat France), 20 septembre 2011, Revue Concurrences N° 4-2011, p. 123

M.-C. Mitchell, La Cour de cassation apporte de nouvelles précisions sur les éléments constitutifs de la rupture brutale de relations commerciales établies (Bouygues c/ Ateliers d'Origine, Tomécanic-Benetière c/ Castorama, Tomécanic-Benetière c/ Brico-Dépôt), 16 décembre 2008, Revue Concurrences N° 1-2009, pp. 128-129

2.2.3.3 Moment d'appréciation de la brutalité

Cass. com., 5 juillet 2017, Cargo Lines c/ Carotrans, n° 16-14201

La Cour de cassation met fin à la rébellion de la Cour d'appel de Paris et refuse que la réalité de la réorganisation de la victime soit prise en compte pour apprécier le caractère suffisant du préavis accordé

Nous avions fait état il y a peu, dans ces colonnes, d'une décision originale de la Cour d'appel de Paris (CA Paris, 5-5, 28 janv. 2016, RG n° 14/13036, *Concurrences* n° 2-2016, p. 131, obs. F. Buy; *JCP G* 2016, 288, note C. Grimaldi; *RTD civ.* 2016, p. 361, obs. H. Barbier) qui était entrée en résistance contre une jurisprudence de la Cour de cassation qui posait en principe (v. jurisprudence citée in F. Buy, *L'article L. 442-6, I, 5° du Code de commerce*, Lamy droit du contrat (dir. B. Fages), 2017, n° 2549; *adde* F. Buy, M. Lamoureux et J.-C. Roda, *Droit de la distribution*, LGDJ, 2017, n° 356 et 357) que la reconversion réussie du partenaire évincé n'était pas à prendre compte pour apprécier le caractère suffisant du préavis préalablement accordé en application de l'article L. 442-6, I, 5° C. com. Cette décision vient d'être censurée par la Chambre commerciale dans un arrêt rendu le 5 juillet 2017 (*CCC* 2017, n° 201, obs. N. Mathey).

Faits

En l'espèce, pour dire qu'une relation commerciale de 17 ans n'avait pas été brutalement rompue en présence d'un préavis de rupture d'un mois seulement, la Cour d'appel avait retenu qu' "*il appartient au juge d'apprécier si* (le préavis) *est suffisant en ce qu'il est destiné à permettre à la société victime de la rupture de se réorganiser, de sorte que la réalité de cette réorganisation est un élément à prendre en compte*". La Cour de cassation rétorque sèchement que "*la brutalité de la rupture d'une relation commerciale établie s'apprécie à la date de la notification de cette rupture*".

Portée

L'arrêt n'est pas publié, et c'est dommage. Car depuis l'arrêt frondeur de la Cour d'appel, le contentieux donnait l'impression d'être un peu flottant. Pendant que les juges parisiens persistaient et signaient (v. le même jour, CA Paris, 5-5, 28 janv. 2016, RG n° 14/22836, *JCP G* 2016, 288, note C. Grimaldi; et encore très récemment, CA Paris, 5-5, 28 juin 2017, RG n° 14/26044), la Cour de cassation émettait elle-même des signaux contradictoires. Dans un arrêt non publié rendu le 1er mars 2017 (Cass. com., 1er mars 2017, n° 15-20848, *La Lettre CDC*, mars 2017, obs. Vogel; *CCC* 2017, n° 101, obs. N. Mathey), la Haute juridiction avait notamment admis qu'un partenaire éconduit, qui avait pu bénéficier, pendant le préavis, du maintien de la relation aux conditions antérieures, ne souffrait d'aucun préjudice. Or l'arrêt était détonnant dans la mesure où le préjudice est ordinairement évalué en fonction de la durée du préavis jugée nécessaire, lequel s'apprécie, comme le rappellent l'arrêt rapporté et bien d'autres encore (par ex. Cass. com., 9 juill. 2013, n° 12-20468, *Bull. civ. IV*, n° 115; *CCC* 2013, n° 209, obs. N. Mathey; *D.* 2013, p. 2324, note C. Mouly-Guillemaud), au moment de la notification de la rupture.

Faut-il approuver ce retour au classicisme, qui interdit d'une certaine façon de se projeter dans "l'après"? Non si l'on considère, comme la Cour d'appel, que le préavis est destiné à permettre à la victime de se réorganiser. Si c'est effectivement le cas, en quoi mérite-t-elle d'être protégée ? Non encore, si l'on est sensible au fait que les principes de la responsabilité sont de ce fait malmenés. Interdire au juge d'apprécier le préjudice au jour où il statue, c'est en effet accepter d'indemniser sans préjudice (en ce sens, très fortement, L. Vogel et J. Vogel, La rupture de relations commerciales établies : un droit incohérent, facteur d'insécurité juridique et d'inefficience économique, *RJDA* 4/17, p. 261 et s., spéc. p. 264). Mais oui, si l'on observe que la Cour d'appel a tout de même fait un grand écart pour réussir à dire, tout à la fois, que la durée du préavis s'apprécie au moment de la rupture et que des faits postérieurs peuvent être pris en compte, confondant de la sorte l'appréciation de la faute et du préjudice (H. Barbier, obs. préc.). Oui encore, si l'on conçoit plutôt le préavis comme un délai de prévenance qui serait dû, comme une civilité ordinaire, à son futur-ex partenaire (v. C. Mouly-Guillemaud, Mais quel est l'objet du préavis entre professionnels ?, *RLC* 2013, n° 35, p. 183). Oui enfin, si l'on observe qu'une reconversion rapide peut ne pas être exclusive d'un certain préjudice. La victime ne se serait-elle pas reconvertie dans de meilleures conditions si elle avait eu plus de temps (H. Barbier) ? Bref, on le voit, tout n'est pas si simple.

F. Buy
Concurrences N° 4-2017, p. 121

Concurrences +

F. Buy, La Cour d'appel de Paris considère que la réalité de la réorganisation du partenaire évincé est un élément à prendre en compte pour apprécier si le préavis est suffisant (Cargo Lines / Carotrans international), 28 janvier 2016, Revue Concurrences N° 2-2016, p. 131

2.2.3.4 Durée du préavis

Cass. com., 20 mai 2014, BAO c/ Canal Plus, n° 13-16398

La Cour de cassation étend le champ d'application de l'article L. 442-6, I, 5° au domaine sportif et confirme l'absence d'effet de la dépendance économique sur l'indemnisation du préjudice de la victime de la rupture

Les lecteurs réguliers de cette rubrique le savent: conçues à l'origine pour rééquilibrer les relations commerciales entre la grande distribution et ses fournisseurs, les dispositions de l'article L. 442-6, I, 5°, relatives à la rupture brutale des relations commerciales établies, ont vu leur champ d'application s'étendre progressivement à bien d'autres secteurs, tels celui de certaines professions libérales (cette Revue *Concurrences* n° 2-2009, p. 128-129), celui des mutuelles d'assurances (cette Revue *Concurrences* n° 4-2010, p. 149, com. L. Roberval), ou encore celui des artistes de cirque (Cass. com. 6 février 2007, cette Revue *Concurrences* n° 2-2007, p. 123).

L'affaire ayant donné lieu à l'arrêt de la Cour de Cassation du 20 mai 2014 est, à notre connaissance, la première à voir consacrer le principe de rupture brutale dans le domaine sportif. En cause en effet dans cette affaire, les conditions dans lesquelles la Société Canal Plus a mis fin aux relations l'ayant liée, entre 2001 et 2007, à la Société Starvision, ayant pour activité la gestion de la carrière professionnelle d'un boxeur devenu champion olympique en 2000, puis champion du monde le 8 décembre 2007. Entre 2001 et 2007, la Société Starvision a cédé à Canal Plus, par contrats successifs d'une durée de un à trois ans, les droits de retransmission des combats du boxeur.

Le dernier en date de ces contrats venait à échéance fin 2007 et comportait une clause de renégociation trois mois avant cette échéance, c'est-à-dire à compter du 1er septembre 2007, et ouvrait droit à la Société Starvision une faculté de renégociation avec un tiers si aucun accord n'était trouvé avec Canal Plus.

Des pourparlers débutaient entre les deux Sociétés à l'issue du combat du 8 décembre 2007, à l'initiative de la Société Starvision, sans que les deux Sociétés trouvent un accord sur le montant de cession des droits de diffusion pour la période suivante, et ce n'est que le 13 juin 2008 que Canal Plus formalisait une offre de nouveau contrat qui marquait un très net recul par rapport aux contrats précédents sur les montants des droits de retransmission des combats du boxeur, conduisant à l'annulation du combat de défense de son titre de champion du monde prévu le 26 juillet suivant.

C'est dans ces circonstances de fait que la Société Starvision a assigné Canal Plus en paiement de dommages et intérêts pour rupture brutale d'une relation commerciale établie, et que, la Cour d'appel ayant condamné Canal Plus à lui verser la somme de 397 500 €, un pourvoi principal était formé par la Société Starvision sur le montant de l'indemnisation, et un pourvoi incident par Canal Plus sur le principe même de cette indemnisation.

L'arrêt de la Cour de cassation retient l'attention en ce qui concerne, d'une part, l'analyse que fait la Cour de la notion de rupture brutale de relations commerciales établies et, d'autre part, la prise en compte de la dépendance économique dans laquelle la Société Starvision affirmait se trouver par rapport à Canal Plus.

Sur la brutalité de la rupture

C'est à une analyse extrêmement extensive de la notion de rupture brutale que se livre la Cour de Cassation en l'espèce.

Non sans bon sens, Canal Plus, pour contester avoir rompu brutalement la relation commerciale, se fondait sur les termes du contrat venant à échéance le 31 décembre 2007, qui à la fois ouvrait aux parties une possibilité de renégociation à compter du 1er septembre 2007 et, en cas d'échec des négociations, rendait à la Société Starvision sa liberté de se tourner vers un tiers.

Face à ces éléments contractuels, la Cour d'appel de Paris avait néanmoins imputé à Canal Plus une rupture brutale, en se fondant en substance :

- sur le recul substantiel qu'avait présenté son offre par rapport aux montants consentis lors des deux contrats précédents ;
- sur la tardiveté de cette offre, formalisée six mois après l'entame des négociations par la Société Starvision, et à une date très proche du combat prévu en juillet 2008 finalement annulé ;
- enfin, sur le fait que les parties, à l'occasion de leurs relations antérieures, avaient fréquemment dérogé aux prévisions de leurs contrats, relatives aux conditions et délai de leur renégociation, renonçant ainsi à s'en prévaloir ; dans cette mesure, si aucun reproche ne pouvait être fait à la Société Starvision sur la date tardive de son entame des négociations, le délai de six mois au terme duquel Canal Plus a fait sa propre offre conduit la Cour à lui imputer la brutalité de la rupture.

L'analyse est, sur ces trois points, intégralement reprise à son compte par la Cour de Cassation.

Elle consacre une interprétation extrêmement extensive de la notion de rupture brutale, en limitant la liberté de négocier à la baisse les conditions financières dans le cadre du renouvellement d'un contrat, en occultant la faculté ouverte à la Société Starvision de se tourner vers un tiers en cas d'échec des négociations, faculté dont elle n'a pas cru devoir user, enfin en faisant prévaloir l'usage antérieur prévalant entre les parties aux termes du contrat.

La protection de la victime de la rupture prend ici le pas très nettement sur le principe de liberté commerciale et appelle la plus grande prudence de la part de ceux qui entendent mettre fin à une relation commerciale établie ou remettre en cause les conditions commerciales ou financières antérieures à l'occasion du renouvellement d'un contrat.

Plus rassurante est, à l'inverse, la prise en compte par la Cour suprême de la dépendance économique dans laquelle la Société Starvision affirmait se trouver vis-à-vis de Canal Plus.

Sur la dépendance économique

C'est à l'occasion du pourvoi principal formé par la Société Starvision, faisant grief à la Cour d'appel d'avoir limité à la somme de 397 500 € le montant de son indemnisation, que se posait la question de savoir comment et à quel stade la dépendance économique doit être prise en compte lors d'une procédure en rupture brutale.

Deux options sont, à cet égard, envisageables :

- soit la dépendance économique constitue un élément d'évaluation du préavis devant être accordé par l'auteur de la rupture à son partenaire,

- soit elle constitue un élément d'aggravation du préjudice subi par la victime de la rupture.

C'est à cette seconde option que se référait la Société Starvision dans son pourvoi, option que rejette très fermement la Cour de Cassation, comme elle l'avait déjà fait notamment dans un arrêt du 6 novembre 2012 (pourvoi n° 11-24570).

Selon la Cour, le préavis suffisant "s'apprécie en tenant compte de la durée de la relation commerciale et des autres circonstances, notamment de l'état de dépendance économique de l'entreprise évincée, au moment de la notification de la rupture et [qu']en cas d'insuffisance du préavis, le préjudice en résultant est évalué en fonction de la durée du préavis jugé nécessaire", et la Cour ajoute que "ayant estimé que la Société Canal Plus aurait dû respecter un préavis de six mois, la Cour d'appel a nécessairement pris en compte l'état de dépendance économique de la Société Starvision, sans avoir à lui accorder une indemnité complémentaire à ce titre".

La solution a le mérite de l'extrême clarté.

La dépendance économique, lorsqu'elle est avérée, doit être prise en compte au stade de la mesure de la durée du préavis, et non dans le cadre de la fixation de l'indemnisation.

Gageons que cette prise de position réaffirmée de la Cour de cassation aura raison des solutions divergentes consacrées à ce jour par quelques rares tribunaux et Cours d'appel, telle la Cour d'appel de Douai qui, le 15 mai 2001, affirmait que "*plus la dépendance économique est grande, plus le préjudice découlant du caractère brutal de la rupture est important*" (*JCP éd. E* 2001, p. 1861, note Pedamon).

Trop souvent, les entreprises préfèrent se reposer sur un seul partenaire, pour ensuite s'en plaindre et revendiquer une indemnisation aggravée à l'occasion de la rupture des relations. Une première limite à une telle stratégie a été posée par le passé, conduisant à nier toute prise en compte de la dépendance économique, lorsqu'elle résulte d'un choix de la victime de la rupture de s'abstenir de diversifier ses activités (CA Paris, 30 mai 2012, cette Revue *Concurrences* n° 3-2012, p. 138).

C'est tout le mérite de l'arrêt commenté que de ne lui faire produire effet qu'au stade de la durée du préavis, dont l'objet est précisément de permettre à l'entreprise évincée de réorienter ses activités.

M.-C. Mitchell

Concurrences N° 3-2014, p. 112

Concurrences+

Sur l'arrêt de la Cour d'appel, voir : J.-L. Fourgoux sur CA Paris, 30 mai 2012, Revue Concurrences N° 3-2012, p. 138

L. Roberval, La Cour de cassation précise le champ d'application du Titre IV du Livre IV du Code de commerce (Beau rivage/MACIF et MAIF), 14 septembre 2010, Revue Concurrences N°4-2010, p. 149

M.-C. Mitchell, La Cour de cassation se prononce sur la possibilité pour les professions libérales de se prévaloir de l'article L. 442-6-I-5° ou des règles de droit commun (Maître X... (notaire) c/ Caisse d'épargne et de prévoyance du Val-de-France), 22 janvier 2009, Revue Concurrences N°2-2009, pp. 128-129

M.-C. Mitchell, La Cour de cassation apporte quelques précisions complémentaires sur les conditions de la mise en œuvre de l'article L.442-6-I-5° (Idéal France et Dudule/Guiot ; "Le Clown est Roi"/Favand ; Daniel Grenin/Usinor Achats ; UCT/Transports Joyau), 6 février 2007, Revue Concurrences N°2-2007, pp. 123-124

Cass. com., 6 octobre 2015, Toyota c/ Fonderie GM Bouhyer, n° 14-19499

La Cour de cassation censure la Cour d'appel de Paris qui, pour apprécier les conséquences d'une rupture brutale, a pris en compte l'ensemble des relations nouées entre la victime et plusieurs filiales d'un groupe, sans constater que ces dernières avaient agi de concert

On a coutume de dire, de façon sans doute un peu rapide, que la notion de groupe de sociétés, plus économique que juridique, peine à être correctement appréhendée en droit. Mais, précisément parce qu'il ne roule pas sur des concepts civilistes classiques, le droit des ruptures brutales des relations commerciales n'est-il pas naturellement calibré pour rendre compte du phénomène ? À lire l'arrêt rendu par la chambre commerciale de la Cour de cassation le 6 octobre 2015 (*D. actu.* 20 oct. 2015, obs. X. Delpech ; *D.* 2015, chron. p. 2526, obs. N. Dorandeu ; *Contrats, Conc., Consom.* 2015, n° 279, obs. N. Mathey), l'idée d'une responsabilité qui pourrait être appréciée à l'échelle du groupe n'est pas encore en passe d'être consacrée ; en tout cas, pas de façon mécanique.

Faits et procédure

Deux sociétés qui appartenaient au groupe *Toyota* avaient noué puis dénoué, de façon presque concomitante, des relations commerciales avec un fournisseur en contrepoids en fonte. Assignées en réparation sur le fondement de l'article L. 442-6, I, 5° du Code de commerce, ces sociétés furent condamnées par la Cour d'appel de Paris qui estima que le partenaire délaissé aurait dû bénéficier d'un préavis d'un an de la part de chacune d'elles. Les juges du fond expliquèrent que les conséquences de ces ruptures avaient été "*nécessairement amplifiées dans la mesure où elles (s'étaient) cumulées*" et qu'il convenait, pour apprécier la durée du préavis, "*de prendre en compte le chiffre d'affaires global généré par (les deux sociétés), dans la mesure où elles (avaient) entretenu une relation commerciale avec (la victime) sur une même période et sur des produits identiques, avec des exigences similaires en termes quantitatifs*". Précisant que ce chiffre d'affaires avait augmenté de manière importante au cours des dernières années, la Cour ajouta que la société évincée avait dû "*en termes de réorganisation (...), pallier la perte de deux clients avec lesquels elle avait un chiffre d'affaires conséquent*". Mais la Cour de cassation a exercé sa censure en ces termes : "*en se déterminant ainsi, alors qu'elle avait relevé que les sociétés Tiesa et Cesab, bien qu'appartenant à un même groupe et ayant la même activité, étaient deux sociétés autonomes qui avaient entretenu avec la société Bouhyer des relations commerciales distinctes, la Cour d'appel, qui n'a pas constaté qu'elles avaient agi de concert, n'a pas donné de base légale à sa décision*".

Portée

Il faut bien comprendre que les juges du fond n'étaient pas allés jusqu'à soutenir que les deux relations concomitamment entretenues avec la victime n'en faisaient plus qu'une (comp., pour l'appréciation unitaire d'une succession de relations entretenues avec deux filiales, Cass. com., 25 sept. 2012, n° 11-24301, *D.*2012, p. 2382, obs. E. Chevrier ; *RTD civ.* 212, p. 721, obs. B. Fages). Mais il s'agissait quand même d'expliquer que, parmi les circonstances qui permettent d'apprécier la durée d'un préavis, les rapports de groupe exerçaient une influence décisive ou "amplifiante", pour reprendre les mots des juges parisiens. En clair, l'importance du chiffre d'affaires réalisé par la victime, qui justifie parfois en jurisprudence l'allongement de la durée du préavis qui lui est dû (v. par ex. D. et N. Ferrier, *Droit de la distribution*, LexisNexis, 7e éd. 2014, n° 397), devait être appréciée à l'aune des deux relations cumulées. La Cour de cassation n'a donc pas admis ce raisonnement globalisant, préférant s'en tenir au principe selon lequel chaque relation s'apprécie de façon cloisonnée (v. déjà Cass. com., 23 oct. 2012, n° 11-22383, *Concurrences* n° 1-2013, p. 121, obs. M. Dany et M. Le Moullec).

Cela étant, il serait inexact d'en déduire que le jeu des responsabilités encourues au titre de l'article L. 442-6, I, 5° ne pourrait jamais être perturbé en présence d'un groupe de sociétés.

D'une part, l'arrêt d'appel n'a été censuré que parce qu'il n'avait pas constaté que les sociétés du groupe *Toyota* "*avaient agi de concert*". On en déduit que la solution aurait pu être différente si une action de concert avait été caractérisée (v. déjà Cass. com., 2 déc. 2008, n° 08-10731 et 08-10732). L'ouverture est évidemment intéressante, qui fait écho à cette idée de comportement coordonné que l'on rencontre en droit des sociétés ou en droit des ententes (N. Dorandeu, obs. préc.). Reste à savoir quelle place les juges voudront à l'avenir lui donner. Une place assez réduite, sans doute, quand on observe que les sociétés sœurs avaient noué une relation similaire avec le tiers, qu'elles y avaient mis fin de façon identique, presqu'au même moment et pour les mêmes motifs !

D'autre part, l'affirmation selon laquelle les deux sociétés étaient "*autonomes*" n'était pas discutée en l'espèce. Mais que ce serait-il passé si les juges avaient au contraire caractérisé leur absence d'autonomie vis-à-vis de leur mère ? Comme cela a pu être justement souligné, les questions de sororité et de filiation sont ici intimement liées dans la mesure où "*l'action de concert des filiales serait sans doute le résultat d'une politique de groupe élaborée au niveau supérieur*" (N. Mathey, obs. préc.). On sait, par ailleurs, que la Cour de cassation a déjà affirmé que "*les dispositions de l'article L. 442-6 du Code de commerce, qui visent tout producteur, commerçant, industriel ou personne immatriculée au répertoire des métiers, auteur des pratiques restrictives énoncées par ce texte, s'appliquent à toute entreprise, indépendamment du statut juridique de celle-ci*" (Cass. com., 21 janv. 2014, n° 12-29166, *Concurrences* n° 2-2014, p. 122, obs. M. Chagny ; *RDC* 2014, p. 415, obs. M. Behar-Touchais ; *RTD civ.* 2014, p. 367, obs. H. Barbier). Comme en droit *antitrust*, ne pourrait-on donc imaginer que le groupe, en tant qu'unité économique, puisse occasionnellement réapparaître sur la scène juridique (v. M. Behar-Touchais, note sous Cass. com., 15 sept. 2015, *JCP G* 2015, 1212) ? Certes, la Cour de cassation n'a jamais expressément jugé, sur le terrain particulier de l'article L. 442-6, I, 5°, qu'une société mère pouvait se voir imputer la faute d'une filiale privée de son autonomie de décision ; mais elle ne l'a jamais exclu non plus par principe (v. Cass. com., 20 mai 2014, n° 12-26705, *D.* 2015, p. 943, obs. D. Ferrier ; *Contrats, Conc., Consom.* 2014, n° 192, obs. N. Mathey). Autre est la question de savoir s'il serait réellement opportun de plaquer un raisonnement économique ou concurrentiel sur une question de responsabilité qui, pour certains auteurs, mériterait au contraire d'être "*civilisée*" (M. Behar-Touchais, note préc.).

F. Buy

Concurrences N° 1-2016, p. 120

Concurrences+

M. Chagny, La Cour de cassation affirme qu'une amende civile peut être prononcée à l'encontre d'une société ayant absorbé par voie de fusion l'auteur de pratiques contraires à l'article L. 442-6-I du Code de commerce (Carrefour), 21 janvier 2014, Revue Concurrences N° 2-2014, p. 122

M. Dany, M. Le Moullec, La Cour de cassation juge que la relation commerciale entretenue avec une société est distincte de celles entretenues avec les autres sociétés appartenant au même groupe de sociétés dès lors que cette relation a un objet distinct et que la société concernée dispose d'une personnalité morale propre (Caporal & Moretti/Groupe Alcatel-Lucent), 4 octobre 2012, Revue Concurrences N° 1-2013, p. 121

2.2.4 Responsabilité

Cass. com., 5 juillet 2016, Blue Oceans Venture c/ Groupe Planet Sushi, n° 14-27030

La Cour de cassation confirme la position des juges du fond qui avaient retenu la responsabilité d'une tête de réseau sur le fondement d'une rupture brutale lorsqu'il s'avère que ses filiales et ses franchisés n'ont disposé d'aucune autonomie décisionnelle

La société *Groupe Planet Sushi*, spécialisée dans l'activité de restauration et livraison de cuisine japonaise qu'elle exerce, notamment, au travers de ses filiales et de son réseau de franchisés, est assignée par l'un de ses prestataires de services, la société *Blue Oceans Venture*, sur le fondement d'une rupture brutale de relation commerciale établie. En cours d'instance, le prestataire est mis en liquidation et *Groupe Planet Sushi* fait grief à la Cour d'appel d'avoir fixé la créance de *Blue Oceans Venture* à son passif au titre du préjudice résultant de la rupture brutale. Au soutien de son pourvoi, *Groupe Planet Sushi* développe l'argument selon lequel une relation commerciale établie ne peut s'entendre que d'échanges commerciaux conclus directement entre les parties, ce qui n'est pas le cas en l'espèce. Mais sans succès, puisque la Cour de cassation approuve la Cour d'appel d'avoir retenu sa responsabilité sur le fondement de l'article L. 442-6, I, 5° du Code de commerce.

Voici donc une décision qui admet que la responsabilité encourue au titre d'une rupture brutale puisse être imputée à une autre personne que celle qui a initialement noué puis rompu la relation. On évitera de prêter une portée trop importante à un arrêt non publié et qui n'exprime qu'une timide approbation (*"la Cour d'appel a pu retenir..."*), mais la solution est suffisamment originale pour appeler un commentaire.

Portée de l'arrêt

La portée du principe rappelé par le pourvoi, selon lequel *"une relation commerciale établie s'entend d'échanges commerciaux conclus directement entre les parties"*, n'a jamais été très claire. L'arrêt dont il est issu en avait déduit qu'il était impossible de considérer qu'un homme-clé avait été lui-même partie à la relation nouée par les sociétés auxquelles il avait appartenu (Cass. com., 7 oct. 2014, n° 13-20390, *Contrats, Conc., Consom.* 2015, n° 8, obs. N. Mathey). Il était tentant d'en déduire que l'écran de la personnalité morale constituait une limite indépassable. En même temps, puisque la question ne lui avait pas été posée, l'arrêt n'avait pas exclu que la notion de partie à la relation puisse désigner toute entreprise, indépendamment de son statut juridique. Et les jurisprudences concordantes de la Cour de cassation et du Conseil constitutionnel qui admettent que l'amende civile de l'article L. 442-6, III, du Code de commerce puisse être prononcée à l'encontre d'une personne morale à laquelle une entreprise a été transmise, pouvait, en ce sens, constituer un argument de poids. Cette jurisprudence est toute entière assise, en effet, sur l'idée selon laquelle le droit des pratiques restrictives *"se réfère à des activités économiques, quelles que soient les formes juridiques sous lesquelles elles s'exercent"* (Cons. const., déc. n° 2016-542 QPC du 18 mai 2016, *ITM Alimentaire International*, et les obs. de V. Durand dans la présente chronique). Cela étant, cette clef de lecture n'a pas été utilisée dans un arrêt récemment commenté dans ces colonnes en présence d'un groupe de sociétés. Alors que la victime d'une rupture brutale prétendait que les éléments de calcul de la durée du préavis pouvaient être tirés de l'ensemble des relations qu'elle avait nouées avec plusieurs filiales d'un même groupe, la Cour de cassation avait, en effet, préféré s'en tenir à une approche cloisonnée au motif que les filiales étaient des "*sociétés autonomes qui avaient entretenu avec (la victime) des relations distinctes*", le tout sous réserve d'une hypothétique action de concert (Cass. com., 6 oct. 2015, n° 14-19499, publié au Bulletin, *Concurrences* n° 1-2016, p. 120, obs. F. Buy; *Contrats, Conc., Consom.* 2015, n° 279, obs. N. Mathey). Les juges avaient cependant mentionné que les filiales étaient autonomes et l'on pouvait légitimement se poser la question de savoir quel pouvait être l'impact d'une éventuelle absence d'autonomie.

L'arrêt rapporté livre une réponse claire: dès l'instant où il apparaissait, au vu d'un protocole signé entre les parties, que la société *Groupe Planet Sushi* "*était seule décisionnaire pour ses filiales détenues à 100% et qu'elle seule (avait) pris la décision de rupture*", de sorte qu'il pouvait en être déduit que les filiales "*n'avaient disposé d'aucune autonomie dans la décision de nouer des relations commerciales avec la société BOV puis dans celle de les rompre*", la Cour d'appel a pu retenir la responsabilité de la société mère. On retrouve ainsi dans le droit des pratiques restrictives la force d'attraction des solutions du droit antitrust: ici comme là, l'absence d'autonomie permet de fonder une vraie transparence, comme si la notion économique d'entreprise prenait le pas sur la notion, plus étroite, de personnalité morale.

L'arrêt ne s'arrête pas en si bon chemin et étend, en outre, la solution au cas des franchisés. Les juges du fond ayant constaté que Planet Sushi avait donné des instructions à tout le réseau aux fins que cessent les commandes, que les distributeurs "*avaient l'obligation de s'approvisionner, à hauteur de 80%, auprès de fournisseurs référencés par la société GPS*", et que les restaurants n'ont effectivement passé aucune commande à partir de ce moment-là, il en est pareillement déduit que les franchisés n'ont disposé d'aucune autonomie décisionnelle. Naturellement, ce qui vaut pour des franchisés pourrait valoir, *mutatis mutandis*, pour d'autres distributeurs en réseau.

On comprend bien que les juges n'ont pas entendu imputer systématiquement aux têtes de réseaux les conséquences du comportement de leurs filiales ou de leurs franchisés. L'absence d'autonomie des membres d'un groupe ou d'un réseau n'est pas posée en règle générale mais déduite des circonstances. Pour autant, les éléments relevés à cette fin n'ont rien d'exceptionnel si bien qu'avec ce genre de décision, on peut avoir le sentiment qu'on flirte avec une présomption d'absence d'autonomie.

F. Buy
Concurrences N° 4-2016, p. 124

Concurrences+

F. Buy, La Cour de cassation censure la Cour d'appel de Paris qui, pour apprécier les conséquences d'une rupture brutale, a pris en compte l'ensemble des relations nouées entre la victime et plusieurs filiales d'un groupe, sans constater que ces dernières avaient agi de concert (Toyota / Fonderie Bouhyer), 6 octobre 2015, Revue Concurrences N° 1-2016, pp. 120-121

Cass. com., 5 juillet 2016, BMW c/ Taurisson, n° 15-17004

La Cour de cassation se prononce sur le conflit entre droit de l'Union européenne et droit national sur la question du préavis à accorder en cas de rupture de relations commerciales établies et revient sur la question de l'indemnisation de la rupture brutale

L'affaire, objet de l'arrêt du 5 juillet 2016 de la Cour de cassation, opposait la Société *Taurisson*, concessionnaire de la Société *BMW*, à qui cette dernière avait notifié son intention de ne pas renouveler le contrat, en respectant le délai de préavis de six mois prévu par le règlement (CE) n° 1400/2002 alors applicable.

La Société *Taurisson* avait alors assigné son partenaire pour rupture brutale de relations commerciales établies.

Après une première cassation de l'arrêt de la Cour d'appel de Limoges ayant condamné la Société *BMW* pour avoir rompu sans préavis les relations, l'affaire est revenue devant la Cour de Limoges autrement composée, laquelle a de nouveau condamné la Société *BMW*, cette fois pour n'avoir pas accordé un délai de préavis suffisant à la Société *Taurisson*, d'une part, pour le préjudice subi au titre de la vente de véhicules neufs *BMW* et, d'autre part, pour celui afférent à la baisse consécutive de son activité après-vente.

Le pourvoi formé contre cet arrêt a donné l'occasion à la Cour de cassation de se prononcer sur la portée du règlement (CE) n° 1400/2002 par rapport à la notion de préavis suffisant figurant à l'article L. 442-6-I-5° du Code de Commerce, mais également de revenir sur la question du préjudice indemnisable en cas de rupture brutale.

Portée du règlement (CE) n° 1400-2002

Le Règlement automobile (CE) n° 1400/2002 concernant l'application de l'article 81, § 3 aux accords verticaux dans le secteur automobile soumettait l'exemption de ces accords, entre autres conditions, au fait que l'accord soit conclu pour une durée limitée d'au moins cinq ans, chaque partie devant alors s'engager à notifier à l'autre son intention de ne pas le renouveler au moins six mois avant l'échéance, ou, alternativement, que l'accord soit à durée indéterminée, un délai de deux ans minimum de principe devant alors être respecté (règlement, article 3).

Le respect, par la Société *BMW*, du délai de préavis de six mois ainsi prévu en cas de non-renouvellement d'un contrat à durée déterminée de cinq ans avait-il pour effet de lui permettre d'échapper à l'application de l'article L. 442-6-I-5° et de priver le Juge saisi de la possibilité de remettre en cause le caractère suffisant de ce délai ?

À cette question, la Cour de cassation répond – fermement – par la négative pour deux motifs, l'un lié à l'objet du règlement d'exemption, l'autre à la marge de manœuvre laissée aux États membres par le règlement (CE) n° 1/2003 relatif à la mise en œuvre des règles de concurrence prévue aux articles 81 et 82 du Traité, traitant, en son article 3, du rapport entre ces dispositions et les droits nationaux de la concurrence.

Sur le premier point, la Cour relève – dans une formation quelque peu obscure – qu'un règlement d'exemption se limite à établir des conditions permettant de faire échapper certaines clauses contractuelles à l'interdiction et à la nullité de plein droit prévues par l'article 81 du Traité, sans établir de prescriptions contraignantes affectant directement la validité ou le contenu des clauses contractuelles ou obligeant les parties à y adapter le contenu de leur contrat.

Sur le second, la Cour se réfère à l'article 3.2 du règlement (CE) n° 1/2003, lequel "*n'empêche pas les États membres d'adopter et de mettre en œuvre sur leur territoire des lois nationales plus strictes qui interdisent ou sanctionnent un comportement unilatéral d'une entreprise*".

Elle en déduit que l'article L. 442-6, I, 5° n'est pas incompatible avec le droit communautaire. Si la conclusion mérite, dans une certaine mesure, l'approbation, l'on se permettra une observation sur les motifs venant au soutien de cette conclusion. Il nous semble, en effet, que l'article 3.2 du règlement (CE) n° 1/2003, fondant l'analyse de la Cour, n'est sans doute pas le plus approprié, et nous rejoignons en cela l'analyse d'Alain Ronzano sur ce point (*Lettre creda-Concurrence* n° 2016-89).

En effet, si l'article 3.2 consacre la possibilité pour les États membres d'adopter et de mettre en œuvre des règles de concurrence plus strictes concernant les comportements unilatéraux des entreprises, le considérant 9 (et sa traduction dans l'article 3.3 du règlement) paraît mieux permettre de justifier la prévalence du délai de préavis suffisant prévu à l'article L. 442-6, I, 5° sur celui de six mois prévu par le règlement (CE) n° 1400/2002. Ce considérant rappelle l'objectif des articles 81 et 82, à savoir préserver la concurrence sur le marché. Il ajoute que le règlement n'interdit pas aux États membres de mettre en œuvre sur leur territoire des dispositions destinées à protéger d'autres intérêts légitimes, en visant entre autres celles interdisant les pratiques commerciales déloyales ou le fait d'imposer des conditions commerciales injustifiées, disproportionnées ou sans contrepartie.

Et c'est bien en ce sens qu'avaient statué les Cours d'appel de Versailles (4 septembre 2012, RG n° 11/01018) et de Paris (15 janvier 2014, RG n° 12/13845), en jugeant que le règlement d'exemption dans le secteur automobile n'a pas pour objet de suppléer, écarter ou compléter les dispositions d'ordre public de protection de l'article L. 442-6, I, 5°.

Et l'on se demandera simplement, sur ce point, quel était l'objectif poursuivi par le règlement (CE) n° 1400/2002 lorsqu'il imposait un délai de préavis minimal en cas de rupture ou de non-renouvellement de contrats de concession automobile... si ce n'est de protéger le concessionnaire évincé du réseau.

Le préjudice indemnisable en cas de rupture brutale

Sur ce second point, l'arrêt de la Cour de cassation apparaît conforme à la jurisprudence antérieure et n'appelle que peu de commentaires.

Régulièrement, au fil du temps, la jurisprudence venue interpréter l'article L. 442-6, I, 5° a posé le principe selon lequel seul doit être indemnisé le préjudice résultant de la brutalité de la rupture, et non celui causé par la rupture elle-même (voir, par exemple, Cass. com. 24 juin 2014, n° 12-27908).

La solution se justifie par le fait que ce que prohibe l'article L. 442-6, I, 5°, ce n'est pas le fait de rompre une relation commerciale établie, mais de le faire sans octroyer au partenaire évincé un délai de préavis suffisant. C'est ainsi que la Cour de cassation, saisie d'un pourvoi contre un arrêt de la Cour d'appel de Bourges, ayant condamné l'auteur d'une rupture brutale à indemniser la victime pour le préjudice lié à des frais de déplacement et de formation de salariés occasionnés par la recherche de nouveaux fournisseurs, l'a cassé, la Cour d'appel n'ayant pas précisé en quoi l'insuffisance de préavis avait été de nature à engendrer ces préjudices (Cass. com., 10 janvier 2015, n° 13-26414). C'est le même principe que réaffirme l'arrêt commenté.

La Cour d'appel de Limoges avait cru pouvoir condamner la Société *BMW* à indemniser son partenaire non seulement au titre de la rupture de relations commerciales portant sur la vente de véhicules neufs (pour laquelle un préavis insuffisant avait été accordé), mais également pour la perte subie du fait de la baisse consécutive de l'activité après-vente du concessionnaire. L'analyse est censurée, le préjudice sollicité étant la conséquence de la rupture elle-même, et non pas de sa brutalité.

Conclusion

L'on retiendra deux enseignements de l'arrêt de la Cour de cassation du 5 juillet 2016. D'une part, il confirme la portée de l'article L. 442-6, I, 5° du Code de commerce en ce qu'il oblige le juge saisi à vérifier si l'auteur d'une rupture de relations commerciales établies a accordé un délai de préavis suffisant à son partenaire, en faisant prévaloir ce principe d'ordre public sur les dispositions pourtant impératives d'un règlement d'exemption communautaire.

D'autre part, il vient opportunément rappeler que l'article L. 442-6, I, 5° poursuit également un objectif d'équilibre entre les droits et devoirs des auteurs et des victimes de ruptures de relations commerciales établies, en limitant la réparation du préjudice subi à celui consécutif à la brutalité de la rupture, sans remettre en cause le principe du droit de rompre ouvert à chaque partie à la relation.

M.-C. Mitchell

Concurrences N° 4-2016, p. 122

Concurrences +

M.-C. Mitchell, la Cour de cassation apprécie la brutalité de la rupture de relations commerciales établies en s'appuyant sur la volonté des parties, telle qu'exprimée dans leur contrat (Etablissements Jean x / Massey Ferguson), 11 mai 2017, Revue Concurrences N° 3-2017, pp. 96-98

A. Ronzano, La Cour de cassation dit pour droit que le strict respect des conditions d'exemption posées par le règlement automobile CE 1400/2002 n'est pas de nature à faire échec à l'application de l'article L. 442-6 du Code de commerce (BMW/Taurisson), 5 juillet 2016, Revue Concurrences N° 4-2016, www.concurrences.com

N. Ereseo, La Cour d'appel de Limoges retient que le règlement n° 1400/2002 ne s'oppose pas à une législation nationale susceptible d'entrainer des préavis plus longs que ceux faisant l'objet de l'exemption (BMW France, Taurisson), 18 février 2015, Revue Concurrences N° 2-2015, p. 112

2.2.5 Rôle de la liberté contractuelle

Cass. com. 9 juillet 2013, Viti-Loire Babonneau c/ CNH France, n° 12-20468

La Cour de cassation affirme que l'abandon réciproque de l'exclusivité conformément aux stipulations contractuelles ne constitue pas une rupture partielle

Rendu en période estivale, le 9 juillet 2013 très exactement, l'arrêt rendu par la Cour de cassation mérite de retenir l'attention du lecteur parfois un peu désorienté face à l'abondance du contentieux suscité par l'article L. 442-6, I, 5° du Code de commerce sanctionnant la rupture brutale des relations commerciales.

Dans cet arrêt destiné à être publié au Bulletin des arrêts de la Cour de cassation, la Chambre commerciale censure partiellement la décision par laquelle une Cour d'appel avait refusé d'accueillir, sur ce fondement, la demande en dommages et intérêts formée par un concessionnaire exclusif à l'encontre de son cocontractant ayant résilié le contrat moyennant un préavis d'un an conforme aux stipulations contractuelles.

L'argumentation développée par l'un des moyens du pourvoi conduit, tout d'abord, la Cour régulatrice à prendre position sur le point de savoir si la suppression de l'exclusivité réciproque pendant la période de préavis peut constituer une rupture partielle. Le raisonnement suivi par la juridiction du fond pour refuser d'allouer des dommages et intérêts l'amène ensuite à censurer la Cour d'appel, faute pour celle-ci d'avoir vérifié si la durée du préavis accordé était suffisante.

La suppression d'une exclusivité réciproque en cours de préavis et la rupture partielle

La notion de rupture partielle, introduite par le législateur en considération des déréférencements partiels dont un fournisseur de la grande distribution est susceptible de faire l'objet, a été mise en œuvre par les juridictions dans de toutes autres hypothèses et n'est pas sans susciter certaines interrogations. Celle dont a eu à connaître ici la Cour de cassation soulève de réels enjeux pratiques : lorsque les relations contractuelles sont vouées à prendre fin – notification de la rupture ayant été donnée par l'une des parties –, il peut sembler opportun que l'exclusivité éventuellement consentie au profit du cocontractant puisse être levée afin de pouvoir pleinement utiliser le délai de préavis pour opérer une reconversion d'autant plus indispensable en présence d'un engagement d'exclusivité.

Au pourvoi faisant valoir que la suppression, pendant le délai de préavis, de la clause d'exclusivité territoriale initialement concédée au distributeur équivaut à une rupture brutale partielle des relations commerciales, la Cour de cassation répond en approuvant très nettement ("exactement") les juges du fond d'avoir considéré que *"l'abandon réciproque de l'exclusivité conformément aux stipulations contractuelles n'est pas assimilable à une rupture partielle des relations commerciales"*.

À suivre l'attendu, la mise à l'écart de la qualification de rupture partielle est affirmée dans l'hypothèse où, d'une part, il s'agit d'un abandon réciproque et où, d'autre part, celui-ci intervient conformément à ce qui avait été prévu au contrat. Il semble possible de retenir une solution identique dans l'hypothèse où serait supprimé, de façon réciproque et conformément aux stipulations contractuelles, un autre engagement que l'exclusivité.

En revanche, il est permis de s'interroger sur le point de savoir quelle position serait adoptée dans le cas où la suppression de l'exclusivité, envisagée par le contrat pour la période de préavis, ne serait pas réciproque et ne pourrait pas l'être, dès lors qu'un tel engagement aurait été souscrit par une seule des parties au contrat. Le seul fait que les prévisions contractuelles aient aménagé une telle possibilité ne devrait pas suffire à écarter la qualification de rupture partielle dans la mesure où il a déjà été jugé, à plusieurs reprises, que le texte étant d'ordre public, les contractants ne sauraient y faire échec par les stipulations du contrat. Faudrait-il alors distinguer selon que la levée de l'exclusivité s'effectue au bénéfice de celui qui subit la rupture de la relation ? Dans le cas contraire, serait-il pertinent de prévoir une contrepartie, d'ordre financier ou autre, à la suppression de l'exclusivité ? Ainsi qu'on le voit, l'arrêt du 9 juillet 2013, s'il est porteur d'enseignements fort utiles pour les praticiens, suscite aussi des interrogations.

L'indemnisation du préjudice consécutif à une rupture brutale

Pour refuser d'allouer des dommages et intérêts au titre de la rupture brutale, les juges du fond avaient considéré que le contractant évincé n'avait en réalité pas subi de préjudice. Pour ce faire, ils avaient relevé que ce dernier avait "*dans les jours suivant la fin du préavis, (...) réalisé sa reconversion en prenant en location-gérance un fonds de commerce*", que "*le changement d'activité n'a(vait) pas eu d'effet sur le montant du capital social et des réserves et n'a(vait) pas non plus affecté la trésorerie de la société*". Ils en avaient conclu que la demanderesse n'établissait pas que "*son changement d'activité se soit opéré dans des conditions défavorables pour elle, ni que la durée du préavis l'ait privée de chances de reconversion plus avantageuses*".

Ce raisonnement est censuré par la Chambre commerciale qui, sous le visa de l'article L. 442-6, I, 5° du Code de commerce, énonce le principe selon lequel "*le délai du préavis suffisant s'apprécie en tenant compte de la durée de la relation commerciale et des autres circonstances au moment de la notification de la rupture*" (souligné par nos soins), ajoutant qu'"*en cas d'insuffisance du préavis, le préjudice en résultant est évalué en fonction de la durée du préavis jugée nécessaire*". Elle reproche alors à la Cour d'appel de ne pas avoir recherché si la durée du préavis était suffisante.

De prime abord, la cassation peut surprendre. Au regard du sacro-saint principe de la réparation intégrale, en vertu duquel il convient de réparer tout le préjudice et rien que le préjudice, la victime d'une rupture brutale peut-elle prétendre à une indemnisation lorsque, malgré l'insuffisance du préavis accordé, elle a réussi sa reconversion peu après la fin de celui-ci. N'y a-t-il pas alors un risque d'enrichissement de cette dernière ?

En réalité, et selon des préceptes récemment rappelés par la Commission européenne à propos de l'indemnisation des préjudices causés par des pratiques anticoncurrentielles (Comm., Guide pratique concernant la quantification du préjudice dans les actions en dommages et intérêts fondées sur des infractions à l'article 101 ou 102 du TFUE et Communication relative à la quantification du préjudice dans les actions en dommages et intérêts fondées sur des infractions à l'article 101 ou 102 du TFUE, C(2013) 3440, 11 juin 2013), la Cour d'appel de renvoi devra, pour évaluer le préjudice, mettre en perspective la situation contrefactuelle qui aurait été celle du contractant évincé si un préavis suffisant avait été respecté (en tenant compte de la marge qu'il aurait dégagée pendant cette période) avec la situation réelle dans laquelle il s'est trouvé, compte tenu des diligences effectuées pour trouver au plus vite une solution de remplacement À cet égard, le raisonnement suivi par les juges du fond dans l'arrêt censuré peut sembler incomplet. Le nouveau contrat conclu par la victime de la rupture peut s'être avéré moins profitable pour elle que le contrat résilié. La victime qui, volontairement, s'efforce de minimiser son dommage, ne doit pas se trouver privée de toute indemnisation si un préjudice subsiste. Rien que le préjudice, mais tout le préjudice…

M. Chagny
Concurrences N° 4-2013, p. 105

Cass. com., 16 décembre 2014, Ikea c/ Green Sofa Dunkerque, n° 13-21363

La Cour de cassation décide que les parties peuvent organiser la rupture totale ou partielle des relations commerciales sans contrevenir au caractère d'ordre public de l'article L. 442-6, I, 5°

Par cet arrêt destiné à être publié au bulletin, la Chambre commerciale apporte une précision sur les conditions dans lesquelles la rupture des relations commerciales peut être contractualisée et organisée par les parties. La Cour de cassation a été saisie d'un pourvoi par la société Ikea à l'encontre d'un arrêt de la Cour de Paris du 23 mai 2013 déjà commenté dans cette revue (*Concurrences* n° 3-2013, art. n° 54002, p. 99, obs. JL.F.)

Dans cette affaire assez complexe, les juges du fond avaient détaillé les conditions dans lesquelles la société Green Sofa Dunkerque (GSD) fournissait depuis 1993 la société Ikea pour les différents magasins du groupe. Le 5 janvier 2009, Ikea lançait un appel d'offres après discussions entre les parties, un accord était conclu en juillet 2009 accordant le versement d'une indemnité au fournisseur en raison de la baisse de volume prévisible. Finalement retenu, le fournisseur négociera en août 2010 un nouvel accord prévoyant la diminution progressive de l'approvisionnement, puis son arrêt définitif, le 31 décembre 2012. Cependant, estimant que la baisse était trop significative, GSD assignait en 2011 la société Ikea en paiement de dommages-intérêts pour rupture brutale des relations commerciales ainsi que pour lui avoir imposé un déséquilibre significatif dans leur relation commerciale. Le ministre de l'Économie présent devant la Cour de Paris avait soutenu la demande du fournisseur et sollicité le prononcé d'une amende civile. La Cour d'appel avait écarté l'argument de l'accord entre les parties sur la réduction du chiffre d'affaires soulevé par Ikea et retenu une rupture brutale des relations commerciales, mais avait rejeté le grief sur le déséquilibre significatif.

La Cour de cassation, par une motivation claire, revient heureusement sur l'impossibilité d'organiser par la voie conventionnelle, une rupture des relations commerciales. Dans un considérant de principe très clair, tout en rappelant que l'article L 442-6, I, 5° institue une responsabilité d'ordre public à laquelle les parties ne peuvent renoncer par anticipation, elle ajoute que cela "*ne leur interdit pas de convenir des modalités de la rupture de leur relation commerciale, ou de transiger sur l'indemnisation du préjudice subi par suite de la brutalité de cette rupture*". Les juges du fond qui avaient considéré que le caractère d'ordre public du texte permettait un contrôle des conditions de la rupture prévues dans le protocole de 2010 sont ainsi rappelés à l'ordre au terme d'une cassation prononcée pour violation de la loi. Cette analyse doit pour l'essentiel être approuvée car elle s'inscrit dans l'objectif du texte qui vise à protéger le partenaire contre une brutalité de la rupture mais non contre le principe même de la rupture. Dès lors que les parties se mettent d'accord sur des volumes et des délais, la brutalité ne peut plus être caractérisée et la protection certes d'ordre public n'est probablement pas ignorée. La rédaction de l'arrêt ouvre cependant assez largement la porte à la contractualisation en admettant non seulement la transaction sur l'indemnisation mais aussi la possibilité de convention sur la rupture. Cette solution est là encore assez pragmatique et permet aux entreprises de convenir de cessation des relations commerciales avec une décroissance régulière (sortie en sifflet).

Cette solution qui s'inscrit dans une approche réaliste et pragmatique des relations d'affaires sécurisera les parties qui pourront désormais sans trop de crainte convenir de la variation partielle des flux ou même de la cessation totale des relations. Cependant, cette contractualisation ne peut être une solution pour priver le partenaire de toute protection. Le garde-fou du "*déséquilibre significatif*" pourra être utilement invoqué pour contrôler les abus dans l'organisation de conditions imposées par l'un des partenaires à son avantage (v. CA Paris, 29 octobre 2014, cette revue, obs. MC).

J.-L. Fourgoux

Concurrences N° 1-2015, p. 127

Concurrences+

M. Chagny, Règlement intérieur : La Cour d'appel de Paris, après avoir admis l'existence d'un déséquilibre significatif, prononce la nullité de la clause litigieuse et ordonne en conséquence la correction du règlement intérieur dans laquelle elle figure (Radiophonie), 29 octobre 2014, Revue Concurrences N° 1-2015, pp. 126-127

J.-L. Fourgoux, La Cour d'appel de Paris indemnise le fournisseur de canapés pour rupture brutale des relations commerciales et double le préavis du en matière de produits à marque de distributeur mais écarte le grief de clause déséquilibrée sur les conditions de la négociation tarifaire (GSD/Ikea), 23 mai 2013, Revue Concurrences N° 3-2013, p. 99

2.2.6 Influence du droit de l'Union

CJUE, 14 juillet 2016, Granarolo c/ Ambrosi Emmi France, C-196/15

La Cour de justice de l'Union européenne juge qu'une action indemnitaire fondée sur une rupture brutale de relations commerciales établies ne relève pas nécessairement de la matière délictuelle

Les plaideurs sont appelés à remettre leur ouvrage sur le métier ! Pour l'application du règlement européen Bruxelles I, la Cour de justice de l'Union européenne vient en effet de juger, en rupture avec la solution qui était jusqu'ici défendue par la Cour de cassation, que "*l'article 5, point 3, du règlement (CE) n° 44/2001 du Conseil, du 22 décembre 2000, concernant la compétence judiciaire, la reconnaissance et l'exécution des décisions en matière civile et commerciale, doit être interprété en ce sens qu'une action indemnitaire fondée sur une rupture brutale de relations commerciales établies de longue date, telle que celle en cause dans l'affaire au principal, ne relève pas de la matière délictuelle ou quasi délictuelle au sens de ce règlement s'il existait, entre les parties, une relation contractuelle tacite, ce qu'il revient à la juridiction de renvoi de vérifier*".

Exposé de la solution

Cet important arrêt *Granarolo* (sur lequel, F. Buy, "Chassez le contrat par la porte...", D. 2016, point de vue à paraître) consacre ainsi la nature duale de l'action en responsabilité intentée sur le fondement de l'article L. 442-6, I, 5° du Code de commerce. On rappellera que la chambre commerciale de la Cour de cassation soutenait, de son côté, la thèse d'une nature exclusivement délictuelle, y compris dans l'ordre international, et surtout sans que l'origine européenne des règles de compétence ne modifie la solution (Cass. com., 15 sept. 2009, n° 07-10493, *Contrats, Conc. Consom.* 2010, comm. 179, obs. N. Mathey ; Cass. com., 18 janv. 2011, n° 10-11885, Bull. civ. IV, n° 9 ; *RDC* 2011, p. 941, obs. E. Treppoz). Celle-ci aurait pu être maintenue si le juge de LuxembouRG avait adhéré aux conclusions de l'avocat général Kokott, qui surfaient sur l'idée selon laquelle "*l'action indemnitaire est* (...), *par sa nature, détachée de tout rapport contractuel. C'est non pas sur les engagements contractuels des parties qu'elle repose, mais sur une disposition légale qui, dans l'intérêt du bon ordre de la vie économique, condamne toute rupture brutale de relations commerciales et prévoit dans un tel cas un droit à indemnisation du préjudice au profit de l'ancien partenaire commercial*" (concl., pt. 19). Il n'en a pas été ainsi.

Fondement et portée de la solution

L'explication tient en peu de mots : l'interprétation autonome. De fait, la Cour de justice a commencé par rappeler que les termes de "*matière contractuelle*" et de "*matière délictuelle*", au sens du règlement Bruxelles I, "*doivent être interprétés de façon autonome, en se référant principalement au système et aux objectifs de ce règlement*" (pt. 19). Appliquant ensuite sa jurisprudence *Brogsitter* (CJUE, 13 mars 2014, aff. C-548/12, D. 2014, p. 1967, obs. S. Bollée, *RDC* 2014, p. 691, obs. M. Laazouzi, *Rev. crit. DIP* 2014, p. 863, note B. Haftel), la Cour a précisé que "*la seule circonstance que l'une des parties contractantes intente une action en responsabilité civile contre l'autre ne suffit pas pour considérer que cette action relève de la 'matière contractuelle', au sens de l'article 5, point 1, du règlement Bruxelles I. Il n'en va ainsi que si le comportement reproché peut être considéré comme un manquement aux obligations contractuelles, telles qu'elles peuvent être déterminées compte tenu de l'objet du contrat*" (pt. 21).

La mise hors-jeu de la thèse défendue par l'avocat général permet de comprendre que "*ce n'est pas tant la façon de déterminer l'illicite qui importe, que le fait de savoir si le comportement reproché peut ou non coïncider avec un manquement contractuel*" (F. Buy, point de vue préc. ; et déjà, B. Haftel, note préc.). La recherche de l'existence d'une "*relation contractuelle*" devient, dès lors, déterminante. À cet égard, il appartient à la juridiction nationale d'examiner "*si, dans les circonstances particulières de l'affaire dont elle est saisie, la relation commerciale de longue date ayant existé entre les parties se caractérise par l'existence d'obligations convenues tacitement entre celles-ci*" (pt. 25). Cette démonstration "*doit reposer sur un faisceau d'éléments concordants, parmi lesquels sont susceptibles de figurer notamment l'existence de relations commerciales établies de longue date, la bonne foi entre les parties, la régularité des transactions et leur évolution dans le temps exprimée en quantité et en valeur, les éventuels accords sur les prix facturés et/ou sur les rabais accordés, ainsi que la correspondance échangée*" (pt. 26). Il est toujours difficile de se livrer au petit jeu des pronostics mais on peut penser qu'une relation comme celle en cause, consistant en une fourniture de marchandises sans contrat-cadre ni exclusivité, devrait échapper à la qualification de "*relation contractuelle*". La plupart des relations commerciales ne seront pas moins qualifiées de la sorte. C'est que la "*relation contractuelle*" à la mode européenne semble, tout de même, extrêmement accueillante...

Les actions devraient d'autant plus facilement relever de la matière contractuelle que l'existence d'une relation contractuelle semble être, étrangement (et en tout cas en contrariété avec les motifs de l'arrêt), érigée en condition nécessaire et suffisante. La Cour ne se soucie, en effet, à aucun moment du manquement contractuel évoqué par la jurisprudence *Brogsitter.*

F. Buy
Concurrences N° 4-2016, p. 121

Concurrences +

M.-C. Mitchell, La Cour de cassation se prononce sur le conflit entre droit de l'Union européenne et droit national sur la question du préavis à accorder en cas de rupture de relations commerciales établies et revient sur la question de l'indemnisation de la rupture brutale (BMW / Taurisson), 5 juillet 2016, Revue Concurrences N° 4-2016, pp. 122-123, supra pt 2.2.4

2.3 Mise en œuvre de l'article L. 442-6

2.3.1 Droit transitoire

Cass. com., 5 juillet 2017, Maisoning Eco Habitat c/ Castorama France, n° 16-12836

La Cour de cassation juge que la loi de modernisation de l'économie n'est pas rétroactive et rappelle la nécessité de formuler des moyens précis

L'arrêt de la Cour de cassation rendu le 5 juillet 2017 retiendra surtout l'attention des praticiens. Sa leçon pourrait être que, si la rigueur juridique n'est pas de mise en ce qui concerne "*les fondamentaux*", le droit des pratiques restrictives, si attractif soit-il, pourrait bien n'être qu'un miroir aux alouettes...

En l'espèce, *Castorama* avait conclu un contrat de prestations de services, avec une société, par lequel était organisée la prestation de pose de ses produits, avec une clause d'exclusivité réciproque. Le prestataire ayant fait l'objet d'un plan de cession, une société *MEH* avait été créée afin de poursuivre son activité et notamment le partenariat avec *Castorama*. Mais les négociations n'aboutirent pas. La société *MEH* reprocha alors à *Castorama* "*des pratiques anticoncurrentielles et restrictives de concurrence, en ce qu'elle lui aurait imposé des obligations sans contrepartie et aurait tenté d'accentuer un déséquilibre patent entre leurs obligations respectives*", autant d'éléments qui l'auraient obligée à rompre la relation commerciale et qui justifiaient le paiement de diverses indemnités. Mais la Cour d'appel estima au contraire, et entre autres, que la société *MEH* avait elle-même commis une faute à l'égard de *Castorama* consistant à ne pas avoir respecté la durée du préavis contractuel, et que le géant du bricolage devait être indemnisé de ce chef. La Chambre commerciale de la Cour de cassation a rejeté un pourvoi qui partait dans tous les sens. Deux points retiendront notre attention.

Ne pas oublier le principe de non-rétroactivité de la loi

Telle est la première leçon que l'on pourrait tirer de l'arrêt. La société *MEH* faisait grief à l'arrêt d'appel d'avoir rejeté ses demandes au titre des pratiques restrictives de concurrence alors que, selon elle, l'article L. 442-6 C. com. dans sa version issue de la *LME* du 4 août 2008 "*s'appliquait immédiatement aux contrats en cours à sa date d'entrée en vigueur*". Réponse de la chambre commerciale : "*Mais attendu qu'ayant justement relevé que la loi de modernisation de l'économie du 4 août 2008 n'avait pas d'effet rétroactif, en l'absence de disposition le prévoyant, c'est à bon droit que la Cour d'appel a retenu que les griefs élevés par la société MEH contre la clause d'exclusivité stipulée dans le contrat conclu avec la société Castorama devaient être examinés au regard de la législation en vigueur lors de la signature de cette convention*".

On pourrait s'étonner que le demandeur au pourvoi, qui avait plaidé "*l'effet immédiat*", ait été renvoyé dans les cordes au nom de la "*non-rétroactivité*". Ce n'est pas exactement la même chose (une loi peut ne pas être rétroactive mais s'appliquer immédiatement). Pour autant, dès lors que l'on invoque une loi nouvelle pour dénoncer une malfaçon qui est contemporaine de la conclusion du contrat, il ne s'agit effectivement que de réclamer son application rétroactive.

Reste à savoir pourquoi la *LME* ne serait pas rétroactive. Il y a deux façons d'appréhender la question. La première consiste à prendre "*en bloc*" l'article L. 442-6, pour observer que ses dispositions sont toutes potentiellement assorties d'une peine d'amende civile. Si l'on admet que le texte relève ainsi d'une logique répressive, aggravée qui plus est en 2008, alors on peut en conclure que les principes de non-rétroactivité et de légalité des incriminations s'opposent à l'application des dispositions issues de la *LME* (v. J. Riffault-Silk, Application dans le temps de la loi n° 2008-776 du 4 août 2008 modifiant les dispositions du titre IV du livre IV du Code de commerce, étude disponible sur economie.gouv.fr). C'est d'ailleurs par ce biais que l'on avait pu, il y a quelques années, soumettre les dispositions du 2° du paragraphe I de l'article L. 442-6 au test de constitutionnalité (Cons. const., 13 janv. 2011, déc. n° 2010-85 QPC ; *RTD civ.* 2011, p. 121, obs. B. Fages). La seconde méthode consiste à "*disséquer*" l'article L. 442-6, et à le saisir par chacune des sanctions qu'il envisage et que les plaideurs invoquent (en ce sens, M. Chagny, Les mesures transitoires de la LME, *Concurrences* n° 3-2009, art. 26550). Le ministre sollicite-t-il une amende ? Non-rétroactivité. La victime sollicite-t-elle des dommages et intérêts ? Non-rétroactivité (principe d'application de la loi au moment des faits). Sollicite-t-on la nullité ? Non-rétroactivité encore (puisqu'il s'agirait de discuter les conditions de constitution du contrat). On le voit, tout conduit en réalité à la solution adoptée.

Ne pas invoquer l'article L. 442-6 C. com. de façon incantatoire

C'est le second point intéressant. Réfutant l'un des moyens de la société *MEH*, la Chambre commerciale énonce : "*Mais attendu, en premier lieu, que le moyen, qui se borne, en ses deuxième, troisième, huitième et treizième branches, à soutenir que le fait pour un professionnel de se faire consentir, par son partenaire, un avantage sans contrepartie, engage sa responsabilité, et à invoquer l'article L. 442-6 du Code de commerce, sans préciser parmi les différents comportements prohibés par ce texte quel était celui qui fondait les prétentions de la société MEH et qui aurait été méconnu par la Cour d'appel, ne répond pas aux exigences de l'article 978 du Code de procédure civile et doit être déclaré irrecevable*".

La solution est ici directement liée aux exigences de la procédure de cassation. À peine d'être déclaré irrecevable, tout moyen doit être précis (v. par ex. J. et L. Boré, La cassation en matière civile, *Dalloz action*, 2015, 81.31 et s.). Or il ne faut pas croire qu'il suffirait d'invoquer quelques mots bien sentis, comme "*article L. 442-6*" et "*avantage sans contrepartie*", pour combler cette exigence.

Mais au-delà, on peut sûrement en tirer une leçon plus générale. Si redondant soit-il, et aussi imprécises que soient certaines de ses dispositions (v. F. Buy, M. Lamoureux et J.-C. Roda, *Droit de la distribution*, LGDJ, 2017, n° 344 et s.), l'article L. 442-6 C. com. vise une série de comportements qui ont, si l'on peut dire, leur vie juridique propre. Il appartiendra aux avocats de s'en saisir, non seulement pour "*muscler*" leurs argumentations, mais aussi pour satisfaire au mieux, lorsqu'elle existe, l'obligation qui peut être la leur de rédiger des conclusions qualificatives.

F. Buy

Concurrences N° 4-2017, p. 124

Concurrences +

V. Durand, La Cour de cassation retient que l'article D. 442-3 C. com. n'est pas applicable aux instances introduites avant la date de son entrée en vigueur (La Redoute ; Generalis), 30 novembre 2016, 6 décembre 2016, Revue Concurrences N° 1-2017, pp. 126-128

L. Idot, V. Michel-Amsellem, J.-L. Fourgoux, M. Chagny, G. Parleani, M. Behar-Touchais, D. Thesmar, J.-B. Drummen, Y. Utzschneider, Colloque : Les pratiques restrictives dans la LME (AFEC, Paris, 6 octobre 2008), septembre 2009, Revue Concurrences N° 3-2009, www.concurrences.com

2.3.2 Action du Ministre

Cass. com., 8 juillet 2008, Ministre de l'économie c/ GALEC, n° 07-16761 ; Cass. com., 8 juillet 2008, ITM Alimentaire c/ Ministre de l'économie, n° 07-13350

La Cour de cassation vient au secours du Ministre de l'économie et consacre le caractère autonome de l'action prévue à l'article L. 442-6, III, C. com.

La Cour de cassation a mis fin à l'incertitude liée au pouvoir de substitution reconnu au Ministre de l'économie sur le fondement de l'article L. 442-6, III, C. com. En effet, dans deux arrêts du 8 juillet 2008, la Haute juridiction a précisé que le Ministre disposait d'une "*action autonome [...] qui n'est pas soumise au consentement ou à la présence des fournisseurs*".

Dans la première espèce, le Groupement d'achats des centres Leclerc (GALEC) affirmait avoir été victime de pratiques discriminatoires de la part de certains de ses fournisseurs faute d'avoir bénéficié des mêmes avantages que ses concurrents en matière de coopération commerciale. Ainsi le GALEC avait réclamé et obtenu de ses fournisseurs un dédommagement d'environ 23 millions d'euros par la voie de protocoles transactionnels. Le Ministre de l'économie s'était opposé à cette pratique.

À la demande de l'Administration, le Tribunal de commerce de Nanterre avait alors prononcé la condamnation de la centrale d'achat, au titre de la fausse coopération commerciale prévue à l'article L. 442-6, I, 2) a) C. com., à une amende civile, la nullité des accords transactionnels, et la restitution des sommes litigieuses aux fournisseurs via le Trésor public (TC Nanterre, 15 novembre 2005, voir cette chronique, 1-2006, p. 148).

Selon la CA de Versailles, le Ministre a porté atteinte au droit des fournisseurs de ne pas agir en justice reconnu par l'article 6.1 CEDH

En appel, la question était de savoir si le Ministre pouvait agir en se substituant aux fournisseurs alors même qu'un certain nombre d'entre eux s'étaient opposés à son intervention. La Cour d'appel de Versailles a apporté une réponse négative à cette question considérant que le Ministre avait porté atteinte au droit des fournisseurs de ne pas agir en justice reconnus par l'article 6 § 1 de la CESDH (CA Versailles, 3 mai 2007, GALEC c/ Ministre de l'économie, Voir M.-C. M., cette chronique, Concurrences, n° 3-2007, pp. 106-107).

Dans la seconde espèce, le problème était semblable. Le Ministre de l'économie avait poursuivi la société ITM alimentaire France toujours au titre de la fausse coopération commerciale. Dans ce cas, le Ministre contestait la légalité d'un service de "*singularisation*" dont l'objet était la mise en œuvre de nouveaux critères d'implantation des linéaires. À la différence de la Cour d'appel de Versailles, la Cour d'appel de Paris, a rejeté la fin de non-recevoir opposée au Ministre par ITM et n'a pas adhéré à la thèse de la non-conformité du pouvoir de substitution à l'article 6 § 1 de la CESDH (CA Paris, 20 décembre 2006).

Cette question "épineuse" méritait donc un arbitrage de la Cour de cassation. Avec ces deux arrêts du 8 juillet 2008, la Haute juridiction ne pouvait pas se montrer plus claire: "*l'action du ministre chargé de l'économie [...] est une action autonome de protection du fonctionnement du marché et de la concurrence qui n'est pas soumise au consentement ou à la présence des fournisseurs*".

Selon la Cour de cassation, "l'action du Ministre charge de l'économie est une action autonome de protection du fonctionnement du marché et de la concurrence qui n'est pas soumise au consentement ou à la présence des fournisseurs"

À noter, dans l'affaire ITM, la Cour a encore écarté l'argument selon lequel la nullité des contrats ne pouvait être demandée que pour les pratiques interdites par le II de l'article L. 442-6 C. com. Le demandeur considérait que les pratiques du I, au titre desquelles figurent la fausse coopération commerciale, ne pouvaient être sanctionnées par la nullité du contrat. Seule la responsabilité civile des auteurs des pratiques pouvait, selon lui, être engagée. Toutefois les juges n'ont pas suivi ce raisonnement et ont confirmé la faculté du Ministre de demander "*la cessation des pratiques mentionnées à l'article L. 442-6 et [...], pour toutes ces pratiques, faire constater la nullité des clauses ou des contrats illicites [...]*".

Ces deux arrêts ont donc confirmé que l'action en substitution de l'article L. 442-6, III, C. com. et vont donc dans le sens du législateur qui avait voulu conférer à l'Administration un pouvoir propre d'agir en se substituant aux fournisseurs. Cette solution avait pourtant été vivement critiquée par la doctrine car elle constituerait une dérogation au principe selon lequel "*nul ne plaide par procureur*" (Voir M.-C. M., préc.).

Toutefois le Ministre agit-il véritablement au nom et pour le compte des fournisseurs ? Rien n'est moins sûr ! En effet, le fait que le Ministre, en sa qualité de gardien de l'ordre public économique, demande la nullité de conventions illicites n'est pas choquant. De manière classique, on ne peut déroger par des conventions particulières aux législations intéressant l'ordre public, peu importe la volonté contraire des fournisseurs. S'il n'y a pas de raisons d'interdire la véritable coopération commerciale, il n'en est pas de même pour les pratiques de fausses coopérations commerciales. Ces pratiques ont des conséquences néfastes pour l'économie : elles favorisent indûment le développement des marges arrière et, donc, d'une certaine manière l'inflation et la baisse du pouvoir d'achat.

En ce qui concerne la possibilité reconnue au Ministre de l'économie de demander la répétition des sommes versées indûment par le fournisseur et la réparation du préjudice subie, la question est plus complexe. En apparence, il semble que cette faculté bénéficie aux fournisseurs essentiellement et qu'il devrait disposer d'une totale liberté quant à la décision d'agir. En réalité, c'est encore une fois l'ordre public qui est protégé. À quoi servirait d'obtenir la nullité d'une convention contraire à l'ordre public, si les sommes touchées au titre de ces conventions n'étaient pas remboursées ? La faute serait lucrative pour les grands distributeurs. Il est nécessaire que ces sommes soient récupérées.

Après, reste à savoir à qui ces sommes doivent revenir ? A priori, il est logique qu'elles reviennent aux victimes des pratiques illicites. Néanmoins si ces victimes se sont opposées à l'action du Ministre, pourquoi leur en faire bénéficier ? Le Ministre, au lieu de demander le remboursement des sommes indues et la réparation du préjudice subi, pourrait se contenter de demander que ces sommes soient prises en compte dans le calcul du montant de l'amende civile.

Ainsi sur le principe, le pouvoir d'intervention du Ministre est justifié, c'est surtout la rédaction de l'article L. 442-6, III, C. com. qui mériterait d'être améliorée. Le législateur devrait peut-être supprimer la faculté de demander la réparation du préjudice et la répétition des sommes indues tout en intégrant ces éléments dans les modalités de calcul de l'amende civile. En attendant des précisions, la Cour de cassation n'a pas voulu priver l'article L. 442-6 C. com. du moyen d'assurer son efficacité, elle a choisi de donner au Ministre de l'économie les moyens de ses ambitions.

D. Fasquelle
Concurrences N° 4-2008, p. 95

Concurrences +

M. du Gardin, La Cour de cassation considère que le Ministre de l'économie peut agir contre l'avis des victimes de pratiques abusives (Galec), 8 juillet 2008, Revue Concurrences N° 4-2008, www.concurrences.com

A. Ronzano, La Cour de cassation rejette la décision de la Cour d'Appel de Versailles qui avait déclaré impossible l'action du ministre tendant à la cessation des pratiques, à la constatation de la nullité des clauses ou contrats illicites, à la répétition de l'indu et au prononcé d'une amende civile (Leclerc / Galec), 8 juillet 2008, Revue Concurrences N° 4-2008, www.concurrences.com

M.-C. Mitchell, La Cour d'appel de Versailles considère que le Ministre n'est pas compétent pour exercer l'action en nullité et en restitution à la place des fournisseurs (Galec), 3 mai 2007, Revue Concurrences N° 3-2007, pp. 106-107

D. Ferrier, La Cour d'appel de Versailles se prononce en matière de fausse coopération commerciale sur la compétence du Ministre de l'économie pour agir sur le fondement de l'art. L.442-6-III C. com. En nullité de l'accord et en répétition de l'indu au profit des fournisseurs lésés (Galec), 3 mai 2007, Revue Concurrences N° 3-2007, www.concurrences.com

M.-C. Mitchell, Le Tribunal de Nanterre rappelle les limites à la possibilité pour la victime de se prévaloir de pratiques discriminatoires commises à son préjudice (Galec), 15 novembre 2005, Revue Concurrences N° 1-2006, pp. 148-149

Cons. const., QPC du 13 mai 2011, Système U, n° 2010-126

Le Conseil constitutionnel considère que l'article L. 442-6,III, alinéa 2 du Code de commerce ne contrevient pas aux droits et libertés garantis pas la Constitution, mais assortit sa décision d'une réserve d'interprétation

Quatre mois jour pour jour après sa décision affirmant la conformité de la règle sur le déséquilibre significatif au principe de légalité des délits et des peines (Cons. const., déc. n° 2010-85, QPC du 13 janvier 2011, Établissements Darty et Fils, *Concurrences*, n° 1-2011, p. 131, obs. J.-L. Fourgoux ; *D.* 2011, p. 415, note Y. Serra), le Conseil constitutionnel se prononce, une nouvelle fois, sur une question prioritaire de constitutionnalité concernant l'article L. 442-6 du Code de commerce, dans une décision qui n'était pas moins attendue, loin s'en faut, que la précédente.

Plus précisément, était sur la sellette l'article L. 442-6, III, alinéa 2 du Code de commerce, lequel accorde au ministre de l'Économie nombre de prérogatives, dont certaines sont ordinairement celles du cocontractant victime des pratiques et ce, sans guère de précision.

Le laconisme du texte a nourri, dès son adoption, doutes et critiques qui se sont concrétisés sur le plan contentieux. Il a, en particulier, été soutenu que cette disposition contrevient à l'article 6, § 1 de la Convention ainsi qu'au droit de toute personne à ce que sa cause soit entendue équitablement devant un tribunal indépendant et impartial appelé à décider des contestations sur ses droits et obligations de caractère civil. Cependant, la chambre commerciale de la Cour de cassation, après avoir considéré que le ministre chargé de l'économie exerce, sur le fondement des dispositions litigieuses, "*une action autonome de protection du fonctionnement du marché et de la concurrence*", en a déduit que cette dernière "*n'est pas soumise au consentement ou à la présence des fournisseurs*" (Cass. com., 8 juillet 2008, ministre de l'Économie c/ Galec, n° 07-16.761 et ITM Alimentaire c/ ministre de l'Économie, n° 07-13.350).

Après avoir admis la conventionalité du texte au regard de l'article 6 § 1 CEDH – désormais contestée devant la Cour européenne des droits de l'homme –, la même formation de la Cour de cassation a été saisie d'une question prioritaire de constitutionnalité relative à la conformité, à plusieurs droits et libertés garantis par la Constitution, de la disposition qui habilite le ministre de l'Économie à demander la nullité de clauses ou contrats illicites ainsi que la répétition de l'indu, en l'absence dans la procédure du ou des fournisseurs concernés, voire sans l'accord de ce(s) dernier(s). Par arrêt du 8 mars 2011, la Chambre commerciale a décidé de transmettre au Conseil constitutionnel cette question dont l'examen a abouti à la décision du 13 mai 2011 (Cass. com., 8 mars 2011, n° 338, *Contrats, Conc., consom.* juin 2011, n° 52, obs. J.-L. Fourgoux).

De façon liminaire, il importe d'observer que la réponse apportée, si elle concerne l'article L. 442-6-III, alinéa 2, dans sa rédaction antérieure à la loi n° 2008-3 du 3 janvier 2008 pour le développement de la concurrence au service des consommateurs, pourrait bien valoir également pour le texte actuel, dès lors que les changements de rédaction apportés n'ont aucunement remédié au caractère quelque peu elliptique du texte et à l'absence d'encadrement des pouvoirs octroyés au ministre de l'Économie (les modifications effectuées sont d'ailleurs qualifiées de "*secondaires*" ou d'"*accessoires*" dans le commentaire de la décision publié aux *Cahiers constitutionnels*, p. 3).

Par ailleurs et surtout, la décision rendue par le Conseil constitutionnel appelle une double lecture: la reconnaissance à laquelle elle procède, sous une réserve d'interprétation, de la constitutionnalité du texte critiqué pourrait se répercuter sur la mise en œuvre de l'article L. 442-6 du Code de commerce devant les juridictions judiciaires.

La constitutionnalité, sous une réserve d'interprétation, de l'article L. 442-6, III du Code de commerce

Alors qu'il était invité par les requérants à apprécier la constitutionnalité de l'article L. 442-6, III, alinéa 2 du Code de commerce au regard de la liberté d'entreprendre, du droit d'agir en justice, du principe du contradictoire et du droit de propriété du fournisseur et du distributeur, le Conseil constitutionnel s'est également interrogé d'office en considération de la liberté contractuelle.

Sans grande surprise, compte tenu de sa jurisprudence antérieure (v. notamment Cons. Const., QPC n° 2010-55 du 18 octobre 2010; QPC n° 2010-73 du 03 décembre 2010; n° 2010-605 DC du 12 mai 2010, Loi relative à l'ouverture à la concurrence et à la régulation du secteur des jeux d'argent et de hasard en ligne), le Conseil constitutionnel écarte le grief fondé sur l'atteinte disproportionnée portée à la liberté d'entreprendre. Au-delà du rappel de la solution de principe, en vertu de laquelle "*il est loisible au législateur d'apporter à la liberté d'entreprendre, qui découle de l'article 4 de la Déclaration des droits de l'homme et du citoyen de 1789, des limitations liées à des exigences constitutionnelles ou justifiées par l'intérêt général, à la condition qu'il n'en résulte pas d'atteintes disproportionnées au regard de l'objectif poursuivi*", la décision considère que "*le législateur a opéré une conciliation entre le principe de la liberté d'entreprendre et l'intérêt général tiré de la nécessité de maintenir un équilibre dans les relations commerciales*" (Rappr. Cons. Const. n° 2010-85, 13 janvier 2011, déc. préc., évoquant les "*objectifs qu'il [le législateur] s'assigne en matière d'ordre public dans l'équilibre des rapports entre partenaires commerciaux*"). Retiennent particulièrement l'attention, d'une part, la référence faite à des "*objectifs de préservation de l'ordre public économique*" et, d'autre part, l'affirmation selon laquelle le législateur "*a entendu réprimer [l]es pratiques, rétablir un équilibre des rapports entre partenaires commerciaux et prévenir la réitération de ces pratiques*". Sont ici visées toutes les prérogatives attribuées au ministre de l'Économie – incluant donc la possibilité de demander la cessation des pratiques et le prononcé d'une amende civile –, et non pas uniquement celles, les plus controversées, qui correspondent aux sanctions civiles ordinairement dévolues au cocontractant.

Précisément, les requérants contestaient, au regard du principe du contradictoire et du droit au recours, la possibilité offerte à l'autorité publique d'agir sans que le cocontractant lésé par la pratique soit nécessairement appelé en cause et sans qu'il soit mis à même de donner son assentiment et conserve la liberté de conduire personnellement la défense de ses intérêts. Cette critique rejoignait celle dont la Cour de cassation a été antérieurement saisie sur le fondement de l'article 6, § 1 CEDH et dont elle a fait justice dans son arrêt du 8 juillet 2008.

De son côté, le Conseil constitutionnel considère, tout d'abord, que le principe du contradictoire – en vertu duquel toute personne dispose du droit de présenter des observations et de défendre ses droits au cours d'une procédure la concernant directement – n'est pas entamé à partir du moment où, d'une part, la victime de la pratique dénoncée conserve la faculté d'agir en justice de son propre chef ou de se joindre à l'action de l'autorité publique par voie d'intervention volontaire et où, d'autre part, l'entreprise poursuivie dispose de la possibilité d'appeler en cause son cocontractant, de le faire entendre ou d'obtenir de lui la production de documents nécessaires à sa défense. Ainsi, et contrairement à ce qu'avait fait précédemment la Cour de cassation, le Conseil constitutionnel n'a pas qualifié l'action susceptible d'être introduite par le ministre. On notera cependant que le commentaire publié aux Cahiers constitutionnels indique qu'il ne s'agit "*pas [d'] une action de substitution, (...) exercée par une autorité habilitée dans l'intérêt individuel d'autrui*" et que "*l'autorité publique agit avant tout en défense de l'ordre public économique*", de sorte que ni le consentement, ni la présence des fournisseurs ne sont requis.

S'agissant, ensuite, du droit au recours, la décision commence par indiquer, de façon générale, que le législateur peut "*reconnaître à une autorité publique le pouvoir d'introduire, pour la défense d'un intérêt général, une action en justice visant à faire cesser une pratique contractuelle contraire à l'ordre public*". Puis, elle ajoute que "*ni la liberté contractuelle, ni le droit à un recours juridictionnel effectif ne s'opposent à ce que, dans l'exercice de ce pouvoir, cette autorité publique poursuive la nullité des conventions illicites, la restitution des sommes indûment perçues et la réparation des préjudices que ces pratiques ont causés*". Cependant, le Conseil constitutionnel assortit immédiatement cette affirmation d'une réserve tenant à ce que "*les parties au contrat ont été informées de l'introduction d'une telle action*". En d'autres termes, la seule faculté d'agir ne suffit pas à assurer le respect du droit au recours et la liberté contractuelle ; il est également nécessaire que les parties intéressées soient informées.

Il importe de remarquer que, contrairement à la Cour de cassation qui, dans son arrêt du 8 juillet 2008 et dans ses décisions ultérieures, avait laissé de côté la possibilité offerte au ministre de demander la réparation des préjudices, le Conseil constitutionnel, alors même que les requérants faisaient exclusivement porter leurs critiques sur la nullité et la répétition de l'indu, mentionne "*la nullité des conventions illicites, la restitution des sommes indûment perçues et la réparation des préjudices*".

En dernier lieu, les requérants se prévalaient également du droit de propriété, consacré par les articles 2 et 17 de la Déclaration de 1789 et faisaient valoir que les dispositions litigieuses, en ce qu'elles ne permettent pas d'obtenir de la part de l'autorité publique la restitution des sommes indûment versées, méconnaissent tant le droit de propriété de l'entreprise condamnée à répéter l'indu que celui de l'entreprise ayant indûment payé ces sommes. Cette argumentation est intégralement écartée par le Conseil constitutionnel qui, de surcroît, confère à sa réponse une portée plus étendue puisqu'il ne se contente pas d'évoquer la restitution des sommes et mentionne également le versement de dommages-intérêts.

Il rejette, tout d'abord, sèchement le grief "*inopérant*" tiré de l'atteinte au droit de propriété de la personne condamnée, en observant que "*les condamnations à restitution et, le cas échéant, à paiement de dommages et intérêts sont prononcées par jugement en conséquence de l'annulation des clauses illicites*". Il est vrai que, comme le souligne le commentaire aux *Cahiers constitutionnels*, la protection contre les atteintes à la propriété ne saurait profiter qu'à des personnes "légalement propriétaires des biens", à l'exclusion de celles ayant fait l'objet d'une condamnation judiciaire "*à restituer des sommes indûment perçues ou à verser des dommages et intérêts à la suite de pratiques illicites*".

En ce qui concerne, ensuite, la situation de la victime des pratiques restrictives de concurrence, le Conseil indique qu'"*en application des dispositions contestées, les sommes indûment perçues et les indemnités sont versées au partenaire lésé ou tenues à sa disposition*" pour conclure à l'absence de toute atteinte au droit de propriété de cette dernière. Ce faisant, il prend appui, non pas sur les prévisions du texte lui-même qui est silencieux sur ce point, mais sur la solution élaborée par les juridictions judiciaires ainsi prise en considération.

Il est permis de penser que la décision du Conseil constitutionnel pourrait se répercuter, en sens inverse, sur la jurisprudence judiciaire, de sorte qu'il convient d'envisager les conséquences susceptibles d'en être tirées dans l'application de l'article L. 442-6 du Code de commerce.

Les répercussions sur la mise en œuvre de l'article L. 442-6 du Code de commerce devant les juridictions judiciaires

En déclarant conformes à la Constitution les dispositions de l'article L. 442-6-III, alinéa 2 du Code de commerce, la décision du 13 mai 2011 conforte indiscutablement les actions engagées par le ministre de l'Économie, tout en contribuant, notamment à travers la réserve d'interprétation, à préciser leur régime. Non sans paradoxe, cette décision pourrait également, de façon plus médiate, avoir des répercussions sur les actions initiées par les victimes directes sur le fondement de l'article L. 442-6 du Code de commerce.

S'agissant du régime de l'action ouverte au ministre, une ligne de partage apparaît désormais nettement entre, d'un côté, celles qui tendent à la cessation des pratiques et au prononcé d'une amende civile, et de l'autre, celles qui, visant à obtenir la nullité, la répétition de l'indu et la réparation des préjudices subis, correspondent habituellement aux prérogatives habituellement dévolues à la victime des pratiques. Tandis que pour la première catégorie, correspondant aux sanctions destinées à *"réprimer"* et *"prévenir la réitération"* des pratiques, selon la terminologie utilisée par le Conseil constitutionnel, point n'est besoin d'informer les parties au contrat de l'introduction de l'action par le ministre de l'Économie, il est indispensable de délivrer cette information dans le cas où ce dernier sollicite une ou plusieurs sanctions appartenant à la seconde catégorie et dont la finalité consiste à *"rétablir un équilibre des rapports entre partenaires commerciaux"*. En revanche, l'action du ministre de l'Économie n'est en aucun cas assujettie – du moins tant que la Cour européenne des droits de l'homme ne s'est pas prononcée – à la présence ou au consentement des cocontractants lésés par les pratiques dénoncées.

En ce qui concerne le recouvrement des sommes revenant à la victime en conséquence de l'annulation des clauses et contrats illicites, la décision du Conseil constitutionnel admet, comme on l'a vu, la solution qui a été mise en place en l'absence de toute précision dans le texte et consiste à ce que les sommes lui soient reversées ou tenues à sa disposition.

On remarquera cependant qu'à cette occasion – ainsi d'ailleurs que lorsqu'il examine le grief fondé sur le droit au recours –, le Conseil évoque plutôt que la répétition de l'indu, la restitution des sommes indûment perçues. Faut-il y voir un écho à la jurisprudence civile considérant que les règles relatives à la répétition de l'indu sont sans application dans le cas des restitutions consécutives à l'annulation d'un contrat ? À moins que ce vocable permette de désigner, dans le raisonnement du Conseil constitutionnel, la partie essentielle de la "répétition de l'indu", mais à laquelle peuvent s'ajouter, éventuellement, des dommages et intérêts ? À cet égard, il convient d'observer que le Conseil constitutionnel, lorsqu'il rejette le grief d'atteinte au droit de propriété, fait état des *"condamnations à restitution et, le cas échéant, à paiement de dommages et intérêts [qui] sont prononcées par jugement en conséquence de l'annulation des clauses illicites"* (souligné par nos soins), semblant dès lors n'envisager de demande d'indemnisation par le ministre que dans ce seul cas et par conséquent, fermer la porte, nonobstant la lettre de l'article L. 442-6, III du Code de commerce, à une action ministérielle qui aurait pour seul objet *"la réparation des préjudices subis"*.

Si de ce point de vue, la décision fait naître certaines interrogations, elle apparaît en revanche de nature à dissiper d'éventuels doutes quant à l'action en nullité susceptible d'être engagée par un contractant, lorsqu'il est victime d'une pratique restrictive de concurrence contraire à l'article L. 442-6 du Code de commerce.

En indiquant pour réfuter l'existence d'une atteinte au principe du contradictoire que *"les dispositions contestées n'interdisent [pas] au partenaire lésé par la pratique restrictive de concurrence d'engager lui-même une action en justice pour faire annuler les clauses ou contrats illicites, obtenir la répétition de l'indu et le paiement de dommages et intérêts"* (souligné par nos soins), le Conseil constitutionnel paraît bien conforter la thèse majoritaire en doctrine (v. not. C. Lucas de Leyssac et G. Parléani, *Droit du marché*, PUF, coll. Thémis, 2002, p. 972 ; L. Vogel, *Droit de la négociation commerciale*, LawLex, 2009, n° 265, p. 557 ; M. Behar-Touchais, *"Actualité des pratiques restrictives"*, *RLC*, n° 20, 2009-20, p. 146 et s. ; V. Sélinsky, *"La nullité des engagements relatifs à des pratiques restrictives visées par l'article L. 442-6 du Code de commerce"*, *RLC* 2005-2, n° 177, p. 114 et s., spéc. n° 118), selon laquelle, malgré le silence de l'article L. 442-6, I du Code de commerce qui mentionne uniquement l'engagement de la responsabilité civile, la nullité des clauses et contrats contrevenant à ce texte peut être demandée par le cocontractant.

Si plusieurs juridictions du fond ont d'ores et déjà statué en ce sens (v. Nîmes, 25 février 2010, *Concurrences* n° 4-2010, p. 146, obs. M. Chagny ; v. aussi Paris, Pôle 5, Chambre 5, 24 mars 2011, SAS J.-M. Valensi et a. c/ SAS Carcoop et a. et Paris, Pôle 5, Chambre 5, 24 mars 2011, Accorequip et a. c/ min. éco., cette revue, obs. J. L. Fourgoux), la Cour de cassation n'a pas eu à prendre position jusqu'à présent sur cette question, mais aura, selon toute vraisemblance, à le faire dans le futur.

De même, la réponse apportée par le Conseil constitutionnel, en ce qui concerne la liberté d'entreprise, à l'argumentation des requérants soutenant que l'article L. 442-6 du Code de commerce vise à satisfaire un but de protection des intérêts particuliers des opérateurs en situation d'infériorité, accrédite la conception qui recueille également les faveurs de la doctrine majoritaire (v. not. C. Lucas de Leyssac et G. Parleani, "*L'atteinte à la concurrence, cause de nullité du contrat*", *in Le contrat au début du XXIe siècle – Études offertes à Jacques Ghestin*, LGDJ, 2001, p. 601 et s., p. 607 ; J.-B. Blaise, *Droit des affaires,* LGDJ, 5e éd., 2009, p. 572, n° 1008) et selon laquelle la nullité des clauses et contrats contraires à l'article L. 442-6 est absolue. En effet, la décision fait état, non seulement des "*objectifs de préservation de l'ordre public économique*", mais encore et surtout de "*l'intérêt général tiré de la nécessité de maintenir un équilibre dans les relations commerciales*", considérations conduisant à conclure au caractère absolu de la nullité. Là encore, on peut gager sans grand risque de se tromper que la Cour de cassation devrait être amenée, un jour prochain, à préciser la nature de la nullité encourue sur le fondement de l'article L. 442-6 du Code de commerce.

M. Chagny
Concurrences N° 3-2011, p. 129

Concurrences +

A. Ronzano, Le Conseil constitutionnel déclare conformes à la Constitution les dispositions du second alinéa du paragraphe III de l'article L. 442- 6 du Code de commerce relatives aux pouvoirs d'action du ministre de l'économie, sous une réserve d'interprétation (Système U), 13 mai 2011, Revue Concurrences N° 3-2011, www.concurrences.com

J.-L. Fourgoux, Le Conseil constitutionnel considère que le déséquilibre significatif des droits et obligations, prohibé par l'article L. 442-6-I 2° du Code de commerce, respecte le principe de légalité des délits et des peines (Établissements Darty et Fils), 13 janvier 2011, Revue Concurrences N° 1-2011, pp. 131-132

M. Chagny, La Cour d'appel de Nîmes, sur saisine du ministre de l'Économie, condamne un distributeur ayant obtenu de son fournisseur une rémunération manifestement disproportionnée avec la valeur du service rendu, en violation de l'article L. 442-6-I 1° C. Com. et prononce la nullité et la répétition de l'indu ainsi qu'une amende civile, après avoir exclu sa soumission aux principes du droit pénal (Carrefour France), 25 février 2010, Revue Concurrences N° 4-2010, pp. 146-149

CEDH, 5e sect., 17 janvier 2012, GALEC c/ France, n° 51255/08

La Cour européenne des droits de l'Homme considère que l'action du Ministre de l'économie ne contrevient pas à l'article 6, § 1 CEDH

L'arrêt rendu par la Cour européenne des droits de l'Homme, le 17 janvier 2012, marque-t-il l'épilogue de la saga judiciaire de l'article L. 442-6, III, alinéa 2 du Code de commerce ?

Aussi laconique que controversé, ce texte octroie au ministre de l'Économie la faculté de formuler différentes prétentions judiciaires, dont certaines (la nullité, la répétition de l'indu et la réparation des préjudices) correspondent ordinairement à celles du cocontractant victime des pratiques. Il s'est dès lors trouvé exposé aux critiques et contestations tant au regard des règles de la Convention européenne de sauvegarde des droits de l'homme et des libertés fondamentales qu'en considération des principes de droit constitutionnel, les juridictions françaises réfutant l'une (v. not. Cass. com., 8 juillet 2008, ministre de l'Économie c/ *Galec*, n° 07-16.761 et *ITM Alimentaire* c/ ministre de l'Économie, n° 07-13.350) et l'autre argumentation (Cons. const.. 13 mai 2011, *Concurrences* n° 3-2011, n° 37950, p. 129-132 obs. M. Chagny).

Après avoir épuisé les voies de recours françaises, un distributeur, ayant fait l'objet d'une condamnation judiciaire à l'initiative du ministre de l'Économie agissant sur le fondement de ce texte, avait choisi de porter l'affaire devant la Cour européenne des droits de l'Homme. À l'appui de sa requête, il s'inscrivait dans le droit fil de l'argumentation précédemment développée devant les juridictions nationales – avec succès en appel (Versailles, 3 mai 2007, *Galec*), mais vainement devant la Cour de cassation (Cass. com., 8 juillet 2008, déc. préc.). En effet, le distributeur faisait valoir que l'action ouverte au ministre, en ce qu'elle lui permet d'agir en substitution des fournisseurs victimes, "*usurpe le droit d'agir en justice*" de ces derniers, entraînant "*l'iniquité du procès dans lequel elle était défenderesse*" et portant atteinte au droit à un procès équitable garanti par l'article 6, § 1 CEDH.

Ainsi appelée à prendre position sur la conventionalité de l'article L. 442-6, III du Code de commerce, la Cour européenne conforte, comme l'avait fait précédemment le Conseil constitutionnel sur le fondement du droit constitutionnel, l'action du ministre au regard des exigences énoncées par l'article 6, § 1 CEDH, l'estimant conforme à cette disposition. Cependant, aux enseignements directs qui se dégagent de la décision du 12 janvier 2012 s'en ajoutent d'autres qui, pour être plus indirects et concerner les possibilités d'action offertes au cocontractant victime des pratiques, n'en présentent pas moins un grand intérêt.

Les enseignements directs de la décision : la conformité à l'article 6, § 1 CEDH de l'action exercée par le Ministre sur le fondement de l'article L. 442-6, III du Code de commerce

Examinant le grief présenté par le requérant, la Cour précise qu'en l'occurrence, celui-ci doit être envisagé, non pas sous l'angle du droit d'accès du distributeur à un tribunal, mais plutôt sous celui de l'équité procédurale dans son ensemble.

Observant en substance que la critique formulée à l'encontre de l'article L. 442-6, III du Code de commerce a trait au rôle accordé dans le procès au ministre, la CEDH s'attache, tout d'abord, à qualifier l'action du ministre et réfute, à cette occasion, l'argument du requérant, selon lequel il s'agirait d'une action en substitution des victimes. Soulignant que le ministre "*agit avant tout en défense de l'ordre public économique*", elle ajoute que les cocontractants "*disposent d'un droit de recours autonome à celui du ministre et vice versa*". La solution ainsi énoncée n'est pas sans rappeler celle précédemment adoptée par la Cour de cassation. La Chambre commerciale avait en effet retenu la qualification d'"*action autonome de protection du fonctionnement du marché et de la concurrence*" avant d'en déduire que celle-ci "*n'est pas soumise au consentement ou à la présence des fournisseurs*" (Cass. com., 8 juillet 2008, déc. préc.).

La juridiction européenne considère, ensuite, qu'il n'est pas établi que l'action du ministre aurait entaché la procédure d'inéquité en contravention avec l'article 6, § 1 CEDH. Faisant référence à la réserve d'interprétation dont le Conseil constitutionnel avait assorti sa décision reconnaissant la constitutionnalité de l'article L. 442-6, III du Code de commerce et tenant à la nécessité d'informer les cocontractants de l'exercice de l'action, elle indique que cette obligation "*est justifiée par un impératif de protection des fournisseurs*". Elle en déduit qu'à supposer cette exigence non satisfaite, il n'est pas démontré pour autant que cela aurait causé un préjudice quelconque dans le chef de la requérante, celle-ci ayant la faculté d'attraire ses cocontractants à l'instance.

In fine, la Cour européenne observe que le grief d'inéquité de la procédure présenté par le distributeur repose seulement sur l'"*usurpation*", par le ministre, du droit d'agir en justice des fournisseurs, autrement dit de ses cocontractants, tandis que le requérant n'invoque aucune atteinte qu'il aurait subi personnellement en matière de droits de la défense ou d'égalité des armes.

Si les actions engagées par le ministre de l'Économie apparaissent consolidées par la décision du 12 janvier 2012, se pose néanmoins la question de savoir ce qu'il serait advenu si le requérant avait été, non pas l'auteur des pratiques litigieuses, mais le cocontractant victime. Au-delà de ses implications immédiates, cet arrêt présente également un réel intérêt en ce qu'il contribue, de façon plus médiate, à confirmer les possibilités d'agir dont disposent les victimes de pratiques contraires à l'article L. 442-6, I du Code de commerce.

Les enseignements indirects de la décision : une confirmation de l'action en nullité des victimes de pratiques contraires à l'article L. 442-6, I du Code de commerce

De même que le Conseil constitutionnel, dans sa décision du 13 mai 2011 (Cons. const., déc. n° 2011-126 QPC du 13 mai 2011, *Système U*, cette revue, 3-2011, p. 129, obs. M. Chagny), la Cour européenne des droits de l'Homme conforte, dans son arrêt, la thèse selon laquelle, en dépit du silence conservé par l'article L. 442-6, I du Code de commerce, le cocontractant, lorsqu'il est victime de pratiques contraires à ce texte, a la faculté de demander la nullité des clauses et contrats.

À l'occasion de l'examen des arguments développés par le requérant, elle indique que "*le ministre, par son action, n'exclut pas* les contractants lésés *par la relation commerciale, puisque ces derniers* restent en droit d'engager eux-mêmes une action en justice aux fins d'obtenir l'annulation des clauses ou des contrats illicites, *la répétition de l'indu et le paiement de dommages-intérêts, ou de se joindre à l'instance initiée par le ministre*" (souligné par nos soins).

Ce faisant, elle s'inscrit dans le sillage de la jurisprudence dominante émanant des juridictions du fond qui ont d'ores et déjà statué en ce sens (v., pour la période récente, Nîmes, 25 février 2010, *Concurrences* n° 4-2010, p. 146, obs. M. Chagny ; v. aussi Paris, Pôle 5, Ch. 5, 24 mars 2011, *SAS J.-M. Valensi et a. c/ SAS Carcoop et a.* et Paris, Pôle 5, Ch. 5, 24 mars 2011, *Accorequip et a. c/ min. éco.*, cette revue, obs. J.-L. Fourgoux ; *contra* cependant Versailles, 30 septembre 2004, *Interbrew France boissons*).

Cette solution correspond au demeurant à la thèse majoritaire au sein de la doctrine (v. not. M. Behar-Touchais, "*Actualité des pratiques restrictives*", RLC 2009-20, p. 146 et s. ; C. Lucas de Leyssac et G. Parléani, *Droit du marché*, PUF, coll. Thémis, 2002, p. 972 ; V. Sélinsky, "*La nullité des engagements relatifs à des pratiques restrictives visées par l'article L. 442-6 du Code de commerce*", *RLC* 2005-2, n° 177, p. 114 et s., spéc. n° 118 ; L. Vogel, *Droit de la négociation commerciale*, LawLex, 2009, n° 265, p. 557).

Il ne reste plus qu'à attendre la position qu'adoptera la Cour de cassation le jour où la question lui sera posée. Adoptera-t-elle la même solution que le Conseil constitutionnel et la Cour européenne des droits de l'homme ou décidera-t-elle, au contraire, de s'en écarter? L'avenir le dira...

M. Chagny
Concurrences N° 2-2012, p. 98

Concurrences+

M. Chagny, Le Conseil constitutionnel considère que l'article L. 442-6-III alinéa 2 du Code de commerce ne contrevient pas aux droits et libertés garantis pas la Constitution, mais assortit sa décision d'une réserve d'interprétation (Système U), 13 mai 2011, Revue Concurrences N° 3-2011, pp. 129-132

M. Chagny, La Cour d'appel de Nîmes, sur saisine du ministre de l'Économie, condamne un distributeur ayant obtenu de son fournisseur une rémunération manifestement disproportionnée avec la valeur du service rendu, en violation de l'article L. 442-6-I 1° C. Com. et prononce la nullité et la répétition de l'indu ainsi qu'une amende civile, après avoir exclu sa soumission aux principes du droit pénal (Carrefour France), 25 février 2010, Revue Concurrences N° 4-2010, pp. 146-149

Cons. const., QPC du 18 mai 2016, ITM Alimentaire International, n° 2016-542

Le Conseil constitutionnel déclare conforme à la Constitution la troisième phrase de l'article L. 442-6, III, alinéa 2 du C. com. relative à l'amende civile

Le Conseil constitutionnel a été saisi le 18 février 2016 d'une question prioritaire de constitutionnalité transmise par la Chambre commerciale de la Cour de cassation (arrêt n° 286) en raison de son caractère sérieux. Formulée à l'occasion du pourvoi formé contre un arrêt de la Cour d'appel de Paris rendu le 11 mars 2015, la question prioritaire de constitutionnalité transmise était la suivante: "*les dispositions de l'article L. 446-2, III du Code de commerce en réalité L. 442-6 III, telles qu'interprétées par la jurisprudence comme autorisant le prononcé d'une amende civile à l'encontre d'une personne morale à laquelle une entreprise a été transmise sont-elles contraires au principe suivant lequel nul n'est punissable que de son propre fait, qui découle des articles 8 et 9 de la Déclaration des droits de l'homme et du citoyen en ce qu'elles permettent de condamner directement une société absorbante en raison de comportements exclusivement imputables à une société absorbée?*". Conformément à la réception de la théorie du droit vivant, la question prioritaire vise ici l'interprétation de l'article L. 442-6, III du Code de commerce retenue par la Chambre commerciale de la Cour de cassation dans un arrêt rendu le 21 janvier 2014 (n° 12-29166, Bull. civ. IV, n° 11; D. 2014, 531, note M.-C. Sordino; *RTD civ.* 2014, 367, obs. H. Barbier; *Gaz. Pal.*10 avril 2014, p. 20; *Bull. joly* 2014, 180). Dans cet arrêt les hauts magistrats ont en effet retenu que "*les dispositions de l'article L. 442-6 du Code de commerce, qui visent tout producteur, commerçant, industriel ou personne immatriculée au répertoire des métiers, auteur des pratiques restrictives énoncées par ce texte, s'appliquent à toute entreprise, indépendamment du statut juridique de celle-ci, et sans considération de la personne qui l'exploite; que le principe de la personnalité des peines, résultant des articles 8 et 9 de la Déclaration de 1789, ne fait pas obstacle au prononcé d'une amende civile à l'encontre de la personne morale à laquelle l'entreprise a été juridiquement transmise*".

Alors que le principe de personnalité des peines parait s'opposer à la transmission de l'amende civile, l'effectivité de cette sanction semble l'imposer

La difficulté résulte en effet de ce que l'effectivité de l'amende civile prévue à l'article L. 442-6, III, du Code de commerce ne peut semble-t-il être garantie qu'au détriment du principe de personnalité des peines. La personne morale effectivement sanctionnée est la société absorbante alors même que les pratiques litigieuses sont imputables à une autre personne morale disparue au moment du prononcé de la sanction. A s'en tenir à une application stricte du principe selon lequel "*nul n'est punissable que de son propre fait*", la disparition de la société auteur de la pratique litigieuse empêcherait sa sanction.

Dans la décision rendue le 18 mai 2016 (Cons. const., déc. n° 2016-542, QPC du 18 mai 2016, *D.* 2016, actu., 1076 ; L. Arcelin, "*'L'adaptabilité' du principe de personnalité des peines aux sanctions administratives du droit économique*", *AJCA* 2016, pp. 338 et s.), le Conseil constitutionnel déclare la troisième phrase du deuxième alinéa du paragraphe III de l'article L. 442-6 du Code de commerce conforme à la Constitution, restreignant ainsi le champ de la question prioritaire de constitutionnalité "*de telle sorte qu'il (le Conseil constitutionnel) a procédé uniquement à l'examen de l'amende civile, et non des autres sanctions prévues au paragraphe III*" de cet article (*in* Commentaire Décision n° 2016-542 QPC du 18 mai 2016, p. 12).

Le contrôle de constitutionnalité débute par l'exposé des dispositions constitutionnelles invoquées. Dans ce cadre, le Conseil constitutionnel rappelle qu'il se déduit des dispositions des articles 8 et 9 de la Constitution que "*nul n'est punissable que de son propre fait*" (§ 5). Il précise par ailleurs que le champ d'application de ce principe n'est pas cantonné aux seules peines prononcées par les juridictions répressives. Ce principe s'applique également à toutes sanctions ayant le caractère d'une punition (§ 5). Le Conseil constitutionnel choisit ensuite d'opérer une distinction quant aux conditions d'application de ce principe. Exceptant explicitement le droit pénal, le Conseil retient que le principe selon lequel "*nul n'est punissable que de son propre fait*" est susceptible d'adaptations dès lors que deux conditions sont réunies : les adaptations doivent tout d'abord être "*justifiées par la nature de la sanction et par l'objet qu'elle poursuit*". Ensuite, elles doivent être "*proportionnées à cet objet*" (§ 6).

Dans ce cadre, le Conseil constitutionnel retient que le principe selon lequel "*nul n'est punissable que de son propre fait*" est applicable à l'amende civile instituée par l'article L. 442-6, III, alinéa 2, du Code de commerce dans la mesure où la peine en cause revêt la nature d'une sanction pécuniaire (§ 7).

L'applicabilité du principe selon lequel "nul n'est punissable que de son propre fait" à l'amende civile, emporte avec elle la possibilité de son adaptation

Le Conseil constitutionnel énonce ensuite qu'en définissant l'auteur passible des sanctions pécuniaires retenues à l'article L. 442-6 du Code de commerce ("tout producteur, commerçant, industriel ou personne immatriculée au registre des métiers") "*le législateur se réfère à des activités économiques, quelles que soient les formes juridiques sous lesquelles elles s'exercent*". Cette analyse permet ainsi de "glisser" de la personne auteur de la pratique réprimée à l'activité économique à l'occasion de laquelle cette pratique a été constatée. En cela elle fait échos aux solutions retenues en la matière par la jurisprudence judiciaire. Ces solutions se réfèrent en effet à la notion d'entreprise ainsi qu'au principe de continuité juridique et économique de l'entreprise pour fonder le prononcé de la sanction à l'encontre de la personne morale bénéficiaire de la transmission de l'entreprise mais non auteur du comportement litigieux.

Au-delà, le Conseil relève que les amendes civiles ont pour objectif de "*préserver l'ordre public économique, de sanctionner les pratiques restrictives de concurrence qui sont commises dans l'exercice des activités économiques mentionnées par le paragraphe I de cet article*". Or, "*l'absorption de la société auteur de ces pratiques par une autre société ne met pas fin à ces activités, qui se poursuivent au sein de la société absorbante*" (§ 8). Où l'on mesure les conséquences de la référence aux activités économiques. L'activité économique survit à l'auteur de la pratique litigieuse qui lui disparaît.

Enfin, le Conseil constitutionnel cantonne néanmoins la possibilité d'infliger une peine à l'égard de la société absorbante en retenant que "*seule la personne bénéficiaire de la transmission du patrimoine d'une société dissoute sans liquidation est susceptible d'encourir l'amende prévue par les dispositions contestées*". La condition est double : sont seules concernées, les personnes bénéficiaires de transmission du patrimoine dès lors que la transmission concerne le patrimoine de sociétés dissoutes sans liquidation.

Et de conclure "*qu'il résulte des motifs des § 7 à 9 que les dispositions contestées, telles qu'interprétées par une jurisprudence constante, ne méconnaissent pas, compte tenu de la mutabilité des formes juridiques sous lesquelles s'exercent les activités économiques concernées, le principe selon lequel nul n'est punissable que de son propre fait*".

Cette solution souligne la particularité du droit de la concurrence en ce domaine. Au-delà de la jurisprudence judiciaire, cette solution peut être rapprochée de l'arrêt rendu par la Cour de justice de l'Union européenne le 5 mars 2015 (CJUE, 5 mars 2015, n° C-343/13, *Modelo Continente Hipermercados c/ Autoridade* para as Condicoes de Trabalho – Centro Local do Lis (ACT), D. 2015, 737, et 1506, obs. C. Mascala ; *RTD civ.* 2015, 388, obs. H. Barbier ; *JCP E* 2015, 1234, note F. Barriere ; *Bull. Joly* 2015, 200, note A. Couret ; *Rev. soc.* 2015, n° 89, note M. Rousille ; *RLDA* mai 2015, p. 10, note 1, Reygrobellet ; *Europe* 2015, n° 185, obs. S. Cazet ; *Dr. Pén.* 2015, n° 74, obs. G. Notté ; *Bull. Joly* 2015, 393 ; *RJDA* 7/15, p. 491 ; *Rev. soc.* 2015, p. 677, note B. Lecourt) lequel retient que la fusion absorption entraine la transmission à la société absorbante de l'obligation de payer une amende prononcée en raison des infractions au droit du travail commises par la société absorbée avant la fusion. Ces solutions contrastent en revanche avec celles retenues par la Chambre criminelle de la Cour de cassation (Cass. crim., 20 juin 2000, n° 99-86742, *Bull. crim.*, n° 237 ; Cass. crim., 14 octobre 2003, n° 02-86.376, *Bull. crim.*, n° 189).

V. Durand

Concurrences N° 4-2016, p. 127

Concurrences +

F. Buy, La Cour de cassation confirme la position des juges du fond qui avaient retenu la responsabilité d'une tête de réseau sur le fondement d'une rupture brutale lorsqu'il s'avère que ses filiales et ses franchisés n'ont disposé d'aucune autonomie décisionnelle (Blue Oceans Venture / Groupe Planet Sushi), 5 juillet 2016, Revue Concurrences N° 4-2016, p. 124

2.3.3 Spécialisation juridictionnelle

Cass. com., 6 décembre 2016, C. Janvier c/ La Redoute, n° 15-20234 ; Cass. com., 30 novembre 2016, M. X. c/ Generalis, n° 12-19330

La Cour de cassation retient que l'article D. 442-3 C. com. n'est pas applicable aux instances introduites avant la date de son entrée en vigueur

Depuis la loi n° 2008-776 du 4 août 2008, l'article L. 442-6, III du Code de commerce comprend un cinquième alinéa, lequel consacre la compétence exclusive de juridictions spécialisées. Plus précisément, il s'agit de réserver la connaissance du contentieux relatif à l'article L. 442-6 du même Code à certaines juridictions limitativement énumérées. Le décret n° 2009-1384 du 11 novembre 2009 énumère quant à lui les juridictions spécialisées en question, en précisant leur ressort territorial. Dans ce cadre, sont successivement visées des juridictions de première instance puis d'appel.

En première instance, la compétence exclusive pour connaître des litiges relatifs à l'article L. 442-6 du Code de commerce est confiée à huit tribunaux de commerce (Marseille, Bordeaux, Tourcoing, Fort-de-France, Lyon, Nancy, Paris, Rennes). En appel, seule une Cour d'appel, la Cour d'appel de Paris, est reconnue compétente. À l'origine, ces dispositions devaient permettre de simplifier le traitement des litiges relatifs à l'article L. 442-6 du Code de commerce. Elles n'en ont pas moins suscité un contentieux nourri qu'il s'agisse de la sanction du non-respect de la compétence exclusive de la Cour d'appel de Paris comme de l'application dans le temps de cette compétence (v. not., M. Chagny, "*Restriction de compétence matérielle et droit de la concurrence*", *Procédure* 2011, Dossier 10).

Il est vrai que le décret n° 2009-1384 du 11 novembre 2009 prévoit des dispositions transitoires. L'article 8 de ce décret dispose en effet que "*Le présent décret entre en vigueur le premier jour du mois suivant sa publication, à l'exception des articles 5 et 6 qui entrent en vigueur à la date de publication du présent décret. La juridiction primitivement saisie demeure compétente pour statuer sur les procédures introduites antérieurement à la date d'entrée en vigueur du présent décret*". Les dispositions de l'article D. 442-3 du Code de commerce sont donc entrées en vigueur le 1er décembre 2009. Ces dispositions ne permettent néanmoins pas de régler la difficulté suscitée par l'entrée en vigueur du décret en cours de procédure.

Les deux arrêts ici étudiés illustrent cette difficulté d'application dans le temps de l'article D. 443-2 du Code de commerce. Plus spécifiquement, il s'agit de déterminer la juridiction d'appel territorialement compétente pour connaître d'un litige relatif à l'article L. 442-6 du Code de commerce alors que l'instance est introduite avant l'entrée en vigueur des dispositions de l'article D. 443-2 du Code de commerce mais qu'un appel est interjeté après leur entrée en vigueur. Dans ce cas de figure, le litige doit-il être porté, en appel, devant la seule Cour d'appel de Paris en raison de la compétence exclusive que lui reconnaît l'article D. 443-2 du Code de commerce ou devant la Cour d'appel territorialement compétente telle qu'elle est désignée par application des règles ordinaires du Code de l'organisation judiciaire.

Dans le premier arrêt, était en cause une demande d'indemnisation pour résiliation abusive fondée sur l'article L. 442-6, I, 5° du Code de commerce. L'assignation avait été réalisée par un acte délivré le 29 septembre 2009 soit avant l'entrée en vigueur du décret n° 2009-1384 du 11 novembre 2009. Le Tribunal de commerce de Roubaix-Tourcoing a rendu un jugement le 31 mars 2011 – soit, cette fois, postérieurement à l'entrée en vigueur du décret. L'affaire est ensuite portée devant la Cour d'appel de Douai, laquelle rend successivement deux arrêts. Le 14 juin 2012, les juges du fond invitent les parties à présenter leurs observations sur la compétence exclusive de la Cour d'appel de Paris. Puis, le 20 juin 2013, la Cour d'appel de Douai déclare le recours irrecevable. Pour ce faire, les juges du fond rappellent que le contentieux relatif à l'article L. 442-6 du Code de commerce est exclusivement réservé à la compétence exclusive d'ordre public de juridictions spécialisées. Ils retiennent ensuite que *"les procédures de première instance et d'appel sont distinctes, notamment en ce qu'elles sont introduites devant des juridictions et par des actes différents"*. Or, en l'espèce si l'acte d'assignation devant les juridictions de première instance avait été réalisé avant l'entrée en vigueur du décret n° 2009-1384 du 11 novembre 2009, il n'en allait pas de même pour la saisine de la Cour d'appel de Douai réalisée le 6 mai 2011. Les juges du fond en concluent que les règles relatives à la compétence exclusive de la Cour d'appel de Paris étant entrées en vigueur au 1er décembre 2009, la Cour d'appel de Douai n'était pas compétente pour connaître du recours formé. Par voie de conséquence elle était dépourvue de *"tout pouvoir juridictionnel et que ce défaut de pouvoir constitue une fin de non-recevoir"*. Selon cette analyse, la loi de procédure est donc "d'application immédiate" et le procès est, du point de vue du droit transitoire, analysé recours par recours. L'appel aurait donc dû être porté devant l'unique Cour d'appel compétente à partir du 1er décembre 2009, en application des dispositions de l'article D. 442-3 du Code de commerce. Au-delà, cette analyse permet de renforcer l'efficience du dispositif mis en place par le décret n° 2009-1384 du 11 novembre 2009 en transférant le plus grand nombre de litiges relatifs à l'article L. 442-6 du Code de commerce à la Cour d'appel de Paris.

La Chambre commerciale de la Cour de cassation censure l'arrêt rendu par les juges du fond. Au visa de l'article D. 442-3 du Code de commerce, les Hauts magistrats retiennent qu'"*(...) une instance introduite par une assignation délivrée antérieurement au 1er décembre 2009, date d'entrée en vigueur du décret n° 2009-1384 du 11 novembre 2009, n'est pas soumise aux dispositions de l'article D. 442-3 du Code de commerce, issues de ce décret, et ne relève donc pas du pouvoir juridictionnel exclusif dévolu à la Cour d'appel de Paris*". Partant, pour déterminer si les dispositions de l'article D. 442-3 du Code de commerce ont vocation à s'appliquer est prise en compte la date à laquelle l'instance a été introduite et non la date de chaque recours. Cette solution n'est pas nouvelle (Cass. com., 24 septembre 2013, Bull. civ. IV, n° 137). Elle a pour effet de restreindre l'efficience de la compétence exclusive de la Cour d'appel de Paris en soustrayant l'ensemble des affaires pour lesquelles l'acte introductif d'instance est antérieur au 1er décembre 2009. La Cour de cassation ne laisse par ailleurs que peu de perspectives à la solution retenue par la Cour d'appel de Paris. A plusieurs reprises, cette dernière a en effet retenu que la juridiction territorialement compétente pour connaître des appels formés dans les contentieux relatifs à l'article L. 442-6 du Code de commerce devait être déterminée en considération de la loi applicable au jour du jugement rendu par la juridiction de première instance (v. par exemple, CA Paris, 13 décembre 2012 ; CA Paris, 27 juin 2012).

Dans la seconde affaire était en cause une action en réparation pour rupture brutale de relations commerciales et pour atteinte à une obligation contractuelle de confidentialité. En première instance, l'action est portée devant le Tribunal de commerce de Toulon. Un appel est ensuite interjeté devant la Cour d'appel d'Aix-en-Provence. Par une ordonnance de mise en état du 15 février 2011, l'appel est déclaré recevable. L'affaire est alors portée devant la Cour de cassation. Le moyen au pourvoi est essentiellement fondé sur l'applicabilité des dispositions du décret n° 2009-1384 du 11 novembre 2009 à la procédure d'appel. Plus particulièrement, est soutenu que l'application de ce décret dans le temps est déterminée non par la date à laquelle l'instance a été introduite mais par la date à laquelle le ou les recours sont exercés. De la même manière que précédemment, cela signifie que les règles de compétence territoriale applicables sont susceptibles de varier pour un même litige.

Le pourvoi est rejeté. La première Chambre civile de la Cour de cassation retient en effet qu'"*il résulte des dispositions combinées des articles 2 et 8 du décret n° 2009-1384 du 11 novembre 2009 qu'une procédure introduite par une assignation délivrée avant le 1er décembre 2009, date de son entrée en vigueur, n'est pas soumise aux dispositions de l'article D. 442-3 du Code de commerce qui en sont issues et partant, ne relève pas du pouvoir juridictionnel exclusif dévolu à la Cour d'appel de Paris*". Or, en l'espèce l'assignation introductive d'instance avait été délivrée le 23 avril 2009. Par voie de conséquence, le Conseiller de la mise en état "*avait exactement déduit que l'appel interjeté devant la Cour d'appel territorialement compétente en vertu de l'article R. 311-13 du Code de l'organisation judiciaire, était recevable*". Ce faisant, la première Chambre civile de la Cour de cassation se rallie à la solution retenue par la Chambre commerciale. Ce ralliement est d'autant plus perceptible lorsque cet arrêt est comparé à celui rendu par la Chambre commerciale de la Cour de cassation le 12 avril 2016 (n° 14-21.247) et ce, pour au moins deux raisons. Tout d'abord, la formulation du principe est, dans ces deux arrêts, quasiment identique. Ensuite, ces deux affaires sont comparables à ceci près que dans la seconde affaire l'ordonnance du conseiller de la mise en état avait retenu l'irrecevabilité de l'appel et le dessaisissement de la Cour d'appel de Lyon, les voies de recours étant régies par les textes en vigueur à la date de celles-ci.

Cette solution a l'avantage de permettre un traitement identique des justiciables indépendamment de la nature de l'action qui est introduite. Par ailleurs, dans l'arrêt rendu le 30 novembre 2016, la première Chambre civile de la Cour de cassation a l'occasion de rappeler les conséquences de l'inapplication des dispositions de l'article D. 443-2 du Code de commerce. Dans ce cas, la juridiction d'appel territorialement compétente est déterminée par application des règles du Code de l'organisation judiciaire. C'est dire que la compétence de la Cour d'appel de Paris ne sera pas nécessairement écartée. Tout au plus cette compétence résultera-t-elle d'autres dispositions.

V. Durand
Concurrences N° 1-2017, p. 126

Concurrences +

V. Durand, La Cour de cassation retient la compétence d'une juridiction non spécialisée lorsqu'en première instance la demande est uniquement fondée sur l'article 1134 du Code civil (Messer France / Norgaz), 1er mars 2017, Revue Concurrences N° 2-2017, pp. 122-124

Cass. civ., 1er mars 2017, Cabinet Maîtrise d'Œuvre e. a. c/ Lavalin International, n° 15-22675

La Cour de cassation se prononce sur le sort d'une clause compromissoire et d'une clause attributive de juridiction dans le cadre du contentieux relatif à l'article L. 442-6 C. com.

Le contentieux suscité par l'existence de juridictions spécialisées exclusivement compétentes pour connaître du contentieux relatif à l'article L. 442-6 C. com. ne se cantonne pas aux questions suscitées par les fondements multiples des demandes ou l'application dans le temps du dispositif mis en place par la loi n° 2008-776 du 4 août 2008 de modernisation de l'économie et par le décret n° 2009-1384 du 11 novembre 2009. C'est également la mesure de l'emprise du contrat qui suscite des interrogations. Plus spécifiquement, la question se pose de savoir si les clauses procédurales telles qu'une clause compromissoire ou une clause attributive de juridiction, demeurent pleinement efficaces lorsque naît un contentieux relatif à l'application des dispositions de l'article L. 442-6 C. com. Il semble que la réponse soit différenciée selon la clause en cause – selon qu'il s'agit d'une clause compromissoire ou d'une clause attributive de juridiction. C'est à tout le moins ce qui ressort de l'arrêt rendu par la première Chambre civile de la Cour de cassation le 1er mars 2017.

Dans cette affaire, M. X – auquel la société Le Cabinet de maîtrise d'œuvre (société CMO) a été substituée par la suite – a conclu un contrat le 10 octobre 2005 avec la société Lavalin – l'une des trois filiales françaises de la société Lavalin Inc –. Ce contrat définit la mission confiée à la société Lavalin. Il s'agit pour elle d'assurer une mission de développement, prospection, relations publiques ou coordination technique sur l'ensemble du territoire français. Ce contrat comporte également une clause attributive de juridiction au profit du tribunal de commerce de Créteil.

En 2011 et 2012, la société CMO a conclu cinq contrats avec la société Lavalin international – autres filiales françaises de la société Lavalin Inc. Il s'agit alors de contrats d'assistance technique pour la réalisation d'un projet immobilier au Maroc. Ces contrats comportent une clause compromissoire dont l'arrêt précise qu'elle *"limite expressément l'arbitrage aux différents relatifs à l'interprétation et l'exécution des contrats"*.

Le 11 février 2014, la société Lavalin international résilie les cinq contrats. La riposte ne se fait pas attendre. M. X et la société CMO assignent les trois filiales françaises de la société Lavalin Inc. pour rupture brutale d'une relation commerciale établie. La demande étant fondée sur les dispositions de l'article L. 442-6, I, 5° C. com., elle relève en principe de la compétence des juridictions spécialisées de première instance telles qu'énumérées par le décret n° 2009-1384 du 11 novembre 2009.

Se fondant sur la clause compromissoire contenue dans les contrats résiliés, la société Lavalin international invoque en retour l'incompétence de la juridiction saisie. La société Lavalin soulève, quant à elle, une exception d'incompétence territoriale en se prévalant de la clause attributive de juridiction insérée dans le contrat conclu le 10 octobre 2005. L'affaire est portée devant le tribunal de commerce de Paris lequel se déclare compétent.

La Cour d'appel de Paris est ensuite saisie par voie de contredit. Dans un arrêt rendu le 18 juin 2015, les juges du fond parisiens déclarent le tribunal de commerce de Paris incompétent pour connaître des demandes formées contre la société Lavalin international ainsi que des demandes formées contre la société Lavalin. Dans ce dernier cas, ils renvoient les parties – la société CMO et la société Lavalin – devant le tribunal de commerce de Créteil. Ce faisant si elle dissocie le sort de chacun des contrats – le contrat conclu en 2005 et les contrats conclus entre 2011 et 2012 –, la Cour d'appel de Paris n'en confère pas moins une pleine efficacité à chacune des clauses invoquées, privant la société CMO et M. X du bénéfice de la spécialisation des juridictions.

L'affaire est ensuite portée devant la Cour de cassation laquelle examine successivement le sort de la clause compromissoire et celui de la clause attributive de juridiction. La solution retenue est des plus contrastées : à l'efficacité de la clause compromissoire est opposée l'inefficacité de la clause attributive de juridiction.

L'efficacité de la clause compromissoire

Au-delà de l'appréciation de la relation commerciale dont la rupture est invoquée, la Cour de cassation confirme l'arrêt attaqué en ce qu'il retient l'incompétence du tribunal de commerce de Paris et, corrélativement, l'efficacité de principe de la clause compromissoire. Pour ce faire, la Cour de cassation rappelle que le principe compétence-compétence "*impose à l'arbitre de statuer, par priorité, sur sa propre compétence sauf nullité ou inapplicabilité manifeste de la clause d'arbitrage*". Comme l'avaient constaté les juges du fond, les contrats résiliés comportaient bien une clause compromissoire.

La question était donc celle de savoir si la clause compromissoire devait être par principe écartée – en tant qu'elle serait manifestement inapplicable ou nulle – argument pris de ce que le contentieux relevait des dispositions impératives de l'article L. 442-6, I, 5° C. com. et dont la connaissance est confiée aux seules juridictions spécialisées ?

La réponse des juges du fond, approuvés en cela par la Cour de cassation, est négative. L'applicabilité des dispositions de l'article L. 442-6 C. com. sont sans incidence sur l'efficacité de la clause compromissoire. En ce sens, la Cour de cassation retient que les juges du fond ont "*justement énoncé que l'arbitrage n'était pas exclu du seul fait que les dispositions impératives de l'article L. 442-6, I, 5° du Code de commerce étaient applicables*".

À cette constatation sont attachées au moins deux conséquences. Tout d'abord la clause compromissoire n'est pas manifestement inapplicable ou nulle. Ensuite, les juges du fond ont "*à bon droit*" pu déclarer le tribunal de commerce de Paris incompétent. La solution retenue par la Cour de cassation dans l'arrêt rendu le 1er mars 2017 peut être rapprochée de celle retenue dans des arrêts antérieurs.

Cette solution n'est en effet pas sans rappeler l'arrêt rendu par la première Chambre civile de la Cour de cassation le 8 juillet 2010, lequel arrêt retenait que "*le recours à l'arbitrage n'est pas exclu du seul fait que des dispositions impératives, fussent-elles constitutives d'une loi de police, sont applicables*". Partant, "*la Cour d'appel en a exactement déduit qu'il appartenait à l'arbitre de se prononcer par priorité sur sa propre compétence*" (Cass. 1re civ., 8 juillet 2010, n° 09-67013, *Bull. civ.* I, n° 156, Rev. arb. 2010, 513, note R. Dupeyré).

Par la suite la solution est reprise et précisée. Dans un arrêt rendu le 21 octobre 2015, la première Chambre civile de la Cour de cassation retient expressément que "*l'action aux fins d'indemnisation du préjudice prétendument résulté de la rupture de relations commerciales n'est pas de celle dont la connaissance est réservée aux juridictions étatiques*", consacrant une nouvelle fois la pleine efficacité de principe de la clause compromissoire. La raison d'une telle solution est à rechercher dans le but assigné à la création de juridictions spécialisées. Pour la Cour de cassation, l'objectif est "*d'adapter les compétences et les procédures judiciaires à la technicité du contentieux des pratiques restrictives de la concurrence*" (Cass. 1ère civ., 21 octobre 2015, n° 14-25080, *Concurrences* n° 1-2016, p. 122, obs. J.-C. Roda). Il n'en va pas de même de l'action réservée au ministre chargé de l'Économie. Est ici visée la faculté qui lui est reconnue dans le cadre de l'article L. 442-6, III C. com., et qui lui permet de saisir le juge pour faire cesser des pratiques illicites et prononcer des amendes civiles. Selon la Cour de cassation, cette faculté est attribuée au ministre chargé de l'Economie "*au titre d'une mission de gardien de l'ordre public économique pour protéger le fonctionnement du marché et de la concurrence*". A ce titre, elle est, selon les termes de la Cour de cassation, "*une action autonome dont la connaissance est réservée aux juridictions étatiques au regard de sa nature et de son objet*" (Cass. 1re civ., 6 juillet 2016, n° 15-21811).

L'inefficacité de la clause attributive de juridiction

Où l'on mesure ce qui sépare la clause attributive de juridiction de la clause compromissoire. Si leur origine contractuelle commune pouvait laisser penser qu'elles étaient susceptibles de connaître un sort similaire au contact des dispositions de l'article L. 442-6 C. com., leur fonction justifie, au contraire, un traitement dissocié. C'est à tout le moins ce qui résulte de la censure prononcée par la première Chambre civile de la Cour de cassation en ce que l'arrêt critiqué a prononcé l'incompétence du Tribunal de commerce de Paris et renvoyé les parties devant le tribunal de commerce de Créteil. Pour ce faire, la cassation de l'arrêt est prononcée au visa désormais classique des articles L. 442-6 et D. 442-3 C. com. Y est adjoint le principe selon lequel "*les dispositions du premier texte attribuant le pouvoir juridictionnel, pour les litiges relatifs à son application, aux juridictions désignées par le second ne peuvent être mises en échec par une clause d'attributive de juridiction*". L'exclusion ne semble souffrir aucune exception. Le contrat "bute" ici sur la compétence impérative des juridictions spécialisées.

Il est néanmoins singulier de noter qu'en l'espèce les juges du fond avaient donné effet à la clause attributive de juridiction en relevant que le contrat la contenant n'avait pas été rompu. Ce constat leur a permis de retenir que "*le litige ne peut s'analyser comme étant relatif à l'application des dispositions de l'article L. 442-6 du Code de commerce*". D'exclusion en exclusion, les juges du fond en ont donc conclu qu'il ne pouvait "*dès lors, être valablement fait référence aux articles désignant des juridictions spécialisées pour connaître d'un différend fondé sur cet article et soutenir la compétence du tribunal de commerce de Paris*". Au fond, il ne s'agissait pas tant d'appliquer la clause attributive de juridiction en considérant qu'elle instaurait – valablement – une juridiction alternative aux juridictions spécialisées ; mais bien plutôt de donner efficacité à cette clause raison prise de l'absence de contentieux relevant de l'article L. 442-6 C. com.

Or, selon la Cour de cassation deux éléments auraient dû être pris en compte : la société CMO et M. X avaient saisi le Tribunal de commerce de Paris sur le fondement de l'article L. 442-6 C. com. ; le tribunal de commerce de Paris était la juridiction "*désignée pour statuer sur l'application de cet article pour le ressort de la Cour d'appel de Paris*".

L'important ne réside donc pas dans l'appréciation portée sur la réalité de la rupture (donc sur le bien-fondé de la demande) mais, semble-t-il, dans le fondement de la demande combiné aux dispositions relatives à la compétence territoriale des juridictions spécialisées de première instance (V. en ce sens, Cass. com., 16 mars 2013, *Bull. civ.* IV, n° 49, *Contrat conc. consom.* 2013, comm. n° 132, obs. N. Mathey ; *Procédures* 2014, chron. 1, n° 4, obs. B. Ruy).

V. Durand
Concurrences N° 2-2017, p. 124

Concurrences+

V. Durand, La Cour de cassation précise les limites de la compétence spécialisée de la Cour d'appel de Paris (SCA Landes / Afid Consulting Group), 26 avril 2017, Revue Concurrences N° 3-2017, pp. 95-96

J.-C. Roda, La Cour de cassation se prononce sur l'arbitrabilité des litiges nés de l'application de l'article L. 442-6 C. com. et rejette l'idée d'une compétence exclusive des tribunaux étatiques (Scamark / Conserveries des cinq océans), 21 octobre 2015, Revue Concurrences N° 1-2016, pp. 122-124

Cass. com., 29 mars 2017, Distribution Corse c/ Mme Angeline X, n° 15-24241 ; Cass. com., 29 mars 2017, Fascom International c/ Usinière de Bois Chéri e. a., n° 15-17659

La Cour de cassation se livre à une nouvelle lecture des articles L. 442-6, III et D. 442-3 C. com., en ce qui concerne la compétence exclusive de la Cour d'appel de Paris pour connaître des contentieux concernant notamment la rupture brutale des relations commerciales établies

Par deux arrêts de cassation du 29 mars 2017, la Cour de cassation a opéré, en le motivant, un véritable revirement d'une jurisprudence bien établie tendant à soumettre à la seule Cour d'appel de Paris l'ensemble des litiges relatifs (entre autres) à la rupture brutale de relations commerciales établies. Les articles L. 442-6, III et D. 442-3 C. com. renvoient la connaissance de ces litiges à certains tribunaux de commerce spécialement désignés et, en appel, à la Cour d'appel de Paris.

Jusqu'alors, la Cour de cassation avait fait une lecture très extensive de ces dispositions, en jugeant qu'il résultait de leur combinaison que la Cour d'appel de Paris était "*seule investie du pouvoir de statuer sur les appels formés contre les décisions rendues dans les litiges relatifs à l'application de l'article L. 442-6*", et que l'inobservation de ces textes était "*sanctionnée par une fin de non-recevoir*", c'est-à-dire par l'irrecevabilité de l'appel interjeté devant une autre Cour d'appel, laquelle devait être soulevée d'office par cette dernière (Cass. com., 24 sept. 2013, n° 12-21089 ; Cass. com., 31 mars 2015, n° 14-10016).

Cette analyse, reprise à leur compte par de nombreuses cours d'appel, a tout récemment été réaffirmée par la Cour (Cass. com., 6 septembre 2016, n° 15-12230), et a même été étendue à la procédure de contredit (Cass. com., 20 oct. 2015, n° 14-15851). C'est dire l'importance du revirement opéré par les deux arrêts du 29 mars 2017. La Cour de cassation, revenant sur sa jurisprudence antérieure, procède à une application à la lettre de l'article D. 442-3 C. com.

Celui-ci dispose que "Pour l'application de l'article L.442-6, le siège et le ressort des juridictions compétentes (...) sont fixés conformément au tableau de l'annexe 4.2.1 du présent Livre. / La Cour d'appel compétente pour connaître des décisions rendues par ces juridictions est celle de Paris".

En renvoyant à cette lecture à la lettre du texte, la Cour opère une distinction entre les procédures initiées devant les tribunaux de commerce spécialement compétents et ceux qui ne le sont pas. Les appels concernant les premières continueront à ne pouvoir être interjetés que devant la Cour d'appel de Paris.

En revanche, ceux formés contre les jugements des tribunaux de commerce non visés par l'article D. 442-3 devront l'être devant la Cour d'appel du ressort du tribunal concerné et il appartiendra à celle-ci d'examiner la recevabilité des demandes formées devant le tribunal non spécialisé et de statuer, le cas échéant, dans les limites de son propre pouvoir juridictionnel (c'est-à-dire pour le cas où certaines demandes ne seraient pas fondées sur l'article L. 442-6 C. com.). La Cour de cassation prend le soin de motiver cette distinction.

Elle la justifie, en premier lieu, par l'insécurité juridique résultant, pour les plaideurs, de son analyse antérieure, au regard des termes même de l'article D. 442-3 C. com. La seconde justification tient au fait que l'irrecevabilité de l'appel interjeté devant une Cour d'appel, autre que celle de Paris, avait pour effet de conduire au maintien de décisions rendues par des juridictions non spécialisées.

Le mérite de la nouvelle analyse de la Cour de cassation sera, en effet, de permettre un contrôle de la recevabilité des demandes fondées sur l'article L. 442-6, formées devant un tribunal non spécialement désigné pour en connaître, par la Cour d'appel du ressort de ce tribunal, plutôt que de laisser subsister le jugement rendu au mépris de la règle de compétence spéciale.

À travers cette nouvelle lecture à la lettre de l'article D. 442-3, la Cour de cassation procède à un rééquilibrage des pouvoirs conférés à la Cour d'appel de Paris et aux autres Cours d'appel à qui incombera désormais la responsabilité de sanctionner la saisine d'un tribunal non spécialisé.

Il n'est pas sûr que telle ait été la volonté des rédacteurs de l'article D. 442-3 C. com., lorsqu'ils ont souhaité rassembler, par souci de cohérence, tous les contentieux de l'article L. 442-6 devant la Cour d'appel de Paris.

Ce qui est certain, en revanche, c'est que le contentieux concernant la prescription de l'action en rupture brutale est promis à un bel avenir, au regard du principe posé par l'article 2241 nouveau du Code civil, selon lequel la demande en justice, lorsqu'elle est portée devant une juridiction incompétente, interrompt le délai de prescription et de forclusion...

M.-C. Mitchell

Concurrences N° 2-2017, p. 120

Concurrences +

P. Le Moing, Les conséquences du revirement jurisprudentiel du 29 mars 2017, novembre 2017, Revue Concurrences N° 4-2017, www.concurrences.com

F. Buy, La Cour de cassation rappelle qu'un litige relatif à l'article L. 441-7 C. com. ne relève pas des juridictions spécialisées (Sofexi / Profima), 20 septembre 2017, Revue Concurrences N° 1-2018, p. 117

M.-C. Mitchell, La Cour de cassation se livre à une nouvelle lecture des articles L. 442-6-III et D. 442-36 C. com., en ce qui concerne la compétence exclusive de la Cour d'appel de Paris pour connaître des contentieux concernant notamment la rupture brutale des relations commerciales établies (Société de distribution Corse / Mme Angeline ; Fascom International / Usinière de Bois Chéri), 29 mars 2017, Revue Concurrences N° 2-2017, p. 120

C. Mouly-Guillemaud, La Cour de cassation réduit l'insécurité juridique créée par la spécialisation de certaines juridictions en limitant l'étendue de l'irrecevabilité des appels mal orientés (Toyota France), 21 mars 2018, Revue Concurrences N° 2-2018, www.concurrences.com

2.3.4 Clauses de règlement des litiges

Cass. 1ère civ., 22 octobre 2008, Monster Cable Products c/ Audio Marketing Services, n° 07-15823

La Cour de cassation refuse d'appliquer les dispositions de l'article L. 442-6 du Code de commerce en présence d'une clause attributive de juridiction en faveur du for étranger

Dans une affaire relative à la rupture d'un contrat de distribution exclusive, la Cour de cassation s'est prononcée sur l'application d'une clause attributive de juridiction à un for étranger.

La société américaine Monster Cable Products Inc. avait conclu un contrat de distribution exclusive de produits sur le territoire français, avec la société française Audio Marketing services (AMS). Le contrat prévoyait que les juridictions de San Fransisco seraient compétentes pour tout litige né du contrat et que la loi applicable serait celle de Californie.

Après la rupture du contrat par le fournisseur et en méconnaissance de la clause attributive de juridiction insérée au contrat au profit du juge américain, AMS a saisi le Tribunal de Commerce de Bobigny de demandes d'indemnisation fondées sur l'abus de dépendance économique et la rupture brutale des relations commerciales.

En première instance ainsi qu'en appel, les juges se sont déclarés compétents estimant que le litige en question concernait la réparation d'un préjudice résultant de délits civils et qu'il ne pouvait être "*regardé comme né du contrat de distribution*". Ceux-ci avaient écarté la clause attributive de juridiction et avaient, en outre, déclaré applicables les dispositions de l'article L. 442-6 du Code de commerce en raison de leur caractère impératif "*relevant de l'ordre public économique*". La Cour sanctionne ce raisonnement en raison de la validité de la clause d'élection de for visant "*tout litige né du contrat*", quand bien même les dispositions applicables au fond du litige seraient constitutives de lois de police.

Une décision rendue au visa de l'article 3 C. civ. et des principes généraux du droit international privé

La décision, rendue au visa de l'article 3 du Code civil et des principes généraux du droit international privé, est fondée sur les règles classiques du droit international privé français distinguant conflits de juridictions et conflits de lois. En effet, la clause d'élection de for intéresse la compétence juridictionnelle et non la compétence législative. Selon la Cour, les juges du fond ont eu tort de se placer sur le terrain de la loi applicable avant d'envisager les règles de compétence. Ainsi, même si la loi applicable est une loi de police, cela ne peut avoir d'incidence sur la désignation du tribunal compétent.

Contrairement aux juridictions du fond, la Cour de cassation ne se prononce pas sur la loi applicable, ni sur le caractère de loi de police de l'article L. 442-6 du Code de commerce. Le débat sur la nature de loi de police de ces dispositions reste donc entier, mais son intérêt dans une telle hypothèse est limité, puisque le litige est soumis à un juge étranger et à une loi étrangère : quand même l'article L. 442-6 du Code de commerce serait qualifié de loi de police, le juge étranger ne serait en tout état de cause pas tenu d'appliquer les lois de polices étrangères. En choisissant un for étranger et un droit applicable étranger, les parties peuvent donc échapper dans le cadre d'un litige entre parties à la rigueur de l'article L. 442-6 du Code de commerce. La solution serait sans doute différente dans le cas d'une action du Ministre sur le fondement de l'article L. 442-6, III du Code de commerce.

En privilégiant une solution préservant l'efficacité du choix de la compétence par les parties, la Cour est soucieuse d'assurer l'application du principe d'autonomie de la volonté en matière de droit international privé. Néanmoins, si la solution rendue par la Cour assure aux parties le respect de leur volonté contractuelle, il n'en demeure pas moins qu'elle place les justiciables dans des situations inégales face à l'article L. 442-6 du Code de commerce selon qu'elles se trouvent dans une relation internationale ou dans une relation interne.

M. Dany
Concurrences N° 1-2009, p. 129

Concurrences +

S. Hotte, La Cour de cassation statue sur la validité d'une clause attributive de juridiction (Monster Cable Products / Audio Marketing Services), 22 octobre 2008, Revue Concurrences N° 1-2009, www.concurrences.com

S. Hotte, La Cour d'appel de Paris estime que les dispositions de l'article L. 442-6 C. com. constituent une loi de police d'ordre public international (Monster Cable Products/Audio Marketing Services), 8 septembre 2006, Revue Concurrences N° 4-2006, www.concurrences.com

Cass. 1ère civ., 21 octobre 2015, Scamark c/ Conserveries des Cinq Océans, n° 14-25080

La Cour de cassation se prononce sur l'arbitrabilité des litiges nés de l'application de l'article L. 442-6 C. com. et rejette l'idée d'une compétence exclusive des tribunaux étatiques

Arbitrage et droit de la concurrence: le sujet est décidemment au cœur de l'actualité de cette Revue (C. Lucas de Leyssac, "*Arbitrage et concurrence: Retour sur Eco Swiss*", *Concurrences* n° 1-2005, art. n° 1197, p. 1 ; L. Idot, L. Burger, C. Partasides, C. Bovet, F. Knoepfler, D. Ruiz-Jarabo Colomer, B. Merkt, "*Ordre public, concurrence et arbitrage*", *Concurrences* n° 3-2006, art. n° 12028, pp. 10-32 ; L. Idot, "*Arbitrage et droit de la concurrence*", *Concurrences* n° 4-2010, art. n° 44194) ! L'arrêt rendu par la première chambre civile de la Cour de cassation, en date du 21 octobre 2015 et publié au Bulletin, est l'occasion de revenir à nouveau sur cette thématique (Cass. 1ère civ., 21 oct. 2015, n° 14-25.080, FS P+B: *JurisData* n° 2015-023370, *Procédures* n° 12, déc. 2015, comm. 361 par L. Weiller ; *D.* 2015. 2537 et 2588, comm. N. Dissaux et chron. T. Clay ; *AJCA* 2015.520, obs. B. Ruy), en abordant toutefois un certain nombre de questions qui, jusque-là, ont été moins étudiées dans ces colonnes (v. cependant CA Paris, 18 mars 2014 : *Concurrences* n° 2-2014, p. 125, obs. J.-L. Fourgoux). En effet, l'affaire ne traite pas des rapports entre arbitrage et droit *antitrust* mais concerne l'arbitrabilité d'une autre branche du droit de la concurrence, en l'occurrence le droit des pratiques restrictives et, plus précisément, le contentieux né de l'article L. 442-6 c. com., La Cour, dans l'arrêt commenté, réaffirme le caractère arbitrable de ce contentieux. Si la solution avait déjà été admise au plan international, à tout le moins à propos de la rupture brutale des relations commerciales établies, l'arrêt du 21 octobre 2015 étend celle-ci en matière interne et apporte quelques précisions intéressantes. Plus largement, la décision conforte une nouvelle fois l'efficacité de la convention d'arbitrage lorsque le litige concerne le droit de la concurrence et ce, même si les stipulations sont rédigées en des termes assez généraux.

En l'espèce, la société *CCO* avait conclu un contrat de fabrication de produits de marque distributeur avec la société *Scamark*. Une clause compromissoire avait été stipulée dans l'acte. Plus précisément, celle-ci prévoyait la compétence de l'arbitre pour les différends d'ordre contractuel. Visiblement non satisfaite des prestations fournies, l'entreprise *Scamark* ne reconduisit pas le contrat de distribution ce qui, selon *CCO*, constituait une rupture brutale et préjudiciable du partenariat. La société *CCO* introduisit alors une procédure d'arbitrage sur le fondement de la clause compromissoire. Devant le Tribunal arbitral, elle entendait faire jouer l'article L. 442-6 I 5° c. com., pour obtenir l'indemnisation du préjudice résultant de la rupture du contrat. Le Tribunal arbitral accepta de se reconnaître compétent et condamna *Scamark* à verser les sommes demandées. Cette dernière forma un recours en annulation à l'encontre de la sentence qui la condamnait à payer les sommes.

Devant la Cour d'appel de Paris, *Scamark* contestait la compétence du Tribunal arbitral, estimant qu'en matière de pratiques restrictives de concurrence, les tribunaux judiciaire disposaient d'une compétence exclusive, due notamment au caractère et à la nature spécifique de ce contentieux. Le champ d'application de la clause compromissoire était aussi critiqué: celle-ci prévoyait la compétence de l'arbitre pour régler les différends résultant d'un litige contractuel ; or, dans la mesure où le contentieux de la rupture brutale des relations commerciales établies relève de la responsabilité civile délictuelle, le Tribunal arbitral aurait dû se déclarer incompétent. Ces arguments ont été balayés par la Cour d'appel de Paris (CA Paris, 1er juill. 2014, n° 13/09208 : *JCP* 2014. 1018, note N. Mathey ; *D.* 2014.2541, obs. T. Clay), ce qui a conduit la société *Scamark* à se pourvoir en cassation.

Les deux branches du moyen reprenaient sensiblement la même argumentation. D'abord, "*la nature de* [la] *responsabilité prévue par une loi de police exclut toute application d'une clause compromissoire, peu important l'existence d'un cadre contractuel donné à la relation*", ce contentieux étant "*réservé aux juridictions étatiques*". Ensuite, à titre subsidiaire, la société *Scamark* contestait "*le champ d'application de la clause* [qui] *était ainsi circonscrit à l'interruption ou la résiliation du contrat conclu et n'incluait pas le litige relatif à la rupture de la relation commerciale établie dans son ensemble*".

La Cour de cassation, dans l'arrêt comment, a rejeté le pourvoi. Elle décide d'une part que "*les articles L. 442-6 et D. 442-3 du Code de commerce ont pour objet d'adapter les compétences et les procédures judiciaires à la technicité du contentieux des pratiques restrictives de la concurrence, et que la circonstance que le premier de ces textes confie au ministre chargé de l'économie et au ministère public une action autonome aux fins de protection du marché et de la concurrence n'a pas pour effet d'exclure le recours à l'arbitrage pour trancher les litiges nés, entre les opérateurs économiques de l'application de l'article L. 442-6*". Dès lors, la Cour d'appel de Paris "*avait justement déduit que l'action aux fins d'indemnisation du préjudice prétendument résulté de la rupture de relations commerciales n'était pas de celles dont la connaissance est réservée aux juridictions étatiques*". D'autre part, la Cour de cassation considère que "*la généralité des termes de la clause compromissoire traduisait la volonté des parties de soumettre à l'arbitrage tous les litiges découlant du contrat sans s'arrêter à la qualification contractuelle ou délictuelle de l'action engagée*". Cette solution est ainsi l'occasion d'apporter quelques précisions concernant la question de l'arbitrabilité du contentieux né de l'application de l'article 442-6 c. com., puis, plus brièvement, celle du champ de la clause compromissoire.

L'arbitrabilité du contentieux de l'article L. 442-6

D'emblée, on observera que la Cour de cassation adopte, sur la question de l'arbitrabilité du contentieux en cause, un niveau de généralité qui confère une portée renforcée à sa solution. Le pourvoi était fondé sur l'article L. 442-6 I, 5° c. com., et la rupture brutale des relations commerciales établies. La Cour de cassation répond en se fondant sur l'article L. 442-6, sans autre précision et vise le contentieux qui en découle de façon générale dans un premier temps, même si elle évoque bien la rupture des relations commerciales dans un second. Cela étant, ce n'est donc pas uniquement la question de l'arbitrabilité du contentieux de la rupture des relations commerciales établies qui est tranchée, mais bien celle du "*recours à l'arbitrage pour trancher les litiges nés entre les opérateurs économiques de l'application de l'article L. 442-6*", dont la rupture des relations brutale est l'une des applications.

Sur ce thème, la Cour de cassation avait déjà admis la solution, à nouveau à l'occasion d'un litige né de la rupture brutale d'un contrat, dans un arrêt du 8 juillet 2010 (Cass. 1ère civ., 8 juill. 2010, n° 09-67013 : JurisData n° 2010-012390, *D.* 2010, p. 2884, obs. M. Audit et O. Cuperlier, *Rev. crit. DIP* 2010, p. 743, note D. Bureau et H. Muir Watt, *RTD com.*, 2012. 525, obs. E. Loquin). Les faits de cette dernière espèce étaient très similaires à ceux de l'arrêt commenté : le demandeur soutenait que la clause compromissoire, contenue dans le contrat de distribution prétendument abusivement rompu, était manifestement inapplicable du fait du jeu des lois de police ; le demandeur soutenait, en outre, que l'action étant de nature délictuelle et non pas contractuelle, la compétence du Tribunal arbitral étant alors exclue. La Cour de cassation avait rejeté les deux arguments, jugeant que "*la clause compromissoire visant tout litige ou différend né du contrat ou en relation avec celui-ci n'était pas manifestement inapplicable dès lors que la demande de Doga présentait un lien avec le contrat puisqu'elle se rapportait notamment aux conditions dans lesquelles il y avait été mis fin et aux conséquences en ayant résulté pour Doga, peu important que des dispositions d'ordre public régissent le fond du litige dès lors que le recours à l'arbitrage n'est pas exclu du seul fait que des dispositions impératives, fussent-elles constitutives d'une loi de police, sont applicables*". La solution classique, consistant à dire qu'une disposition d'ordre public ne rend pas le litige inarbitrable, était réaffirmée, cette fois-ci dans le contexte de la mise en œuvre de l'article L. 442-6, I, 5° c. com.

L'arrêt du 21 octobre 2015 n'est cependant pas la copie exacte de la solution précitée. D'abord, cette dernière portait sur une affaire d'arbitrage international. Ensuite, la question posée concernait l'appréciation du caractère manifestement inapplicable de la clause d'arbitrage, et non un recours en annulation contre la sentence (L. Weiller, préc. ; R. Dupeyré, note ss CA Paris, 1er juill. 2014 : *Rev. arb.* 2015, p. 134). La décision commentée consacre donc clairement l'arbitrabilité du contentieux né de l'application de l'article L. 442-6 en matière interne, même s'il ne faisait guère de doute que la solution de 2010 était parfaitement transposable à ce type de situations.

Quant au raisonnement suivi par la Cour de cassation dans l'arrêt du 21 octobre 2015, il est bien différent puisque la société *Scamark* jouait sur la nature spécifique du contentieux des pratiques restrictives de concurrence. Selon la Cour, qui entérine ici le raisonnement de la Cour d'appel de Paris, si les articles L. 442-6 et D. 442-3 confèrent une compétence exclusive à une liste déterminé de tribunaux ("*Les litiges relatifs à l'application du présent article sont attribués aux juridictions dont le siège et le ressort sont fixés par décret*" ; "*Pour l'application de l'article L. 442-6, le siège et le ressort des juridictions commerciales compétentes en métropole et dans les départements d'outre-mer sont fixés conformément au tableau de l'annexe 4-2-1 du présent livre ; La Cour d'appel compétente pour connaître des décisions rendues par ces juridictions est celle de Paris*"), cette exclusivité ne concerne que les rapports entre tribunaux étatiques. Il s'agit là d'une règle de compétence destinée à adapter les procédures judiciaires à la technicité du contentieux des pratiques restrictives, mais non à le réserver aux juridictions étatiques. Autrement dit, la Cour de cassation considère que les textes visés sont silencieux sur la question de l'arbitrage et elle interprète ceux-ci en décidant qu'ils n'excluent pas le recours à ce mode de justice privée pour trancher les litiges nés de leur application. La solution semble parfaitement bien fondée et, comme l'ont relevé plusieurs auteurs, elle se rapproche de celles retenues en matière prud'homale ou de brevets d'invention où le recours à l'arbitrage reste possible alors même que des juridictions étatiques sont spécifiquement désignées pour trancher les litiges s'y rapportant.

La Cour de cassation précise, en outre, que le fait que l'article L. 442-6 c. com., prévoit l'intervention du ministre de l'Économie ou du ministère public pour la défense du marché ne change rien à la donne. La chose semble logique dans la mesure où l'arbitrage est parfaitement admis en matière *antitrust* qui est un domaine au moins autant imprégné d'ordre public. À première vue, l'arbitre semble parfaitement fondé à intervenir dans le contentieux des pratiques restrictives. Simplement, comme en matière *antitrust* où sa compétence n'est en principe admise que pour ce qui relève du *private enforcement*, l'arbitre ne pourra pas infliger une peine d'amende et ne pourra que prononcer la nullité d'un contrat ou accorder des dommages-intérêts (en ce sens, Ch. Seraglini et J. Ortsheidt, *Droit de l'arbitrage interne et international*, Montchrestien, 2013, spéc. n° 139). Mais on pourrait aussi rétorquer que, s'agissant du contentieux de l'article L. 442-6 c. com., les frontières sont finalement moins nettes en ce qui concerne les aspects purement civils ou "publics" du contentieux (en ce sens, v. M. Béhar-Touchais, *RDC* 2015, n° 4, p. 889 s.). Par exemple, lorsque le texte autorise le ministre chargé de l'Économie et le ministère public à "*demander à la juridiction saisie d'ordonner la cessation des pratiques mentionnées au présent article*" ou à "*faire constater la nullité des clauses ou contrats illicites et demander la répétition de l'indu*", des difficultés d'articulation surgissent. Bien sûr, en matière de rupture brutale des relations commerciales établies, on voit mal les autorités intervenir pour ordonner la cessation de la pratique. Mais l'arrêt commenté traite plus généralement du contentieux découlant de l'article L. 442-6 et l'on pourrait imaginer l'hypothèse d'une grande enseigne imposant à ses cocontractants des clauses compromissoires pour garantir une certaine confidentialité. Le ministre de l'Économie pourrait alors vouloir intervenir pour dénoncer d'autres pratiques que la rupture brutale. Or, *a priori*, ni le ministère public, ni le ministre de l'Économie ne sont recevables devant le tribunal arbitral (T. Clay, *D.* 2014, chron. préc.). Comment les autorités pourraient-elles faire ordonner la cessation des pratiques lorsque la "*juridiction saisie*" est un arbitre ? Par ailleurs, se pose aussi la question des sanctions judiciaires prévues à l'article L. 442-6 c. com., et notamment le pouvoir d'ordonner la publication ou la diffusion de la décision : l'arbitre pourrait-il ordonner de telles mesures ou bien cette gamme de sanctions n'est-elle réservée qu'au juge étatique ? On le voit, la décision du 21 octobre 2015 est loin d'avoir livré toutes ses potentialités.

Le champ d'application de la clause compromissoire

La compétence du Tribunal arbitral était également remise en cause sous l'angle du champ d'application de la clause compromissoire. La société *Scamark* se basait sur une lecture restrictive de la stipulation, laquelle prévoyait la compétence de l'arbitre pour "*les différends qui viendraient à naître à propos de la validité, de l'interprétation, de l'exécution ou de l'inexécution, de l'interruption ou de la résiliation du présent contrat*". Or, selon la demanderesse, dans la mesure où le contentieux relatif à la rupture brutale des relations commerciales établies a une nature délictuelle, le litige excédait le champ de la clause compromissoire et la Cour d'appel de Paris aurait donc dû annuler la sentence dans laquelle l'arbitre s'estimait compétent.

La Cour de cassation, en écartant cette argumentation, adopte une interprétation large du champ d'application de la clause compromissoire qui avait déjà été retenue à plusieurs reprises dans ce type de situation. Dans l'arrêt du 8 juillet 2010, la clause compromissoire visait "*tout litige ou différend né du contrat ou en relation avec celui-ci*", ce qui était une rédaction un peu plus large que celle évoquée dans la présente affaire. Mais, dans d'autres affaires, la jurisprudence avait déjà adopté une vision très extensive de ce qui relève de la sphère contractuelle. Ainsi, la Cour de cassation a jugé "*qu'en retenant que les demandes d'indemnisation présentées sur un fondement délictuel du chef de la rupture brutale des pourparlers ne se rattachent nullement au contrat de distribution qui régissait auparavant les relations entre les parties et avec lesquelles ces pourparlers ne constituent pas un ensemble contractuel unique*", la Cour d'appel s'était déterminée par des motifs impropres à établir l'inapplicabilité de la stipulation (Cass. 1ère civ., 25 avr. 2006, *Rev. arb.* 2008. 299 ; v. aussi CA Paris 30 juin 2004, *Rev. arb.* 2004. 372, note J.-B. Racine). D'une façon générale, comme le relève un éminent auteur, "*la formulation de la clause compromissoire, qui vise par exemple tous les litiges nés à l'occasion du contrat, suffit à fonder la compétence des arbitres pour juger les litiges pendant la période précontractuelle. Il en est de même pour les litiges post contractuels*" (E. Loquin, *J.-Cl. Pr. Civ.*, fasc. 1024, "*Arbitrage*", n° 67).

L'arrêt du 21 octobre 2015 adopte donc sur cette question du champ d'application de la clause compromissoire une position parfaitement classique en considérant que celle-ci "*traduisait la volonté des parties de soumettre à l'arbitrage tous les litiges découlant du contrat sans s'arrêter à la qualification contractuelle ou délictuelle de l'action engagée*". Au passage, on relèvera que la Cour ne se prononce pas sur la nature de l'action en indemnisation pour ruptures brutales des relations commerciales, comme pour entretenir le flou sur cette question qui a pourtant déjà été tranchée...

J.-C. Roda
Concurrences N° 1-2016, p. 122

Concurrences +

V. Durand, La Cour de cassation se prononce sur le sort d'une clause compromissoire et d'une clause attributive de juridiction dans le cadre du contentieux relatif à l'article L. 442-6 C. com. (Cabinet maîtrise d'œuvre / Lavalin international), 1er mars 2017, Revue Concurrences N° 2-2017, pp. 124-126

J.-L. Fourgoux, La Cour d'appel de Paris fait application de la jurisprudence relative à l'applicabilité des clauses compromissoires aux litiges initiés sur le fondement de l'article L. 442-6-I-5° du Code de commerce (Sept de Cœur), 18 mars 2014, Revue Concurrences N° 2-2014, p. 125

L. Idot, Arbitrage et droit de la concurrence, décembre 2010, Revue Concurrences N° 4-2010, www.concurrences.com

L. Idot, L. Burger, C. Partasides QC, C. Bovet, F. Knoepfler, D. Ruiz-Jarabo Colomer, B. Merkt, Ordre public, concurrence et arbitrage, septembre 2006, Revue Concurrences N° 3-2006, pp. 10-32

C. Lucas de Leyssac, Retour sur Eco Swiss, février 2005, Revue Concurrences N° 1-2005, p. 1

2.3.5 Conflits de lois

Concurrences +

F. Buy, La Cour d'appel de Paris censure, au visa de l'article L. 442-6 C. com., les "clauses de parité" imposés aux hôteliers, en retenant la compétence du juge français et l'application de la loi française (Expedia), 21 juin 2017, Revue Concurrences N° 4-2017, pp. 117-119, supra pt 2.1.5, pp. 51-55 de cet ouvrage

2.4 Autres pratiques restrictives

CJUE (ord.), 7 mars 2013, Euronics Belgium CVBA c/ Kamera Express BV et Kamera Express Belgium BVBA, C-343/12

La Cour de justice dit pour droit que la directive sur les pratiques commerciales déloyales s'oppose à une disposition nationale qui prévoit une interdiction générale de la revente à perte à l'égard des consommateurs

La liste des pratiques commerciales déloyales déclarées incompatibles avec la directive du 11 mai 2015 (2005/291CE) s'allonge et enterre, cette fois-ci, l'interdiction générale de revente à perte à l'égard des consommateurs. La Cour de Justice l'a initialement jugé concernant le régime juridique des ventes liées, par deux arrêts préjudiciels du 23 avril 2009 (CJCE, 23 avril 2009, aff. C-261/07 et C-299/07, *VTB-VAB NVc/ Total Belgium NV* et *Galatea BVBA* c/ *Sanoma Magazines Belgium NV*; CCC 2009, comm. 183, note G. Raymond). Dans ces premiers arrêts, interrogée par des juridictions belges, la Cour de justice y affirme que la directive "*doit être interprétée en ce sens qu'elle s'oppose à une réglementation nationale, (...) qui, sauf certaines exceptions et sans tenir compte des circonstances spécifiques du cas d'espèce, interdit toute offre conjointe faite par un vendeur à un consommateur*". Cette décision a été maintenue par un arrêt du 11 mars 2010 dans le domaine des services de télécommunication régulée (CJUE, 11 mars 2010, aff. C-522/08, *Telekominikacja Polska*) CCE N° 6 juin 2010, comm. 63 M. Chagny) et même élargie aux loteries (CJUE 14 janvier 2010, aff. C-304/08 Zentrale B. W. c/ Plus W. Europe n° 3 mars 2010 comm. 120 M. Meister), aux ventes avec primes et aux jeux et concours (CJUE 9 Novembre 2010 C 540/08 Mediaprint Zeitung c/ Osterreich Zeitung, CCC n°1 Janvier 2011 comm. 21 G. Raymond) aux annonces de rabais avant une période de soldes (CJUE ord. 15 déc. 2011, aff. C-126/11, RTDE 2012 p.679), aux liquidations soumises à autorisation administrative préalable (CJUE, 17 janvier 2013, aff. C-206/11 G. Köck c Schutzverband g.u. W., Europe Mars 2013, comm. 143).

Le raisonnement tenu par la Cour découle de la Directive qui s'attache, selon son article 1er, à "*assurer un niveau élevé de protection des consommateurs*", mais vise également à assurer le "*bon fonctionnement du marché intérieur*". Plusieurs considérants soulignent en effet la nécessité, en présence de "différences marquées, qui peuvent entraîner des distorsions sensibles de concurrence et faire obstacle au bon fonctionnement du marché intérieur", d'établir "*des règles uniformes*", en conséquence de quoi, le choix a été fait d'une harmonisation "*complète*" ou encore "*totale*". C'est pourquoi la Cour considère que l'annexe 1 de la directive qui énumère les 31 pratiques réputées déloyales à l'égard des consommateurs "*en toutes circonstances*" est une liste limitative ne permettant pas aux États membres de rallonger les interdictions de plein droit. Si les promotions qui ne figurent pas sur la liste ne peuvent être interdites *per se*, elles peuvent être sanctionnées dès lors que les conditions cumulatives d'interdiction prévues par la directive (visant la pratique contraire à la diligence professionnelle et de nature à altérer le comportement économique du consommateur) sont caractérisées. La CJUE a ainsi déjà précisé que le seul fait qu'une partie des consommateurs se soient déterminé du seul fait de la promotion n'est à cet égard pas suffisant que la pratique soit déloyale (CJUE, 9 Novembre 2010, Mediaprint précité, §45 à 47).

Cette nouvelle et énième question préjudicielle posée par le Tribunal de commerce de Gand s'inscrivait dans un litige entre distributeurs d'appareils photographiques belges. Estimant que la réponse à la question préjudicielle concernant la loi belge de protection des consommateurs, pouvait être clairement déduite de sa jurisprudence, la Cour a décidé de statuer par simple ordonnance.

La Cour relève, en premier lieu, que l'interdiction belge de la revente à perte poursuit des finalités tenant à la protection des consommateurs mais écarte, même si cela vise à assurer un degré plus élevé de protection des consommateurs, des mesures plus restrictives que celles définies par cette directive, dès lors que la revente à perte ne figure pas sur la liste exhaustive des 31 pratiques commerciales réputées déloyales. Dans ces conditions, la Cour conclut, de façon très prévisible que la directive sur les pratiques commerciales déloyales doit être interprétée en ce sens qu'elle s'oppose à une disposition nationale, qui prévoit une interdiction générale d'offrir à la vente ou de vendre des biens à perte aux consommateurs. Si la loi belge prévoyant une interdiction générale de la revente à perte est condamnée, "*pour autant que cette disposition poursuit des finalités tenant à la protection des consommateurs*", cette ordonnance entraîne aussi dans son sillage l'article L. 442-2 du Code de commerce à laquelle certaines entreprises demeurent très attachées. En effet, les décisions préjudicielles de la Cour de justice lient de la même manière les autres juridictions nationales qui seraient saisies d'un problème identique. Or, notre législation commerciale Française interdit de la même façon la revente à perte. Ainsi, "*il ne fait guère de doute que l'article L 442-2 du Code de commerce est, comme son homologue Belge directement, contraire à la directive*" (Creda concurrence 25 Mars 2013).

La France a déjà traîné les pieds pour se mettre en conformité avec la directive telle qu'interprétée et a même essayé de demander "*une révision de cette directive, afin de pouvoir maintenir un encadrement juridique des pratiques précitées et plus généralement des pratiques dites promotionnelles, approprié à la protection des intérêts économiques des consommateurs*" (Réponse Ministérielle Tardy n° 63029, JO 4 mai 2010, AN p. 4996). La "*réconciliation du droit de la concurrence et du droit de la consommation*" n'est finalement pas aussi aisée, ni spontanée qu'annoncée (M. Chagny, De l'assouplissement du régime des offres liées à l'avènement d'un droit du marché ?, D. 2009, p. 2561).

Ce n'est qu'avec la loi du 17 mai 2011 que la mise en conformité du Code de la consommation a été faite. Le législateur a ajouté, à diverses interdictions du Code de la consommation, la condition supplémentaire de constituer une pratique déloyale au sens de la définition de la directive. La vente avec prime (L. 121-35), la vente liée (L. 122-1), les loteries avec prétirage (L. 121-36) ne sont plus prohibées que si elles "*constituent une pratique commerciale déloyale au sens de l'article L. 120-1*" du Code de la consommation qui transpose dans le Code de la consommation la définition de la pratique déloyale. Mais l'interdiction de revente à perte est restée à l'écart de cette mise en conformité et son sort est désormais scellé.

Cette quasi-censure de l'interdiction française de la revente à perte ne permettra plus de poursuivre et de condamner tous les cas de revente à perte mais seulement une revente à perte contraire aux exigences de la diligence professionnelle et qui "*altère, ou est susceptible d'altérer de manière substantielle, le comportement économique du consommateur normalement informé et raisonnablement attentif et avisé, à l'égard d'un bien ou d'un service*". C'est donc au juge qu'il appartiendra après coup de fixer la limite dans l'agressivité commerciale par les prix, la CJUE souhaitant que le juge conserve "*une marge d'appréciation*" sur le caractère déloyal "*au regard du contexte factuel*" (Ord. 7 mars 2013 § 30). Le Conseil de la concurrence en son temps dans le cadre de l'article L. 420-5 du Code de commerce avait considéré que les ventes à prix abusivement bas lorsqu'elles étaient ponctuelles ne pouvaient présenter un caractère anticoncurrentiel. La concurrence par les prix en sortira renforcée, mais la lisibilité du droit et la sécurité des entreprises certainement diminuées.

J.-L. Fourgoux
Concurrences N° 2-2013, p. 95

Concurrences+

J.-L. Fourgoux, La Cour de Justice dit pour droit que la directive sur les pratiques commerciales déloyales s'oppose à une disposition nationale qui prévoit une interdiction générale de la revente à perte à l'égard des consommateurs (Euronics Belgium/Kamera Express et Kamera Express Belgium), mai 2013, Revue Concurrences N° 2-2013, pp. 95-96

Cass. com., 22 novembre 2017, Alliance Optique c/ Club Opticlibre, n° 16-18028 ; Cass. crim., 16 janvier 2018, PM Dis et Central'Vet, n° 16-83457

La Cour de cassation, par la voix de ses chambres commerciale et criminelle, écarte l'incompatibilité de l'interdiction de la revente à perte avec la directive relative aux pratiques commerciales déloyales à l'égard des consommateurs

La première espèce concerne le *Club opticlibre*, centrale d'achats dans le secteur de l'optique, regroupant des opticiens indépendants, qui acquiert des produits pour les revendre à ses adhérents sur la base des conditions commerciales négociées avec les fournisseurs, et la société *Alliance optique*, exerçant la même activité au bénéfice des opticiens indépendants regroupés autour d'elle, qui achètent leurs produits au même fournisseur. Reprochant à la société *Alliance optique* des actes de concurrence déloyale résultant de pratiques de revente à perte, prohibées par l'article L. 442-2 C. com., la société *Club opticlibre* l'a assignée en paiement de dommages-intérêts. L'incrimination est ainsi libellée dans le C. com. :

"*Le fait, pour tout commerçant, de revendre ou d'annoncer la revente d'un produit en l'état à un prix inférieur à son prix d'achat effectif est puni de 75 000 € d'amende. Cette amende peut être portée à la moitié des dépenses de publicité dans le cas où une annonce publicitaire, quel qu'en soit le support, fait état d'un prix inférieur au prix d'achat effectif. La cessation de l'annonce publicitaire peut être ordonnée dans les conditions prévues à l'article L. 121-3 du Code de la consommation* [devenu l'article L. 132-8 C. consom.]."

"*Le prix d'achat effectif est le prix unitaire net figurant sur la facture d'achat, minoré du montant de l'ensemble des autres avantages financiers consentis par le vendeur exprimé en pourcentage du prix unitaire net du produit et majoré des taxes sur le chiffre d'affaires, des taxes spécifiques afférentes à cette revente et du prix du transport.*"

La Cour d'appel de Douai dans un arrêt du 31 mai 2016 (CA Douai, 31 mai 2016, n° 15/02238, *CCC* n° 7, juillet 2016), dont la doctrine avait souligné le caractère peu convaincant (M. Chagny, obs. *RTD Com.* 2016, p. 477) et "*fragile*" (N. Ferrier, Colloque AFEC du 14 mars 2017, *CCC* juillet 2017, p. 41) a estimé que la concurrence déloyale par revente à perte était établie et a condamné *Alliance Optique* en écartant les arguments sur l'absence de compatibilité de l'incrimination avec le droit de l'Union européenne.

En effet, la directive 2005/09 du 11 mai 2005 relative aux pratiques commerciales déloyales des entreprises vis-à-vis des consommateurs dans le cadre du marché intérieur, a instauré une protection du consommateur contre les pratiques commerciales déloyales. La directive précise que les pratiques commerciales déloyales sont, en particulier, les pratiques commerciales agressives et les pratiques commerciales trompeuses. La directive a enfin instauré, dans son annexe 1, deux listes "*noires*" énumérant huit pratiques commerciales agressives et vingt-deux pratiques commerciales trompeuses réputées déloyales, de façon irréfragable mais ne mentionnant pas la revente à perte.

La disparité des législations européennes en la matière a, très vite, conduit la Cour de justice de l'Union à préciser la portée de cette annexe à la directive, ce qu'elle a fait, depuis 2009, par toute une série de décisions rendues en matière de ventes liées (CJCE, 23 avril 2009, *VTB-VAB NV c/ Total Belgium NV,* aff. C-261/07 et C-299/07), de loteries publicitaires (CJUE, 14 janv. 2010, *Zentrale B.W.,* aff. C-304/08) ou encore de ventes avec primes (CJUE, 9 nov. 2010, *Mediaprint Zeitung,* aff. C-540/08). La question était en effet celle de savoir si une législation nationale pouvait, ou non, conserver des dispositions plus protectrices du consommateur que celles prévues par la directive.

Après avoir rappelé que la directive, qui s'attache à "*assurer un niveau élevé de protection des consommateurs*" et à garantir "*le bon fonctionnement du marché intérieur*" qui impose d'établir "*des règles uniformes*", a fait le choix d'une harmonisation "*complète*" ou encore "*totale*" (considérants 3, 5, 14 et 15), la CJUE a ainsi affirmé, par cette série de décisions, que seules les pratiques commerciales expressément visées à l'annexe 1 de la directive du 11 mai 2005, dont le caractère est limitatif et exhaustif, pouvaient être interdites de plein droit, et déloyales en toutes circonstances.

La directive doit ainsi "*être interprétée en ce sens qu'elle s'oppose à une réglementation nationale, (...) qui, sauf certaines exceptions et sans tenir compte des circonstances spécifiques du cas d'espèce, interdit toute offre conjointe faite par un vendeur à un consommateur*" (en matière de vente liée – CJCE, 23 avril 2009, *VTB-VAB NV c/ Total Belgium NV c/ Total Beluim NV,* aff. C-261/07 et C-299/07). L'ensemble des autres pratiques commerciales non visées est donc, *a contrario*, licite sauf à démontrer, au "*cas par cas*" qu'elles sont déloyales au sens de la directive.

Prenant acte de la jurisprudence de la CJUE et du mouvement amorcé par la jurisprudence en matière de vente d'ordinateur muni de logiciels préinstallés notamment (Cass. civ. 1ère, 15 nov. 2010, n° 09-11.161), le législateur a été contraint de mettre le droit positif en conformité avec le droit de l'Union, ce qui a partiellement été fait à l'occasion de la loi n° 2011/525 du 7 mai 2011 qui a modifié les textes relatifs aux ventes liées (art. L. 121-11 C. consom.), aux ventes avec primes (art. L. 121-19 C. consom.) et aux loteries publicitaires (art. L. 121-20 C. consom.) qui ne sont plus, à ce jour interdites que dans la mesure où elles présentent un caractère déloyal au sens de la directive communautaire tel que repris par l'article L. 121-1 C. consom..

S'agissant de la portée de la directive en matière de revente à perte plusieurs décisions ont été rendues qui mettent en évidence la difficulté. Une ordonnance du 7 mars 2013 censure l'interdiction générale de la revente à perte pour autant que cette interdiction vise à protéger le consommateur (CJUE, 7 mars 2013, *Euronics Belgium*, aff. C343/12).

Or, la genèse du texte nous rappelle que l'article L. 442-2 C. com. a, en premier lieu, été introduit afin de protéger les petits commerçants de la concurrence des grandes enseignes dont le poids économique autorise à pratiquer des prix très faibles sur certains produits.

Néanmoins, et à n'en pas douter, ce texte est aussi à ce jour une règle consumériste censée protéger le consommateur contre la technique potentiellement trompeuse du prix d'appel. La Chambre criminelle de la Cour de cassation a d'ailleurs clairement considéré que les associations de consommateurs étaient recevables à agir sur ce fondement dès lors que la pratique de la revente à perte est incompatible avec une concurrence saine et loyale, et donc, "*contraire à l'intérêt général des consommateurs*" (Cass. crim., 10 oct. 1996, n° 95-80226), de même que la Cour d'appel de Riom (CA Riom, 13 sept. 2007, n° 07/00071).

La jurisprudence de la CJUE devrait ainsi nécessairement conduire à modifier notre législation et à circonscrire l'infraction aux cas où la revente à perte pourra être considérée comme déloyale au sens de la directive, par analogie avec les autres pratiques examinées par la CJUE et pour lesquelles le C. consom. a été modifié (vente avec primes, ventes liées, loterie) mais la loi *Hamon* qui a apporté ces modifications n'a pas modifié l'article L. 442-2 du C. com., conduisant la doctrine la plus autorisée à s'interroger sur la survie de la revente à perte (L. Idot, Vingt ans après: vers une interdiction de la revente à perte en France?, *Europe*, mai 2013, n° 5 Focus; L. Arcelin, Feu l'interdiction de la revente à perte, *CCC* juin 2013, n° 34).

À date, une seule décision interne a examiné cette question: la Cour d'appel de Douai qui a refusé d'écarter l'incrimination pour incompatibilité avec la directive, dans un arrêt du 31 mars 2016. Pour la Cour de Douai, l'article L. 442-2 C. com. vise "*la protection des opérateurs économiques*" comme le titre de la loi de 1963 le laisse supposer et cette interdiction relève des pratiques restrictives de concurrence et non du droit de la consommation.

Par ailleurs, le fait que la loi *Hamon* soit restée muette sur la revente à perte confirmerait que ce texte vise "*avant tout à assurer l'équilibre des relations commerciales et donc à protéger leurs intérêts économiques, leur loyauté*". Plusieurs auteurs avaient souligné que la revente à perte vise également à protéger le consommateur (D. Voinot, *AJCA* 2014, p. 17, C. Grimaldi, La revente à perte, encore, L'essentiel, *Distribution et Concurrence*, 1er février 2018).

Devant la Chambre commerciale on s'attendait à une analyse plus fine – qui fait défaut – pour rejeter le pourvoi, et l'on ne peut qu'être déçu. En effet la Chambre commerciale se contente de cette motivation: "*Mais attendu qu'aux termes de l'article 3 de la directive 2005/29/CE du 11 mai 2005, celle-ci s'applique aux pratiques commerciales déloyales des entreprises vis-à-vis des consommateurs; qu'il résulte des constatations de l'arrêt et des écritures des parties que le litige porte sur des pratiques commerciales entre une centrale d'achat et des détaillants, soit des transactions entre professionnels; qu'elles ne relèvent donc pas du champ d'application de la directive; que le moyen, en ce qu'il invoque l'incompatibilité de la législation française avec une directive inapplicable en l'espèce, est inopérant*" (Cass. com., 22 nov. 2017, *Alliance optique c/ Club opticlibre*, n° 16-18028). En clair, s'agissant d'un litige entre professionnels, la directive ne s'applique pas!

Cette motivation a fait des émules puisque dans seconde espèce rapportée, la Chambre criminelle, cette fois-ci dans un arrêt publié, rejette le pourvoi qui a condamné la centrale d'achats *Central'Vet*, pour avoir, courant 2008, revendu des chaussures à un prix inférieur à leur prix d'achat effectif. L'attendu de principe est très proche de celui de la Chambre commerciale : "*Attendu que l'arrêt n'encourt pas le grief allégué dès lors que la pratique commerciale en cause ne concerne que des professionnels, s'agissant d'une vente à perte par une centrale d'achat à des détaillants*" (Cass. crim., 16 janv. 2018, *PM Dis et La société Central'Vet*, n° 16-83457).

Ainsi pour ces deux chambres le seul fait que cette infraction soit identifiée dans une relation entre professionnels écarte-t-il toute incertitude sur la compatibilité avec la directive. Cette motivation est très sérieusement contestable. En premier lieu parce qu'un arrêt de la CJUE rendu quelques jours avant le premier des deux arrêts ci-dessus rapportés a critiqué l'interdiction générale de revente à perte en Espagne y compris dans les relations entre professionnels.

La CJUE a récemment considéré que la directive s'oppose à une législation nationale s'appliquant "*de la même manière aux ventes entre grossistes et détaillants et à celles entre détaillants et consommateurs*", qui contient une interdiction générale de proposer à la vente ou de vendre des biens à perte et qui prévoit des motifs de dérogation à cette interdiction fondés sur des critères ne figurant pas dans cette directive (CJUE, 19 octobre 2017, aff. C-295/16).

Par ailleurs la seule lecture de l'arrêt de la Chambre criminelle souligne que le dossier a débuté à la suite de plaintes de consommateur et d'une enquête de l'administration sur celles-ci. En effet, la revente à perte peut être un moyen efficace d'attirer les consommateurs dans les rayons, l'affaire du *Nutella* a montré la sensibilité des consommateurs aux prix bas.

La refonte du droit des pratiques restrictives annonce un renouveau de la revente à perte pour les produits alimentaires, mais la question de fond en dépit de ces deux arrêts n'est pas acceptée par tous les praticiens qui comptent bien faire primer le droit de l'Union sur les spécificités françaises.

J.-L. Fourgoux
Concurrences N° 2-2018, p. 111

Concurrences +

D. Fasquelle, S. Morel, La Cour de cassation apporte des précisions sur les conditions dans lesquelles l'action en concurrence déloyale peut être intentée par celui qui ne peut se prévaloir d'un droit privatif; L'originalité d'un produit n'est pas une condition de l'action en concurrence déloyale (Bollé Protection), 12 juin 2007, Revue Concurrences N° 3-2007, pp. 110-111, supra pt 3.1.3.2

3. Concurrence déloyale

3.1 Conditions

3.1.1 Indifférence de la situation de concurrence

Cass. com., 12 février 2008, La Fermière c/ Yoplait France, n° 06-17501

La Cour de cassation considère que l'action en concurrence déloyale ne serait plus subordonnée à l'existence d'une situation de concurrence entre l'auteur et la victime

L'action en concurrence déloyale suppose la constatation d'un agissement fautif duquel il ressort nécessairement un préjudice pour la victime. Afin d'apprécier le caractère fautif ou non des agissements en cause, la jurisprudence a longtemps exigé que soit démontrée une situation de concurrence entre l'auteur et la victime. Mais, au gré des décisions, la position des magistrats s'est voulue fluctuante : tantôt la recevabilité de l'action en concurrence déloyale était subordonnée à l'existence d'une situation de concurrence entre les entreprises concernées (Cass. com., 19 nov. 2002, n° 00-13.154 : *Bull. civ.* 2002, IV, n° 171 ; Cass. com., 13 déc. 2005, n° 04-10.143 : *Bull. civ.* 2005, IV, n° 254 : *Concurrences*, n° 2-2006, p. 103, note D.F. - S. M. ; Cass. com., 25 avril 2006, n° 04-13.072, Inédit : *Concurrences*, n° 3-2006, p. 110, note D.F. - S. M. ; Cass. com., 23 janv. 2007, n° 05-13.352, Inédit : D. 2007, p. 794), tantôt, elle ne l'était plus (Cass. com., 8 nov. 1994, n° 92-17.994 : *Bull. civ.* 1994, IV, n° 325 : D. 1995, somm., p. 209 ; Cass. com., 30 mai 2000, n° 98-15.549, Inédit : D. 2001, jurispr., p. 2587 ; Cass. com., 20 nov. 2007, n° 05-15.643, Inédit). La confusion la plus totale régnait en la matière jusqu'à un arrêt récent rendu par la chambre commerciale de la Cour de cassation. Par cet arrêt en date du 12 février 2008, destiné à être publié au Bulletin, la Cour de cassation, en effet, franchit une nouvelle étape en s'affranchissant de la nécessité d'un rapport de concurrence entre les parties.

La confusion la plus totale régnait jusqu'à cet arrêt de la chambre commerciale

En l'espèce, un producteur de yaourts, conditionnés dans des pots en grès, en a confié la commercialisation à une société pour le circuit de la consommation hors domicile. Sans informer cette dernière, il s'est ensuite engagé à fournir à une autre société le même produit pour qu'il soit distribué en grandes et moyennes surfaces. Le fabricant a dès lors été poursuivi sur le fondement de la concurrence déloyale par la première société pour avoir agi de la sorte.

Condamné par la Cour d'appel de Versailles, le fabricant invoquera, au soutien de son pourvoi, l'absence de concurrence entre lui et la société commercialisant ses produits dans le circuit de la consommation hors domicile. En vain… Son pourvoi sera rejeté par la chambre commerciale de la Cour de cassation.

Pour la Haute juridiction, en effet, l'existence d'une situation de concurrence directe ou effective entre le fabricant et la victime n'est pas une condition de l'action en concurrence déloyale qui exige seulement que soient établis des faits fautifs générateurs d'un préjudice.

 GRANDS ARRÊTS DU DROIT DE LA CONCURRENCE - VOLUME III

En consacrant ainsi une partie de sa capacité de production à la seconde société, le fabricant a privé la première société de la possibilité d'augmenter sa production et ses ventes dans le circuit de la consommation hors domicile, de sorte que la production du fabricant pour la seconde société a concurrencé indirectement le produit commercialisé par la première société sur le circuit de la consommation hors domicile, lui causant par conséquent un préjudice commercial.

Une décision surprenante tendant à confondre concurrence déloyale et parasitisme

À la lecture de cette nouvelle décision, pour le moins surprenante en ce qu'elle tend à confondre concurrence déloyale et parasitisme, une entreprise semble donc pouvoir être sanctionnée pour concurrence déloyale à l'égard d'une autre société sans qu'il soit nécessaire que ces deux acteurs économiques soient en situation de concurrence.

On notera toutefois que la Cour de cassation relève en l'espèce, l'existence d'une situation de concurrence indirecte entre les parties, mais qu'une telle situation n'est prise en compte que pour la détermination du préjudice de la victime. La situation de concurrence ne serait donc plus une condition de l'action en concurrence déloyale mais un critère du dommage. En d'autres termes, ce ne serait plus au stade de l'appréciation de l'agissement fautif que serait exigée une situation de concurrence entre les entreprises concernées mais à celui de la détermination du préjudice.

Il nous semble cependant difficile de considérer aujourd'hui que cette décision, nonobstant sa prochaine publication au Bulletin, met définitivement un terme à l'exigence d'une situation de concurrence entre les entreprises concernées pour pouvoir agir sur le fondement de la concurrence déloyale. Certainement, faut-il plutôt y voir le reflet d'une casuistique, si caractéristique de l'action prétorienne en concurrence déloyale. D'autant que la Cour de cassation constate elle-même l'existence d'une concurrence indirecte entre les parties ; de sorte que de cette décision, surgissent de nouvelles interrogations. Si l'existence d'une concurrence effective ou directe n'est plus indispensable au succès de l'action en concurrence déloyale, une concurrence indirecte serait-elle à l'avenir suffisante pour engager la responsabilité délictuelle de l'auteur du comportement déloyal ou ne présente-t-elle désormais réellement d'intérêt que pour la détermination du préjudice commercial ? Laissons à la Cour de cassation le soin de confirmer ou non sa décision et de lever dans les prochains mois, le voile sur ces ambiguïtés...

S. Morel

Concurrences N° 1-2009, p. 130

Concurrences+

E. Dieny, La prohibition des discriminations après l'abrogation de l'article L. 442-6-I, 1° C. com., mai 2009, Revue Concurrences N° 2-2009, pp. 89-97

D. Fasquelle, S. Morel, La Cour de cassation confirme la nécessité d'un rapport de concurrence entre les parties (AMG c/ Auchan), 25 avril 2006, Revue Concurrences N° 3-2006, p. 110

D. Fasquelle, S. Morel, 225. La Cour de cassation se prononce sur la difficulté pour le titulaire d'un nom de domaine de protéger ce dernier contre les atteintes dont il fait l'objet (Soficar/Tourisme moderne), 13 décembre 2005, Revue Concurrences N° 2-2006, pp. 103-105

3.1.2 Rejet de la notion d'entité économique

Cass. com., 14 février 2018, Optical Center c/ Frères Lissac, Lissac enseigne, Gadol et Audioptic Trade Services, n° 16-24619

La Cour de cassation juge que la notion d'entité économique, propre au droit de la concurrence, ne trouve pas application en matière de responsabilité civile de droit commun

L'arrêt n'est pas publié au bulletin, et c'est dommage (V. CCC 2018, comm. 87, obs. M. Malaurie-Vignal). Car la Cour de cassation rend ici une décision importante, qui désamorce une tentative d'importation des raisonnements dits "économiques" en droit civil. Certaines pratiques observées sur le marché de l'optique lui en ont donné l'occasion.

La société Optical Center, exploitant de magasins en succursale et franchise, reprochait en l'espèce à la coopérative Gadol, titulaire de la marque "Optic 2000", aux société frères Lissac et Lissac enseigne, exploitants de réseaux succursalistes et franchisés, et au GIE Audioptic Trade Services, fournisseur de divers services (financiers, logistiques, etc.), de pratiquer une fausse facturation consistant à augmenter le prix des verres et diminuer celui des montures, afin d'attirer les clients par la réduction du prix à régler directement, le solde étant pris en charge par les mutuelles. Ayant agi sur le fondement de la concurrence déloyale, le demandeur faisait grief à la Cour d'appel d'avoir mis hors de cause Lissac enseigne et le GIE Audioptic. Le moyen était intéressant : il estimait en substance qu'un acte de concurrence déloyale commis par une filiale pouvait être imputé aux autres sociétés du groupe dès lors que cette filiale ne déterminait pas de façon autonome son comportement sur le marché. Les différentes sociétés du groupe formant entre elles une entité économique unique, elles devaient répondre *in solidum* des agissements de chacune d'entre elles. Mais l'argument n'a pas convaincu la Cour de cassation : "*ayant* énoncé exactement que la notion d'entité économique, propre au droit de la concurrence, ne trouve pas application en matière de responsabilité civile délictuelle de droit commun, fondée sur les dispositions des articles 1382 et 1383 du Code civil, et que la responsabilité civile d'une personne juridique ne peut être retenue, sur la base de l'existence d'une entité économique, pour des actes commis par d'autres personnes, la Cour d'appel en a exactement déduit que la société Lissac enseigne et le GIE Audioptic Trade Services devaient être mis hors de cause".

C'est important que les choses soient clairement dites. On sait que la théorie de l'entité économique unique est aujourd'hui admise sans difficultés en droit des pratiques anticoncurrentielles (V. par ex. M. Malaurie-Vignal, Droit de la concurrence interne et européen, Sirey, 7e éd. 2017, n° 165 et s.). Une société mère et sa filiale peuvent être ainsi considérées comme faisant partie d'une même unité économique, la jurisprudence ayant récemment précisé que, dans un tel cas, la société mère était "*personnellement et solidairement responsable avec les autres personnes juridiques constituant cette unité de l'infraction commise*" (CJUE, 27 avr. 2017, aff. C-516/15, Akzo Nobel, Concurrences 3-2017, art. 84852, obs. A. Ronzano). On sait aussi que l'approche économique n'est pas totalement absente en droit des pratiques restrictives de concurrence, notamment en matière de ruptures brutales de relations commerciales (C. com., art. L. 442-6, I, 5°). La plupart du temps, la jurisprudence ne reconnait pas au groupe de sociétés la qualité de partie à la relation commerciale, se contentant d'admettre son influence au stade de la mise en oeuvre de la responsabilité (par ex., sur la prise en compte du "concert" pour apprécier le préavis, V. Cass. com.,

6 oct. 2015, n° 14-19499, Bull. civ. IV, n° 141, Concurrences 1-2016, p. 120, obs. F. Buy; RTD civ. 2016, p. 118, obs. H. Barbier; et plus généralement, H. Barbier, L'identification des partenaires d'une relation commerciale établie, in Flux et reflux de la rupture d'une relation commerciale (dir. C. Mouly-Guillemaud), LexisNexis, 2017, p. 33 et s.). Mais il existe aussi des arrêts plus audacieux. Certains ont neutralisé la règle selon laquelle une relation s'entend d'échanges conclus directement entre les parties (V. F. Buy, L'article L. 442-6, I, 5° du Code de commerce, in Lamy droit du contrat (dir. B. Fages), 2018, n° 2534), pour condamner la société mère au motif que "*les filiales et les franchisés n'avaient disposé d'aucune autonomie dans la décision de nouer des relations commerciales (...) puis dans celle de les rompre*" (Cass. com., 5 juill. 2016, n° 14-27030, Concurrences 4-2016, p. 124, obs. F. Buy). D'autres ont suggéré, de façon également très explicite, que le succès de l'action dirigée contre un tiers dépendait du fait de savoir si celui-ci formait, avec la société poursuivie, "*une seule entité économique*" (Cass. com., 25 janv. 2017, n° 15-13013, publié au Bulletin, CCC 2017, comm. 54, obs. N. Mathey; AJ Contrat 2017, p. 135, obs. E. Duminy et J.-D. Bretzner).

De fil en aiguille, allait-on voir l'analyse économique infiltrer les terres du droit commun de la responsabilité civile? L'arrêt commenté s'y oppose, en expliquant que la notion d'entité économique est "*propre au droit de la concurrence*". On ne sait trop si la Cour pense ici au seul droit antitrust, ou si elle inclut aussi dans la formule le droit des pratiques restrictives (ce dernier point pourrait être l'un des nombreux enjeux de la prochaine réforme du titre IV du livre IV du Code de commerce: V. F. Buy, L'Assemblée nationale entend autoriser le gouvernement à réformer, par ordonnance, le droit commun des relations commerciales, Concurrences 2-2018, p. 103). Ce qui est sûr, c'est que, pour la haute juridiction, la notion d'entité économique n'a pas droit de cité en matière de concurrence déloyale. Disons-le autrement: en droit civil, aujourd'hui comme hier, c'est la personne juridique, et non l'entreprise, qui est *le* sujet de droit.

Il ne faudrait pas en déduire, pour autant, que la responsabilité civile de droit commun d'une société mère (ou d'une tête de réseau) ne pourra jamais être engagée à raison du fait dommageable commis par sa filiale (ou par ses affiliés) (V. égal. En ce sens M. Malaurie-Vignal, obs. préc.). Certes, en l'état de notre droit, cette responsabilité ne semble pas pouvoir prospérer sur le fondement d'une responsabilité du fait d'autrui. Le projet de réforme du droit de la responsabilité civile ne l'envisage pas, la jurisprudence n'y a jamais été favorable, et l'arrêt confirme sur ce point cette inclinaison du droit positif en jugeant, en réponse à un autre moyen, que la société Gadol ne pouvait "*en sa seule qualité de coopérative, être tenue pour responsable des agissements des membres de son réseau*". Cela étant, les réseaux horizontaux s'y prêtent peut-être moins facilement que les réseaux verticaux (V. F. Buy, M. Lamoureux et J.-C. Roda, Droit de la distribution, LGDJ, 2017, n° 159 et 166). Et puis, il reste la responsabilité personnelle pour faute (art. 1240, C. civ.). Les cas ne sont pas légion, mais ils existent: par exemple, l'immixtion fautive, ou encore la faute dans l'organisation du réseau (V. par ex. Cass. com., 6 oct. 2015, n° 13-28212, publié au Bulletin; Concurrences 1-2016, p. 109, obs. N. Ereseo).

F. Buy

Concurrences N° 3-2018, pp. 128-129

Concurrences +

A-C. Martin, La Cour de cassation rappelle que la notion d'entité économique, propre au droit de la concurrence, ne trouve pas à s'appliquer en matière de responsabilité civile de droit commun (Optical Center / Gadol e.a.), 14 février 2018, Revue Concurrences N° 2-2018, pp. 97-98

F. Buy, L'Assemblée nationale entend autoriser le Gouvernement français à reformer, par ordonnance, le droit commun des relations commerciales (Titre IV du Livre IV C. com.) (Projet de loi n° 627), 1er février 2018, Revue Concurrences N° 2-2018, pp. 103-105

A. Ronzano, La Cour de justice de l'Union Européenne juge que l'acquisition de la prescription à l'égard des filiales ne fait pas obstacle à ce que la responsabilité de la mère, non prescrite, soit retenue, et, partant, confirme l'arrêt du Tribunal dans l'affaire du cartel des stabilisants thermiques (Akzo Nobel), 27 avril 2017, Revue Concurrences N° 3-2017, www.concurrences.com

F. Buy, La Cour de cassation confirme la position des juges du fond qui avaient retenu la responsabilité d'une tête de réseau sur le fondement d'une rupture brutale lorsqu'il s'avère que ses filiales et ses franchisés n'ont disposé d'aucune autonomie décisionnelle (Blue Oceans Venture / Groupe Planet Sushi), 5 juillet 2016, Revue Concurrences N° 4-2016, p. 124

F. Buy, La Cour de cassation censure la Cour d'appel de Paris qui, pour apprécier les conséquences d'une rupture brutale, a pris en compte l'ensemble des relations nouées entre la victime et plusieurs filiales d'un groupe, sans constater que ces dernières avaient agi de concert (Toyota / Fonderie Bouhyer), 6 octobre 2015, Revue Concurrences N° 1-2016, pp. 120-121

N. Ereseo, La Cour de cassation retient le principe d'une responsabilité solidaire d'un constructeur automobile du fait du dommage causé à un agent par un concessionnaire de son réseau (Renault / DAB), 6 octobre 2015, Revue Concurrences N° 1-2016, pp. 109-111

3.1.3 Faute

3.1.3.1 Caractère intentionnel

Cass. 1re civ., 14 novembre 2013, MM. X et Y c/ Microsoft, n° 12-20687

La première chambre civile de la Cour de cassation rappelle que l'acte de concurrence déloyale peut être caractérisé en l'absence d'élément intentionnel

La première chambre civile de la Cour de cassation revient, avec son arrêt rendu le 14 novembre 2013, sur les éléments constitutifs de la faute sanctionnée sous la qualification d'acte de concurrence déloyale. Dans cette affaire, deux concepteurs d'un logiciel qui avaient confié la commercialisation de leur produit à une société ont assigné une société américaine, concurrente, en contrefaçon et en concurrence déloyale. Ils reprochaient à cette dernière d'avoir reproduit leur logiciel dans la version d'un des produits qu'elle proposait à la vente. Les demandeurs ont été déclarés irrecevables à agir en contrefaçon par l'arrêt rendu le 20 mars 2012 par la Cour d'appel de Montpellier, ces derniers ne rapportant pas la preuve de l'originalité de leur logiciel et ne justifiant pas qu'ils étaient titulaires de droits d'auteurs. Les juges du second degré ont également écarté leurs prétentions fondées sur la concurrence déloyale au motif que la société défenderesse ne savait pas que les concepteurs n'avaient pas donné leur autorisation pour l'utilisation de leur logiciel. C'est ce dernier point qui justifie la censure prononcée par l'arrêt présenté, la première chambre civile reprochant aux juges d'appel d'avoir transgressé l'article 1382 du Code civil et rappelant "que l'action en concurrence déloyale suppose seulement l'existence d'une faute, sans requérir un élément intentionnel".

La solution adoptée par l'arrêt présenté est à la fois classique et parfaitement justifiée au regard du fondement textuel de l'action en concurrence déloyale. Cette action n'étant pas autre chose qu'une action en responsabilité délictuelle pour faute prouvée, la faute doit être appréciée comme dans n'importe quelle action intentée sur le fondement de l'article 1382 du Code civil (sur ce point, cf. Cass. com., 29 janv. 2013, n° 11-26957 ; *Concurrences* n° 2-2013, p. 101, obs. R. Mesa), c'est-à-dire objectivement. Il est en effet de jurisprudence constante que la faute délictuelle s'apprécie uniquement par référence au comportement du mis en cause et non par rapport à l'état d'esprit de ce dernier, ce qui implique que cette faute sera établie toutes les fois qu'un tel comportement sera contraire à la règle de droit, ceci qu'il ait été accompli intentionnellement ou de manière imprudente.

Que l'intention soit établie ou non, la condamnation d'un opérateur économique sur le fondement de la concurrence déloyale sera ainsi possible dès lors qu'il aura été prouvé qu'il s'est rendu auteur d'un comportement objectivement constitutif d'une déloyauté. C'est ainsi, notamment, que la responsabilité d'une entreprise a pu être retenue au seul motif qu'elle pratiquait des prix inférieurs à ses prix de revient, ceci indépendamment de toute considération relative à l'élément moral de la faute (Cass. com., 3 mai 2000 ; Bull. civ. IV, n° 93 ; *D.* 2001, Somm. 1312, obs. Y. Serra ; *Contrats, conc., consomm.* 2000, n° 111, obs. M. Malaurie-Vignal). Avec cet arrêt, la Première Chambre civile se place ainsi dans le droit fil de la jurisprudence de la Chambre commerciale en la matière et de ses arrêts de principe des 26 avril 1994 (Cass. com., 26 avr. 1994 ; Bull. civ. IV, n° 151. Dans le même sens, cf. également : Cass. com., 3 mai 2000 ; *Resp. civ. et assur.*, n° 212 – Cass. com., 19 sept. 2006 ; *Contrats, conc., consomm.* 2006, n° 234, obs. M. Malaurie-Vignal) et 12 mai 2004 (Cass. com., 12 mai 2004 ; Bull. civ. IV, n° 88 ; *Concurrences* n° 1-2004, p. 69, obs. D. Fasquelle ; *Gaz. Pal.* 2005, p. 571, obs. D. Guével), desquels il ressort, d'une part, que la caractérisation de la faute de concurrence déloyale n'exige pas la constatation d'un élément intentionnel, d'autre part, que l'action en concurrence déloyale suppose seulement l'existence d'une faute, sans requérir un élément intentionnel. L'arrêt rendu le 14 novembre 2013 exploite pleinement la solution qu'il rappelle. Dans cette affaire, la décision d'appel avait rejeté l'action en concurrence déloyale en raison de l'ignorance, par la société défenderesse, de l'absence d'autorisation donnée par le concepteur du logiciel litigieux pour son utilisation. Le lien d'une telle motivation avec une absence de caractérisation de la faute pour absence d'élément moral apparaît évident.

Comme, en effet, la personne poursuivie ignorait le caractère interdit de son acte, elle ne pouvait commettre de faute, l'ignorance de l'interdit, caractéristique d'une erreur de droit, étant de nature à mettre obstacle à la caractérisation de l'intention ou de l'imprudence. Toutefois, la faute de concurrence déloyale étant purement objective, cette considération n'a pu être retenue, ce qui explique la censure. La seule réalisation d'un comportement contraire à la règle de droit permet son établissement, ceci que son auteur ait ou non l'intention de le commettre et ceci, également, sans qu'il importe que son auteur sache ou ignore que son acte est interdit.

R. Mesa
Concurrences N° 1-2014, p. 99

Concurrences+

R. Mesa, La Cour de cassation rappelle que l'action en responsabilité civile intentée pour sanctionner un acte de concurrence déloyale est une action en responsabilité pour faute prouvée et que la faute ne saurait être caractérisée à partir d'un faisceau de présomptions (Brevini Power / M. X et Rossi), mai 2013, Revue Concurrences N° 2-2013, pp. 101-102

D. Fasquelle, S. Morel, La Cour de cassation considère que la révélation à la clientèle d'une action n'ayant pas donné lieu à une décision de justice est constitutive d'une faute (Loire affinage), 12 mai 2004, Revue Concurrences N° 1-2004, pp. 69-70

3.1.3.2 Imitation et condition d'originalité

Cass. com., 12 juin 2007, Bollé Protection et Bushnell Performance Optics Europe c/ Euro Protection, n° 05-17349

La Cour de cassation apporte des précisions sur les conditions dans lesquelles l'action en concurrence déloyale peut être intentée par celui qui ne peut se prévaloir d'un droit privatif ; l'originalité d'un produit n'est pas une condition de l'action en concurrence déloyale

Quelques semaines après l'arrêt rendu par la première chambre civile (Cass. lère civ., le 20 mars 2007, M. X... c/ société Compagnie française d'eaux de vie et spiritueux n° 06-11522 et 06-11657, Concurrences n° 2-2007, p. 130, note D. F. et R. M.), c'est au tour de la chambre commerciale de la Cour de cassation de revenir, dans une décision en date du 12 juin 2007, sur les conditions de l'action en concurrence déloyale intentée en parallèle de l'action en contrefaçon.

En l'espèce, les sociétés Bollé protection et Bushnell performance optics Europe ont agi en contrefaçon de plusieurs modèles de lunettes de protection ainsi qu'en concurrence déloyale à l'encontre de la société Euro protection. Les juges du fond les ont déboutées de leurs demandes considérant d'une part, que les produits en cause n'étaient pas protégeables au titre du droit d'auteur faute d'originalité et d'autre part, que l'action en concurrence déloyale reposant sur les mêmes faits que ceux invoqués au titre de la contrefaçon, à savoir l'imitation de modèles ne présentant aucune originalité, devait par conséquent être rejetée. Ce raisonnement n'est pas suivi par la Cour de cassation qui, sous le visa de l'article 1382 du Code civil, casse et annule l'arrêt de la Cour d'appel de Lyon, sauf en ce qu'il a rejeté l'action en contrefaçon.

Les actions en concurrence déloyale et en contrefaçon sont deux actions distinctes. Selon la Cour de cassation, "*ces deux actions procèdent* [en effet] *de causes différentes et ne tendent pas aux mêmes fins, la seconde* [n'étant ni] *l'accessoire, la conséquence ou le complément de la première*" (Cass. com., 22 sept. 1983, Bull. civ. IV, n° 236 Gaz. Pal. 1984, p. 33). Si l'action en concurrence déloyale, fondée sur l'article 1382 du Code civil, sanctionne l'atteinte à un intérêt relatif, un usage excessif de la liberté de la concurrence, l'action en contrefaçon condamne, quant à elle, la violation d'un droit privatif. Par conséquent, copier le produit non protégé d'autrui, ou le signe sous lequel ce dernier fait commerce, ne caractérise pas, en soi, un acte de concurrence déloyale. À défaut de droit exclusif sur le produit, ni l'imitation, ni la reproduction, même servile, ne suffisent à engager la responsabilité civile de leur auteur. La protection contre la concurrence déloyale suppose ainsi l'existence d'une faute. La thèse selon laquelle l'action en concurrence déloyale aurait pour fondement la protection d'un droit n'a en effet jamais été admise. Au contraire, pour la Haute juridiction, l'action en concurrence déloyale "*a pour objet la protection de celui qui ne peut se prévaloir d'un droit privatif*" (Cass. com., 15 juin 1983, Bull. civ. IV, n° 174).

Nonobstant ces différences, ces deux actions peuvent être invoquées parallèlement. L'action en concurrence déloyale ne saurait toutefois être utilisée comme un succédané de la contrefaçon lorsque celle-ci ne peut être retenue. Ainsi selon une jurisprudence constante, l'action en concurrence déloyale engagée en sus de l'action en contrefaçon n'est recevable qu'à la condition de reposer sur des éléments différents, sur des faits distincts de ceux invoqués au titre de la contrefaçon (Cass. com., 4 juin 2002, n° 99-18882 ; Cass. com., 31 mars 2004, n° 02-14902, JCP E 2004, n° 1739 ; Cass. lère civ., 25 mai 2004, Bull. civ. I, n° 154, D. 2004, p. 1893). À ce titre, la seule copie d'un produit ne peut être invoquée à la fois au titre de la contrefaçon et de la concurrence déloyale dans la mesure où il s'agit d'un même et unique fait qui ne peut être sanctionné que sur un seul fondement à la fois. Néanmoins, la Cour de cassation tempère sa position lorsque celui qui agit à l'encontre du défendeur n'est pas titulaire d'un droit de propriété intellectuelle. La Haute juridiction considère en effet qu'une société exploitante d'une marque, qui ne dispose pas personnellement d'un droit privatif sur le titre de propriété industrielle, est recevable à agir en concurrence déloyale et parasitaire, peu important que les éléments sur lesquels il fonde la demande soient les mêmes que ceux que le titulaire de la marque aurait pu opposer (Cass. com., 22 mars 2005, n° 02-21105, D. 2005, p. 2462). En conséquence, la nécessité de rapporter la preuve de faits distincts de la contrefaçon dépend de la qualité du demandeur à l'action (Sur ce point, Cass. com., 10 mai 2006, n° 04-15612 et Cass. com, 20 juin 2006, n° 04-20776, Bull. civ. IV, n° 147, Concurrences n° 4-2006, p. 84, note D. F. et R. M. ; Cass. lère civ., 20 mars 2007, Concurrences n° 2-2007, p. 130, obs. D. F. et R. M.). Dans la présente affaire, les juges du fond ont considéré que l'action en concurrence déloyale devait être rejetée au seul motif de l'absence d'originalité des objets copiés et ce en conséquence directe du rejet de l'action parallèle en contrefaçon. La Cour de cassation a censuré l'analyse de la Cour d'appel de Lyon.

Après avoir rappelé que "l'action en concurrence déloyale peut être intentée par celui qui ne peut se prévaloir d'un droit privatif" (Sur ce point, la jurisprudence est constante : voir par exemple, Cass. com., 22 oct. 2002, n° 00-14849, Bull. civ. IV, n° 149, D. 2003, somm. 1031, RJDA 2/2003, n° 210 ; Cass. com., 12 déc. 2006, n° 05-11805), la Cour de cassation précise en effet qu' "*il n'importe pas que les faits incriminés soient matériellement les mêmes que ceux allégués au soutien d'une action en contrefaçon rejetée pour défaut de constitution de droit privatif*". Si les juges du fond ont pu souverainement apprécier en l'espèce le défaut d'originalité des produits en cause et écarter le grief de contrefaçon, ils ne sauraient se dispenser d'envisager celui de concurrence déloyale. Le rejet de l'action en contrefaçon n'implique pas nécessairement celui de l'action en concurrence déloyale fondée sur des faits identiques. Par ailleurs, "*l'originalité d'un produit n'est pas une condition de l'action en concurrence déloyale à raison de sa copie,* [poursuit la Cour], *cette circonstance n'étant que l'un des facteurs possibles d'appréciation de l'existence d'une faute par création d'un risque de confusion*". En d'autres termes, un produit non protégeable par le droit d'auteur, faute d'originalité, peut néanmoins être protégé par l'action en concurrence déloyale si celui qui l'exploite parvient à démontrer la faute de l'un de ses concurrents.

L'absence d'originalité ne pouvant être retenue pour rejeter l'action en concurrence déloyale, la Cour de cassation impose par conséquent aux juges du fond, après avoir écarté le grief de contrefaçon pour défaut de droit privatif, de rechercher si la réalisation et l'exploitation d'une imitation servile d'un produit ne caractérise pas un comportement déloyal ou parasitaire visant soit à générer un risque de confusion dans l'esprit du public concerné, soit à tirer profit des efforts et investissements déployés par son concepteur (Cass. lère civ., 20 mars 2007, n° 06-11522 et 06-11657, Concurrences n° 2-2007, p. 130, obs. D. F. et R. M.). Il leur appartient "*d'examiner, au regard de l'existence d'un risque de confusion ou d'une captation parasitaire, l'ensemble des facteurs soumis au débat, tels que l'ancienneté d'usage de l'objet copié, la réalité du public concerné, l'intensité de la reconnaissance systématique ou répétitif de la copie, bref, de façon générale,* [d'] *évaluer tout ce qui peut être utile à conclure, ou à exclure, que cette imitation soit fautive et dommageable*". Cet examen doit "être mené en fonction des faits du litige tels que concrètement établis selon les obligations de preuve incombant à chaque partie, mais non point par référence à des principes généraux, comme l'originalité absolue de l'objet en question, qui ne relèvent pas des conditions d'engagement de la responsabilité pour faute" (Communiqué de la Cour de cassation du 12 juin 2007). La copie d'un produit peut ainsi être prise en considération pour apprécier l'existence d'une faute de la part du concurrent. Elle constitue un indice du manquement au principe de loyauté qui doit régir la vie des affaires.

En conclusion, l'arrêt du 12 juin 2007, en apportant des précisions sur les conditions de l'action en concurrence déloyale exercée en parallèle de l'action en contrefaçon, témoigne une nouvelle fois de l'importance et de l'intérêt de cette action en responsabilité délictuelle fondée sur l'article 1382 du Code civil lorsque le produit imité n'est pas protégé par un droit de propriété industrielle ou artistique. La Cour de cassation semble désormais s'attacher davantage au résultat du comportement du défendeur pour déterminer la qualification à retenir. Ainsi dans l'hypothèse où l'action en contrefaçon se trouve fermée, le succès de l'action en concurrence déloyale ou en parasitisme dépendra non pas de l'existence de faits distincts de ceux invoqués au titre de la contrefaçon mais du résultat du comportement du défendeur.

D. Fasquelle, S. Morel

Concurrences N° 3-2007, p. 110

Concurrences+

Y. Picod, J. Larrieu, T. Favario, S. Thomasset-Pierre, De la sanction des comportements déloyaux à l'encontre des professionnels à celle des comportements déloyaux à l'encontre des consommateurs (Vers un nouveau droit de la concurrence ? Lyon, 28 mai 2015), février 2016, Revue Concurrences N° 1-2016, www.concurrences.com

D. Fasquelle, R. Mesa, La Cour de cassation considère que la Cour d'appel, qui, après avoir rejeté une action fondée sur la contrefaçon pour défaut de droits privatifs, rejette également l'action fondée sur la théorie du parasitisme économique sans rechercher si le fautif a cherché à tirer profit des investissements et des efforts déployés par le demandeur, ne donne pas de bases légales à sa décision (Compagnie française d'eaux de vie et spiritueux), 20 mars 2007, Revue Concurrences N° 2-2007, p. 130

D. Fasquelle, R. Mesa, La Cour de cassation juge que lorsqu'une action en contrefaçon est intentée, la condamnation du défendeur sur le fondement du parasitisme suppose que soit établie l'existence d'un fait distinct (Brasserie Fischer), 10 mai 2006, Revue Concurrences N° 4-2006, p. 84

3.1.3.3 Dénigrement et exception de vérité

Cass. 1ère civ., 5 décembre 2006, Cabinet d'Etudes Conseils Diagnostics (CECD) e. a. c/ Amrane Immobilier Expertise (AIE), n° 05-17710

La Cour de cassation considère que les propos malveillants sur les biens et services d'un concurrent doivent être sanctionnés sur le fondement de la concurrence déloyale et non sur le terrain de la diffamation

La diffamation doit être distinguée du dénigrement. Si la première s'entend de toute atteinte à l'honneur ou à la considération d'une personne physique ou morale, le second consiste, quant à lui, à jeter le discrédit sur un concurrent en répandant à son propos, ou au sujet de ses produits ou services, des informations malveillantes afin d'en détourner la clientèle. Les actions en diffamation et en concurrence déloyale étant exclusives l'une de l'autre, cette distinction revêt une importance particulière (Cass. 2e civ., 5 juill. 2000, n° 98-14255, Bull. civ. II, n° 109 ; D. 2000, act. jurispr., p. 359). Néanmoins, en pratique, la frontière entre ces deux notions est souvent difficile à établir comme en témoigne l'arrêt rendu le 5 décembre 2006 par la première chambre civile de la Cour de cassation.

En l'espèce, une société, suite aux propos malveillants tenus à l'encontre de son gérant, qui exerçait une activité de prestataire de services auprès des professionnels de l'immobilier, a assigné l'auteur de ces allégations devant le juge des référés du Tribunal de commerce sur le fondement du dénigrement. Le Tribunal de commerce et la Cour d'appel de Bordeaux ont rejeté successivement sa demande. Selon eux, "*soutenir qu'une personne fait de faux certificats est une atteinte à l'honneur et à la considération et non une critique malveillante sur la manière de travailler*". Ce raisonnement n'est pas suivi par la Cour de cassation qui casse et annule l'arrêt rendu par les juges du fond.

Selon une jurisprudence constante, toute allégation ou imputation d'un fait qui porte atteinte à l'honneur ou à la considération de la personne ou du corps auquel elle est imputée est une diffamation (Cass. 2e civ., 19 juin 1996, n° 94-20515, Bull. civ. II, n° 153 ; D. 1996, p. 1056 : proférer des allégations de vol et de spoliation porte atteinte à l'honneur et à la considération de la société à laquelle elles sont imputées ; Cass. 2e civ., 12 déc. 2002, n° 00-10150, Bull. civ. II, n° 285 : affirmer qu'un concurrent commet des malversations et des détournements de fonds est constitutif d'une diffamation). En revanche, n'entrent pas dans les prévisions de l'article 29 de la loi du 29 juillet 1881 les appréciations, mêmes excessives, touchant les produits, les services ou les prestations d'une entreprise individuelle ou commerciale, dès lors qu'elles ne concernent pas la personne physique ou morale (Cass. 2e civ., 5 juill. 2000, n° 98-14255, précité : prétendre que les prix des logiciels vendus par une société concurrente ne peuvent être que ceux de logiciels copiés ou piratés constitue un acte de dénigrement ; Cass. 2e civ., 8 avr. 2004, n° 02-17588, Bull. civ. II, n° 182 : dire que les produits d'un concurrent sont "*de fausses pilules miracle*" ou "*ne servent à rien*" constitue un acte de dénigrement ; Cass. 2e civ., 16 juin 2005, n° 03-18625, Bull. civ. II, n° 156 : le ravalement dans un écrit des vins du Beaujolais à un excrément précédé de critiques systématiques et générales caractérise un dénigrement fautif portant une atteinte disproportionnée à la réputation de ces vins).

L'arrêt du 5 décembre 2006 s'inscrit dans le droit fil de cette jurisprudence. Sous le visa des articles 29 de la loi du 29 juillet 1881 et 1382 du Code civil, la Cour de cassation a en effet considéré qu' "*en statuant ainsi, au vu des propos litigieux selon lesquels le gérant de la société* [victime] établirait de "faux certificat"" et de "*faux rapports*" quand il résultait de ses constatations que ces allégations, même si elles visaient ce gérant, n'avaient pour objet que de mettre en cause la qualité des prestations fournies par la société en cause, dans la mesure où elles émanaient d'une société concurrente de la même spécialité exerçant dans le même secteur et étaient proférées dans le but manifeste d'en détourner la clientèle, la Cour d'appel a violé le premier des textes susvisés par fausse application et le second par refus d'application". En d'autres termes, lorsque les propos litigieux ne visent pas la personne mais la qualité des prestations fournies, ces derniers relèvent de l'action en concurrence déloyale et non de l'action en diffamation. Cette solution se justifie au regard de la connexité existant entre l'allégation portant sur la personne et la critique de l'activité économique qu'elle exerce.

On notera par ailleurs que la Cour de cassation fait du rapport de concurrence entre la société victime des propos malveillants et la société qui en est l'auteur un critère de distinction majeur. En effet, il ressort de cette décision que les allégations litigieuses, "*même si elles visaient le gérant de la société, n'avaient pour objet que de mettre en cause la qualité des prestations fournies (…) dans la mesure où elles émanaient d'une société concurrente de la même spécialité exerçant dans le même secteur et étaient proférées dans le but manifeste d'en détourner la clientèle*". On peut ainsi en conclure que toute allégation malveillante tenue par un concurrent et portant sur l'activité professionnelle de la personne mise en cause devrait être sanctionnée sur le fondement du dénigrement et non sur le terrain de la diffamation. À l'inverse, tout propos malveillant tenu par une société non concurrente et portant ou non sur l'activité professionnelle de la personne mise en cause relèverait de la diffamation s'il est de nature à porter atteinte à l'honneur et à la considération. Enfin toute allégation malveillante tenue par un concurrent mais ne portant pas sur les biens et services de la personne mise en cause relèverait également de l'action en diffamation si elle est de nature à porter atteinte à l'honneur ou à la considération.

En conclusion

En définitive, la présente décision témoigne une nouvelle fois de la difficulté pour les magistrats à établir une réelle frontière entre ce qui touche à la diffamation et ce qui relève du dénigrement et donc plus largement de la concurrence déloyale. Néanmoins, la comparaison de ces deux notions donne l'opportunité de revenir sur l'intérêt de poursuivre l'auteur de propos malveillants sur le terrain de la responsabilité civile délictuelle. Rappelons en effet que si l'action en concurrence déloyale se prescrit par dix ans, l'action en diffamation se prescrit beaucoup plus rapidement, le délai de prescription étant de trois mois à compter du jour où l'infraction a été commise. Par ailleurs, n'oublions pas que dans le cadre de l'action en diffamation, le défendeur aura la possibilité d'échapper à l'incrimination en prouvant la vérité des faits diffamatoires ("*exceptio veritatis*"), preuve sans incidence en matière de dénigrement (Cass. com., 12 oct. 1966, n° 65-11259, Bull. civ. III, n° 393). Ainsi, au vu de ces éléments et de la prééminence accordée, semble-t-il, par la jurisprudence au droit de la concurrence déloyale, une question se pose : l'action en diffamation présente-t-elle une réelle utilité dans ce genre d'affaires ?

D. Fasquelle, S. Morel

Concurrences N° 2-2007, p. 127

3.1.3.4 Manquement à une règle déontologique

Cass. com., 10 septembre 2013, Audit Gestion c/ Sofidex, Gescore et Compta Sud, n° 12-19356

La Chambre commerciale de la Cour de cassation, revenant sur sa jurisprudence classique, juge que la violation d'une règle déontologique n'est pas nécessairement constitutive d'un acte de concurrence déloyale

La Chambre commerciale de la Cour de cassation revient, avec un arrêt important rendu le 10 septembre 2013 et publié au Bulletin, sur les questions de la caractérisation de l'acte de concurrence déloyale consécutivement à la transgression d'une règle déontologique et de la limite entre démarchage de la clientèle d'autrui et détournement de clientèle (Cass. com., 10 sept. 2013, n° 12-19356 ; *Contrats, conc., consomm.* 2013, comm. n° 237, obs. M. Malaurie-Vignal). Dans cette affaire, une société d'expertise comptable exerçant son activité sur l'île de la Réunion et disposant de plusieurs cabinets a recherché la responsabilité de trois sociétés concurrentes auxquelles elle reprochait d'avoir commis des actes de concurrence déloyale, notamment suite à l'embauche, par ces sociétés, de certains de ses anciens salariés. La demanderesse mettait notamment en avant le fait que ces sociétés n'avaient pas respecté la règle déontologique applicable à la profession d'expert-comptable, selon laquelle un membre de l'ordre appelé à remplacer un confrère dans la tenue de la comptabilité d'un client ne peut accepter sa mission qu'après en avoir informé ce confrère. Elle se prétendait également victime d'un détournement de clientèle consécutif à l'augmentation significative de la clientèle de ses concurrentes et à la perte de dossiers acquis à l'occasion de son activité antérieure.

La Cour d'appel de Saint-Denis-de-la-Réunion allait rejeter, dans son arrêt rendu le 12 décembre 2011, la demande fondée contre une des sociétés défenderesses en considérant que la violation d'une règle déontologique n'est pas nécessairement caractéristique d'un acte de concurrence déloyale. Les juges du second degré allaient en revanche accueillir les demandes fondées sur le détournement de clientèle, estimant que s'il peut être admis que la clientèle d'un cabinet d'expertise comptable ne soit pas captive et puisse s'attacher à un salarié expert-comptable du cabinet concerné et le suivre quand il s'installe ailleurs, il n'est en revanche pas acceptable qu'une nouvelle société d'expertise comptable bénéficie d'une augmentation significative de clientèle résultant de l'activité antérieure d'une société préexistante sans que cette dernière société ne perçoive de contrepartie financière.

La Chambre commerciale a prononcé une cassation partielle à l'encontre de l'arrêt d'appel, ratifiant la solution des juges du fond s'agissant des rapports entre règles déontologiques et concurrence déloyale et la censurant s'agissant des questions relatives au démarchage de la clientèle d'autrui et au détournement de clientèle.

Transgression de règles déontologiques et concurrence déloyale

La Chambre commerciale a adopté, dans son arrêt rendu le 10 septembre 2013, un dispositif rédigé dans les termes suivants : "*un manquement à une règle de déontologie, dont l'objet est de fixer les devoirs des membres d'une profession et qui est assortie de sanctions disciplinaires, ne constitue pas nécessairement un acte de concurrence déloyale*". Ce dispositif scinde nettement les fautes déontologiques et de déloyauté, la seconde ne résidant pas nécessairement et ne pouvant se déduire automatiquement de la caractérisation ou de la preuve de la première. Il en ressort que la transgression d'une telle règle ne pourra engager la responsabilité de son auteur que si elle est caractéristique, en elle-même, d'une déloyauté ou d'un acte contraire aux bons usages du commerce ou que si elle est génératrice d'un préjudice autre que l'atteinte au bon ordre ou à l'image de la profession considérée. La Chambre commerciale ne dit pas autre chose quand, pour rejeter le pourvoi formé contre l'arrêt d'appel, elle précise les finalités de la règle déontologique et en apprécie les conséquences.

S'agissant, en premier lieu, des finalités de la règle déontologique, la Chambre commerciale indique clairement que cette règle a pour objet de fixer les devoirs des membres d'une profession, ce qui explique qu'elle soit assortie de sanctions disciplinaires. Force est de constater que cette finalité s'éloigne de celle qui a été assignée à l'action en concurrence déloyale dans un arrêt rendu le 11 septembre 2012, dans lequel il a été jugé que cette action en responsabilité civile de droit commun tend à la réparation d'un dommage généré par une faute commise dans le cadre de l'exercice de la liberté du commerce (Cass. com., 11 sept. 2012, n° 11-21322; *Concurrences* n° 4-2012, p. 105, obs. R. Mesa). C'est cette différence de finalités qui avait permis aux juges du droit de considérer, dans ce dernier arrêt, que l'action en concurrence déloyale et l'action en contrefaçon procèdent de causes différentes et que la seconde n'est pas l'accessoire, la conséquence ou le complément de la première, ce qui implique que leur recevabilité suppose l'existence de faits distincts. L'exposé des finalités de la règle déontologique et de l'action disciplinaire qui découle de sa transgression par l'arrêt commenté rappelle nécessairement ce raisonnement. Ainsi, si cette dernière action poursuit une finalité différente de l'action en concurrence déloyale, c'est que l'action en concurrence déloyale ne peut être regardée ni comme son accessoire, ni comme sa conséquence ou son complément. Il semble dès lors concevable, à suivre ce raisonnement, qu'un acte unique ne doive pas nécessairement, à l'image des solutions adoptées dans le cadre des rapports entre action en contrefaçon et action en concurrence déloyale, être caractéristique des deux fautes et autoriser un cumul des actions disciplinaire et en concurrence déloyale.

S'agissant, en second lieu, des conséquences de la transgression de la règle déontologique, ces conséquences premières et immédiates ne sont pas celles que l'action en concurrence déloyale a pour objet d'appréhender. Ce constat fournit une explication à la ratification de la décision des juges d'appel, qui avaient retenu qu'une faute déontologique ne peut constituer un acte de concurrence déloyale que s'il est établi qu'elle est à l'origine d'un transfert de clientèle. Le demandeur à l'action en concurrence déloyale qui reproche une faute déontologique au défendeur devra ainsi prouver l'existence du préjudice appréhendé par cette action pour obtenir gain de cause. La transgression d'une telle règle à propos de laquelle il ne serait pas prouvé qu'elle est à l'origine d'une perte en termes de clientèle ou de chiffre d'affaires subie par un concurrent ne permet pas l'action en concurrence déloyale, l'existence de ce préjudice ne pouvant, par ailleurs et à suivre la solution adoptée par l'arrêt rendu le 10 septembre 2013, découler de la seule preuve de la faute déontologique. Ce schéma se retrouve, au regard de cet arrêt, à propos de la règle qui avait été transgressée dans l'affaire tranchée, à savoir celle qui contraint un membre de l'ordre des experts comptables qui est appelé à remplacer un confrère dans la tenue de la comptabilité d'un client d'informer ce confrère préalablement à l'acceptation de sa mission.

La solution adoptée par l'arrêt rendu le 10 septembre 2013, qui dissocie faute déontologique et faute de concurrence déloyale, procède assurément à un revirement de jurisprudence. S'agissant des experts comptables, en effet, il avait été jugé, dans un arrêt rendu le 12 juillet 2011, que le fait, pour un tel professionnel ayant démissionné avant d'être embauché par une société concurrente, de transférer vers son nouveau commettant des dossiers de clients de son ancien employeur sans le consentement de ce dernier et en violation des règles déontologiques applicables à la profession, est caractéristique d'un acte de concurrence déloyale (Cass. com., 12 juill. 2011, n° 10-25366 ; *D.* 2011, p. 2782, note A. Robert ; *D.*2011, p. 2967, obs. Y. Picod ; *Contrats, conc., consomm.* 2011, comm. n° 211, obs. M. Malaurie-Vignal ; *Concurrences* n° 4-2011, p. 130, obs. R. Mesa). Une solution similaire, permettant la sanction de la transgression d'une règle déontologique au moyen de l'action en concurrence déloyale, a été adoptée plus récemment par la Première Chambre civile à propos du code de déontologie des avocats. Un arrêt rendu le 4 mai 2012 a ainsi approuvé une Cour d'appel d'avoir condamné un avocat à une sanction disciplinaire sur le fondement de la concurrence déloyale pour avoir, au mépris des règles déontologiques applicables à la profession, utilisé un nom de domaine lui ayant permis de s'approprier un domaine d'activité commun à l'ensemble de la profession et créé ainsi une confusion dans l'esprit du public (Cass. civ. 1ère, 4 mai 2012, n° 11-11180 ; *Concurrences* n° 3-2012, p. 147, obs. R. Mesa). Ces solutions semblent abandonnées au profit d'un retour, en matière de concurrence déloyale, à la règle issue de l'arrêt rendu le 21 juin 1988, selon laquelle une infraction au code de déontologie des experts comptables ne constitue pas nécessairement une faute civile (Cass. com., 21 juin 1988, n° 86-19017 ; Bull. civ. IV, n° 210). Cette solution réintroduite par l'arrêt présenté, selon laquelle une faute déontologique n'est pas nécessairement caractéristique d'une faute déontologique, suscite nécessairement plusieurs interrogations.

Le première est celle de savoir si elle tend à la remise en cause de la règle prétorienne classique selon laquelle toute faute, y compris une faute déontologique, qui est génératrice d'un préjudice permet l'engagement de la responsabilité civile de son auteur. Ce principe, qui était d'application générale en droit de la concurrence, se retrouve couramment en matière de responsabilité médicale, la Cour de cassation considérant notamment, dans ce dernier domaine, que le patient peut invoquer, à l'appui de son action en dommages-intérêts à l'encontre d'un médecin, une méconnaissance des dispositions du Code de déontologie médicale (cf. notamment : Cass. civ. 1ère, 18 mars 1997, n° 95-12376 ; Bull. civ. I, n° 99). Le visa de l'article 1382 du Code civil pour justifier la solution adoptée par l'arrêt rendu le 10 septembre 2013 pourrait le faire penser. Le domaine d'application limité de cette décision, associé au fait qu'elle contrevient à la lettre du texte qui lui sert de fondement, permet toutefois d'en douter. L'arrêt semble ainsi plutôt marquer un certain éloignement entre l'action en concurrence déloyale et l'action en responsabilité délictuelle de droit commun.

La deuxième question posée à propos de l'arrêt rendu le 10 septembre 2013 est celle de la portée de la solution adoptée en ce qui concerne la concurrence déloyale par violation d'une réglementation. Il est en effet de jurisprudence constante qu'un acte de concurrence déloyale peut être caractérisé en cas de méconnaissance d'une règle d'origine réglementaire. Tel est le cas, par exemple, en cas d'irrespect de la règlementation relative au prix du livre dès lors qu'une telle transgression cause un préjudice à un autre opérateur économique commercialisant des ouvrages de même nature (Cass. com., 1er avr. 1997, n° 94-22129 ; Bull. civ. IV, n° 87). Un grand nombre de règles déontologiques ayant une nature réglementaire, notamment les règles applicables à bon nombre de professionnels de santé qui sont codifiées dans la partie réglementaire du Code de la santé publique, il est légitime de s'interroger sur la question de savoir si la solution adoptée par l'arrêt commenté implique que la violation d'une règlementation ne soit pas nécessairement constitutive d'un acte de concurrence déloyale. Une telle orientation s'éloignerait également de la lettre de l'article 1382 du Code civil et détacherait encore un peu plus l'action en concurrence déloyale de ce texte.

La dernière question qui peut être posée au regard de l'arrêt rendu le 10 septembre 2013 est celle de la finalité de la solution adoptée, et plus précisément la question de savoir si cette finalité n'est pas de restreindre à tout prix le domaine de la sanction du détournement de clientèle. La jurisprudence la plus récente de la Chambre commerciale de la Cour de cassation en la matière montre en effet une interprétation particulièrement sévère de la faute et de sa preuve (cf. notamment, Cass. com., 9 juill. 2013, n° 12-22866 ; *Concurrences* n° 4-2013, p. 110, obs. R. Mesa – Cass. com., 29 janv. 2013, n° 11-26957 ; *Concurrences* n° 2-2013, p. 101, obs. R. Mesa). Or, les faits de l'espèce traitée mettaient en avant une captation de clientèle réalisée par un expert-comptable consécutivement à la transgression d'une règle déontologique. Il est dès lors légitime de penser que la dissociation entre transgression d'une règle déontologique et acte de concurrence déloyale s'inscrit dans cette tendance restrictive actuelle relative à la sanction du détournement de clientèle.

Démarchage de la clientèle d'autrui et détournement de clientèle

S'agissant de la distinction entre démarchage de la clientèle d'autrui et détournement de clientèle, la Chambre commerciale rappelle la position prétorienne classique selon laquelle le démarchage de la clientèle d'autrui est libre, ceci quand bien même il émanerait d'un ancien salarié de cet opérateur, dès lors qu'il ne s'accompagne pas d'un acte déloyal (Cass. com., 9 fév. 1993, n° 91-12258 ; Bull. civ. IV, n° 53 ; *JCP E* 1994, II, 545, note C. Danglehant ; *Contrats, conc., consomm.* 1993, comm. n° 49, note L. Vogel – Cass. com., 27 fév. 1996 ; *D.* 1997, Somm. 104, obs. Y. Serra ; Cass. com., 1er avr. 1997 ; *D.* aff. 1997, p. 598 ; Cass. com., 22 fév. 2000 ; *Contrats, conc., consomm.* 2000, comm. n° 81, obs. M. Malaurie-Vignal ; Cass. com., 9 oct. 2001 ; *RTD civ.* 2002, p. 304, obs. P. Jourdain ; *Contrats, conc., consomm.* 2002, comm. n° 6, obs. M. Malaurie-Vignal. Pour une illustration récente, cf : Cass. com., 26 juin 2012 ; *Concurrences*, n° 4/2012, p. 107, obs. R. Mesa). Elle rappelle également qu'un simple transfert de clientèle d'un opérateur à un autre sans que ne puisse être relevée la présence d'un acte déloyal ne permet pas d'établir un tel détournement. Cette motivation, qui justifie la censure de l'arrêt d'appel qui était entré en voie de condamnation, ne saurait cacher l'interprétation restrictive de la faute caractéristique de l'acte de concurrence déloyale, non seulement en raison de l'existence de fautes déontologiques, mais également de faits déloyaux de démarchage de la clientèle d'autrui imputables à certains salariés des sociétés défenderesses qui avaient été relevés par les juges du fond et qui ont généré différents transferts de clients et de dossiers accompagnés d'augmentations de chiffre d'affaires au profit de ces sociétés.

R. Mesa

Concurrences N° 1-2014, p. 100

Concurrences +

R. Mesa, La Cour de cassation considère qu'un manquement à une règle de déontologie ne peut à lui seul constituer un acte de concurrence déloyale (Fiducial), 24 juin 2014, Revue Concurrences N° 4-2014, pp. 166-168

R. Mesa, La Cour de cassation considère qu'il ne peut y avoir lieu à condamnation sur le fondement du détournement de clientèle lorsqu'il n'est pas démontré qu'un ancien salarié d'une société travaillant pour le compte d'une seconde a utilisé des procédés déloyaux pour établir des relations commerciales avec les clients et fournisseurs (Inabata France/Prosyntis), 9 juillet 2013, Revue Concurrences N° 4-2013, p. 110

R. Mesa, La Cour de cassation rappelle que l'action en responsabilité civile intentée pour sanctionner un acte de concurrence déloyale est une action en responsabilité pour faute prouvée et que la faute ne saurait être caractérisée à partir d'un faisceau de présomptions (Brevini Power/M. X et Rossi), mai 2013, Revue Concurrences N° 2-2013, pp. 101-102

R. Mesa, La Cour de cassation revient sur la distinction entre la concurrence déloyale et la contrefaçon pour préciser la finalité de chacune des deux actions (Milo / EDF et GDF), 11 septembre 2012, Revue Concurrences N° 4-2012, pp. 105-106

R. Mesa, La Cour de cassation considère, d'une part, qu'un préjudice résulte nécessairement de la réalisation d'un détournement de clientèle, d'autre part, que la responsabilité pour concurrence déloyale n'est pas subordonnée à la mise en cause du bénéficiaire des agissements fautifs (Applitex), 26 juin 2012, Revue Concurrences N° 4-2012, pp. 107-108

R. Mesa, La Cour de cassation approuve la solution adoptée par un arrêt de Cour d'appel condamnant un avocat à une sanction disciplinaire sur le fondement de la concurrence déloyale pour avoir, au mépris des règles déontologiques applicables à la profession, utilisé un nom de domaine lui ayant permis de s'approprier un domaine d'activité commun à l'ensemble de la profession et créé ainsi une confusion dans l'esprit du public, 4 mai 2012, Revue Concurrences N° 3-2012, pp. 147-148

3.2 Mise en œuvre

3.2.1 Cumul d'actions

3.2.1.1 Concurrence déloyale et clause de non-concurrence

Cass. soc., 24 mai 2005, M. Forlin et A. c/ Arve Intérim, n° 03-43471

La Cour de cassation considère que l'action en concurrence déloyale est recevable en cas de nullité d'une clause de non-concurrence

En ce qu'il confirme la possibilité pour un employeur d'intenter une double action en concurrence déloyale à l'encontre non seulement de ses anciens salariés mais également de l'entreprise concurrente que ces derniers ont fondée, l'arrêt du 24 mai mérite de retenir l'attention (pour un premier commentaire, voir JCP S 2005, 1004, note J.-F. Cesaro).

Dans un arrêt du 28 janvier, objet d'un précédent commentaire dans le cadre de cette chronique (cette revue, n° 2-2005, Chronique Pratiques restrictives, p. 68, note D. F. - S. C. - S. M. ; Petites Affiches, 8 mars 2005, n° 47, note G. Picca et A. Sauret ; Dr. soc. mai 2005, n° 5, B. Gaurian ; Contrats, Conc., Consom., avril 2005, M. Malaurie-Vignal), la chambre sociale avait accueilli, pour la première fois, indépendamment de la nullité de la clause de non-concurrence et de l'action en concurrence déloyale engagée contre le nouvel employeur, l'action de l'entreprise délaissée contre le salarié sur le terrain de la responsabilité civile délictuelle.

Reprenant sous deux attendus quasiment identiques cette solution, la présente décision énonce que, d'une part, "*la nullité de la clause de non-concurrence ne fait pas obstacle à l'action en responsabilité engagée par l'employeur contre son ancien salarié dès lors qu'il démontre que ce dernier s'est livré à des actes de concurrence déloyale à son égard*" et que, d'autre part, "*l'action en concurrence déloyale engagée devant la juridiction commerciale contre la société dont les deux anciens salariés sont cogérants, qui n'a ni le même objet, ni la même cause et qui n'oppose pas les mêmes parties, ne fait pas obstacle à ce que l'ancien employeur agisse contre son ancien salarié en réparation du préjudice qu'il a causé par sa faute*".

La nullité d'une clause de non-concurrence n'exclut pas, de la part de l'ancien employeur, une action en concurrence déloyale à l'encontre de ses salariés.

En l'espèce, deux salariés ont constitué, avant de quitter leurs fonctions, une société concurrente de celle de leur employeur, dont ils sont devenus cogérants. Puis, après avoir démissionné et se basant sur l'absence de contrepartie financière, ils ont saisi la juridiction prud'homale pour voir déclarer nulle leur clause de non-concurrence. Reconventionnellement, l'ancien employeur a demandé la condamnation de ses anciens salariés au paiement de dommages-intérêts pour concurrence déloyale. La Cour d'appel de Chambéry a déclaré nulle la clause de non-concurrence en l'absence de contrepartie financière en application de la jurisprudence de la chambre sociale du 10 juillet 2002 et dit que les deux anciens salariés avaient effectivement commis des agissements concurrentiels déloyaux. Ces derniers ont dès lors formé un pourvoi en cassation qui sera rejeté par la chambre sociale.

L'intérêt de cette décision réside de façon certaine dans la confirmation par la chambre sociale de la position qu'elle avait précédemment adoptée dans l'arrêt du 28 janvier. La nullité de la clause de non-concurrence ne dispense pas le salarié de l'obligation générale qui lui est imposée de ne pas exercer d'actes de concurrence déloyale à l'encontre de son employeur.

Certes à l'issue du contrat de travail, en l'absence de clause de non-concurrence ou en cas de nullité de cette dernière, le salarié retrouve sa pleine liberté professionnelle, pouvant soit s'engager dans une entreprise concurrente, soit comme en l'espèce, constituer sa propre société. Or, si le salarié est libre d'avoir une activité concurrençant son ancien employeur, c'est uniquement sous réserve de ne pas se livrer à des manœuvres déloyales.

Ainsi, la nullité de la clause de non-concurrence qui prive l'employeur de la possibilité d'agir sur le terrain contractuel est sans effet sur sa possibilité d'intervenir sur le terrain de la responsabilité civile délictuelle dès lors qu'il démontre que son ancien salarié s'est livré à des actes effectifs, précis de concurrence déloyale à son égard (pour des précisions sur cette notion d'"*acte effectif*", voir cette revue n° 1-2005, Pratiques restrictives, p. 75, note D. F - S. M.). Notons toutefois que si le salarié est tenu pendant la durée de son contrat d'une obligation de loyauté à l'égard de son employeur, cette obligation ne lui interdit pas de préparer l'exercice d'une activité concurrente à la condition bien sûr de ne commettre aucun acte effectif de concurrence avant le terme de son contrat. La jurisprudence a d'ailleurs une position généralement favorable pour les salariés quittant leur employeur afin de créer leur propre société (Sur ce point, voir cette revue, n° 1-2005, Pratiques restrictives, p.73, note D. F - S. M.).

Si l'ancien employeur peut engager une action en concurrence déloyale contre ses anciens salariés, il peut également poursuivre sur le même fondement l'entreprise que ces derniers ont constituée.

La Cour de cassation applique là encore aux faits de l'espèce la solution dégagée dans l'arrêt du 28 janvier. Dans leur pourvoi, les deux anciens salariés contestaient leur condamnation qui aboutissait selon eux à accorder à leur ancien employeur une double indemnisation, ce dernier ayant parallèlement engagé une action en concurrence déloyale contre la société dont ils sont devenus cogérants devant la juridiction commerciale. Toutefois, la chambre sociale a, comme elle l'avait déjà fait dans l'arrêt du 28 janvier, rejeté cette argumentation. L'ancien employeur peut agir cumulativement sur le fondement de la concurrence déloyale contre ses anciens salariés et contre l'entreprise concurrente fondée par eux. Ainsi après avoir admis l'action de l'employeur contre l'entreprise concurrente pour laquelle les anciens salariés travaillent, la Cour de cassation accueille de la même façon l'action de l'ancien employeur dans le cas où les anciens salariés ont fondé leur propre société et en sont devenus cogérants.

Il est désormais de jurisprudence constante de reconnaître d'une part, que tout fait de concurrence déloyale commis par un ancien salarié même en cas de nullité de la clause de non-concurrence ouvre droit à dommages-intérêts pour l'ancien employeur devant la juridiction prud'homale et que d'autre part, cette action ne prive pas l'ancien employeur d'agir devant la juridiction commerciale à l'encontre du nouvel employeur, sur le fondement de la concurrence déloyale commise par ce dernier à son égard.

D. Fasquelle, S. Morel
Concurrences N° 3-2005, p. 89

Concurrences+

D. Fasquelle, S. Morel, S. Charrière, La Cour de cassation se prononce sur la recevabilité de l'action en concurrence déloyale en cas de nullité d'une clause de non concurrence (Monsbrot), 28 janvier 2005, Revue Concurrences N° 2-2005, pp. 68-69

D. Fasquelle, S. Morel, La Cour de cassation se prononce sur la difficile conciliation entre l'interdiction des comportements déloyaux, le respect de la liberté du commerce et de l'industrie et la liberté du travail (Média Overseas), 5 octobre 2004, Revue Concurrences N° 1-2005, pp. 73-75

3.2.1.2 Concurrence déloyale et contrefaçon

Concurrences+

D. Fasquelle, S. Morel, La Cour de cassation apporte des précisions sur les conditions dans lesquelles l'action en concurrence déloyale peut être intentée par celui qui ne peut se prévaloir d'un droit privatif ; L'originalité d'un produit n'est pas une condition de l'action en concurrence déloyale (Bollé Protection), 12 juin 2007, Revue Concurrences N° 3-2007, pp. 110-111, supra pt 3.1.3.2, disponible dans cet ouvrage pp. 141-143

3.2.2 Préjudice

Cass. com., 15 mai 2007, Giedam c/ Auchan, pourvoi n° 05-19370 ; 26 juin 2007, Goldies c/ Relot et Lemasson, pourvoi n° 05-21378

La Cour de cassation nuance sa jurisprudence sur l'automaticité de la réparation du préjudice

Les règles posées à l'article 1382 du Code civil obligent le demandeur à l'action en responsabilité civile à apporter la preuve d'une faute, d'un préjudice et du lien de causalité entre la première et le second. Quelle doit être l'attitude du juge saisi au regard de l'indemnisation du préjudice subi, lorsqu'il constate l'existence d'actes déloyaux ? C'est sur cette délicate question que revient la Cour de cassation dans deux récents arrêts dont l'examen laisse le lecteur – en première analyse à tout le moins – perplexe.

Première espèce

La Société Giedam reprochait à la société Auchan – qui se trouvait être son client pour d'autres produits – d'avoir, en violation de l'exclusivité que lui avait consentie l'un de ses fournisseurs, commandé directement à ce dernier des lecteurs de disques vidéo. L'action en concurrence déloyale exercée par la société Giedam, après avoir été accueillie par le Tribunal de Commerce, était rejetée par la Cour d'appel d'Aix-en-Provence.

Si les fautes invoquées par le demandeur (pratiques de revente à perte, utilisation sur les produits d'un code spécifique à la société Giedam) étaient en effet reconnues, la Cour d'appel estimait que ni les préjudices invoqués, ni le lien de causalité entre ces préjudices et les fautes alléguées n'étaient établis. Le demandeur au pourvoi faisait grief à l'arrêt entrepris de n'avoir pas fait droit à ses demandes en réparation alors "*qu'un trouble commercial s'infère nécessairement d'un acte de concurrence déloyale*". Ce moyen est rejeté par la Cour de cassation dans son arrêt du 15 mai 2007, approuvant l'analyse de la Cour d'appel tirée de l'absence de lien de causalité entre la faute et les préjudices invoqués.

Seconde espèce

La seconde espèce mettait en cause la société Goldies, distributeur de chaînes en or de bijouterie, et le Groupe Rolot et Lemasson, fabricant d'articles de bijouterie. Un protocole d'accord avait été signé à l'occasion de la cession par le Groupe Rolot et Lemasson de sa participation dans la société Goldies, qui définissait les relations commerciales à venir entre les deux sociétés. L'action introduite par la société Goldies, par laquelle elle dénonçait les conditions d'exécution du protocole par le Groupe Rolot et Lemasson et formait une demande en indemnisation du préjudice ayant résulté pour elle de propos dénigrants et de retards de livraison imputés à son partenaire, allait, sur ce dernier point, être rejetée par la Cour d'appel de Versailles dans une analyse qui, nous semble-t-il, rejoint celle de la Cour d'Aix-en-Provence dans la première affaire.

En effet, la Cour retenait l'existence des fautes reprochées au Groupe Rolot et Lemasson, les propos tenus présentant le caractère avéré d'un dénigrement d'un concurrent et les retards de livraison s'étant révélés préjudiciables à la réputation commerciale de la société Goldies. Elle refusait toutefois l'indemnisation sollicitée, au motif que les préjudices invoqués demeuraient indéterminés et indéterminables.

Cette analyse a été censurée par la Cour de cassation, par arrêt du 26 juin 2007, au visa des articles 4 et 1382 du Code civil que, selon elle, la Cour d'appel a violés, en refusant d'évaluer le montant des préjudices dont elle constatait l'existence dans leur principe.

On le voit, à la question posée, qui est celle de l'indemnisation des actes de concurrence déloyale, la Cour de cassation apporte deux réponses différentes. Elle approuve, dans la première affaire, le rejet de la demande d'indemnisation, en l'absence de preuve d'un préjudice lié à la faute, et reproche, dans la seconde, à la Cour d'appel d'avoir refusé d'évaluer un préjudice qui lui apparaissait certain dans son principe.

Les deux analyses sont-elles contradictoires? Nous ne le pensons pas et il nous apparaît possible d'en trouver une grille de lecture qui, tout en marquant une évolution dans l'approche de la question, les réconcilie. Par le passé, la Cour de cassation, à de nombreuses reprises, a clairement opté, s'agissant de l'action en responsabilité civile fondée sur des actes de concurrence déloyale, pour un allègement de la charge de la preuve imposée à la victime de tels actes.

Elle a, en effet, posé le principe selon lequel "*il s'infère nécessairement des actes déloyaux constatés l'existence d'un préjudice résultant des procédés fautifs utilisés*" (Cass. Com. 22 octobre 1985, n° 83-15096; 9 octobre 2001, n° 99-16512; 3 mars 2004, n° 01-15706). Autrement dit, la seule constatation de l'existence de la faute de concurrence déloyale induit celle du préjudice qu'il appartient au Juge du fond d'évaluer. C'est la solution que consacre la Cour de cassation dans la seconde affaire commentée, tout en lui apportant une nuance importante.

L'arrêt entrepris est, en effet, cassé au motif que la Cour d'appel a refusé d'évaluer le montant des préjudices dont elle constatait "*l'existence dans leur principe*". La Cour invite, ce faisant, le Juge du fond à opérer en deux temps – vérification du principe du préjudice, puis évaluation du montant de la réparation à allouer à la victime sans que le Juge puisse alors se retrancher derrière le caractère indéterminé ou indéterminable du préjudice invoqué.

Et c'est cette même interprétation que l'on retrouve dans la première espèce. La Cour de cassation approuve, en effet, le rejet de la demande d'indemnisation formée devant les Juges du fond, en l'absence de preuve du préjudice allégué, et, surtout, de lien de causalité entre ce préjudice et les fautes constatées.

On retiendra de ces deux arrêts qu'ils traduisent un léger durcissement de la Cour de cassation sur la question de la réparation des faits de concurrence déloyale. Si un trouble commercial s'infère de tout acte déloyal, encore convient-il, pour que la victime en obtienne réparation, qu'elle apporte la preuve du caractère certain en son principe d'un préjudice qui en soit la conséquence.

Certains regretteront cette évolution qui marque un nouveau point d'arrêt sur la question des dommages et intérêts punitifs (Daniel Fasquelle et R. Mesa, dans cette rubrique, Concurrences, n° 2007-3, p. 111). D'autres s'en réjouiront au contraire, au nom de l'interprétation conforme des dispositions de l'article 1382 du Code civil et du principe de sécurité juridique.

M.-C. Mitchell

Concurrences N° 4-2007, p. 90

Concurrences +

D. Fasquelle, R. Mesa, La Cour de cassation rappelle que le montant des dommages-intérêts alloués doit être équivalent au préjudice subi par la victime tel qu'il est constaté par les juges du fond (Métropole télévision M6), 30 mai 2007, Revue Concurrences N° 3-2007, pp. 111-112

Cass. com., 15 mai 2012, La Pizzeria c/ Reine Victoria, n° 11-10278

La Cour de cassation affirme qu'un acte de concurrence déloyale, tout comme la violation d'une clause de non-concurrence, peuvent être générateurs d'un préjudice moral subi par une personne morale, un tel préjudice étant réparable par le jeu de l'action en responsabilité civile délictuelle ou contractuelle

Par un important arrêt rendu le 15 mai 2012 et publié au bulletin, la Chambre commerciale de la Cour de cassation vient rapprocher sur certains points le régime de l'action en concurrence déloyale de celui de la violation des clauses de non-concurrence, tout en apportant d'importantes précisions sur le préjudice, condition de l'action en responsabilité civile qui permet d'appréhender de tels agissements. Elle consacre en effet, pour la première fois, pleinement un principe prétorien selon lequel une personne morale peut subir un préjudice moral dont elle peut demander réparation par le jeu de l'action en responsabilité civile.

Dans cette espèce, deux personnes avaient cédé à une troisième, agissant en qualité de représentant de la société acquéreuse, les parts d'une société de pizzeria. La convention conclue instaurait une obligation de non-concurrence. Le cessionnaire, estimant que les cédants s'étaient rendus auteurs à la fois d'actes de concurrence déloyale et d'une violation de la clause de non-concurrence, les a assignés dans le but d'obtenir des dommages-intérêts. La Cour d'appel de Pau, saisie de l'affaire, devait rejeter ces demandes dans son arrêt du 12 juillet 2010, au motif notamment que le cessionnaire des parts, de par sa qualité de société, ne pouvait prétendre à un quelconque préjudice moral. Cet arrêt a été cassé par l'arrêt présenté sur le fondement des articles 1147, 1382 et 1383 du code civil. Cette cassation, qui rappelle qu'une personne morale peut subir un préjudice moral et est de ce fait recevable à en demander la réparation, conduit à poser trois questions s'agissant du droit de la concurrence déloyale et des clauses de non-concurrence, qui sont celle de la définition de ce préjudice, celle de sa caractérisation et enfin, celle de sa réparation.

La définition du préjudice moral de la personne morale généré par un acte de concurrence déloyale ou la violation d'une clause de non-concurrence

L'arrêt présenté du 15 mai 2012 retient le principe de l'existence d'un préjudice moral subi par une personne morale victime d'un acte de concurrence déloyale, sans pour autant apporter la moindre précision quant à la définition et aux contours de ce préjudice. Il tranche la question controversée de l'existence et de la réparation du préjudice moral subi par une personne morale et va ainsi dans le même sens que l'arrêt rendu par la Cour d'appel de Paris le 30 juin 2006, qui avait considéré qu'une société peut subir un tel dommage (CA Paris, 30 juin 2006 ; *RTD com.* 2006, p. 875, obs. Rontchevsky ; *Droit et patrimoine*, mars 2007, p. 97, obs. Mattout et Prüm ; *D.* 2006, p. 2241, obs. Delpech ; *Bull. Joly sociétés* 2006, p. 1453, note Schmidt ; *Banque et droit*, juillet-août 2006, p. 34, note de Vauplane ; *RD banc. fin*, novembre 2006, p. 51, note Magnier ; *RTDF* septembre 2006, p. 6, note Pietrancosta).

La reconnaissance d'un tel préjudice, si elle est une évidence en ce qui concerne les personnes physiques, est loin de couler de source en ce qui concerne les sociétés et tous les autres groupements dotés de la personnalité juridique, ce dommage consistant généralement dans la douleur, les divers effets des souffrances physiques ou psychiques, l'anxiété... Le droit de la responsabilité civile, tant délictuelle que contractuelle, de par la généralité de son domaine, n'emporte toutefois pas, dans l'absolu, d'obstacle insurmontable à la reconnaissance d'un tel dommage à l'égard des personnes morales qui, malgré la fiction juridique permettant de leur octroyer la qualité de sujet de droit, doivent bénéficier de droits et prérogatives semblables à ceux qui profitent aux personnes physiques. Aussi, c'est tout naturellement qu'un auteur autorisé a défendu la thèse selon laquelle une personne morale doit disposer de la possibilité de demander la réparation du préjudice moral qu'elle subit par le jeu de l'action en responsabilité civile (P. Stoffel-Munck, "*Le préjudice moral des personnes morales*", *Mélanges Ph. Le Tourneau*, Dalloz, 2007, p. 959).

Une telle thèse est parfaitement cohérente, tant la notion de préjudice moral est large et compatible avec la personnalité morale. Ainsi, en dehors des diverses souffrances physiques et morales, ce chef de préjudice englobe toutes les conséquences des multiples formes d'atteintes à l'honneur, à la réputation et à la considération qui ne se traduisent pas, ou pas immédiatement, en termes de pertes financières.

C'est cette direction qui doit être retenue pour la définition du préjudice moral des personnes morales dont la réparation est consacrée par l'arrêt commenté. Les faits de l'espèce permettent de conforter cette position. L'acte de concurrence déloyale et les divers manquements caractéristiques d'une violation de la clause de non-concurrence ont en effet été à l'origine d'un préjudice matériel subi par la société demanderesse, notamment de baisses de chiffres d'affaires consécutives aux divers détournements de clientèle. Ces agissements sont aussi à l'origine d'une atteinte à son honneur et sa considération, qui doivent être appréhendés par le jeu de l'action en responsabilité civile et qui sont caractéristiques du préjudice moral.

La caractérisation du préjudice moral de la personne morale généré par un acte de concurrence déloyale ou la violation d'une clause de non-concurrence

Le principe de la réparation du préjudice moral de la personne morale étant acquis, se pose nécessairement la question de sa caractérisation et de sa preuve. L'arrêt du 15 mai 2012 manque de clarté sur ce point, affirmant simplement que la décision des juges d'appel doit être cassée parce qu'ils ont considéré que la demanderesse, de par sa qualité de société, ne peut "prétendre à un quelconque préjudice moral". Le caractère de responsabilité pour faute prouvée des responsabilités civiles délictuelle et contractuelle du fait personnel doit en principe impliquer que c'est au demandeur, en l'occurrence à la personne morale qui s'estime lésée, qu'il incombe de prouver l'existence du préjudice moral qu'il prétend avoir subi. Une telle affirmation ne peut toutefois être tenue aussi fermement à propos de l'action en concurrence déloyale. La Chambre commerciale de la Cour de cassation a en effet affirmé à plusieurs reprises qu'il s'infère nécessairement des actes déloyaux constatés l'existence d'un préjudice, fût-il seulement moral (Cass. com., 9 février 1993 ; *Bull. civ.* IV, n° 53 ; *JCP éd. E* 1994, II, 545, note Danglehant ; *Contrats, conc., consom*, comm. n° 49, note Vogel ; Cass. com., 27 février 1996 ; *D.* 1997, somm. 104, obs. Serra ; Cass. com., 1er avril 1997 ; *D. Aff.* 1997, p. 598 ; Cass. com., 14 juin 2000 ; *Bull. civ.* IV, n° 126). C'est par conséquent à l'auteur de la déloyauté qu'il appartiendra d'établir, pour éviter la condamnation, que son acte n'a été à l'origine d'aucun dommage subi par l'opérateur économique demandeur à l'action (Cass. com., 8 juillet 1997 ; *BRDA* 1997, p. 11). Dès lors, et bien que le préjudice dont l'existence est présumée en considération de cette jurisprudence soit essentiellement matériel, la solution prétorienne doit être pleinement applicable en ce qui concerne le préjudice moral subi par une personne morale victime d'un acte de concurrence déloyale ou d'une violation d'une clause de non-concurrence. À défaut, certaines distinctions qui ne sont pas juridiquement fondées apparaîtraient dans le cadre de l'action en responsabilité civile. L'existence et la caractérisation du préjudice n'étant pas nécessairement synonymes d'octroi de dommages-intérêts, reste posée la question du montant de la réparation qui doit être accordée à la personne morale lésée.

La réparation du préjudice moral de la personne morale généré par un acte de concurrence déloyale ou la violation d'une clause de non-concurrence

Le principe de l'existence du préjudice moral subi par une personne morale est, au vu du fondement de la solution adoptée dans l'arrêt commenté du 15 mai 2012, d'application générale, c'est-à-dire tant dans le cadre de la responsabilité civile délictuelle que dans celui de la responsabilité civile contractuelle. En matière concurrentielle, l'existence présumée de ce préjudice n'emporte toutefois pas de présomption relativement à son étendue. La présomption d'existence du dommage permet seulement au concurrent lésé d'obtenir le prononcé des diverses mesures de cessation attachées à l'action en responsabilité civile. En revanche, l'octroi de dommages-intérêts sera conditionné par la preuve, qui devra être rapportée par le demandeur, de l'étendue du préjudice subi. Le principe de la réparation intégrale, sur l'application duquel veille la Cour de cassation en matière de concurrence déloyale, implique en effet que le montant des dommages-intérêts mis à la charge du concurrent fautif soit déterminé par référence à la seule étendue de ce dommage (Cass. crim., 8 mars 2005 ; *Bull. crim.*,n° 76 ; *Concurrences* n° 3-2005, p. 88, obs. Fasquelle et Mésa).

C'est à ce dernier propos que la solution retenue dans l'arrêt commenté, qui doit être approuvée au plan des principes régissant le droit de la responsabilité civile, peut se révéler à l'origine de certaines interrogations relativement au régime de la concurrence déloyale et du parasitisme économique. Dans ces matières, en effet, la Cour de cassation a toujours veillé à ce que le montant des dommages-intérêts accordé au concurrent ou à l'opérateur économique lésé ne dépasse pas le montant du préjudice subi, refusant tour à tour toute condamnation à des dommages-intérêts punitifs, à une indemnité forfaitaire (Cass. 3e civ., 12 décembre 2007 ; *AJDI* 2008, p. 314 ; Cass. com., 23 novembre 2010 ; *Concurrences* n° 1-2011, p. 140, obs. Mésa ; *Prop. Ind.* 2011, n° 20, obs. Larrieu) ou encore toute détermination de l'indemnité due au demandeur par référence au gain ou à l'économie réalisés par le parasite ou l'auteur de la déloyauté (Cass. com., 21 février 2012 ; *Contrats, conc., consom.* 2012, comm. n° 122, obs. Malaurie-Vignal ; *Concurrences* n° 2-2012, p. 104, obs. Mésa) ou à d'autres considération que la seule étendue du dommage (Cass. com., 30 mai 2007 ; *Concurrences* n° 3-2007, p. 111, obs. Fasquelle et Mésa). Or, admettre expressément le principe de la réparation du préjudice moral subi par une personne morale revient, en la matière, à permettre la réparation d'un dommage qui est, de par sa nature, inévaluable. Cette admission, combinée au principe de l'appréciation souveraine du préjudice par les juges du fond (Cass. com., 21 novembre 1972 ; *D.* 1973, somm. 55), conduit nécessairement à poser la question de savoir si elle n'est pas la porte ouverte à certaines formes déguisées de dommages-intérêts punitifs en la matière. L'acte de concurrence déloyale, tout comme l'agissement parasitaire et la violation d'une clause de non-concurrence sont en effet susceptibles de se révéler comme étant des fautes lucratives, c'est-à-dire des manquements contractuels ou délictuels susceptibles de générer pour leur auteur un gain ou une économie supérieurs au préjudice subi par l'opérateur économique lésé (R. Mesa, "*Précisions sur la notion de faute lucrative et son régime*", *JCP* 21 mai 2012, p. 1017). Les juges, limités quant au montant des dommages-intérêts qu'ils ont la possibilité d'accorder à la victime en réparation du préjudice matériel, disposent désormais de la possibilité d'augmenter l'indemnité totale en indiquant que le complément mis à la charge du fautif correspond à la réparation du préjudice moral, préjudice inévaluable dont l'appréciation relève de leur pouvoir souverain.

Si, dans l'absolu, le principe de la réparation du préjudice moral des personnes morales est bienvenu en matière concurrentielle en ce qu'il tend à rendre l'acte de concurrence déloyale, l'agissement parasitaire ou encore la violation de la clause de concurrence moins intéressants au plan de la rationalité économique que le respect de la loi, ou encore économiquement plus aléatoires pour l'opérateur qui envisagerait de passer à l'acte, la méthode permettant de parvenir à cette fin est regrettable. Il serait en effet plus cohérent de consacrer l'existence du résultat lucratif de telles pratiques pour calculer le montant de la condamnation du concurrent fautif en considération de ce seul résultat, plutôt que de parvenir à une condamnation d'un montant similaire en passant par des voies détournées (cf., dans ce sens, R. Mesa, "*De la complexité et des conséquences des rapports entre concurrence parasitaire et parasitisme économique*", Concurrences n° 3-2011, p. 82 ; "*Des exigences probatoires du parasitisme économique*", *Concurrences* n° 4-2010, www.concurrences.com).

R. Mesa

Concurrences N° 3-2012, p. 142

Concurrences +

R. Mesa, La Cour de cassation rappelle que la concurrence déloyale et parasitaire par imitation des produits d'un concurrent n'est sanctionnable que si elle est à l'origine d'un risque de confusion, ceci alors que l'imitation n'est aucunement justifiée par des exigences techniques (Midi Tielles / Coudène Michel), 21 février 2012, Revue Concurrences N° 2-2012, pp. 104-106

R. Mesa, Des exigences probatoires du parasitisme économique, décembre 2010, Revue Concurrences N° 4-2010, www.concurrences.com

R. Mesa, La Cour de cassation considère que la sanction de principe de la concurrence déloyale réside dans la condamnation du concurrent fautif au paiement de dommages-intérêts qui doivent être évalués par rapport au préjudice effectivement subi par la victime, ce qui est incompatible avec toute allocation d'une somme forfaitaire à titre de réparation (Meny / Le Grand garage lorrain), 23 novembre 2010, Revue Concurrences N° 1-2011, pp. 140-141

D. Fasquelle, R. Mesa, L'appréciation de la nécessité et de l'existence d'un risque de confusion comme condition de l'action en parasitisme relève du pouvoir souverain des juges du fond (Sté James Gilberts rugby footballs Ltd. c/ Sté Asics France), 8 mars 2005, Revue Concurrences N° 3-2005, p. 88

3.2.3 Compétence juridictionnelle

3.2.3.1 Concurrence déloyale via Internet

Cass. com., 9 mars 2010, Pneus Online Suisse et Pneus Online France c/ Delticom, n° 08-16752

La Cour de cassation considère, lorsque les actes déloyaux sont réalisés au moyen d'Internet, que la compétence des juridictions françaises peut être retenue, si les sites utilisés sont accessibles en France, destinés à la clientèle française, rédigés en français, et si les produits litigieux sont disponibles en France ; que les juges du fond ont la possibilité de caractériser l'acte de concurrence déloyale sur le constat selon lequel le défendeur à l'action nommait son site Internet au moyen d'un nom de domaine non descriptif emprunté à son concurrent et commercialisait ses produits en n'appliquant pas le taux de tva en vigueur, et ; que la perte d'une chance de conquérir une part plus importante d'un marché, est un préjudice réparable dans le cadre d'une action en concurrence déloyale

---

Outre l'importance des solutions qu'il apporte ou qu'il réaffirme, l'arrêt rendu par la Chambre commerciale de la Cour de cassation le 9 mars 2010 doit être souligné en ce qu'il se caractérise par le grand nombre de points fondamentaux du régime de la concurrence déloyale traités, en l'occurrence la compétence internationale des juridictions françaises, la constitution du manquement déloyal et l'évaluation du préjudice réparable. Pourtant, les faits qui ont donné lieu à cet arrêt sont on ne peut plus simples. Une société de droit suisse et une société de droit français commercialisaient du matériel pneumatique sur Internet. Une société allemande devait alors reprendre le nom de ces dernières pour nommer les sites Internet qu'elle exploitait et pour vendre ses produits à un prix plus faible en raison de l'application d'un taux de TVA autre que celui qui était en vigueur. C'est alors que les sociétés française et suisse ont assigné la société allemande devant le tribunal de commerce de Lyon, reprochant à cette dernière d'avoir commis des agissements de concurrence déloyale.

La Cour d'appel de Lyon (Lyon, 31 janvier 2008, JCP G 2008, II, 10136, note Chabert ; Contrats, conc., consomm. 2008, comm. n° 240, obs. Malaurie-Vignal), saisie de l'affaire, a retenu la compétence des juridictions françaises, essentiellement au motif que les sites Internet exploités par la société défenderesse étaient rédigés en français et destinés à une clientèle francophone. Elle a également vu un acte de concurrence déloyale dans l'utilisation des noms de domaine et dans la vente de produits à prix bas consécutivement à l'application d'un taux de TVA plus faible. Enfin, les juges du second degré ont considéré que la perte d'une chance de conquérir une part plus importante d'un marché est un préjudice indemnisable dans le cadre d'une action en concurrence déloyale.

Le pourvoi formé par la société allemande contestait ces différents points. Ainsi, s'agissant de la compétence internationale, ce plaideur invoquait l'incompétence des juridictions françaises en raison de la localisation du fait dommageable hors de France. Pour ce qui est de la caractérisation de l'acte de concurrence déloyale, le demandeur au pourvoi soutenait que l'utilisation d'un nom de domaine descriptif n'est pas un acte fautif, pas plus que la commercialisation de produits similaires à ceux de ses concurrents à un prix moins élevé. Enfin, pour ce qui est du préjudice de perte d'une chance, la société allemande a considéré que l'évaluation qui en a été faite par la Cour d'appel était contraire au principe de la réparation intégrale et conduisait ainsi à la condamner à des dommages-intérêts punitifs.

La Chambre commerciale a rejeté le pourvoi dans l'arrêt commenté, ce qui doit conduire à revenir sur les questions de la localisation du fait dommageable en matière d'actes de concurrence déloyale par Internet, de la caractérisation de la faute de concurrence déloyale et du régime de la perte d'une chance comme préjudice réparable dans le cadre de l'action en concurrence déloyale.

La localisation du fait dommageable en matière de concurrence déloyale par Internet

Ce n'est pas une nouveauté, Internet, de par la dématérialisation des relations qu'il provoque, est à l'origine de difficultés quant à l'application des règles classiques, tant du droit de la responsabilité civile que du droit international privé. Certains arrêts importants indiquent néanmoins la voie à suivre pour sanctionner les actes de concurrence déloyale, l'arrêt commenté apportant quant à lui certaines précisions pour la résolution d'un conflit de juridictions ayant trait à la matière. L'acte de concurrence déloyale étant un délit de nature à engager la responsabilité civile de son auteur, le texte applicable à la résolution de tels conflits est l'article 5-3) du règlement 44/2001 du 22 décembre 2000 dit Bruxelles I, qui subordonne la compétence des juridictions françaises à la localisation du fait dommageable en France.

En ce qui concerne les délits civils réalisés par la voie d'Internet, la Cour de cassation a semblé rapidement, et essentiellement dans le domaine de la contrefaçon, dégager le critère permettant de localiser le fait dommageable en France (M.-E. Ancel, "*Contrefaçon de marque sur un site web: quelle compétence intracommunautaire pour les tribunaux français?*", in Mélanges Linant De Bellefonds, 2007, Litec, p. 1 ; H. Gaudemet-Tallon, "*Droit international privé et contrefaçon*", D. 2008, p. 735 ; F. Pollaud-Dulian, "*Conflit de juridictions en matière de contrefaçon par Internet*", Gaz Pal., 5-6 novembre 2008, n° 311, p. 5). Ce critère est celui de l'accessibilité du site sur le territoire national, ce qui implique que les juridictions françaises sont compétentes à partir du moment où le site, bien qu'exploité à l'étranger ou exploité par une société étrangère, est accessible en France (Cass. Civ. 1ère, 9 décembre 2003, Bull. civ. I, n° 245 ; D. 2004, p. 276, obs. Manara ; JCP G 2004, II, 10055, note Chabert ; Contrats, conc., consomm., comm. 40, obs. Caron ; JDI 2004, p. 872, note Huet ; Revue crit. DIP 2004, p. 632, note Cachart – Cass. Com., 20 mars 2007, Bull. civ. IV, n° 91 ; JCP G 2007, II, 10088, note Ancel ; Contrats, conc., consomm. 2007, comm. 150, obs. Malaurie-Vignal ; Revue crit. DIP 2008, p. 322, note Treppoz – Cass. Com., 10 juillet 2007, Bull. civ. IV, n° 189 ; JCP G 2007, II, 10161, note Chabert). Néanmoins, par la suite, certaines juridictions du fond ont ajouté à l'accessibilité une autre condition, ce qui est la marque d'une appréciation plus restrictive de la compétence internationale des tribunaux français. Plusieurs arrêts de Cours d'appel ont ainsi subordonné la compétence de la juridiction française à l'existence d'un lien suffisant, substantiel et significatif entre les faits reprochés et le dommage allégué, d'une part, et le territoire français, d'autre part.

L'arrêt rendu par la Cour d'appel de Lyon dans l'affaire analysée semble se placer dans ce courant, en soumettant la compétence de la juridiction française, outre l'accessibilité au site, au fait que la rédaction des pages d'accueil était en langue française, ce dont il se déduisait, d'après la Cour, que ces pages étaient destinées à la clientèle francophone et à la clientèle française. Au premier regard, et à suivre cette dernière solution, il serait nécessaire, pour que les juridictions françaises soient compétentes, que le site soit accessible en France, mais aussi, qu'il soit à destination de clients de nationalité française. Ces différents éléments de rattachement étaient contestés dans le pourvoi formé contre cet arrêt, les demandeurs invoquant le fait que l'accessibilité des sites Internet en France ainsi que leur destination orientée vers la clientèle française ne permettent pas de localiser le fait dommageable en France, ni ne sont de nature à caractériser un lien suffisant, substantiel ou significatif avec la France.

La Chambre commerciale a rejeté ce pourvoi dans son arrêt du 9 mars 2010 en approuvant la motivation des juges du fond qui faisait apparaître, d'une part, que les sites français étaient accessibles aux internautes français, tant en ce qui concerne les possibilités de connexion que la langue utilisée, d'autre part, que les produits litigieux commercialisés par la société défenderesse via les sites mis en cause étaient disponibles en France. Deux éléments doivent par conséquent être retirés de cet arrêt relativement à la question de la localisation en France du fait dommageable commis en matière de concurrence déloyale par Internet.

Le premier est qu'en matière de concurrence déloyale, comme en matière de contrefaçon, l'accessibilité du site Internet litigieux en France est une condition nécessaire de la localisation du fait dommageable sur le territoire français, donc de la compétence des juridictions nationales. Il ressort clairement, à la motivation des arrêts d'appel et de rejet, que la réunion de deux conditions est nécessaire à l'établissement d'une telle accessibilité. La première est de nature technique, qui implique qu'il soit matériellement possible à un internaute situé en France de se connecter au site litigieux et de l'utiliser ou de l'exploiter. La seconde est de nature linguistique en ce que la langue utilisée dans les pages du site doit être la langue française. Ou, à défaut d'utilisation du français, le site doit ménager un accès facile vers un autre site ou vers d'autres pages rédigées en langue française.

Le deuxième élément qui ressort de l'arrêt commenté du 9 mars 2010 quant à la localisation du fait dommageable en France a trait à la disponibilité des marchandises en France, ce qui pose la question de savoir si l'accessibilité du site est ou non une condition nécessaire et suffisante. À la première lecture de l'arrêt, la réponse à cette question doit aller dans le sens de la négative, l'accessibilité au site semblant devoir être complétée par la disponibilité, en France, des produits commercialisés par le concurrent mis en cause (dans ce sens, Cf. G. Lardeux, "*La compétence internationale des tribunaux français en matière de cyberdélits*", D. 2010, p. 1183). Une analyse plus approfondie de cette décision et de la jurisprudence antérieure, notamment de l'arrêt rendu par la Chambre commerciale le 20 mars 2007 (Cass. com., 20 mars 2007, précité) en matière de conflit de juridictions à propos d'actes de concurrence déloyale par Internet, est de nature à laisser penser que la satisfaction de la seconde condition découle de la caractérisation de la première. Ce qui ferait de l'accessibilité du site en France la seule condition nécessaire à la localisation du fait dommageable sur le territoire national et à la compétence des tribunaux français.

Dans l'arrêt précité de 2007, la Chambre commerciale avait approuvé la Cour d'appel d'avoir retenu la compétence des juridictions françaises au motif que les internautes français avaient la possibilité de se connecter au site et de commander en ligne. Ainsi, l'accessibilité au site a permis le lien de rattachement, la possibilité de commander découlant de cette accessibilité qui a impliqué la localisation du fait dommageable en France. L'arrêt rendu le 9 mars 2010 se place dans le droit fil de cette solution et ne semble pas, malgré les termes employés, exiger autre chose que l'accessibilité au site en France comme condition de la compétence des juridictions françaises. En effet, la Chambre commerciale indique que cette compétence ressort tant de l'accessibilité au site que de la disponibilité en France des produits litigieux poursuivis, tout en déduisant cette disponibilité de l'existence de pages rédigées en français, de liens faciles vers des sites rédigés en français, et enfin, de l'existence d'une rubrique comportant des commentaires de satisfaction de clients français. Sans pour autant préciser le lieu d'achat ou de livraison des produits, alors qu'une des branches du moyen indiquait clairement que les sociétés en litige sont d'accord sur le fait qu'aucune commande ne pouvait être enregistrée par un internaute situé en France depuis les sites du concurrent mis en cause.

Il apparaît donc bel et bien que le seul critère utilisé pour permettre le rattachement du fait dommageable à la France et la compétence des juridictions nationales est celui de l'accessibilité du site en France, la mise à disposition étant présumée à partir du moment où cette accessibilité est établie. Cette position, outre l'étude de la structure de l'arrêt, se trouve par ailleurs renforcée par deux éléments relativement forts. Le premier est la volonté marquée des juridictions judiciaires françaises dans le sens de l'extension de leur compétence internationale en matière de responsabilité délictuelle. En témoigne encore l'arrêt rendu, toujours dans le domaine de la concurrence déloyale, par la Première Chambre civile de la Cour de cassation le 14 avril 2010 (voir cette chronique, par ailleurs). Le second est l'indemnisation, permise par la décision commentée, de la perte d'une chance en tant que préjudice issu de l'acte de concurrence déloyale. Appliquée dans le contexte du droit international privé, cette solution implique que le fait dommageable puisse être localisé en France toutes les fois qu'un simple dommage éventuel est établi sur le territoire national. Or, l'accessibilité, en France, d'un site Internet émanant d'une société étrangère est de nature à produire, toujours en France, ce préjudice de perte d'une chance, qui est indemnisé car généré par une faute de concurrence déloyale.

La caractérisation de la faute de concurrence déloyale

Le deuxième apport principal de l'arrêt du 9 mars 2010 est relatif à la caractérisation de la faute constitutive d'un acte de concurrence déloyale. Un certain nombre de condamnations ont déjà été prononcées pour des faits de dénigrement réalisés sur le web (H. Alterman et J. Zimmermann, "*Concurrence déloyale sur Internet, pratiques et jurisprudence*", RJ Com. 2004, p. 345 ; L. Marino, "*Concurrence déloyale sur Internet*", Com. Com. Electr. 2007, Etude 27). L'arrêt commenté permet de revenir sur deux autres types de manquements commis sur Internet. Le premier, assez courant, a trait à l'usurpation de noms de domaine. Sur ce point, le demandeur au pourvoi reprochait aux juges d'appel d'avoir transgressé l'article 1382 du Code civil en le condamnant alors qu'il, selon ses dires, n'avait fait que reprendre et utiliser un nom de domaine descriptif. La Chambre commerciale a écarté ce moyen en rappelant deux principes. Le premier, classique, est que l'appréciation du caractère descriptif ou non descriptif du nom de domaine utilisé par le concurrent mis en cause relève du pouvoir souverain d'appréciation des juges du fond. Le second est qu'il n'y a que le nom de domaine qui n'est pas descriptif qui fait l'objet de la protection offerte par le droit de la concurrence.

L'arrêt analysé se place ainsi dans le droit fil de la jurisprudence qui subordonne la protection d'un nom de domaine au fait que ce dernier présente un caractère d'originalité suffisant (Cf. par exemple : Douai, 9 septembre 2002, D. 2003, A.J. 62, obs. Manara ; Com. Com. Electr. 2002, n° 141, obs. Caron – Cass. Com., 23 janvier 2007, D. 2007, A.J. 794, obs. Manara ; JCP E 2007, n° 20-21, p. 9, note Larrieu ; Contrats, conc., consomm. 2007, n° 100, obs. Malaurie-Vignal ; Petites Affiches, 30 juin 2008, obs. Daverat ; Com. Com. Electr. 2007, n° 55, obs. Caron – Cass. Com., 20 février 2007 ; Com. Com. Electr. 2007, n° 93, obs. Caron). En l'espèce, les juges d'appel ont été approuvés d'avoir considéré que le nom "pneuonline" n'est pas purement descriptif, ce dont il découle que son usurpation est caractéristique d'un acte de concurrence déloyale.

Le second type d'actes de concurrence déloyale dont il est question dans l'arrêt commenté concerne l'application du taux de TVA. La Cour d'appel saisie de l'affaire avait condamné le défendeur en considérant que le fait de ne pas appliquer le taux de TVA en vigueur pour la commercialisation de ses produits et de profiter, dès lors, d'une baisse du prix de vente, est caractéristique d'un acte de concurrence déloyale. Cette solution est pleinement validée par la Chambre commerciale dans l'arrêt commenté. Les juges du droit font alors une application intéressante de la règle prétorienne selon laquelle le non-respect d'une réglementation est constitutif d'un acte déloyal, surtout s'il s'en suit un avantage pour son auteur tel que, notamment, le fait de pouvoir vendre ses produits à un prix inférieur au prix de vente proposé par ses concurrents. L'arrêt commenté se situe ainsi dans la continuité de la jurisprudence rendue en la matière, et notamment de l'abondante jurisprudence condamnant sur le fondement de la concurrence déloyale les auteurs de transgressions de la réglementation du prix du livre (Cf. notamment : Cass. Com., 1er avril 1997, Bull. civ. IV, n° 87 ; RJDA 1997, n° 862) ou de celle relative au repos dominical (Cf. G. Clamour, "*Le principe de libre concurrence dans l'octroi des dérogations individuelles à la règle du repos dominical*", RLC 2006, p. 30 et p. 71).

Le régime de la perte d'une chance comme préjudice réparable en matière de concurrence déloyale

S'agissant de la question du préjudice réparable au titre de l'action en concurrence déloyale, l'arrêt rendu par la Chambre commerciale de la Cour de cassation le 9 mars 2010 permet de revenir sur deux points, à savoir la nature de ce préjudice et son évaluation.

En ce qui concerne, en premier lieu, la question de la nature du préjudice réparable, il est acquis que ce dernier peut être matériel ou moral. La Chambre commerciale, dans l'arrêt commenté, précise également qu'il peut consister dans la perte d'une chance, en l'occurrence dans la perte d'une chance de conquérir une part plus importante de marché. Il est ainsi fait application, en matière concurrentielle, des principes généraux du droit de la responsabilité civile délictuelle, fondement de l'action en concurrence déloyale. Ce qui ouvre l'indemnisation du manque à gagner potentiel auquel le concurrent lésé a été exposé du fait de l'agissement déloyal.

Se pose alors, en second lieu, la question de l'indemnisation du préjudice issu de la perte d'une chance. Sur ce point, la société demanderesse au pourvoi reprochait à la Cour d'appel d'avoir recouru aux dommages-intérêts punitifs à son encontre en raison du caractère excessif à ses yeux du montant de la condamnation dont elle a fait l'objet. Ce moyen a naturellement été écarté en raison du fait, d'une part, que l'évaluation du préjudice est une question qui relève du pouvoir souverain d'appréciation des juges du fond, d'autre part, que la Cour d'appel avait pris le soin de rattacher son évaluation à chaque chef de préjudice retenu (Cass. Com., 21 novembre 1972 ; D. 1973, somm. 55 - Cass. Crim., 8 mars 2005, Bull. crim., n° 76 ; cette revue, n° 3-2005, p. 88, obs. Fasquelle et Mésa). Même si l'appréciation faite par les juges du fond est ratifiée, ce pourvoi rappelle à la fois le caractère lucratif de la faute de concurrence déloyale (Cf. R. Mesa, Les Fautes lucratives en droit privé, Thèse dactyl., Université du Littoral-Côte d'Opale, 2006, n° 559 et suivants.) et le caractère potentiellement punitif de sa sanction (Ibid., n° 545 et suivants.). En effet, ce qui, derrière le pouvoir souverain d'appréciation des juges du fond, est évalué n'est pas nécessairement le manque à gagner subi par le concurrent lésé. Ce peut aussi être le profit réalisé par le concurrent fautif du fait de sa déloyauté, que celui-ci pourra être contraint de restituer, en tout ou partie, parfois même au double ou au triple, en raison de sa condamnation sur le fondement de l'article 1382 du Code civil.

R. Mesa

Concurrences N° 3-2010, p. 114

Concurrences+

J.-L. Fourgoux, Le Tribunal de commerce de Paris condamne une société pour dénigrement à l'égard d'un autre fabricant de capsules compatibles et répare le préjudice en refusant d'ordonner une expertise (Ethical Coffee / Nespresso), 6 juin 2014, Revue Concurrences N° 3-2014, pp. 118-119

4. Obligations de non-concurrence

4.1 Obligations contractuelles

4.1.1 Clause de non-concurrence

Cass. soc., 30 mars 2005, deux arrêts, AXA conseil c/ M. X… , n° 03-41911 et 4M Promotion c/ M. X…, n° 02-46114 ; Cass. soc., 28 juin 2005, TMT France c/ M. X…, n° 03-45342 ; Cass. soc., 27 sept. 2005, France Arno c/ Mme X…, n° 03-45753

La Cour de cassation procède à une application immédiate de la jurisprudence imposant une contrepartie financière

Les mises en garde et préconisations contenues dans le rapport sur la modulation des effets dans le temps des revirements de jurisprudence remis au Président Canivet (voir cette revue, Pratiques restrictives, n° 1-2005, p. 77, note D. F. - S. C.) semblent avoir, en définitive, influencé la jurisprudence de la Cour de cassation. C'est, en tout cas, ce qui ressort de la jurisprudence récente de la chambre sociale sur la question de la contrepartie pécuniaire à l'obligation de non-concurrence du salarié puisque, si la chambre sociale persiste à refuser toute modulation des effets dans le temps de sa jurisprudence nouvelle, elle n'en a pas moins modifié le fondement retenu pour justifier sa position dans ses dernières décisions.

Les membres du groupe d'experts dirigé par le Professeur Molfessis avaient, dans leur rapport, pointé du doigt les effets pervers engendrés par l'application immédiate de la jurisprudence érigeant la contrepartie pécuniaire comme condition de validité de la clause de non-concurrence. Pour éviter les risques d'insécurité juridique et économique que cela peut ou a pu engendrer, ils préconisaient alors de moduler les effets dans le temps d'un tel revirement. Toutefois, il est rapidement apparu au travers d'une décision du 17 décembre 2004 (Cass. soc., 17 décembre 2004, D. 2005, n° 2, inf. rap. p. 110 ; Contrats Conc., Consom., mars 2005, p. 18, n° 44, note M. Malaurie-Vignal) que la chambre sociale de la Cour de cassation ne changerait pas sa jurisprudence quant à la solution retenue. Dans quatre arrêts récemment rendus, cette tendance s'est confirmée, toutes les clauses de non-concurrence conclues avant le revirement du 10 juillet 2002 et dépourvues de contrepartie pécuniaire étant annulées. Que ce soit dans les arrêts du 30 mars, du 28 juin ou, plus récemment, dans celui du 27 septembre 2005, la Cour de cassation écarte fermement l'objection tirée de l'article 6 de la Convention européenne de sauvegarde des droits de l'homme pour s'en tenir fermement à la formulation précédemment utilisée dans l'arrêt du 17 décembre 2004 selon laquelle "*l'exigence d'une contrepartie financière à la clause de non-concurrence répond à l'impérieuse nécessité d'assurer la sauvegarde et l'effectivité de la liberté fondamentale d'exercer une activité professionnelle*".

Si la chambre sociale de la Cour de cassation donne ainsi l'apparence de la continuité, en réalité, il n'en est rien. Celle-ci a fini, en effet, par abandonner la malheureuse formulation de l'absence "*de droit acquis à une jurisprudence immuable*". Prenant en compte certaines des mises en garde du rapport relatives aux clauses de non-concurrence, la Cour de cassation soutient désormais que l'application immédiate du revirement relève d'une "*impérieuse nécessité*" à assurer la sauvegarde d'une liberté fondamentale. Si le changement apparaît n'être, au premier abord, que sémantique, il ne faut pas, cependant, en minorer la portée. En effet, avec cette nouvelle formulation, la chambre sociale offre, en quelque sorte, une fin de non-recevoir à toute argumentation tirée du rapport Molfessis puisque ce dernier lui-même admet que la modulation ne peut être envisagée que dans la mesure où cela apparaît absolument nécessaire. Or, si la contrepartie pécuniaire à l'obligation de non-concurrence du salarié est une "impérieuse nécessité", il ne semble donc plus possible de soutenir la thèse de la non rétroactivité des revirements du 10 juillet 2002. La chambre sociale de la Cour de cassation a, d'une certaine manière, pris les rédacteurs du rapport à leur propre jeu. En tout état de cause, et bien que cette érection de la contrepartie financière en condition de validité des clauses de non-concurrence insérées dans un contrat de travail est, à plusieurs égards, contestable (voir, par exemple, C. Radé, De la rétroactivité des revirements de jurisprudence, D. 2005, n° 15, chr. p. 988) il n'apparaît plus, aujourd'hui, opportun et raisonnable de continuer de réclamer qu'un revirement, rendu il y a plus de trois ans, ne fasse plus l'objet d'une application immédiate.

D. Fasquelle, S. Charrière
Concurrences N° 4-2005, p. 92

Concurrences+

D. Fasquelle, S. Charrière, Le rapport remis au Premier Président de la Cour de cassation préconise la modulation des effets dans le temps des revirements de jurisprudence (Rapport Molfessis), 30 novembre 2004, Revue Concurrences N° 1-2005, pp. 77-78

Cass. soc., 28 juin 2006, M. X… c/ Panofrance Méditerranée, n° 05-40990

La Cour de cassation juge que les conditions d'ouverture de l'obligation de non-concurrence ne peuvent être dissociées des conditions de l'indemnisation

La chambre sociale de la Cour de cassation précise sa jurisprudence sur la question de la possibilité d'aménager les conditions de versement de la contrepartie pécuniaire. Le 31 mai 2006, la Cour de cassation avait annulé une clause de non-concurrence qui prévoyait que la contrepartie pécuniaire ne serait versée qu'en cas de licenciement (voir cette revue, Pratiques restrictives, n° 3-2006, p. 110, note D. F. et S. C.). Par cette décision, elle assimilait l'aménagement de la possibilité de prévoir une indemnité de non-concurrence à l'absence totale de référence à une contrepartie pécuniaire dans la clause. Le présent arrêt, rendu le 28 juin 2006, est doublement intéressant puisqu'il conforte et généralise la solution à cette question (1) et, surtout, parce qu'il abandonne la solution de la nullité pour sanctionner cette pratique (2).

1. En l'espèce, un salarié, débiteur d'une clause de non-concurrence, réclame le versement de la contrepartie pécuniaire après avoir été licencié pour faute grave. La Cour d'appel rejette sa demande dans la mesure où l'interdiction de concurrence excluait le bénéfice de la contrepartie en cas de licenciement pour faute grave. La Cour de cassation casse logiquement l'arrêt d'appel, sous le visa du principe fondamental de libre exercice d'une activité professionnelle. Toutefois, contrairement à la précédente décision, la chambre sociale ne se contente pas d'affirmer qu'il n'est pas possible de limiter les possibilités de versement de l'indemnité au cas du licenciement pour faute grave. La Cour de cassation généralise le principe et affirme que "*les parties ne pouvaient dissocier les conditions d'ouverture de l'obligation de non-concurrence de celles de son indemnisation*". Autrement dit, si les parties ont prévu que la clause de non-concurrence s'applique quelle que soit la façon dont est rompu le contrat, la contrepartie pécuniaire doit impérativement être versée à toutes ces conditions d'ouverture. Si les parties ont, au contraire, prévu que l'interdiction de concurrence ne s'appliquera que dans telle ou telle cause de rupture, le versement de l'indemnité n'aura lieu que dans ces conditions d'ouverture. On sait, en effet, que la Cour de cassation permet aux parties de prévoir que la clause de non-concurrence ne puisse s'appliquer, par exemple, qu'en cas de démission du salarié (Cass. soc., 13 février 2002, n° 00-41599, D. affaires 2003, somm. p. 969, note F. Chopin). Dans ce cas, la contrepartie pécuniaire n'est, évidemment, versée qu'en cas de démission.

2. Le 31 mai 2006, la Cour de cassation faisait preuve d'une grande sévérité en prévoyant qu'une clause de non-concurrence, qui dissociait les conditions d'ouverture de celles de son indemnisation, était nulle comme contraire au principe fondamental de libre exercice d'une activité professionnelle. Dans cette même chronique, nous avions fait part de nos réserves quant au recours à la nullité de la clause de non-concurrence. Il semble, en effet, que le recours à la nullité soit une solution disproportionnée et peu conforme à l'idée de justice dans la mesure où elle ne prend pas l'entière mesure des intérêts respectifs du créancier et du débiteur de non-concurrence. À partir du moment où une clause de non-concurrence respecte toutes les conditions de validité, la nullité d'une clause qui se contente d'aménager les conditions de versement de la contrepartie pécuniaire apparaît nier l'existence de l'intérêt légitime du créancier et l'idée qu'une clause de non-concurrence est conclue, également, dans l'intérêt du débiteur. La solution proposée était de déclarer caduque la stipulation prévoyant l'aménagement de l'indemnité de non-concurrence. La présente décision va dans ce sens puisqu'elle ne prononce pas la nullité de la clause de non-concurrence et condamne le créancier de non-concurrence au versement de la contrepartie pécuniaire. On ne peut que se féliciter de cette décision qui, espérons-le, sera confirmée à l'avenir.

D. Fasquelle, S. Charrière
Concurrences N° 4-2006, p. 88

Concurrences+

D. Fasquelle, S. Charrière, La Cour de cassation considère qu'est nulle la clause prévoyant le versement de la contrepartie pécuniaire uniquement en cas de licenciement (IPS Atlantique), 31 mai 2006, Revue Concurrences N° 3-2006, pp. 110-111

Cass. soc., 15 novembre 2006, M. X c/ Comasud, n° 04-46721

La Cour de cassation considère qu'une contrepartie pécuniaire dérisoire doit être assimilée à une absence de contrepartie à l'obligation de non-concurrence accessoire à un contrat de travail

L'actualité jurisprudentielle des clauses de non-concurrence nous conduit une fois encore sur les sentiers battus de la contrepartie pécuniaire à l'obligation de non-concurrence accessoire aux contrats de travail. Les arrêts du 10 juillet 2002 n'en finissent donc pas d'apporter leur lot de problématiques aussi diverses que variées. Précisément, la chambre sociale de la Cour de cassation a eu à s'interroger, le 15 novembre dernier, sur la question de l'impact d'une contrepartie pécuniaire dérisoire sur la validité d'une clause de non-concurrence.

En l'espèce, la clause de non-concurrence du contrat de travail d'un agent technico-commercial prévoyait une indemnité de non-concurrence "égale à un dixième du salaire brut au mois de janvier de la dernière année d'activité au sein de la société, durant le nombre de mois composant la période de non-concurrence". Suite à sa démission, l'agent a décidé de saisir la juridiction prudhommale afin de contester la validité de la clause de non-concurrence sur le terrain de l'absence de contrepartie financière en raison du caractère dérisoire de l'indemnité prévue. Les juges du fond ont fait droit à sa demande après avoir constaté qu'il existait une disproportion entre la restriction de concurrence que devait supporter le salarié et le montant de la contrepartie pécuniaire due. Rejetant le pourvoi formé par la société, créancière de non-concurrence la Cour de cassation affirme clairement et pour la première fois que la prévision d'une contrepartie pécuniaire dérisoire doit être assimilée à une absence de contrepartie.

La conséquence directe d'une telle décision est relativement simple. La prévision d'une contrepartie pécuniaire dérisoire devient illicite et permet au débiteur de non-concurrence, respectueux de l'interdiction, d'exiger l'indemnisation du préjudice nécessairement provoqué (ce qui, d'ailleurs, fut le cas dans la présente espèce). Toutefois, si on ne peut qu'approuver cette solution qui se situe dans le prolongement logique de la jurisprudence de la Cour de cassation en la matière, il faut faire remarquer, une fois encore, son caractère éminemment subjectif. En effet, la Cour de cassation ne donne, ici, aucun indice ou critère permettant de déterminer à partir de quel moment une contrepartie pécuniaire peut être considérée comme dérisoire. En outre, il est possible de se demander ce qu'il adviendra d'une action en justice fondée sur une contestation de validité d'une clause de non-concurrence dont le montant de l'indemnité est égale au montant minimum requis par une convention collective rédigée bien avant les revirements du 10 juillet 2002 (ce qui est le cas pour la plupart d'entre elles). En effet, à l'époque, ces conventions collectives ne cherchaient pas nécessairement à offrir une indemnité proportionnée à la restriction puisque, à l'origine, un minimum de contrepartie suffisait à améliorer la situation du débiteur de non-concurrence qui aurait pu ne pas la percevoir.

Ainsi, la détermination du caractère dérisoire de l'indemnité de non-concurrence est laissée à la libre appréciation de juges du fond qui, au nom du non moins subjectif principe de proportionnalité, tiennent entre leurs mains pratiquement le sort d'une clause de non-concurrence dont l'avenir échappe de plus en plus aux parties contractantes.

D. Fasquelle, S. Charrière

Concurrences N° 1-2007, p. 110

Cass. soc., 7 mars 2007, Mme X c/ Publications Pierre Johanet, n° 05-45511

La Cour de cassation considère que le montant de la contrepartie pécuniaire ne peut dépendre uniquement de la durée d'exécution du contrat et son paiement ne peut intervenir qu'après la rupture de la relation contractuelle

Les manuels traitant de la clause de non-concurrence accessoire à un contrat de travail devront désormais, impérativement, prévoir une partie conséquente de leurs développements à la question de la contrepartie pécuniaire. Ils devront y mentionner un important arrêt que la chambre sociale vient de rendre le 7 mars dernier.

En l'espèce, le contrat de travail d'une salariée prévoyait une clause de non-concurrence d'une durée de deux ans à partir d'une ancienneté supérieure à cinq ans. Il était prévu qu'une contrepartie pécuniaire égale à 7% du salaire serait versée mensuellement en contrepartie pendant l'exécution du contrat de travail.

La salariée ayant été licenciée, elle a saisi le conseil des prud'hommes d'une demande de dommages et intérêts au motif que la clause de non-concurrence qu'elle avait respectée était illicite. Sa requête ayant été admise par les juges du fond, son employeur a décidé de saisir la chambre sociale de la Cour de cassation en invoquant le fait que la clause de non-concurrence était valable notamment parce qu'elle prévoyait clairement une indemnité de non-concurrence.

La Cour de cassation, par un arrêt du 7 mars 2007 publié au bulletin, a écarté l'argumentation et a précisé, dans un attendu de principe, d'une part, que le paiement de la contrepartie pécuniaire ne peut intervenir qu'après la rupture de la relation contractuelle et, d'autre part, que le montant d'une contrepartie pécuniaire ne peut dépendre uniquement de la durée d'exécution du contrat.

La contrepartie pécuniaire ne peut pas être versée sous forme de majoration de salaire pendant l'exécution du contrat

À notre sens, c'est la première fois que la Cour de cassation déclare clairement que la contrepartie pécuniaire ne peut pas être versée sous forme de majoration de salaire pendant l'exécution du contrat de travail. Auparavant, en droit positif on ne voyait aucune objection à ce que la contrepartie pécuniaire soit versée en complément de salaire (en ce sens, voir par exemple, Cass. soc., 19 juin 1991, D. 1992, somm. p. 52, note Y. Serra) sauf lorsque la rémunération concrètement versée était égale au minimum légal car, dans ce cas, il était légalement impossible pour l'employeur de raisonnablement soutenir qu'une contrepartie pécuniaire était prévue dans le salaire.

L'arrêt du 7 mars 2007 opère donc un véritable revirement de jurisprudence puisqu'il impose le paiement de la contrepartie après la rupture du contrat. Autrement dit, au moment de l'exécution de l'obligation de non-concurrence. L'obligation de versement de la contrepartie ne devient, dès lors, exigible qu'au moment de la rupture de la relation contractuelle principale.

La chambre sociale prévoit, d'ailleurs, que le non-respect de cette obligation par le créancier rend la clause nulle. Elle fait, alors, de l'obligation de verser une contrepartie pécuniaire après la rupture du contrat une condition de validité, au même titre que l'obligation de ne pas prévoir une contrepartie dérisoire (voir cette revue, Pratiques restrictives, n° 1-2007, p. 110, note D. F. et S. C.).

Il est intéressant de noter à ce sujet que certaines conventions collectives offrent la possibilité à l'employeur de choisir entre verser toute la contrepartie pécuniaire après la rupture du contrat de travail ou de verser la contrepartie pécuniaire en sus du salaire et de compléter, éventuellement, par le solde au moment de la rupture du contrat (ce qui fut le cas dans le précédent exemple, Cass. soc., 19 juin 1991, préc. où la convention nationale du textile laissait ce choix au créancier de non-concurrence). Cet arrêt du 7 mars 2007 paralyse, désormais, toutes les dispositions allant dans ce sens.

Critères de détermination du montant de la contrepartie pécuniaire

Par cet arrêt, la chambre sociale de la Cour de cassation apporte une autre précision importante quant à la question des critères auxquels il est possible de se référer afin de déterminer le montant de la contrepartie pécuniaire. La plupart du temps, les conventions collectives aiguillent les employeurs sur les critères à prendre en compte quant au calcul du montant de l'indemnité et précisent même les limites en deçà desquelles la contrepartie pécuniaire est insuffisante.

En général, ces critères se résument à la durée et à l'étendue de l'interdiction, ainsi qu'au niveau de qualification et de rémunération du débiteur de non-concurrence. En l'espèce, l'employeur avait, pour fixer le montant de la contrepartie pécuniaire (7% du salaire), prévu qu'il prendrait comme référence l'ancienneté de la salariée ce qui, a priori, ne semblait pas choquant.

Toutefois, en l'espèce, l'employeur n'avait, semble-t-il, retenu aucun autre critère. Les juges ont estimé que cela était insuffisant. Ils ont été approuvés par la chambre sociale de la Cour de cassation qui a confirmé que la fixation du montant de l'indemnité ne pouvait dépendre d'un seul et unique critère. Cette précision est bienvenue car il ne semble raisonnablement pas possible d'occulter les autres critères et, notamment, celui de la durée de l'interdiction de concurrence.

D. Fasquelle, S. Charrière
Concurrences N° 2-2007, p. 131

Concurrences+

V. Durand, La Cour de cassation retient que la clause de non-concurrence qui prévoit le versement d'une indemnité avant la rupture du contrat de travail est nulle, les sommes versées au salarié constituant alors des compléments de salaire (Laser Symag), 15 janvier 2014, Revue Concurrences N° 2-2014, pp. 131-132

D. Fasquelle, S. Charrière, La Cour de cassation considère qu'une contrepartie pécuniaire dérisoire doit être assimilée à une absence de contrepartie à l'obligation de non-concurrence accessoire à un contrat de travail (M. X c/ Comasud), 15 novembre 2006, Revue Concurrences N° 1-2007, p. 110

Cass. com., 8 octobre 2013, M. X. et Point G immobilier Tours c/ Crédit Agricole Touraine-Poitou Immobilier, n° 12-25984

La Cour de cassation retient qu'une clause de non-concurrence prévue à l'occasion de la cession de droits sociaux est licite à l'égard des actionnaires ou associés qui la souscrivent dès lors qu'elle est limitée dans le temps et dans l'espace et proportionnée aux intérêts légitimes à protéger

Dans cette affaire était en cause une convention signée en février 2007, convention visant l'acquisition de l'intégralité des droits sociaux d'une société immobilière. Cette convention contenait une clause de non-concurrence à la charge des associés cédants. Or, l'un d'entre eux est devenu salarié de la société cédée postérieurement à la signature de la convention de cession. En qualité de salarié, l'associé cédant a signé une seconde clause de non-concurrence assortie d'une contrepartie financière. Mais dès novembre 2010, libéré par son employeur de son engagement de non-concurrence, il a présenté sa démission. À la suite de cette démission, il décide de créer une société concurrente de la société cédée. La société cessionnaire a alors introduit une action en justice contre l'associé cédant. Il s'agit pour elle de faire valoir son droit au respect de la clause de non-concurrence contenue non pas dans son contrat de travail désormais rompu mais dans le protocole de cession des droits sociaux. Ce faisant elle sollicite des juges la cessation de l'activité de la société concurrente nouvellement constituée ainsi que l'indemnisation du préjudice découlant de la violation de la clause de non-concurrence. La société cessionnaire n'obtient pas gain de cause devant la Cour d'appel d'Orléans. Par un arrêt en date du 19 juillet 2012, la Cour d'appel rejette ses demandes et condamne le cessionnaire à payer des dommages et intérêts à l'ancien salarié ainsi qu'à sa société. Pour cela les juges du fond retiennent la nullité de la clause de non-concurrence. Telle qu'elle avait été conçue, cette clause avait nécessairement pour effet d'entraver la liberté de se rétablir de l'associé cédant et cette entrave justifiait l'octroi d'une compensation financière pourtant non prévue dans la convention de cession. Saisie d'un pourvoi, la Cour de cassation a dû déterminer si l'exigence d'une contrepartie financière constituait, dans le cadre d'une convention de cession de droits sociaux, une condition de validité de la clause de non-concurrence. La réponse de la Cour de cassation est sans appel. Au visa des articles 1131 et 1134 du Code civil les haut magistrats énoncent le principe selon lequel "*une clause de non-concurrence prévue à l'occasion de la cession de droits sociaux est licite à l'égard des actionnaires qui la souscrivent dès lors qu'elle est limitée dans le temps et dans l'espace et proportionnée aux intérêts légitimes à protéger ; que sa validité n'est subordonnée à l'existence d'une contrepartie financière que dans le cas où ces associés ou actionnaires avaient, à la date de leur engagement, la qualité de salarié de la société qu'ils se sont engagés à ne pas concurrencer*". La Cour de cassation prononce alors la cassation de l'arrêt d'appel au motif qu'au jour de la conclusion du protocole de cession contenant la clause de non-concurrence invoquée, le cédant mis en cause dans l'affaire n'avait que la qualité d'associé et qu'il n'était devenu salarié de la société cédée que postérieurement à la conclusion de la convention de cession. Ce faisant, la Cour de cassation identifie les conditions de validité de la clause de non-concurrence prévue dans le cadre d'une convention de droits sociaux tout en mettant en évidence certaines particularités liées à l'existence ou pas du statut de salarié du débiteur de l'engagement de non-concurrence.

En cela, l'arrêt appelle plusieurs observations. L'un des intérêts majeurs de l'arrêt réside dans l'identification précise des conditions de validité d'une clause de non-concurrence conclue dans le cadre d'une cession de droit sociaux lorsque cet engagement est mis à la charge d'un actionnaire ou d'un associé. La Cour de cassation procède en deux temps.

Tout d'abord, elle pose de façon positive la licéité de principe des clauses de non-concurrence prévues à l'occasion de la cession de droits sociaux et mise à la charge d'actionnaire ou d'un associé. Autrement dit, ni la nature de la convention (en l'occurrence la convention de cession de droits sociaux), ni le statut des débiteurs de l'engagement de non-concurrence (actionnaires ou associés) ne constitue en principe un obstacle dirimant à la conclusion d'une clause de non-concurrence.

Ensuite la Cour de cassation détermine les conditions de validité de ces clauses. Les conditions retenues sont très proches de celles contenues dans l'énumération de l'arrêt *Barbier* (Cass. soc., 10 juillet 2002, *préc.*). Au fond, il n'y a là rien que de très classique. Sont en effet visés la condition de double limitation spatio-temporelle, la proportionnalité de la clause aux intérêts légitimes protégés ainsi que l'existence d'une contrepartie financière. En revanche, la Cour de cassation innove lorsqu'elle choisit d'opérer une discrimination entre ces différentes conditions. Elle fait le départ en effet de deux séries de conditions : les conditions de validité absolument requises et la condition de validité relativement requise. La licéité de la clause de non-concurrence nécessite la réunion de deux conditions (limitation spatio-temporelle et proportionnalité aux intérêts légitimes protégés) sans que le statut d'actionnaire/associé et/ou celui de salarié ne soient pris en compte. En revanche, l'exigence d'une contrepartie financière en tant que condition de validité de la clause de non-concurrence est, quant à elle, toute relative. À tout le moins dans le cadre des conventions de cession de droits sociaux, la nature de cette exigence dépend-elle du statut de celui qu'elle lie. De deux choses l'une :

Soit l'actionnaire ou l'associé lié par la clause n'est pas salarié de la société à l'égard de laquelle l'engagement de non-concurrence a été pris. Dans ce cas, l'existence d'une contrepartie financière ne constitue pas une condition de validité de la clause. Les parties sont donc libres d'en prévoir une ou pas. Soit l'actionnaire ou l'associé lié par la clause a le statut de salarié de la société bénéficiaire de l'engagement de non-concurrence. Dans ce cas, les solutions sont plus rigoureuses. L'exigence de contrepartie financière redevient une condition de validité de la clause, ce changement de statut entrainant un changement de régime juridique. L'absence de cette condition de validité fonde le prononcé de la nullité de la clause. Il devrait en être de même lorsqu'elle revêt un caractère dérisoire. Tout au plus faut-il alors que la qualité de salarié existe à la date de l'engagement. Autrement dit, l'acquisition du statut de salarié postérieurement à la conclusion de l'engagement de non-concurrence n'opère pas réintégration de la condition de contrepartie financière dans le lot des conditions de validité de la clause de non-concurrence. C'est d'ailleurs sur ce point que l'arrêt d'appel est censuré. Si l'associé cédant avait bien été salarié de la société bénéficiaire de la clause, ce statut n'avait été acquis que postérieurement à la conclusion de la convention de cession des droits sociaux. Partant, la validité de la clause de non-concurrence prévue à l'occasion de cette cession n'était pas soumise à l'exigence d'une contrepartie financière. La nullité de la clause ne pouvait donc pas être prononcée sur ce terrain ni les dommages et intérêts octroyés. Ainsi envisagé la solution semble rigoureuse pour l'ancien salarié. Pour autant elle permet d'empêcher en l'espèce que l'ancien salarié/associé n'obtienne sur le terrain de la convention de cession de droits sociaux ce qu'il avait antérieurement perdu sur le terrain de son contrat de travail rompu.

Ensuite comme cela a pu être évoqué, la distinction de situation entre l'associé salarié et l'associé non salarié permet sans doute d'éviter le contournement de la jurisprudence protectrice du salarié par l'insertion d'engagements de non-concurrence dans des conventions autres que le contrat de travail. Comme l'ont déjà souligné de nombreux commentateurs, la Chambre sociale et la Chambre commerciale se rejoignent dès lors que la clause de non-concurrence lie un salarié. Mais la communauté de solutions s'arrête aux frontières du contrat de travail. Le statut de salarié devient, à la faveur de deux jurisprudences en partie contradictoire, le point cardinal de la détermination des conditions de validité des clauses de non-concurrence. À ce titre, cette notion risque de devenir le foyer d'un contentieux abondant, contentieux opposant ceux qui sollicitent la protection de la jurisprudence de la Chambre sociale et ceux qui s'y opposent.

Encore que la forme d'arrêt de principe permette d'asseoir le principe consacré dans cet arrêt, il n'est pas pour autant certain que la solution soit nouvelle. Antérieurement, la Cour de cassation a déjà eu l'occasion de se prononcer sur ce point. Mais la solution, parce que moins nette, faisait douter de sa portée réelle. Dans un arrêt rendu le 15 mars 2011, la Chambre commerciale de la Cour de cassation (*Bull. civ.* IV, n° 39 ; *JCP G* 2011, 566, obs. Ghestin ; *JCP G* 2011, 692, obs. Khodri ; *JCP E* 2011, 1409, note Couret et Dondero ; *Contrats conc. consom.* 2011, comm., 138, obs. Malaurie-Vignal) a en effet censuré l'arrêt de la Cour d'appel au visa de l'article 1131 du Code civil et du principe fondamental de libre exercice d'une activité professionnelle en ce qu'il retenait que la validité des clauses de non-concurrence inscrites dans les pactes d'actionnaires n'était pas subordonnée à l'existence d'une contrepartie financière. *A contrario* c'était admettre l'illicéité des clauses à défaut de contreparties financières. Ainsi présenté, l'arrêt semblait marquer le choix de la Chambre commerciale de s'aligner sur la jurisprudence de la Chambre sociale. Mais la portée de cet arrêt est en réalité plus mesurée. Certes l'extension de la protection élaborée en faveur du salarié est reçue par la Chambre commerciale mais cette réception est limitée. En effet, sans le préciser expressément, l'arrêt du 15 mars 2011 concernait un associé salarié. L'arrêt ici présenté se situe donc dans le prolongement de cette solution.

Il est enfin saisissant de noter que la première Chambre civile de la Cour de cassation œuvre, elle aussi, au cantonnement de la protection élaborée par la Chambre sociale. Pour s'en convaincre, il suffit d'évoquer l'arrêt rendu le 2 octobre 2013 (n° 12-22.846). Dans cet arrêt, la Cour de cassation retient, au visa des articles 1131 et 1984 du Code civil, "(...) *qu'au regard du caractère exclusivement libéral de l'activité de mandataire de l'intéressé, la validité de la clause litigieuse n'était pas subordonnée à l'octroi d'une contrepartie financière*". Ce faisant, la première Chambre civile censure les juges du fond en ce qu'ils ont appliqué à l'activité de mandataire, dont le caractère libéral est souligné, la jurisprudence protectrice de la Chambre sociale.

En l'état, le bénéfice de la jurisprudence protectrice de la Chambre sociale semble donc réservé au seul salarié. Or cette limitation n'est pas sans soulever quelques interrogations notamment quant au fondement technique de la condition de contreprestation financière. Parce que cette condition est fondée sur la théorie de la cause, il paraît difficile de considérer que ce fondement technique soit dans la dépendance du statut du débiteur de l'engagement de non-concurrence et partant, variable d'une clause de non-concurrence à l'autre.

V. Durand

Concurrences N° 1-2014, p. 109

Cass. soc., 5 octobre 2016, M. X et Mme Y c/ Distribution Casino France, n° 15-22730

La Cour de cassation retient que la clause de non-concurrence d'un contrat de gérance non-salariée doit prévoir une contrepartie financière à peine de nullité de la clause

L'articulation des règles spéciales entre elles et plus particulièrement, des règles du droit commun du travail et des règles spéciales applicables aux gérants non-salariés de succursale de commerce de détail alimentaire – telles qu'elles sont prévues aux articles L. 7322-1 et suivants du Code du travail – a suscité un contentieux important. La raison d'être de ce contentieux est à rechercher dans les termes choisis par le législateur pour consacrer cette articulation de règles spéciales. L'articulation entre ces deux corps de textes est en effet organisée grâce à deux renvois. Tout d'abord un renvoi est expressément prévu par l'article L. 7322-1 du Code du travail. Selon les dispositions de cet article "*les dispositions du Chapitre 1er sont applicables aux gérants non-salariés définis à l'article L. 7322-2, sous réserve des dispositions du présent chapitre*" (alinéa 1). Ensuite, l'article L. 7321-1 du même Code – article qui ouvre le chapitre 1er contenant les dispositions générales applicables aux gérants de succursales – dispose que "*les dispositions du présent Code sont applicables aux gérants de succursales, dans la mesure de ce qui est prévu au présent titre*". Le régime juridique des gérants non-salariés de succursales n'est pas conçu comme un corps de textes étanche, tenu séparé des règles de droit commun du droit du travail. En revanche la particularité de l'activité du gérant non-salarié s'oppose à une transposition pure et simple de celle-ci. Partant, l'exclusion ou l'application du droit commun du travail aux gérants non-salariés de succursale se comprend par référence à leur statut.

À défaut de précisions légales supplémentaires, il est revenu à la jurisprudence d'identifier les règles applicables au contrat de travail dont l'application pouvait être étendue aux gérants non-salariés. L'arrêt rendu le 5 octobre 2016 par la Chambre commerciale de la Cour de cassation en fournit une illustration particulière.

Étaient en cause plusieurs contrats successifs de cogérance d'une superette, conclus entre juin 1989 et juillet 2000, avec la société *Distribution Casino France*. Dans le cadre de cette relation contractuelle, avait été stipulée (article 18 du contrat) une clause de non-concurrence au bénéfice du propriétaire de la succursale, l'engagement de non-concurrence n'étant assorti d'aucune contrepartie financière. À la suite de divers problèmes de santé, la co-gérante fut placée en arrêt de travail puis déclarée inapte au poste de gérant mandataire. La société *Distribution Casino France* lui notifie la rupture du contrat en raison de son inaptitude à exercer les fonctions contractuellement prévues et de l'impossibilité d'opérer un reclassement. L'affaire est portée devant les juridictions judiciaires. À cette occasion la cogérante sollicite la requalification du contrat de cogérance non-salariée en contrat de travail et formule diverses demandes consécutives à la requalification du contrat au nombre desquelles l'octroi de dommages et intérêts en raison du préjudice résultant du respect de la clause de non-concurrence nulle car dépourvue de contrepartie financière. La requalification du contrat conclu entre la cogérante et la société *Distribution Casino France* en contrat de travail permet en effet à la co-gérante d'obtenir l'application du régime juridique applicable à ce contrat plutôt que celui applicable à la gérance de succursale. Ce faisant, ce n'est pas une partie – dont le contenu est progressivement déterminé par la jurisprudence – mais l'ensemble des dispositions du droit commun du contrat de travail qui peut être invoqué. Etaient plus particulièrement visés deux points particuliers. Le premier point concernait l'obligation de reclassement et le régime juridique de la rupture du contrat de travail (C. trav., art. L. 1226-10 et L. 1226-12). Alors que ces textes s'imposent à l'employeur dans le cadre du contrat de travail, leur application au contrat de gérance de succursale n'était pas acquise. Le second point visait quant à lui le régime juridique de la clause de non-concurrence, régime propre au contrat de travail en ce qu'il impose à peine de nullité de la clause, la stipulation d'une contrepartie financière. De la même manière que précédemment, l'application de ce régime à la clause de non-concurrence contenu dans un contrat de gérance non-salariée n'avait rien de certain.

La Cour d'appel d'Aix-en-Provence déboute la co-gérante de l'ensemble de ses demandes dans un arrêt rendu le 9 juin 2015. Ayant rejeté la demande de requalification du contrat, les juges du fond déclarent les articles L. 1226-10 et L. 1226-12 du Code du travail inapplicables au contrat de gérance non-salarié. S'agissant de la clause de non-concurrence, les juges du fond refusent d'étendre le régime juridique des clauses de non-concurrence contenues dans un contrat de travail à celles introduites dans un contrat de gérance non-salariée de succursale. Pour ce faire, les juges aixois se fondent sur la spécificité de la relation de travail en tant qu'elle justifie l'exigence d'une contrepartie financière à l'engagement de non-concurrence. Ils retiennent en effet que "*(...) si la clause de non-concurrence imposée au salarié, qu'il convient de protéger plus particulièrement, ne prévoit pas de contrepartie financière, le salarié et lui seul, peut alors se prévaloir de la nullité de cette clause, car la contrepartie financière de l'obligation de non-concurrence, allouée en raison d'un travail antérieur, a dans ce cas le caractère d'un salaire*". Au-delà de la nature de la contrepartie financière, les juges du fond font référence à l'élément qui singularise la relation de travail, le lien de subordination. Ils retiennent dans ce cadre qu'"*(...) il en va différemment dans le cadre du contrat de cogérance non-salariée, aucun lien de subordination n'existe entre les parties qui consentent librement à leurs engagements respectifs*". Le rejet de cette demande est en dernier lieu justifié par la renonciation expresse de la société *Distribution Casino France* de se prévaloir de la clause de non-concurrence.

L'affaire est portée devant la Cour de cassation. Le troisième moyen au pourvoi concerne directement la validité de la clause de non-concurrence – le premier moyen portant essentiellement sur la requalification du contrat de travail et le second moyen sur le caractère abusif de la rupture du contrat de gérance et ses conséquences juridiques. La co-gérante invoque en effet l'illicéité de cette clause pour absence de contrepartie financière et conséquemment, l'attribution de dommages et intérêts venant réparer le préjudice déduit du respect de celle-ci. La Cour de cassation prononce la cassation partielle de l'arrêt. Elle approuve les juges du fond en ce qu'ils ont refusé de requalifier le contrat de gérance non-salariée de succursale en contrat de travail. La censure concerne en revanche le rejet des demandes formulées dans le cadre des deux autres moyens. Ce faisant la Cour de cassation apporte des précisions relatives aux dispositions du droit du travail applicables aux contrats de gérance non-salariée de succursales.

Tout d'abord, la Chambre sociale de la Cour de cassation se fonde sur l'article L. 7322-1 du Code du travail pour retenir l'application des dispositions des articles L. 1226-10 – relatives à l'obligation de reclassement en présence d'une inaptitude consécutive à un accident du travail ou à une maladie professionnelle – et L. 1226-12 – relatives aux conditions et modalités de la rupture du contrat de travail en présence d'une telle inaptitude – du même Code au gérant de succursale non-salarié.

Ensuite, la Chambre sociale de la Cour de cassation étend au gérant de succursale non-salarié le bénéfice du régime juridique des clauses de non-concurrence stipulées dans des contrats de travail. La censure est nette. Elle est en effet prononcée au visa du principe fondamental de libre exercice d'une activité professionnelle et de l'article L. 7322-1 du Code du travail. Le visa est assorti de la formulation d'un principe qui souligne les deux temps du raisonnement.

La Chambre commerciale de la Cour de cassation retient dans un premier temps qu'"*en application de ce principe et de ce texte, une clause de non-concurrence stipulée dans le contrat d'un gérant non-salarié de succursales de commerce de détail alimentaire n'est licite que si elle comporte l'obligation pour la société de distribution de verser au gérant une contrepartie financière*". La validité de la clause de non-concurrence introduite dans un contrat de gérance de succursale non-salariée est donc expressément subordonnée à l'existence d'une contrepartie financière, à l'image de ce que retient la jurisprudence en matière de contrat de travail (v. not. Cass. soc., 10 juill. 2002, n° 00-45135). Nul besoin pour cela que le contrat soit requalifié en contrat de travail. Cette solution n'est pas nouvelle. La Cour de cassation a en effet eu l'occasion de se prononcer en ce sens à plusieurs reprises (Cass. soc., 9 janv. 2013, n° 11-26418, Bull. civ. V, n° 4 ; Cass. soc., 27 mars 2013, n° 12-12892, Bull. civ. V, n° 91 ; Cass. soc. 28 sept. 2011, n° 10-21294, Bull. civ. V, n° 210 ; Cass. soc. 8 déc. 2009, n° 08-42089 et n° 08-42090). En revanche, tenue par les termes du moyen au pourvoi, la Cour de cassation n'a pas l'occasion de se prononcer sur l'appréciation des autres conditions de validité des engagements de non-concurrence.

Dans un second temps, la Chambre sociale de la Cour de cassation tire les conséquences de l'extension de l'exigence de contrepartie financière. De la même manière qu'en matière de contrat de travail "*la stipulation d'une clause de non-concurrence nulle est susceptible de causer au gérant un préjudice dont l'existence et l'évaluation relèvent du pouvoir souverain d'appréciation des juges du fond*". La formulation retenue – et plus particulièrement l'expression "*est susceptible de causer (...) un préjudice*" – renvoie assez nettement aux solutions récentes retenues en matière de contrat de travail. La Cour de cassation a en effet abandonné la présomption irréfragable de préjudice résultant d'une clause de non-concurrence nulle (v. Cass. soc., 25 mai 2016, n° 14-20578). Le préjudice subi ne résulte donc plus du seul constat de l'illicéité de la clause de non-concurrence. Celui-ci doit désormais être constaté. La Cour de cassation rappelle également l'office du juge en la matière. L'appréciation de l'existence du préjudice comme son évaluation relève du pouvoir souverain des juges du fond. En l'espèce les juges du fond ayant exclu toute extension de la condition de validité de contrepartie financière au contrat de gérance en cause, ils n'avaient pas pu apprécier le préjudice résultant de l'illicéité de la clause, illicéité uniquement déduite de l'absence de mention d'une contrepartie financière.

Si la solution retenue à l'avantage, comme cela a pu déjà être souligné, d'uniformiser le régime des clauses de non-concurrence, il reste à préciser l'étendue de cette extension. Se pose en effet la question de savoir si l'application au contrat de gérance non-salariée du régime juridique de la clause de non-concurrence prévu en matière de contrat de travail vaut pour l'ensemble du régime juridique de ces clauses ou pour une partie seulement de celui-ci. L'on pense par exemple aux solutions retenues en matière de restrictions apportées à la contrepartie financière tant par une convention collective que par le contrat de travail lui-même.

V. Durand
Concurrences N° 1-2017, p. 129

Concurrences +

A-C. Martin, La Cour de cassation rappelle que les dispositions du droit du travail sont applicables aux gérants non-salariés de succursales d'alimentation de détail (Distribution Casino France), 5 octobre 2016, Revue Concurrences N° 1-2017, pp. 111

4.1.2 Autres clauses

Cass. com., 28 septembre 2010, Prodim, nº 09-13888

La Cour de cassation distingue la clause de non-concurrence et la clause de non-réaffiliation par leur objet

Une sentence arbitrale, deux arrêts d'appel et deux arrêts de cassation : ainsi se présente, à ce jour, le contentieux à rebondissements qui oppose, depuis pratiquement dix ans, un franchiseur de la distribution alimentaire à des franchisés ayant mis fin à la relation contractuelle avant l'échéance du terme et qui connaîtra à tout le moins un nouvel épisode. En l'état de la cassation partielle prononcée par la Chambre commerciale, dans son arrêt du 28 septembre 2010 (v. aussi sur cet arrêt, *JCP E*, 2010, 1943, comm. N. Dissaux), une Cour d'appel aura donc à connaître, pour la troisième fois, de ce litige, mais seulement en ce qui concerne la validité d'une clause dont le non-respect par les franchisés est invoqué par le franchiseur au soutien d'une demande en dommages-intérêts.

En substance, les franchisés avaient souscrit l'engagement, en cas de rupture anticipée du contrat, de ne pas utiliser, durant une période d'un an à compter de la résiliation, une enseigne de renommée nationale ou régionale, déposée ou non, et de ne pas offrir en vente des marchandises dont les marques sont liées à ces enseignes dans un rayon de 5 km de leur magasin.

Pour rejeter la demande en réparation du préjudice formulée par le franchiseur, la Cour d'appel avait qualifié la stipulation litigieuse de clause de non-concurrence avant de conclure à sa nullité, faute pour elle de satisfaire aux conditions de validité communément exigées en jurisprudence.

Sur pourvoi formé par le franchiseur, la Cour de cassation censure de ce chef l'arrêt d'appel pour violation de la loi. Sous le visa de l'article 1134 du Code civil, elle affirme que "*la clause de non-concurrence a pour objet de limiter l'exercice d'une activité similaire ou analogue à celle du réseau, tandis que la clause de non-réaffiliation se borne à restreindre sa liberté d'affiliation à un autre réseau*".

Publié au *Bulletin des arrêts* de la Cour de cassation, l'arrêt du 28 septembre 2010 constitue à n'en pas douter un arrêt de principe. La Cour régulatrice y énonce, de façon générale, un critère fondé sur l'objet de la stipulation contractuelle et permettant de faire la distinction entre clauses de non-concurrence et clauses de non-réaffiliation : contrairement à la première, qui interdit l'exercice même d'une activité, la seconde, de façon moins radicale, concerne une modalité d'exercice de celle-ci et peut apparaître, ce faisant, moins restrictive de la liberté de son débiteur et moins attentatoire à la compétition sur le marché qu'une clause de non-concurrence.

S'il est clair que la Cour de cassation appelle les juridictions à faire preuve de rigueur dans la qualification des engagements restreignant l'exercice de la compétition, sa décision soulève cependant des interrogations quant à son incidence sur l'appréciation judiciaire des clauses de non-réaffiliation.

En effet, comme l'observation en a été faite, la clause de non-réaffiliation peut, dans certaines hypothèses, aboutir à un résultat proche de celui d'une clause de non-concurrence "*lorsque, en pratique, l'activité objet de l'engagement de non-réaffiliation ne peut s'effectuer de manière optimale que dans un réseau*" (D. Mainguy, J.-L. Respaud, M. Depincé, *Droit de la concurrence*, Litec, 2010, n° 211, p. 178 ; v. aussi M. Depincé, "Les clauses de non-réaffiliation", *Dr. et patrimoine*, 2007, p. 51). Ainsi certaines décisions avaient-elles admis que l'interdiction de réaffiliation équivalait à une clause de non-concurrence lorsque "*apparaissait purement formelle la possibilité laissée au franchisé d'exercer son activité hors de tout réseau*" (Cass. civ 2e, 10 janvier 2008, n° 07-13558, dans une procédure de référé ; pour un exemple récent, Paris, 25 février 2010, n° 07-06300, *Prodim c/ Diapar*).

L'arrêt de cassation du 28 septembre 2010 marque-t-il l'abandon de ce courant jurisprudentiel ? Il est permis d'en douter, dans la mesure où dans la décision censurée, les juges du fond avaient indiqué que la stipulation litigieuse "*restrei[gnai]t la possibilité de l'ancien franchisé de poursuivre son activité dans les mêmes conditions avec une enseigne concurrente*", élément caractéristique correspondant non pas à la qualification de clause de non-concurrence retenue par l'arrêt d'appel, mais bien à celle d'une clause de non-réaffiliation, comme le rappelle, à juste titre, la Cour de cassation.

Sa décision ne nous semble pas interdire, en revanche, aux juridictions de procéder à une analyse concrète de l'incidence d'une clause de non-réaffiliation, à l'instar du raisonnement suivi par un récent arrêt de la Cour d'appel de Paris. En effet, après avoir indiqué que "*quoique, prise à la lettre, elle permette en théorie à l'ancien franchisé d'exercer un commerce équivalent pourvu qu'il s'abstienne de s'affilier à une enseigne renommée et de commercialiser les produits propres de ce fournisseur*", la Cour d'appel de Paris conclut, au terme d'une appréciation concrète très circonstanciée, que la clause "*revient [...] à lui interdire toute activité similaire rentable pendant un an*", ce qui la rapproche assurément d'une clause de non-concurrence, même si la décision n'opère pas de requalification de la stipulation (CA Paris, 25 février 2010, n° 07-06300, *Prodim c/ Diapar* ; rappr. CA Paris, 23 septembre 2009, *CEFAB c/ ATAC*).

Statuant uniquement sur le critère de qualification, l'arrêt du 28 septembre 2010 conduit à s'interroger par ailleurs sur le point de savoir si le rattachement d'une stipulation à la catégorie juridique des clauses de non-réaffiliation emportera des différences de régime notables, et lesquelles, avec le rattachement aux clauses de non-concurrence. La spécificité de ces clauses est-elle suffisamment importante pour conduire à renoncer à calquer leur régime, comme cela était le cas, sur celui des engagements de non-concurrence (Cass. civ. 2e, 10 janvier 2008, déc. préc. ; Cass. com, 17 janvier 2006, *CCC*, 2006, comm. 67, obs. M. Malaurie-Vignal) ? Si la réponse appartient incontestablement à la Cour de cassation, il est permis de souhaiter, pour les plaideurs concernés par la présente affaire, que la haute juridiction se prononce à l'occasion d'un autre dossier.

M. Chagny
Concurrences N° 1-2011, p. 135

Concurrences +

N. Ereseo, La Cour d'appel de Paris annule une clause de non-réaffiliation qui n'était pas suffisamment limitée dans l'espace tout en admettant qu'elle était justifiée par la protection du savoir-faire mis au point par le franchiseur (Europe Immobilier/Century 21), 9 février 2011, Revue Concurrences N° 2-2011, pp. 125-126

N. Ereseo, La Cour de cassation considère que la clause de non-concurrence a pour objet de limiter l'exercice par le franchisé d'une activité similaire ou analogue à celle du réseau qu'il quitte, tandis que la clause de non-réaffiliation se borne à restreindre sa liberté d'affiliation à un autre réseau (Prodim), 8 septembre 2010, Revue Concurrences N° 1-2011, pp. 121-123

Cass. com., 11 juillet 2006, Barandon c/ GELU, n° 04-20438

La Cour de cassation juge que la clause de non-sollicitation ne constitue pas une clause de non-concurrence dont elle n'est ni une variante, ni une précision

Le 11 juillet 2006, la Cour de cassation a apporté de nouvelles précisions sur la notion de clause de non-sollicitation. Pour la première fois, elle distingue expressément ce type de clauses des clauses de non-concurrence.

En l'espèce, les époux Y exploitaient plusieurs sociétés de reprographie dans la région de l'Hérault. En 1996, ils cédèrent les parts sociales de deux de leurs sociétés à une entreprise tierce dirigée par M. Z. Les actes de cession de ces sociétés comportaient chacun une clause de non-concurrence et une clause de non-sollicitation aux termes de laquelle *"le groupe cédant comme le groupe cessionnaire s'interdit en ce qui le concerne d'employer un salarié ou un ancien salarié d'une société de l'autre groupe"*. Postérieurement à cette cession, M. Z embaucha Mme. A, employée de l'une des sociétés détenues par les époux Y. Ces derniers entamèrent alors une action judiciaire en vue d'obtenir des dommages et intérêts pour violation de la clause de non-sollicitation.

Par un arrêt en date du 21 septembre 2004, la Cour d'appel de Montpellier les débouta de leur demande aux motifs que la clause de non-sollicitation n'était qu'une variante ou une précision de la clause de non-concurrence et, en ce sens, ne devait s'appliquer que dans les secteurs et sur les territoires définis par la clause de non-concurrence. Or, en l'espèce, la société de M. Z, ayant embauché l'employée de la société des époux Y, exerçait son activité dans un lieu non visé par la clause de non-concurrence. Il n'y avait donc pas, pour la Cour d'appel, violation de la clause de non-sollicitation.

Par un arrêt en date du 11 juillet 2006, la chambre commerciale de la Cour de cassation casse l'arrêt d'appel pour dénaturation des termes clairs et précis de la clause de non-sollicitation. En effet, pour la Cour, *"la clause de non-sollicitation ne constitue pas une clause de non-concurrence, dont elle n'est ni une variante, ni une précision"*.

Cet arrêt fait suite à un arrêt de la Cour de cassation du 10 mai 2006, dans lequel cette même chambre affirmait que seul un salarié peut se prévaloir du trouble qu'est susceptible de lui causer une clause de non-sollicitation ne comportant pas de contrepartie financière (Cass. com., 10 mai 2006, société Union technologies informatique c/ société Metaware Technologies, n° 04-10149, voir Concurrences n° 3-2006, p. 111, commentaire de D. F. et S. C.).

L'arrêt de mai 2006 a divisé la doctrine. Certains y ont vu un rapprochement du régime des clauses de non-concurrence et des clauses de non-sollicitation. Selon ces auteurs, la chambre commerciale étendait aux clauses de non-sollicitation la jurisprudence de la chambre sociale subordonnant la validité des clauses de non-concurrence à une contrepartie financière au profit du salarié (en ce sens : M. Malaurie-Vignal, Contrats, Conc., Consom., Août-septembre 2006, commentaire n° 164 ; S. Méar, Clause de non-sollicitation et clause de non-concurrence : même régime ?, Rev. Lamy dr. aff., n° 7, juillet 2006).

D'autres auteurs estimaient, au contraire, que l'arrêt ne se prononçait pas sur les conditions de validité des clauses de non-sollicitation, mais précisait simplement que le salarié est seul titulaire d'un intérêt à agir lorsqu'une telle clause ne prévoit pas de contrepartie financière à son profit (en ce sens, G. Aurézo, Lexbase hebdo édition sociale, 31 mai 2006 et le commentaire de D. F. et S. M. susmentionné).

Des précisions sur la nature et le régime d'une clause de non-sollicitation par la chambre commerciale étaient donc attendues.

Le fait que la Cour de cassation distingue expressément dans son arrêt du 11 juillet 2006 la clause de non-sollicitation de la clause de non-concurrence signifie-t-il que la contrepartie financière exigée en matière de clause de non-concurrence n'est pas une condition de validité de la clause de non-sollicitation ? L'arrêt ne répond à nouveau pas expressément à cette question. Cependant, la distinction faite par la Cour de cassation entre les deux types de clauses plaide en faveur d'un régime distinct et l'existence d'une contrepartie financière ne serait a priori pas exigée dans le cas d'une clause de non-sollicitation.

Les clauses de non-sollicitation, comme les clauses de non-concurrence, visent à protéger l'employeur. Les clauses de non-sollicitation se sont d'ailleurs développées pour suppléer aux clauses de non-concurrence devenues onéreuses pour l'employeur depuis la jurisprudence de la chambre sociale de juillet 2002. Plusieurs éléments les distinguent cependant nettement.

Alors que le débiteur de l'obligation de non-concurrence est le salarié, l'obligation de non-sollicitation est à la charge des clients de l'employeur mettant ses employés à la disposition d'une autre entreprise, ou, comme en l'espèce, à la charge de deux entreprises parties à un contrat de cession. Dans ces conditions, le salarié est partie au contrat de travail le liant à son employeur et incluant la clause de non-concurrence, alors qu'il est tiers au contrat comportant l'obligation de non-sollicitation. À noter toutefois, qu'il peut engager sa responsabilité délictuelle s'il se rend complice de la violation de cette clause de non-sollicitation (Cass. com., 28 janvier 2003, société Méthode conseil ingénierie informatique c/ M. Jean-Philippe Jacquemet, n° 00-10033).

Dans un arrêt du 12 juillet 2005, la Cour d'appel de Lyon avait déjà souligné la différence entre ces deux types de clauses. Elle précisait que la clause de non-concurrence a pour objet "*l'interdiction faite à un salarié à compter de la fin de son contrat de travail d'exercer certaines fonctions, pendant une certaine durée, sur un certain territoire*", alors que la clause de non-sollicitation a pour objectif d' "*assurer la loyauté de l'exécution de la convention de collaboration, [...] chacune des sociétés ayant intérêt à se protéger contre un éventuel proche départ, voire détournement de ses salariés*" (CA Lyon, 3è ch. civ., 12 juillet 2005, Arol informatique SA c/ Ascom SA, Juris-Data n° 2005-284803).

L'arrêt de la Cour de cassation de juillet 2006 constitue une nouvelle pierre à la construction jurisprudentielle d'un régime propre aux clauses de non-sollicitation. Mais face au rapide développement de ce type de clauses, il faut espérer que la Cour répondra prochainement et de manière explicite aux questions laissées pendantes en la matière.

J.-P. de la Laurencie
Concurrences N° 4-2006, p. 86

Concurrences +

D. Fasquelle, S. Charrière, La Cour de cassation considère que seul le salarié peut contester la validité de la clause de non-sollicitation sans contrepartie pécuniaire (Union Technologies Informatique / Metaware Technologies), 10 mai 2006, Revue Concurrences N° 3-2006, pp. 111-112

4.2 Obligations légales

Cass. com., 15 novembre 2011, Clos du Baty et D. L. Finances c/ Fabi, Chanterie et M. X..., n° 10-15049

La Cour de cassation considère, d'une part, que, sauf stipulation contraire, l'associé d'une société à responsabilité limitée n'est tenu à aucune obligation de non-concurrence à l'égard de la société et, d'autre part, que l'associé-gérant d'une SARL est en revanche débiteur d'une obligation de loyauté et de fidélité de nature à lui interdire toute activité concurrentielle à celle de la société gérée

L'arrêt rendu par la Chambre commerciale de la Cour de cassation le 15 novembre 2011 est important en ce qu'il vient préciser les contours de l'action en concurrence déloyale. Plus spécifiquement, il traite de l'étendue des limitations à la liberté d'entreprendre qui pèsent sur les membres d'une société à responsabilité limitée, qu'il s'agisse des associés ou du gérant. Dans cette espèce, une SARL avait engagé la construction d'un ensemble immobilier destiné à la gendarmerie nationale. C'est alors que certains de ses associés, accompagnés du gérant, ont entrepris une activité concurrente et obtenu, pour le compte d'une autre société dans laquelle ils étaient également intéressés, la réalisation d'une seconde tranche du chantier. À la suite de ces évènement, la SARL a assigné les associés concernés, son gérant ainsi que la société concurrente en paiement de dommages-intérêts, tant sur le fondement de la concurrence déloyale que sur celui de l'obligation de loyauté et de fidélité du gérant.

La Cour d'appel de Bordeaux, saisie de l'affaire, devait rejeter les prétentions de la demanderesse dans son arrêt du 26 janvier 2010, d'une part, en raison de l'absence d'obligation de non-concurrence incombant aux associés d'une SARL, d'autre part, au motif que le projet remporté par la société concurrente était distinct de celui qui impliquait la demanderesse. Cette décision a fait l'objet d'une cassation partielle par l'arrêt présenté du 15 novembre 2011. Les juges du fond sont ainsi approuvés en ce qui concerne l'absence d'obligation de non-concurrence des associés d'une société à responsabilité limitée et, par voie de conséquence, la reconnaissance d'une entière liberté d'exercer une activité concurrente bénéficiant à ces derniers. Leur position relative au statut du gérant est en revanche censurée, ce dont il résulte qu'un tel gérant se rend auteur d'un comportement déloyal en mettant en œuvre une activité concurrente de celle de la société gérée.

L'absence d'obligation de non-concurrence des associes d'une société à responsabilité limitée

L'arrêt commenté est très clair en ce qui concerne la question d'une éventuelle limitation à la liberté d'entreprendre qui serait consécutive à la qualité d'associé d'une SARL La Chambre commerciale y affirme en effet expressément que l'associé d'une telle société "*n'est, en cette qualité, tenu ni de s'abstenir d'exercer une activité concurrente de celle de la société ni d'informer celle-ci d'une telle activité et doit seulement s'abstenir d'actes de concurrence déloyaux*". Dès lors, ni la qualité d'associé ni l'*affectio societatis* ne sont de nature à entraver ou à limiter la liberté d'entreprendre des associés d'une SARL, qui ont ainsi la possibilité de mettre en œuvre une activité concurrente de celle de la société ou de rejoindre des sociétés concurrentes. Cette liberté est telle qu'elle ne s'accompagne d'aucun devoir d'information mis à la charge de l'associé sur ses éventuelles activités concurrentes. L'associé qui entreprend une telle activité sans le notifier à la SARL n'est par conséquent auteur d'aucune déloyauté.

Les seules limites à cette règle de principe résident dans l'inclusion d'éventuelles clauses de non-concurrence et dans l'application classique des théories de la concurrence déloyale et du parasitisme économique. Il en ressort, s'agissant de ce dernier point, que l'exercice de l'activité concurrente doit être exclusif de tout dénigrement, de tout risque de confusion, de toute désorganisation de la SARL concernée, de toute captation de clientèle ou encore de toute usurpation des investissements et du travail de cette société. À défaut, une condamnation au paiement de dommages-intérêts sera concevable. Elle devrait être fondée sur les articles 1382 et 1383 du Code civil, en raison du fait que ces différents comportements ne viennent pas contrevenir aux obligations issues du contrat de société. D'autres limitations sont également envisageables dans certaines situations particulières, qui tiennent essentiellement à la forme de l'apport réalisé par l'associé concerné. En effet, en cas d'apport en industrie ou d'apport de fonds de commerce, l'exercice de l'activité concurrente peut s'analyser soit comme un comportement incompatible avec l'apport, soit comme une éviction. Dans de telles hypothèses, toutefois, le manquement ne sera pas caractéristique d'un acte de concurrence déloyale, mais plutôt d'une exécution défectueuse de l'apport.

L'arrêt rendu le 15 novembre 2011 fait ainsi disparaître les incertitudes qui étaient apparues à la suite de l'arrêt du 6 mai 1991, dont la solution était interprétable comme consacrant l'existence d'une obligation de non-concurrence issue de la seule qualité d'associé (Cass. com., 6 mai 1991 ; D., 1991, "Jurisprudence", p. 609, note Viandier ; D., 1992, somm. 347, obs. Serra ; *Rev. sociétés*, 1991, p. 760, note Guyon). Sa portée doit toutefois être précisée. Le principe de l'absence d'obligation de non-concurrence dont bénéficient les associés d'une SARL doit en effet être étendu aux associés des sociétés de capitaux, notamment des sociétés anonymes et des SAS, en raison des caractéristiques de ces dernières et de la prépondérance accordée au capital dans ces structures. Son application semble nettement plus réservée en ce qui concerne les sociétés de personnes, particulièrement les sociétés en nom collectif (sur ce point, voir A. Lienhard, "*Non-concurrence, loyauté : devoirs respectifs de l'associé et du gérant*", obs. sur Cass. com., 15 novembre 2011, Dalloz actualité, 23 novembre 2011). L'*affectio societatis* renforcé qui est présent dans ces formes sociales, la grande considération attachée à la personnalité des associés ainsi que le renforcement des obligations sociales, notamment l'obligation aux dettes qui pèsent sur ces derniers, sont en effet de nature à renforcer le devoir de loyauté et à le rendre incompatible avec l'exercice d'une activité concurrente ou, à tout le moins, avec un tel exercice sans information préalable de la société. Cette position est encore confortée par la qualité de gérant qui est, à défaut de disposition statutaire contraire, attachée par l'article L. 221-3 du Code de commerce à tout associé en nom et qui implique la mise en œuvre d'une obligation de loyauté et de fidélité imposant un devoir de non-concurrence.

L'obligation de non-concurrence du gérant d'une société à responsabilité limitée

Le principe de l'absence d'obligation de non-concurrence reconnu pour les associés ne bénéficie pas au gérant d'une SARL Il ressort en effet de l'arrêt du 15 novembre 2011 que le gérant est tenu, en application de l'article L. 223-22 du Code de commerce, d'une obligation de loyauté et de fidélité qui lui interdit "*de négocier, en qualité de gérant d'une autre société, un marché dans le même domaine d'activité*". La solution exprimée, qui doit être appliquée dans le cadre de toutes les formes de sociétés comportant un gérant, s'inscrit pleinement dans le courant jurisprudentiel qui avait consacré l'existence d'une obligation de non-concurrence à la charge du gérant d'une SARL (C.A. Paris, 10 novembre 1992 ; D., 1994, somm. 75, obs. Picod) ou sanctionné un tel gérant pour des actes de concurrence déloyale (Cass. com., 21 octobre 1997 ; *Bull. Joly*, 1998, p. 27, obs. Saintourens). Sa portée doit toutefois être examinée au regard du régime de l'associé d'une SARL, mais aussi de la solution de principe issue de l'important arrêt du 20 juin 1966, qui prescrit que les fautes commises par un gérant dans l'exercice de son mandat ne constituent pas, lorsque celui-ci est en même temps un associé, un manquement aux obligations résultant du contrat de société (Cass. com., 20 juin 1966 ; Bull. civ. III, n° 313). Plusieurs situations doivent ainsi être distinguées. Soit, premièrement, le gérant de la SARL entreprend une activité concurrente de celle de la société gérée, à titre personnel ou en qualité de gérant d'une société concurrente. Dans une telle hypothèse, il commet une faute caractérisée par la violation de l'obligation de loyauté et de fidélité qui lui incombe. Cette faute, distincte de la concurrence déloyale compte tenu de sa nature contractuelle, doit permettre la mise en jeu de sa responsabilité civile à l'égard de la société. Soit, deuxièmement, le gérant est associé dans une société concurrente. Dans une telle situation, il ne commet aucune faute, sauf dans les situations dans lesquelles une éventuelle déloyauté pourrait être prouvée ou dans lesquelles la qualité d'associé de la société concurrente emporte celle de gérant (comme ce peut être le cas à propos des sociétés en nom, voir *supra*). Soit, enfin, le gérant qui entreprend l'activité concurrente a également la qualité d'associé de la société qu'il gère. Dans une telle hypothèse, l'associé-gérant se rend auteur d'un manquement à ses obligations de gérant, et plus précisément à son obligation contractuelle de loyauté et de fidélité. En revanche, il ne commet aucune transgression du contrat de société. Par conséquent, il n'encourt aucune responsabilité rattachée à sa qualité d'associé, sauf en présence d'une obligation statutaire de non-concurrence ou d'un acte déloyal caractérisé.

R. Mesa

Concurrences N° 1-2012, p. 135

Concurrences +

R. Mesa, La Chambre commerciale de la Cour de cassation considère que sauf stipulation contraire, l'associé d'une société par actions simplifiée n'est pas, en cette seule qualité, tenu de s'abstenir d'exercer une activité concurrente de celle de la société (LBDI, EGT), 10 septembre 2013, Revue Concurrences N° 1-2014, pp. 103-104

Partie 2

DISTRIBUTION

1. FORCE DE VENTE

1.1. VRP

1.1.1. Qualification – Territoire

Cass. soc., 1er juillet 2009, M. Bedda c/ Ets Florest, n° 08-40605

La Cour de cassation considère que le statut de VRP n'est pas applicable lorsque le contrat de travail se borne à indiquer la "région" où doit s'exercer l'activité du salarié

A la suite de son licenciement, un salarié "*vendeur-livreur*" rémunéré par une commission sur le chiffre d'affaires, avait sollicité l'application du statut de VRP. Se référant aux stipulations du contrat de travail, la Cour d'appel avait débouté le salarié de sa demande. La chambre sociale de la Cour de cassation confirme l'arrêt d'appel.

Décision

"*Mais attendu que selon l'article L. 7311-3 du Code du travail, est voyageur représentant ou placier, toute personne qui travaille pour le compte d'un ou plusieurs employeurs, exerce en fait d'une façon exclusive et constante une profession de représentant, ne fait aucune opération commerciale pour son compte personnel, et est liée à l'employeur par des engagements déterminant la nature des prestations de services ou des marchandises offertes à la vente ou à l'achat, la région dans laquelle il exerce son activité ou les catégories de clients qu'il est chargé de visiter et le taux des rémunérations ;*

Et attendu que la Cour d'appel, qui a relevé que le contrat de travail ne faisait référence à aucun secteur géographique, ni à une catégorie de clientèle, et se bornait à faire état de la "région" où devait s'exercer l'activité du salarié, terme trop imprécis pour caractériser un secteur fixe et stable, en a déduit à bon droit, sans encourir les griefs du moyen, que le salarié ne relevait pas du statut de VRP."

Commentaire

L'attribution d'une clientèle ou d'un territoire constitue l'une des conditions pour la qualification légale de VRP (Cour de cassation, chambre sociale, 2 décembre 1964, D. 1965, p. 82 : La qualification légale de VRP est rejetée pour absence d'attribution de secteur) disposées à l'article L. 7311-3 du Code du travail. Cette condition est considérée comme essentielle dans la mesure où la spécificité du régime de VRP découle précisément du rôle qu'il joue dans l'accroissement d'une clientèle au profit de l'employeur (D. Ferrier, Droit de la distribution, Litec, 5e éd., n° 93, p. 49).

La jurisprudence est ainsi conduite à apprécier le lien entre le VRP et la clientèle ou le territoire confié, en contrôlant leur détermination, leur stabilité (Le territoire ou la clientèle doivent être stables, pour que le VRP soit en mesure d'établir l'apport de clientèle conditionnant le bénéfice du statut. Pour exemple : Cour de cassation, chambre sociale, 23 janvier 2001, JCP E 2001, Cah. dr. entr. N° 4, p.29, obs. Ph. Grignon) et leurs conditions d'attribution (le territoire ou la clientèle doivent être attribués au VRP personnellement.

Pour exemple : Cour de cassation, chambre sociale, 9 juillet 1969, JCP Cl 1969, II, 87917, note A.A.) En l'espèce, c'est sur la question de la détermination du territoire attribué au VRP que les juges étaient appelés à se prononcer.

Le contrat de travail litigieux mentionnait "*la région*" pour désigner le secteur d'activité du salarié "vendeur-livreur".

Pour rejeter l'application du statut de VRP, la Cour d'appel avait estimé que le terme "région" – bien qu'expressément visé à l'article L. 7311-3 du Code du travail – était "*trop imprécis pour caractériser un secteur fixe et stable*", et avait par conséquent considéré que le contrat "ne faisait référence à aucun secteur géographique ni à une catégorie de clientèle".

Dans son pourvoi, le salarié avançait deux arguments pour contester cette décision : d'une part, "le contrat de travail du VRP peut mentionner la région comme secteur géographique de prospection", d'autre part, la Cour d'appel ne pouvait se prononcer ainsi "*par simple référence aux stipulations du contrat de travail et aux mentions portées sur les bulletins de salaires, sans rechercher les conditions réelles d'exercice de l'activité du salarié*".

La Cour de cassation les rejette tous les deux :

- Le premier de manière logique. La jurisprudence apprécie avec une certaine rigueur la délimitation du champ d'activité. Par exemple, il a été jugé que le secteur géographique attribué au VRP qui s'étend au territoire français n'est pas assez déterminé (Cour de cassation, chambre sociale, 3 mars 1971, pourvoi n° 70-40352, Bull. civ. IV, n° 178. Néanmoins, Cour d'appel de Paris, 17 février 1971, D. 1972, p. 733, note J. Mezard : Application du statut de VRP au salarié dont le secteur attribué était l'"*Allemagne*"). De même, le statut de VRP n'est pas applicable lorsque le contrat se borne à indiquer que le salarié doit visiter la clientèle "*des épiciers en gros et en détail*" (Cour de cassation, chambre sociale, 17 juin 1964, pourvoi n° 63-10603, JCP G 1964, II, n° 13874. Mais peu importe qu'il n'y ait qu'un seul client : Cour de cassation, chambre sociale, 5 mai 1977, pourvoi n° 76-40640, Bull. civ. V, n° 306).
- Le second de façon surprenante. Il est normalement admis que le territoire ou la clientèle puissent ne pas être déterminés dans le contrat de travail lui-même mais se déduire des conditions dans lesquelles est exercée l'activité du VRP (Cour de cassation, chambre sociale, 11 décembre 1991, D. 1992, inf. rap. p. 39), notamment en cas de différence entre les stipulations du contrat et son exécution (Cour de cassation, chambre sociale, 23 octobre 1968, Bull. civ. V, n° 457).

On rappellera que cette solution ne trouve pas à s'appliquer lorsque les parties conviennent de façon expresse et non équivoque que le statut de VRP s'applique, l'imprécision des termes du contrat quant au champ d'activité permettant ainsi à l'employeur de faire accepter, le cas échéant, par le VRP la modification, dans l'intérêt de l'entreprise, du territoire ou de la clientèle prospectés.

D. Ferrier

Concurrences N° 2-2010, pp. 90-92

1.2. Gérant de succursale

1.2.1 Qualification-critères

Cass. soc., 23 juin 2015, 1071 M.P. c/ Carrefour proximité France, n° 13-26361

La Cour de cassation et la Cour d'appel de Versailles considèrent avec souplesse les conditions d'application du statut de gérant mandataire de succursales

L'application du droit social à des distributeurs qui commercialisent des produits (ou parfois services : souscription d'abonnements téléphoniques, cf. Cass. soc., 1er fév. 2011, pourvois n° 08-45223, 08-45295 et 09-65999 ; Cass. soc., 12 fév. 2014, pourvois n° 12-28160 et 12-28376 : D. Ferrier, *Concurrences* n° 2-2014, art. n° 65854, pp. 107-108) sous la qualification de gérant mandataire de succursale (art. L. 7321-2 C. trav.), constitue une source toujours plus importante de contentieux au sein des réseaux.

Pour bénéficier de cette qualification, le distributeur doit se trouver dans une dépendance économique caractérisée par :

- une activité exclusive ou quasi exclusive de commercialisation des produits du fournisseur ou de fournisseurs agréés par ce dernier (est assimilée à cette hypothèse celle où seuls les produits à commercialiser et non leurs fournisseurs sont définis, cf. Cass. soc., 8 juill. 1977, pourvoi n° 76-40687 : Bull. civ. 1977, V, p. 383) ;
- l'application des conditions fixées par le fournisseur tenant au local, fourni ou agréé par lui, aux modalités de commercialisation (par exemple, imposition d'assortiments et de quantités de produits à détenir, exigences de services à fournir aux clients, fixation des horaires d'ouverture du point de vente – cf. Cass. soc., 12 janv. 1983, pourvoi n° 80-41288 : Bull. civ. 1983, V, n° 14 –, etc.) et aux prix de commercialisation (pour une application également en cas d'imposition d'une marge bénéficiaire très étroite, cf. Cass. soc., 18 janv. 2010 : *D.* 2011, pan. 550, obs. D. Ferrier, ou d'impossibilité de décider d'une politique publicitaire ou promotionnelle indépendante, cf. Cass. soc., 22 déc. 1988 : Bull. civ. 1988, V, n° 700).

Les deux décisions récentes de la Cour d'appel de Versailles (2 juin 2015, RG n° 13/03007) et de la Cour de cassation (23 juin 2015, pourvoi n° 13-26361) illustrent, dans des espèces intéressant des distributeurs locataires-gérants dont l'un était également franchisé, l'appréciation par la jurisprudence de ces conditions.

Dans ces deux espèces, les distributeurs locataires-gérants avaient recherché, à la suite de la cessation de leur relation contractuelle, l'application du statut de gérant mandataire de succursale mais s'étaient vu opposer que les conditions d'application du statut relatives à la vente de produits fournis exclusivement ou quasi-exclusivement par le fournisseur et à l'imposition des conditions d'exercice de l'activité et des prix de commercialisation, n'étaient pas remplies. Dans l'espèce soumise à la Cour d'appel de Versailles, le fournisseur avait également opposé que le contrat avait été conclu avec un distributeur locataire-gérant, qui était non pas une personne physique, mais une société, personne morale.

L'objection tenant à la non-application du droit social du fait que c'est une société qui avait conclu le contrat de gérance de succursale, est rejetée par les juges de la Cour d'appel de Versailles. Ils relèvent à cette fin que le contrat de location-gérance avait été conclu *intuitu personae* avec la gérante de cette société et qu'est indifférent le fait que l'activité soit réalisée dans le cadre d'une personne morale car son existence ne saurait "*priver* [la gérante] *des droits qu'*[elle] *tient à titre individuel des dispositions de l'article L. 7321-2 du Code du travail*".

Cette solution s'inscrit dans la jurisprudence qui assure une protection du gérant, par-delà l'"écran" de la personne morale (parfois artificiellement constituée dans le seul but d'éviter l'application du droit social), dès lors qu'est relevé un lien direct et, *a fortiori*, un lien personnel entre lui et le mandant (cf. Cass. soc., 4 avr. 2007, pourvoi n° 06-42462 ; Cass. soc., 12 fév. 2014, pourvois n° 12-28160 et 12-28376 : D. Ferrier, precit.).

L'objection tenant à l'absence des conditions d'application du statut de gérant mandataire de succursale est également rejetée par la Cour de cassation comme la Cour d'appel de Versailles.

Les juges de la Cour d'appel de Versailles approuvent les juges de première instance d'avoir estimé satisfaites ces conditions de l'article L. 7321-2, en relevant que :

- le contrat de location-gérance comportait l'obligation, sous peine de résiliation, de "*s'approvisionner exclusivement*" auprès du promoteur de réseau et de "*ne pas vendre des produits qui n'auraient pas été approuvés expressément*" ; rappelant à cette occasion que pour apprécier si la vente de produits est l'activité essentielle du locataire-gérant (cf. art. L. 7321-2, 2° : "*dont la profession consiste essentiellement…*"), il convient de retenir sa "*part dans le chiffre d'affaires*" (cf. Cass. soc., 13 janv. 2010, pourvoi n° 09-41644 : *D.* 2011, pan. 550, obs. D. Ferrier). La solution paraît discutable si l'on cherche à apprécier l'état de dépendance du distributeur qui devrait seule justifier l'application du droit social.
- le locataire-gérant devait respecter les "*techniques de vente et de conseil*" ainsi que les "*prix ou promotions*" définis par le fournisseur-franchiseur, lequel avait mis au point un système informatique lui permettant de contrôler le "*niveau de chiffre d'affaires et/ou d'efficacité commerciale*" du locataire-gérant qui pouvait recevoir des "*injonctions*" de se conformer aux "*plans commerciaux imposés*" et aux "*objectifs*" fixés. Là encore, la solution paraît discutable car les constats auraient dû être nuancés par la prise en compte de l'existence d'un contrat de franchise et donc du savoir-faire mis en œuvre (cf. *supra*).

La franchise n'appelle-t-elle pas une considération particulière ?

La Chambre commerciale (et non sociale) de la Cour de cassation approuve également, l'application de l'article L. 7321-2 du Code du travail, en relevant que :

- le distributeur-franchisé, soumis à une obligation d'"*assortiment minimum*" de produits, "*ne pouvait s'approvisionner qu'auprès des sociétés* [liées au fournisseur] *et ne pouvait pas adhérer à un* [autre] *groupement de distribution*" que celui du franchiseur, lequel pouvait de son côté "*résilier discrétionnairement* [les contrats] *en cas de non-respect de cette condition d'approvisionnement*". La solution ne paraît pas ici discutable dès lors que ces éléments traduisent bien une quasi exclusivité voire une exclusivité d'approvisionnement.

- le fournisseur-franchiseur fixait les conditions et le prix de revente des produits car il définissait "*l'achalandage du magasin et la disposition des linéaires*", fournissait et mettait à jour "*les tarifs de vente*" et recevait communication d'"*états de gestion mensuels.* La solution pourrait ici se discuter à plusieurs titres. En premier lieu, le contrat de franchise repose sur la réitération du savoir-faire du franchiseur en matière notamment d'achalandage et de présentation des produits, le franchisé paie pour bénéficier de ce savoir-faire et peut donc difficilement être à cet égard considéré comme en "*dépendance*". En deuxième lieu, les "*tarifs de vente*" constituent une indication et l'on ne saurait alors déduire de leur seule communication une imposition de prix de revente. En troisième lieu, la communication d'"états de gestion mensuels" est indispensable pour permettre au franchiseur d'apprécier la mise en œuvre et, par-delà, la pertinence de son savoir-faire.

Si l'on peut admettre une considération parfois approximative des conditions de dépendance économique de l'article L. 7321-2 par le juge social, elle surprend de la part du juge commercial.

D. Ferrier
Concurrences N° 4-2015, pp. 129-130

Concurrences +

D. Ferrier, La Cour de cassation approuve une Cour d'appel d'avoir accordé le bénéfice du régime protecteur de gérant de succursale au gérant d'une société diffusant des abonnements téléphoniques (SFR / M. X), 12 février 2014, Revue Concurrences N° 2-2014, pp. 107-108

1.2.2 Personne morale

Cass. soc., 12 février 2014, SFR c/ M. X, n° 12-28160

La Cour de cassation approuve une Cour d'appel d'avoir accordé le bénéfice du régime protecteur de gérant de succursale au gérant d'une société diffusant des abonnements téléphoniques

L'application du droit social à des distributeurs, sous la qualification de gérants non salariés de succursales (C. trav., art. L. 7321-2), constitue une source croissante de litiges au sein des réseaux, comme le montre la jurisprudence.

Dans l'espèce soumise à la chambre sociale de la Cour de cassation, plusieurs contrats de même type conclus par un opérateur avec une même société avaient pour objet la commercialisation d'appareils de téléphonie mobile et de services d'abonnements téléphoniques, et plus précisément leur "*diffusion*", selon le terme utilisé par la chambre commerciale de la Cour de cassation dans une espèce intéressant le même opérateur (Cass., com. 4 février 2014, n° 12-29539 : la Cour souligne à cette occasion que l'activité de représentation confiée au diffuseur ne pouvait justifier que lui soit attribué un droit privatif "*sur la clientèle des abonnés à l'opérateur*").

Le gérant de la société réclamait le bénéfice de certaines dispositions du droit social et se voyait opposer, d'une part, que le contrat avait été conclu non avec lui mais avec la société, personne morale, et d'autre part, que son activité en tant que gérant de cette société n'était pas exclusivement affectée à la diffusion des produits et services en cause.

La Cour de cassation approuve les juges du fond qui avaient cependant retenu l'application de l'article L. 7321-2 C. trav. au gérant.

Sur la première objection, elle relève que le contrat se référait au caractère intuitu personae de la relation établie par le mandant avec la société de diffusion (notamment en raison de l'agrément requis pour toute opération de cession ou de modification du capital social) et avec son gérant, de sorte que, même si le contrat était conclu avec la seule personne morale, son gérant devait être considéré comme "*prépondérant dans l'exécution de l'activité confiée*". La solution s'inscrit dans la jurisprudence qui assure la protection du gérant, par-delà "*l'écran*" de la personne morale, dès lors qu'est relevé entre le mandant et lui un lien direct.

Sur la seconde objection, la Cour estime que si l'octroi du bénéfice des dispositions de l'article L. 7321-2 C. trav. au gérant suppose sa participation effective à la diffusion des produits ou services (en ce sens : Poitiers, 18 décembre 2013, RG n° 12/02637), en revanche, il "*n'est pas subordonné à la condition que cette activité professionnelle soit exercée par le seul intéressé*". Peu importe donc que d'autres personnes (en l'occurrence un "*commercial itinérant*" et un "*vendeur dans le local*") soient intervenues à côté du gérant à l'occasion de la diffusion des produits et services du mandant.

La Cour de cassation approuve également les juges du fond d'avoir estimé satisfaites les conditions d'application de l'article L. 7321-2 C. trav., en relevant que les abonnements offerts par l'opérateur étaient :

- commercialisés sous l'enseigne de l'opérateur, aux conditions et prix fixés par lui ;

- dans un local correspondant aux critères de qualité et d'aménagement également fixés par l'opérateur ;
- et pour une valeur égale à *"80 % au moins du total des abonnements vendus dans la surface de vente"*.

Au-delà de ces conditions, requises pour l'application du droit social, les juges avaient également relevé que l'opérateur imposait : la mobilisation de deux "commerciaux" pour la diffusion de ses produits et services, l'ouverture du point de commercialisation cinq jours sur sept toute l'année, et la soumission de la société de diffusion à un audit commercial tous les quatre mois.

L'espèce a l'intérêt non seulement de préciser les conditions d'application des dispositions de droit social, mais aussi de montrer la proximité des régimes de protection des distributeurs qui commercialisent pour le compte d'un fournisseur. En l'occurrence, les distributeurs d'abonnements téléphoniques qui ne sont pas parvenus à obtenir le bénéfice du régime d'agent commercial ou de mandataire d'intérêt commun (com. 21 juin 2011, n° 10-18577) font ainsi fructueusement jouer celui du gérant de succursale (rapp. la démarche d'un commissionnaire à l'encontre d'un commettant, D. Ferrier, La commission-affiliation : Charybde ou Scylla ?, Dalloz 2008, p. 2907).

Il demeure qu'en l'absence de lien de subordination, le gérant de succursale n'est pas un salarié et ne saurait donc bénéficier de l'ensemble du régime applicable au salarié.

La chambre sociale de la Cour de cassation décide ainsi que *"si le mandataire-gérant remplissant les conditions prévues par [l'article L. 7321-2 C. trav.] peut se prévaloir de la convention collective applicable à la relation de travail, il ne peut, en l'absence de lien de subordination, être assimilé à un cadre salarié et en conséquence prétendre à la qualification conventionnelle correspondante"* (soc. 15 janvier 2014, n° 11-11223 en ce sens, soc. 12 janvier 2011, n° 09-07156 ; rapp. soc., 25 mars 2009, RDT 2009, p. 373, note G. Auzero).

D. Ferrier

Concurrences N° 2-2014, pp. 107-108

1.2.3 Pluralité de contrats et interdépendance

Cass. soc., 19 octobre 2017, ERTECO, n° 15-27207

La Cour de cassation approuve les juges du fond pour avoir admis que les conditions d'application de l'article L. 7321-2 du Code du travail étaient satisfaites même lorsqu'elles résultaient de la combinaison de plusieurs contrats conclus par le bénéficiaire avec différents partenaires, dans la mesure où il existait une interdépendance totale entre ces contrats

L'arrêt rendu le 19 octobre 2017 mérite intérêt malgré son caractère lapidaire.

Il rejette le pourvoi formé contre une décision de la Cour d'appel de Rouen qui avait appliqué l'article L. 7321-2 du Code du travail à l'un des gérants d'une société locataire gérante d'un fonds de commerce exploité en exécution de plusieurs contrats conclus avec deux sociétés distinctes, aux motifs que "*l'interdépendance était totale entre les conventions signées par les cogérants et les différentes sociétés et que la possibilité de se fournir auprès d'un autre fournisseur était si strictement encadrée qu'elle ne pouvait être que marginale*".

Pour apprécier toute la portée de la décision il convient de se reporter à celle objet du pourvoi (CA Rouen, ch soc, 22 sept. 2015, RG n° 14/02799).

En l'espèce un couple avait constitué une société pour exploiter un fonds de commerce "*de type supermarché*" dans le cadre, d'une part, d'un contrat de location gérance et d'approvisionnement avec la société *ED*, devenue la société *ERTECO France*, et, d'autre part, d'un contrat de franchise avec la société *ED Franchise*.

Après la fin de leurs relations avec ces deux sociétés, l'un des époux avait agi contre la société *ERTECO* en revendiquant la reconnaissance d'un contrat de travail ou subsidiairement le statut de gérant de succursale prévu par l'article L. 7321-2 du Code du travail.

Les premiers juges avaient reconnu l'existence d'un contrat de travail au bénéfice du gérant. Leur décision avait été infirmée au motif "*qu'il n'est pas démontré que le [gérant] a été soumis de façon directe ou indirecte au pouvoir disciplinaire des sociétés ERTECO ou ED Franchise par le biais d'un rappel à l'ordre ou même d'une menace de sanction pour le non-respect des obligations lui incombant au terme des conventions régularisées*" ; étant précisé que "*la faculté de résiliation contractuelle prévue au profit des deux sociétés ERTECO et ED Franchise, dont au demeurant aucune n'a en l'espèce usé, ne pouvant être confondue ou assimilée avec le pouvoir disciplinaire propre à l'employeur de sanctionner le salarié placé sous sa subordination*".

Les juges d'appel avaient retenu cependant l'application du statut de gérant de succursale au terme d'une analyse approfondie des relations contractuelles entre d'une part la société exploitante, d'autre part la société bailleresse du fonds et la société franchiseur, ainsi que des conditions d'exploitation qui en résultaient.

L'application du statut de gérant de succursale malgré la pluralité des contrats et des partenaires concernés

Dans un premier temps, ils avaient admis que l'action du gérant soit dirigée uniquement contre la société *ERTECO* bailleresse du fonds alors pourtant que, en l'occurrence, les conditions d'application de l'article L. 7321-2 du Code du travail impliquaient autant si ce n'est davantage la société franchiseur *ED Franchise* en raison des obligations résultant du contrat de franchise. Ils avaient estimé à cette fin qu'il existait une "*totale interdépendance*" entre les conventions signées, d'un côté, avec la société *ED* devenue *ERTECO* (contrat de location gérance et convention d'approvisionnement) et, de l'autre, avec la société *ED Franchise* (contrat de franchise). Ces conventions ayant été signées à la même date, et surtout étant liées par une clause stipulant que la résiliation de l'une pour quelque raison que ce soit entraînerait la résiliation de plein droit des autres.

La solution correspond à celle prévue à l'article L. 341-1 C. com. qui crée une indivisibilité entre les contrats ayant ainsi "*pour but commun l'exploitation*" *d'un magasin de commerce de détail. Elle va toutefois plus loin puisque, à la différence de la situation visée par l'article L. 341-1 C. com., les contrats en cause n'avaient pas été conclus avec "une personne morale de droit privé regroupant des commerçants*" mais avec deux personnes morales distinctes. Il en résulte que le gérant pouvait invoquer le contenu du contrat de franchise conclu avec la société *ED Franchise*, pour faire valoir son statut de gérant de succursale à l'encontre de la seule société *ERTECO*.

Ainsi l'application de l'article L. 7321-2 du Code du travail ne saurait-elle être écartée par la seule mise en place de diverses conventions, chacune étant conclue avec un partenaire différent mais leur cumul permettant de satisfaire toutes les conditions d'application du statut de gérant de succursale. Encore faut-il (indépendamment de la reconnaissance d'une indivisibilité entre elles, celle-ci ne pouvant découler de la seule association entre un contrat de location-gérance et un contrat de franchise comme en l'espèce) que ces conventions ne soient pas liées par des stipulations aménageant leur cessation commune comme en l'espèce (clauses organisant leur résiliation ; rapp art 1186 c. civ), ou imposant leur exécution couplée (clause d'approvisionnement exclusif dans un contrat et clause d'utilisation de l'enseigne correspondante dans un autre contrat, clause d'un contrat de bail commercial ou de location-gérance imposant l'exploitation de l'activité faisant l'objet d'un contrat de franchise...).

Le statut de gérant de succursale est applicable alors même que son bénéficiaire aurait contracté avec plusieurs personnes morales pour exploiter son fonds de commerce, dans la mesure où il existe une interdépendance entre ces contrats.

La décision est approuvée par la Cour de cassation qui reprend la formule d' "*interdépendance totale*" utilisée par les juges du fond.

Encore faut-il que l'exploitation s'opère dans les conditions requises par l'article L. 7321-2 du Code du travail.

L'application du statut de gérant de succursale en raison de la satisfaction des critères de l'article L. 7321-2 du Code du travail

Dans un deuxième temps, les juges d'appel avaient constaté la satisfaction des quatre conditions requises par l'article L. 7321-2 du Code du travail.

En premier lieu, le gérant était contraint "*de se fournir de manière quasi exclusive auprès d'une centrale d'achat imposée au travers de l'obligation de maintenir en permanence dans les rayons la totalité des produits référencés par la société ERTECO en s'approvisionnant auprès du fournisseur ED; la possibilité de se fournir auprès d'un autre fournisseur étant si strictement encadrée (information préalable du fournisseur et du franchiseur, condition de proximité des produits achetés avec les produits référencés) qu'elle ne pouvait qu'être très marginale*".

En deuxième lieu, le gérant utilisait pour l'exploitation un local fourni par la société *ERTECO* dans le cadre du contrat de location gérance ; peu important à cet égard que la société *ERTECO* n'ait pas été propriétaire de celui-ci mais seulement titulaire du droit au bail.

En troisième lieu, le gérant était soumis à de très nombreuses obligations encadrant l'exercice de son activité de manière stricte qu'il s'agisse du contrôle opéré par la société *ERTECO* sur les salariés (embauche, modification substantielle des contrats de travail, exécution et rupture), des horaires et jours d'ouverture imposés (s'agissant de la prétention du gérant au paiement d'heures supplémentaires, les juges précisent "*que si aux termes de l'article L. 3171-4 du Code du travail la preuve des heures supplémentaires effectuées n'incombe spécialement à aucune des parties et que l'employeur doit fournir au juge les éléments de nature à justifier les horaires effectivement réalisés par le salarié, il appartient cependant à ce dernier de fournir préalablement au juge les éléments de nature à étayer sa demande*"), des différentes interdictions nées du contrat de franchise (modification de l'agencement et de l'équipement du magasin) de l'utilisation de la configuration informatique mise en place par le franchiseur (entrées, collectes et modifications à distance de données).

En quatrième lieu, le gérant n'avait pas la maîtrise des prix de revente des produits : "*sa liberté de les diminuer ou de les augmenter étant illusoire au vu des contraintes résultant notamment des contrats d'approvisionnement et de franchise, des baisses décidées pour s'aligner sur le concurrent LIDL et des difficultés simplement matérielles de changement des prix, les procès-verbaux d'huissier produits aux débats par la société ERTECO révélant la possibilité de les modifier au terme d'opérations assez compliquées et relativement longues*" (presque 3 minutes pour modifier informatiquement 9 produits sans impression des étiquettes et de leur placement en rayon à destination des clients et presque 5 minutes pour la même opération concernant 10 produits), étant au surplus observé que "*ces constats n'ont pas été effectués dans le magasin géré par* [le gérant] *mais dans d'autres établissements et à une époque bien postérieure à la cessation de son activité*".

L'ensemble de ces éléments avait conduit les juges d'appel à retenir que le gérant remplissait les conditions de l'article L. 7321-2 du Code du travail et pouvait ainsi revendiquer le statut de gérant de succursale et l'application à son profit de la législation du travail. La solution est approuvée par la Cour de cassation ; étant relevé qu'en ne s'intéressant qu'à la première condition d'application de l'article L. 7321-2 du Code du travail, elle ne néglige pas les autres conditions mais se borne à répondre aux moyens du pourvoi qui ne portaient pas sur elles.

Au demeurant, les constatations faites par les juges d'appel à propos de ces autres conditions non seulement ne prêtaient pas à discussion mais de plus traduisaient, notamment au regard de l'imposition de prix de revente, une appréciation très pertinente de leur satisfaction. Appréciation qui mériterait d'être davantage pratiquée (cf. DF, Pour une juste application du droit social aux distributeurs, *D.* 2017, p 2494).

D. Ferrier

Concurrences N° 1-2018, pp. 101-103

1.2.4 Qualification et régime

Cass. soc., 8 décembre 2009, Distribution Casino France, n° 08-42089 et Cass. soc., 13 janvier 2010, Yves Rocher c/ Gaellic, n° 09-41644

La Cour de cassation applique de manière extensive le droit social à des distributeurs non salariés

L'organisation de la distribution en réseau amène à concilier l'indépendance juridique et économique du distributeur par rapport au promoteur du réseau avec la nécessaire cohérence en termes d'organisation et de commercialisation imposée au distributeur par le promoteur du réseau.

Le droit social s'attache en contrepoint à stigmatiser, dans cette recherche de cohérence, le degré de dépendance économique et/ou juridique du distributeur vis-à-vis du promoteur du réseau pour faire bénéficier d'une protection sociale la personne physique responsable de l'entreprise du distributeur.

Cette tendance est particulièrement marquée à l'égard des gérants mandataires.

La jurisprudence récente illustre ainsi l'attraction exercée par le droit social à l'égard de ces gérants, le plus souvent par une application extensive des dispositions des articles L. 7321.1 et suivants du Code du travail assimilant les "*gérants de succursales*" à des salariés et plus rarement par la recherche d'un lien de subordination.

Application extensive du droit social aux gérants de succursales de commerce de détail alimentaire

La première série de décision concerne l'octroi d'une contrepartie pécuniaire à une obligation de non-concurrence post-contractuelle au profit de gérants de succursales de commerce de détail alimentaire, dont le contrat de gérance avait été résilié.

Dans deux arrêts du même jour, la chambre sociale de la Cour de cassation approuve la Cour d'appel d'avoir accueilli cette demande au motif qu'"*en application du principe fondamental de libre exercice d'une activité professionnelle et des dispositions de l'article L. 7322-1 du Code du travail, une clause de non-concurrence introduite dans le contrat d'un gérant non salarié de succursale de maison d'alimentation de détail n'est licite que si elle comporte l'obligation pour la société de distribution de verser au gérant une contrepartie financière*".

La Cour de cassation applique au gérant non salarié de succursale la jurisprudence de la chambre sociale, qui depuis 2002 [Cass. soc. 10 juill. 2002, Bull. civ. V, n° 239], impose une contrepartie pécuniaire à l'engagement de non-concurrence post-contractuelle du salarié.

Aux termes de l'article L. 7322.1 du Code du travail, relèvent du statut de gérants non salariés de succursales, les personnes physiques qui satisfont trois conditions :

- être exploitantes d'une succursale de commerce de détail dont l'activité est liée à l'alimentation ;
- être autonomes, c'est-à-dire pouvoir en toute liberté fixer leurs conditions de travail, embaucher des salariés ou se faire remplacer ;
- être rémunérées par "*des remises proportionnelles au montant des ventes*".

Ces gérants mandataires sont placés dans une situation de dépendance économique sans lien de subordination juridique, soumis de façon cumulative au régime du mandat civil (Code civil – article 1984 et suivants) et au régime du droit social par assimilation. Ils bénéficient ainsi de l'ensemble des avantages accordés aux salariés par la législation sociale, tant dans leurs relations individuelles (notamment salaire minimum, heures supplémentaires, droit aux congés payés, préavis et indemnités de licenciement) que collectives (notamment l'application des accords collectifs et accès aux organes de représentation du personnel).

En l'espèce, la question se posait de savoir si ces gérants non salariés pouvaient prétendre à une contrepartie financière à leur obligation de non-concurrence post-contractuelle par extension de la jurisprudence développée par la chambre sociale au profit des salariés en état de subordination.

La Cour d'appel avait répondu positivement, estimant qu'"*il s'évince de l'article [L. 7322.1] du Code du travail que le gérant non salarié qui bénéficie déjà de tous les avantages accordés aux salariés par la législation sociale, peut bénéficier tout autant de la législation du travail en ce qu'elle concerne l'exercice de droits fondamentaux ou se rapporte à des principes généraux*".

La Cour de cassation approuve la Cour d'appel en rejetant l'argument du pourvoi selon lequel "*seuls les salariés*" peuvent se prévaloir de la nullité de la clause de non concurrence dépourvue de contrepartie financière.

Cet arrêt, appelé à la publication, constitue la première application à un professionnel juridiquement indépendant d'une solution jusqu'alors réservée aux salariés (Non application à l'agent commercial: Cass. com., 4 déc. 2007, pourvoi n° 06-15.137, D. 2008 AJ. 10, obs. E. Chevrier; Non application au franchisé: Cass. com., 7 janv. 2004, D 2005, pan. 152, obs. D. Ferrier). Il devrait inciter les entreprises propriétaires de succursales à prendre l'initiative de la fixation du montant de la contrepartie financière dans le contrat de leurs gérants non salariés, étant rappelé que seul un montant dérisoire peut appeler une intervention du juge.

Il offre de surcroît une nouvelle illustration de l'attraction exercée par le droit social à l'égard des gérants mandataires [Cass. soc., 25 mars 2009, pourvoi n° 07-71.242, *Mme Lachery c/ Sté Yves Rocher*, Bull. civ. V, n° 89, casse l'arrêt d'appel ayant refusé d'appliquer à un mandataire exclusif – C. trav., art. 7321-1 et suivants – la convention collective à laquelle était soumise l'entreprise pour laquelle il intervenait au motif qu'il reste "*en l'absence de lien de subordination, […] un travailleur indépendant bénéficiant de l'application de certaines dispositions du Code de travail et ne peut prétendre qu'aux avantages accordés par ce Code*"].

Dans le sens d'une application extensive des dispositions des articles L. 7321.1 et suivants du Code du travail aux gérants non salariés de succursales, on peut également relever deux autres décisions récentes de la Cour de cassation concernant la société France Acheminement [Cass. soc., 16 sept. 2009, pourvoi n° 07-45.289 et 10 févr. 2010, pourvoi n° 08-45.319] qui considèrent que l'AGS (Association pour la gestion du régime de garantie des créances du salarié) doit garantir "*la créance relative au remboursement du droit d'entrée et des frais engagés [par le franchisé] pour créer son entreprise*".

Application extensive des conditions fixées à l'article L. 7321.2 du Code du travail aux gérants mandataires

Lorsque le distributeur mandataire est placé dans une situation de dépendance économique et, en particulier, lorsqu'il est soumis à un engagement d'exclusivité de commercialisation des produits du fournisseur ou sous la marque du fournisseur, il peut bénéficier du statut protecteur des gérants de succursales prévu à l'article L. 7321-2 du Code du travail.

Le gérant de succursale est défini à l'article L. 7321.2 du Code du travail comme "*toute personne :*

2° Dont la profession consiste essentiellement :

- Soit à vendre des marchandises de toute nature qui leur sont fournies exclusivement ou presque exclusivement par une seule entreprise, lorsque ces personnes exercent leur profession dans un local fourni ou agréé par cette entreprise et aux conditions et prix imposés par cette entreprise".

Pour qu'il puisse bénéficier de l'assimilation au salarié, quatre conditions cumulatives doivent donc être satisfaites :

- l'activité doit être exercée de manière professionnelle (ce qui exclut les participants occasionnels à une force de vente) ;
- l'activité doit consister dans la vente de produits exclusivement ou quasi exclusivement fournis par le mandant lui-même ou par des fournisseurs qu'il aurait agréés ;
- les produits doivent être commercialisés dans un local fourni, ou même simplement agréé par le mandant ;
- les produits doivent être commercialisés conformément aux instructions du fournisseur qui peuvent revêtir la forme d'imposition d'assortiments et quantités de produits, de services à fournir aux clients, d'horaires d'ouverture du point de vente, ou encore et surtout de prix fixés...

Si les conditions prévues par le Code du travail sont réunies, le distributeur est assimilé à un salarié, ce dont il découle l'application à son profit des dispositions du Code du travail (Cf développement ci-dessus – statuts individuel et collectif).

Dans cette espèce, une société exploitait au terme d'un contrat de "*gérance libre*" un fonds de commerce sous l'enseigne de son fournisseur. Ce contrat avait été rompu par la société exploitante, laquelle avait ensuite fait l'objet d'une liquidation judiciaire. Le Conseil des Prud'hommes de Paris saisi par la gérante, qui revendiquait l'application de l'article L. 7321-2 du Code du travail à son profit, s'était déclaré compétent. Statuant sur un contredit formé par le fournisseur, la Cour d'appel avait confirmé sa compétence et l'application des dispositions du Code du travail.

La Chambre sociale de la Cour de cassation approuve la Cour d'appel pour avoir retenu que l'article L. 7321-2 du Code du travail est applicable dès lors que le gérant assurait :

- "*l'exploitation d'un fonds de commerce sous l'enseigne [de son fournisseur] ;*
- qui consistait essentiellement à vendre des produits de beauté
- que [le fournisseur] lui fournissait exclusivement

- que les conditions d'exercice de cette activité étaient définies par le fournisseur et que sa contractante ne pouvait disposer de la liberté de fixer le prix de vente des marchandises déposées". (Cass. soc., 13 janv. 2010, pourvoi n° 09-41644)

Ce faisant, la Cour de cassation ne répond pas aux deux premières branches du moyen par lesquelles le pourvoi fait valoir que les dispositions de l'article L. 7321-2 du Code du travail ne pouvaient recevoir application à l'égard d'une personne morale ou du gérant de cette personne morale. Au demeurant c'est sans surprise, car sur ce point une jurisprudence, désormais bien établie, considère que la protection doit être accordée au gérant de la société dès lors qu'il met en œuvre les instructions du mandant [Cass. Soc., 7 oct. 1992, pourvoi n° 89-40674 ; CA Paris, 7 juin 2001, RJDA, 2002, n° 41 ; Cass. Soc., 25 févr. 2009, pourvoi n° 07-40371, D. 2009, pan. D. Ferrier].

Le pourvoi tentait également de faire valoir que le caractère essentiel de l'activé de vente des produits des fournisseurs, ou encore l'impossibilité pour le gérant de pratiquer d'autres prix que ceux conseillés par le fournisseur n'étaient pas suffisamment établis par la Cour d'appel. La Cour de cassation considère logiquement que de telles constatations relèvent de l'appréciation souveraine des juges du fond.

Dans l'exercice de ce pouvoir souverain, le juge du fond interprète de façon extensive les critères d'imposition du prix de revente ou de quasi-exclusivité de vente des produits du fournisseur, dans un objectif de protection sociale du distributeur en état de dépendance (de subordination ?) économique et/ou juridique [*Droit de la distribution,* D. Ferrier, 5e éd. 2008, n° 155, Cass. Soc., 8 févr. 2005, D. 2006, pan., 516, obs. D. Ferrier ; Cass. Soc., 22 mars 2006, D. 2207, pan. 1915, obs. D. Ferrier]. En l'occurrence, les juges ont estimé que le fait que l'activité de soins, (activité annexe du gérant) représente 34,3 % de son chiffre d'affaires global ne suffisait pas pour démontrer que son activité de vente des produits du fournisseur n'était pas essentielle au sens de l'article L. 7321-2 du Code du travail. La solution est conforme à la jurisprudence dominante pour laquelle l'affectation des deux tiers de l'activité du diffuseur à la vente des produits du fournisseur permet de satisfaire la condition de quasi-exclusivité emportant l'application du droit du travail. (Cass. Com., 21 oct. 1970, JCP G 1971, II, 16632, note P.L.)

C'est toutefois la première fois que la Cour de cassation se prononce sur l'assiette de calcul de la quasi-exclusivité qui est constituée du chiffre d'affaires et non du bénéfice réalisé par le distributeur, interprétation dont on soulignera l'importance notamment dans le cadre du contentieux opposant les pompistes aux compagnies pétrolières (voir sur ce point, *L'Exclusivité contractuelle* – Thèse Litec 2008 sous la direction du Pr. Ferrier – Nicolas Ereseo n° 204 et suivants).

Ces arrêts illustrent l'érosion actuelle des frontières entre le droit de la distribution et le droit social, mais aussi une différence d'approche entre le juge prud'homal et le juge commercial qu'il convient aux spécialistes en droit de la distribution d'intégrer désormais.

D. Ferré

Concurrences N° 2-2010, pp. 92-94

Cass. soc., 22 septembre 2015, Total Marketing Services, n° 13-27742 et Cass. soc., 16 septembre 2015, Yves Rocher, n° 14-17371

La Cour de cassation précise les conditions et conséquences de l'application du statut de gérant de succursale

L'article L. 7321-2 C. trav. est de plus en plus invoqué par des distributeurs indépendants souhaitant bénéficier des dispositions protectrices du droit social. Deux décisions précisant les conditions (vente de marchandises fournies exclusivement ou presque exclusivement par une seule entreprise dans un local fourni ou agréé et aux conditions et prix imposés par celle-ci) et les conséquences (bénéfice de certaines dispositions du droit social) de l'application du statut de gérant de succursale méritent d'être spécialement relevées dans l'actualité de ce trimestre. Conditions d'application

La première décision (Cass. soc. 16 sept. 2015, n° 14-17371), qui a les honneurs d'une publication au bulletin, concerne l'application du statut à un franchisé. Les juges du fond ayant en l'espèce accueilli la demande du franchisé, le franchiseur soutenait, devant la Cour de cassation, que deux des conditions requises pour l'application de l'article L. 7321-2 C. trav. n'étaient pas réunies. Il reprochait ainsi à la Cour d'appel d'avoir considéré, d'une part, qu'il avait agréé le local alors qu'elle avait constaté dans le même temps la perte en cours d'exécution du contrat des qualités requises pour un tel agrément et, d'autre part, qu'il avait imposé les prix alors qu'elle avait relevé de simple pratiques de prix conseillés ou prix maximum imposés, pratiques autorisées par le droit de la concurrence.

L'argumentation du franchiseur ne convainc pas la Cour de cassation

Sur la première condition, à savoir l'agrément du local, elle approuve les juges du fond d'avoir décidé qu'en "*poursuivant la relation contractuelle puis en concluant un contrat à durée indéterminée*" malgré la non-conformité du local aux normes qu'il recommandait, le franchiseur "*avait nécessairement maintenu son agrément pour toute la période contractuelle*".

L'argument du franchiseur n'était pourtant pas dénué de pertinence. Selon lui, en effet, puisque le local n'était plus conforme depuis 1997 aux normes imposées par lui, il en résultait la démonstration de ce que son "*agrément n'était pas nécessaire à la poursuite de l'activité*" de sorte que la condition tenant à l'exercice de l'activité dans un local fourni ou agréé n'était pas remplie. Toutefois, la notion d'agrément au sens du texte ne doit pas être prise dans un sens trop restrictif et c'est précisément le sens de la solution de la Cour de cassation. En effet, la condition vise à faire entrer dans le champ d'application du texte les distributeurs qui, parce qu'ils n'ont pas la maîtrise du choix du lieu d'exploitation de leur commerce, gèrent en réalité une succursale de leur mandant. C'est donc moins le fait que le distributeur soit resté dans un lieu qui ne remplissait plus les critères établis par le promoteur du réseau que celui que ce dernier ait accepté qu'il y reste qui caractérise l'agrément, entendu comme l'accord pour l'exploitation du commerce par le distributeur dans le local. La Cour de cassation relève au demeurant – et en réponse à un autre moyen – que les juges du fond avaient constaté que le franchiseur avait refusé sans justification six propositions de transfert du local du franchisé. Le franchiseur avait donc sans conteste la possibilité de décider du lieu d'exploitation du commerce par son franchisé.

Sur la deuxième condition, à savoir la commercialisation des produits aux prix imposés par le mandant, la Cour de cassation rejette encore l'argumentation du pourvoi.

Celui-ci faisait valoir que le franchiseur se bornait, ainsi que l'y autorise le droit des pratiques anticoncurrentielles, à conseiller un prix de revente ou à imposer un prix maximum de revente en cas de campagne promotionnelle. Selon lui, "*en refusant d'examiner ces pratiques particulières, propres au réseau de distribution, et en affirmant sans discernement que l'exploitante franchisée n'avait pas la liberté de fixer les prix de vente des marchandises*", la Cour d'appel avait violé les dispositions des articles 101 du TFUE et 4 du règlement UE 2790/99 devenu 330/2010. La Cour de cassation rejette l'argument en retenant que la licéité des pratiques de prix mises en œuvre par le franchiseur au regard du droit des pratiques anticoncurrentielles était "*dépourvue de lien avec la prise en considération [...] de l'existence de prix imposés aux gérants de ses succursales*".

En dépit de l'impertinence de la question posée... qu'il soit néanmoins permis de regretter le caractère lapidaire de la réponse ! En effet, en droit de l'Union européenne comme en droit interne, l'imposition de prix de revente peut caractériser une entente ou un abus de domination (cf. articles 101 et 102 TFUE et articles L. 420-1 et L. 420-2 C. com.). Ajoutons, même si cela n'était pas soulevé par le pourvoi, qu'en droit interne, l'imposition d'un prix minimum de revente constitue une pratique restrictive de concurrence interdite par l'article L. 442-5 du Code de commerce. Le conseil sur les prix ou l'imposition de prix maximaux à des distributeurs-revendeurs est donc, en revanche, licite. La situation est radicalement différente s'agissant des distributeurs liés par un contrat de mandat ou de commission. Dans ce cas, en effet, le distributeur, mandataire ou commissionnaire du fournisseur, se doit de respecter les prix fixés par le vendeur représenté. Si les distributeurs-revendeurs peuvent se plaindre d'une immixtion illégale dans leur activité du fait de l'imposition de prix de revente, tel n'est pas le cas s'agissant des distributeurs mandatés.

L'affirmation catégorique de l'absence de lien entre interdiction d'imposition de prix de revente en droit de la concurrence et l'appréciation de l'existence d'imposition de prix au sens de l'article L. 7321-2 C. trav. est discutable. De deux choses l'une en effet : soit les prix sont imposés à un revendeur indépendant, ce qui est interdit par le droit de la concurrence, et cela peut être l'indice d'une absence d'autonomie du distributeur pouvant conduire à l'application du droit social ; soit le revendeur fixe lui-même ses prix – peu importe qu'ils soient conseillés ou même limités à un maximum – et il dispose alors d'une autonomie qui peut exclure l'application du droit social. L'imposition de prix à un revendeur indépendant ne commande donc pas, à elle seule, l'application du droit social. L'absence de lien automatique entre imposition de prix au sens du droit de la concurrence et de l'article L. 7321-2 C. trav. est établie. En conséquence, il est délicat de considérer qu'à l'inverse, un simple conseil sur les prix ou l'imposition de simples prix maximaux puisse suffire à caractériser la condition de prix imposés visée par l'article L. 7321-2 C. trav.... C'est pourtant ce que laisse entendre la chambre sociale de la Cour de cassation.

Force est de constater, donc, que la notion de "*prix imposés*" s'apprécie plus largement au sens de l'article L. 7321-2 C. trav. qu'en droit de la concurrence. Le fournisseur exclusif ou quasi-exclusif qui fournit ou agrée le local de son distributeur et lui impose des conditions de commercialisation des produits ne saurait lui prodiguer un simple conseil sur les prix sans tomber du même coup sous l'emprise du droit social.

Conséquences de l'application

La seconde décision (Cass. soc. 22 sept. 2015) concerne l'application du statut de gérant de succursale à un exploitant de station-service. Non publiée au bulletin, elle mérite néanmoins d'être relevée à titre d'illustration des conséquences de l'application du statut. Alors qu'au stade de la qualification du gérant de succursale, l'article L. 7321-2 C. trav. vise largement l'imposition de "*conditions*" (sans préciser s'il s'agit de conditions de commercialisation ou de travail), s'agissant des conséquences de la qualification, l'article L. 7321-3 C. trav. distingue selon que le gérant de succursale s'est vu imposer, ou non, ses "conditions de travail". La distinction commande alors une application distributive de différentes dispositions du droit du travail.

À cet égard la Cour de cassation considère qu'en dépit de la possibilité pour le gérant d'embaucher du personnel, ses "*conditions de travail*" avaient été imposées par le mandant dès lors que le gérant ne disposait d'aucune autonomie de gestion, que la station-service fonctionnait "*sept jour sur sept, de 6h à 21h30, avec un objectif minimum de vente*" et que le mandant avait "*conservé la maîtrise de l'infrastructure*". Enfin, répondant au moyen du pourvoi incident soulevé par le gérant de succursale, la Cour de cassation ajoute que ce dernier, qui avait adhéré au régime des travailleurs indépendants, ne pouvait être affilié rétroactivement au régime général de la sécurité sociale.

Elle rappelle ainsi que "*si le statut social d'une personne est d'ordre public et s'impose de plein droit dès que sont réunies les conditions de son application, l'affiliation et le versement de cotisations du chef de la même activité à un autre régime de protection sociale s'opposent, quel qu'en soit le bien ou mal-fondé, à ce que l'assujettissement au régime général puisse mettre rétroactivement à néant les droits et obligations nées d'une affiliation antérieure*".

A.-C. Martin
Concurrences N° 1-2016, pp. 106-107

Cass. soc., 14 avril 2016, Total raffinage marketing, n° 14-22631 et Cass. soc., 14 avril 2016, Yves Rocher, n° 14-21881

La Cour de cassation rappelle le caractère d'ordre public des dispositions applicables aux gérants de succursale et précise les conséquences de l'application du statut

---

Le contentieux de l'application des dispositions du droit social à des distributeurs non-salariés ne cesse décidément de se développer. L'actualité jurisprudentielle de ce trimestre en témoigne encore au travers de décisions portant sur l'application du statut de gérant de succursale à des locataires gérants (Cass. soc. 14 avr. 2016, 2 espèces). Dans chacune des deux affaires des locataires-gérants s'étaient vu reconnaître le bénéfice de l'application des dispositions applicables aux gérants de succursales des articles L. 7321-1 et s. du Code du travail. Ces décisions méritent d'être relevées tant pour les principes qu'elles rappellent que pour les questions qu'elles soulèvent.

Principes d'application du statut de gérant de succursale

La Cour de cassation rappelle tout d'abord le caractère d'ordre public des dispositions des articles L. 7321-1 et s. C. trav., interdisant – en l'espèce (cf. Cass. soc. 14 avril 2016, n° 14-22631) – de refuser au gérant de succursale le bénéfice d'une indemnité de repos au motif qu'il y aurait contractuellement renoncé en acceptant les jours y compris fériés d'ouverture du point de vente visés par le contrat.

Elle rappelle ensuite, s'agissant de l'une des conditions d'application du statut – à savoir l'imposition de conditions et prix par le mandant –, que "*la circonstance que les pratiques mises en œuvre par le* [mandant] *dans ses rapports avec ses distributeurs échapperaient* (...) *à la prohibition des ententes entre entreprises* (...) [est] *dépourvue de lien avec la prise en considération, au titre des dispositions de l'article L. 7321-2, 2° du Code du travail* (...), *de l'existence de prix imposés aux gérants de ses succursales par* [le mandant] *sans qu'il en résulte la moindre prohibition de cette pratique qu'*[il] *met ainsi en œuvre*" (cf. Cass. soc. 14 avril 2016, n° 14-21881). On se souvient d'une solution identique déjà formulée par la Cour de cassation (Cf. Cass. soc. 16 sept. 2015, *Concurrences* n° 1-2016, p. 106). Si l'on ne peut qu'approuver l'absence de lien automatique entre imposition de prix au sens du droit de la concurrence et application de l'article L. 7321-2 C. trav., il apparaît toutefois délicat de considérer qu'un simple conseil sur les prix ou l'imposition de prix maximaux (non sanctionnés en droit de la concurrence) suffise à caractériser la condition de prix imposés exigée par le texte du Code du travail.

La Cour de cassation refuse malheureusement une nouvelle fois de prendre une position claire sur cette question. Sa solution conforte donc l'idée – au demeurant discutable – que la notion de prix imposé devrait donc s'apprécier plus largement au sens de l'article L. 7321-2 C. trav. qu'en droit de la concurrence.

Conséquences de l'application du statut de gérant de succursale

S'agissant des conséquences de l'application du statut, la Cour de cassation censure des juges du fond pour avoir débouté un gérant de succursale de sa demande en paiement d'une indemnité pour travail dissimulé (cf. Cass. soc. 14 avril 2016, n° 14-22631).

En appel, les juges avaient considéré que l'interprétation stricte des dispositions relatives au travail dissimulé visant "*les salariés et les employeurs*" interdisait leur application au gérant de succursale, à défaut pour ce dernier de pouvoir être "*assimilé*" au "*titulaire d'un véritable et complet contrat de travail*". Pour conforter leur motivation, les juges avaient ajouté que l'indemnité pour travail dissimulé prévue par l'article L. 8223-1 C. trav. ne se trouvait pas visée dans le renvoi aux dispositions du même Code fait par l'article L. 7321-3 C. trav.

De manière surprenante, la Cour de cassation censure le raisonnement au motif que le gérant de succursale ne se trouvait placé dans "*aucune des situations entraînant, pour des personnes visées par l'article L. 7321-3 du Code du travail, une application des dispositions de ce Code excluant celles relatives à l'indemnisation pour travail dissimulé*". L'article L. 7321-3 C. trav. dresse pourtant une liste des dispositions du Code du travail dont bénéficient les gérants de succursale parmi laquelle ne figure pas la 8e partie du Code du travail (relative au contrôle de l'application de la législation du travail) dans laquelle se trouve l'article L. 8223-1 C. trav. en cause. Sont visées les dispositions en matière de relations individuelles de travail (C. trav. 1ère partie), de négociation collective

(C. trav. 2e partie, livre II), de salaires (C. trav. 3e partie, livre II), de durée du travail (C. trav. 3e partie, livre I) et de santé et sécurité au travail (C. trav. 4e partie) ; étant précisé que ces dernières (durée du travail : C. trav. 3e partie, livre I et santé et sécurité au travail : C. trav. 4e partie) ne sont applicables qu'à condition que le mandant ait fixé les conditions de travail, de santé et de sécurité au travail dans l'établissement ou si celles-ci ont été soumises à son accord.

L'esprit du texte est de permettre aux gérants de succursales de bénéficier de certaines dispositions du droit social alors même qu'ils ne sont pas salariés. Le législateur n'a pas fait le choix de leur accorder une protection identique à celle qu'il accorde aux salariés. En considérant que l'infraction de travail dissimulé pourrait être retenue à l'encontre du mandant, la Cour de cassation se livre à une interprétation à tout le moins extensive du texte. Comment sanctionner un travail dissimulé à défaut de contrat de travail jamais caractérisé ?

A.-C. Martin

Concurrences N° 3-2016, pp. 89-90

Concurrences +

A.-C. Martin, La Cour de cassation précise les conditions et conséquences de l'application du statut de gérant de succursale (Total Marketing Services ; Yves Rocher), 22 septembre 2015 et 16 septembre 2015, Revue Concurrences N° 1-2016, pp. 106-107

1.3 Agent commercial

1.3.1 Qualification

Cass. com., 20 janvier 2015, Covidien, n° 13-24231

La Cour de cassation censure la Cour d'appel de Paris ayant qualifié d'agent commercial au titre de son pouvoir de négociation un intermédiaire empêché de modifier les conditions tarifaires du mandant mais habilité à accorder aux clients des "cadeaux" représentant un réel avantage financier

Ne pourrait-on pas considérer que négocie celui qui – en amont de toute discussion sur les termes du contrat – discute avec le prospect le principe même de la conclusion du contrat et dispose pour ce faire de "*leviers*" tels que l'offre d'avantages en nature ?

Le contentieux de la qualification d'agence commerciale (qui survient la plupart du temps au stade du contentieux de la cessation de la relation, d'où l'intérêt d'avoir anticipé les enjeux de la qualification) se développe principalement autour de la question de l'existence ou, au contraire, de l'absence du pouvoir de négocier des contrats au nom et pour le compte du mandant (première condition de l'article L. 134-1 du Code de commerce ; les autres conditions donnant lieu à peu de contentieux).

Cela s'explique par la difficulté à définir ce que recouvre le terme "*négocier*" au sens de l'article L. 134-1.

Étant précisé que la réponse à la question de savoir ce qu'il ne recouvre pas, régulièrement et encore récemment illustrée en jurisprudence, est relativement claire : prestations techniques ou matérielles, comme par exemple la transmission des commandes et le suivi des expéditions (CA Paris, 28 février 2013, RG n° 11/07982), utilisation des signes distinctifs du mandant, comme par exemple son adresse e-mail et ses cartes de visite (CA Paris, 14 mai 2013, RG n° 10/13746), soumission des prix négociés à l'accord du mandant (CA Colmar, 7 novembre 2014, RG n° 13/02404)...

La doctrine propose trois acceptions du terme "*négocier*" : discuter les termes d'un contrat préétabli par le mandant, discuter le choix entre plusieurs contrats préétablis par le mandant ou proposer l'adhésion à un contrat préétabli par le mandant (D. Ferrier et N. Ferrier, *Droit de la distribution*, Litec, 7e éd., 189).

La Cour de cassation ayant clairement exclu le deuxième sens (Cass. com., 27 octobre 2009, pourvoi n° 08-16623) et *a fortiori* le troisième, on doit comprendre qu'au sens du statut des agents commerciaux, négocie l'intermédiaire qui peut modifier les conditions proposées par le mandant.

On avait relevé dans ces lignes, il y a quelques mois, une décision de la Cour d'appel de Paris appliquant cette définition sous un éclairage inédit à notre connaissance (CA Paris, 30 mai 2013, RG n° 10/23673 : *Concurrences* n° 4-2013, obs. D. F.). Elle est aujourd'hui censurée par la Cour de cassation dans un arrêt – au demeurant non publié au Bulletin – du 20 janvier 2015.

Ne pourrait-on pas considérer que négocie celui qui – en amont de toute discussion sur les termes du contrat – discute avec le prospect le principe même de la conclusion du contrat et dispose pour ce faire de "leviers" tels que l'offre d'avantages en nature ?

Dans cette affaire, un mandant refusait de payer l'indemnité de cessation de contrat prévue par l'article L. 134-12 du Code de commerce en arguant du fait que le contrat qualifié "d'agent commercial" était en réalité un "*contrat de représentation commerciale*" puisqu'il interdisait expressément à "l'*agent*" de modifier les prix ("*les prix et conditions de vente sont fixés par un tarif officiel* [du mandant] ; *l'agent commercial ne pourra, sauf à perdre sa commission, accorder une remise*").

La Cour d'appel de Paris avait néanmoins décelé un pouvoir de négocier dans la possibilité pour le diffuseur d'offrir aux "*meilleurs clients*" la prise en charge de l'inscription à divers congrès internationaux. Une telle faculté constituait pour le diffuseur "*un support marketing mis à sa disposition* [et] *destiné à favoriser ses relations avec les clients et les ventes des produits du mandant*", de sorte que "*ces cadeaux,* [qui] *représentaient une valeur financière indiscutable, constituaient un outil de négociation à* [sa] *disposition*". La Cour d'appel de Paris en avait donc conclu que bien que l'ayant privé du pouvoir de modifier ses conditions tarifaires, le mandant avait bien eu recours aux services d'un agent commercial pour la diffusion de ses produits, "*au regard même des avantages dont pouvaient bénéficier les clients*".

Nous avions à cet égard relevé une extension du champ des "*leviers*" de la négociation aux avantages que l'agent peut accorder aux clients ; la jurisprudence ayant en effet d'ores et déjà admis que "*le sens du verbe négocier ne saurait se limiter à la seule possibilité de baisser les prix*" et que "*ce terme implique une possible discussion entre les parties sur les conditions du contrat afin d'aboutir, éventuellement, aux termes de concessions réciproques, à un accord qui les satisfasse*" (CA Paris, 28 février 2013, RG n° 11/07982) ; autrement dit, négocie au sens de l'article L. 134-1 celui qui a pour mission de "*provoquer et recueillir les commandes à des conditions conformes aux instructions du mandant et à sa capacité de production mais aussi aux besoins et exigences des clients*" (CA Rennes, 26 février 2013, RG n° 12/00480).

Nous soulignions alors que le pouvoir de négocier peut donc ne pas seulement porter sur les tarifs ; il s'étend par exemple aux délais de paiement, conditions de livraison et conditions de reprise (CA Reims, 21 juillet 2009, RG n° 08/01890 ; CA Pau, 17 novembre 2009, RG n° 08/02504), et même aux avantages ("*cadeaux*") en nature que l'agent peut accorder aux clients pour diffuser les produits du mandant.

L'arrêt rendu le 20 janvier 2015 par la Cour de cassation marque un coup d'arrêt à cette conception extensive de la notion de négociation : la Cour d'appel de Paris ne pouvait pas, sans violer l'article L. 134-1 du Code de commerce, qualifier le diffuseur d'agent commercial "*alors qu'il résultait de ses constatations*" (relatives aux stipulations contractuelles imposant à l'agent d'appliquer le tarif officiel du mandant et lui interdisant d'accorder des remises) que le diffuseur "*ne disposait pas d'un pouvoir de négocier des contrats au nom et pour le compte de son mandant*".

La Cour de cassation se montre ainsi sensible au moyen du pourvoi selon lequel c'est en se fondant sur "*des éléments extrinsèques au contrat*" que la Cour d'appel avait considéré que le diffuseur bénéficiait d'un pouvoir de négociation, "*quand la qualité d'agent commercial ne peut résulter que du pouvoir de négocier les conditions mêmes du contrat*".

L'argument et la solution retenue par la Cour de cassation semblent, il est vrai, séduisants au regard de la lettre de l'article L. 134-1 du Code de commerce : "*négocier… des contrats*" signifie en jurisprudence, on l'a dit, discuter les termes de contrats préétablis par le mandant (prix, mais également délais de livraison, de paiement…).

Mais ne pourrait-on pas considérer que négocie également celui qui, en amont de toute discussion sur les termes du contrat, discute avec le prospect le principe même de la conclusion du contrat – et dispose pour ce faire de "*leviers*" de discussion tels que l'offre d'avantages en nature ?

Et le fait que le contrat de diffusion exclut expressément toute négociation sur les tarifs n'est-il pas indifférent, une jurisprudence constante précisant que la qualification d'agent commercial ne dépend pas de la volonté exprimée par les parties dans le contrat mais des conditions dans lesquelles l'activité est effectivement exercée (Cass. com., 10 décembre 2003, pourvoi n° 01-11923 ; pour une illustration récente : CA Rennes, 22 mai 2013, RG n° 11/07628) ?

Une fois n'est pas coutume, la Cour de cassation interprète les dispositions du statut des agents commerciaux dans un sens favorable aux mandants. Mais ces derniers ne doivent pas s'y tromper – ni se réjouir trop vite : ce n'est pas parce qu'ils auront interdit à leurs diffuseurs de négocier les prix qu'ils auront par la même empêché les juges de leur appliquer le statut protecteur.

D. Ferré

Concurrences N° 2-2015, pp. 105-106

Concurrences+

D. Ferré, La Cour d'appel de Paris qualifie d'agent commercial au titre de son pouvoir de négociation un intermédiaire empêché de modifier les conditions tarifaires du mandant mais habilité à accorder aux clients des "cadeaux" représentant un réel avantage financier (Covidien), 30 mai 2013, Revue Concurrences N° 4-2013, p. 93

D. Ferré, La Cour de cassation rappelle que le bénéfice du statut d'agent commercial est conditionné par l'attribution de façon permanente à l'agent du pouvoir de négocier (Exan / Cephalon), 27 avril 2011, Revue Concurrences N° 3-2011, pp. 121-122

1.3.2 Régime

1.3.2.1 Exécution

Cass. com., 1er juillet 2008, Chevassus-Marche c/ Danone, n° 03-12724

La Cour de cassation précise l'étendue du droit au commissionnement indirect de l'agent commercial disposé à l'article L. 134-6, al. 2 C. com.

Faits

Un fournisseur avait confié à un agent commercial un mandat exclusif de représentation auprès de la clientèle des importateurs, grossistes ou détaillants, dans un territoire déterminé d'Outre-mer. Dans le cadre d'un litige relatif à la rupture de leurs relations commerciales, l'agent commercial demandait le paiement des commissions dues au titre des achats effectués par deux sociétés implantées sur son secteur d'intervention auprès de centrales d'achats et de revendeurs métropolitains.

Le fournisseur s'y opposait arguant du fait que les achats concernés étaient intervenus sans qu'il en ait eu un contrôle direct ou indirect.

L'agent commercial, n'ayant pas eu gain de cause en appel, s'est pourvu en cassation. Il prétend notamment qu'"*en limitant le bénéfice d'une commission aux seules opérations directement ou indirectement contrôlées par [le fournisseur]*", la Cour d'appel a subordonné l'acquisition du droit au commissionnement indirect à une condition absente de l'article L. 134-6 du Code de commerce.

La Cour de cassation rejette le pourvoi.

Décision

"Attendu que la Cour de justice des Communautés européennes, saisie à titre préjudiciel par arrêt de cette chambre du 19 décembre 2006 a dit pour droit (CJCE, 17 janvier 2008, affaire C-19/07) que l'article 7, paragraphe 2, premier tiret, de la directive 86/653/CEE du Conseil, du 18 décembre 1986, relative à la coordination des droits des Etats membres concernant les agents commerciaux indépendants, doit être interprété en ce sens que l'agent commercial chargé d'un secteur géographique déterminé n'a pas droit à la commission pour les opérations conclues par des clients appartenant à ce secteur avec un tiers en l'absence d'intervention, directe ou indirecte, du commettant ;

Attendu que l'arrêt attaqué constate que les achats des [deux sociétés implantées sur le secteur d'intervention de l'agent commercial] ont été effectués auprès de grandes centrales ou de revendeurs métropolitains ; qu'il relève que [l'agent commercial] n'a pas démontré que ces achats auraient été contrôlés directement ou indirectement par [le fournisseur] et précise qu'il résulte de l'arrêt rendu le 19 septembre 2000 par la Cour d'appel de Versailles et relatif aux conditions de la rupture des relations entre l'agent commercial et [le fournisseur], qu'aucun manquement n'est imputable [à ce dernier] dans le cadre de ces ventes parallèles ; qu'en l'état de ces énonciations et constatations, dont il résulte que [le fournisseur] n'est pas intervenu dans les ventes invoquées, la Cour d'appel, qui n'a pas inversé la charge de la preuve, a justement estimé que les ventes parallèles invoquées n'ouvraient dans ces circonstances pas droit, pour l'agent commercial, à percevoir une commission ;"

Commentaire

La Cour de cassation précise l'étendue du droit au commissionnement indirect de l'agent commercial disposé à l'article L. 134-6, alinéa 2 du Code de commerce.

Aux termes de cet article, qui intègre en droit interne l'article 7 § 2 de la directive CEE n° 86/653 du 18 décembre 1986 (Article 7 § 2 de la directive CEE n° 86/653 du 18 décembre 1986 : "*Pour une opération conclue pendant la durée du contrat d'agence, l'agent commercial a également droit à la commission : soit lorsqu'il est chargé d'un secteur géographique ou d'un groupe de personnes déterminées, soit lorsqu'il jouit d'un droit d'exclusivité pour un secteur géographique ou un groupe de personnes déterminées, et que l'opération a été conclue avec un client appartenant à ce secteur ou à ce groupe. Les Etats doivent insérer dans leur loi l'une ou l'autre possibilité visée aux deux tirets ci-dessus.*"), il est prévu que "*lorsqu'il est chargé d'un secteur géographique ou d'un groupe de personnes déterminé, l'agent commercial a également droit à la commission pour toute opération conclue pendant la durée du contrat d'agence avec une personne appartenant à ce secteur ou à ce groupe*".

En 2004, la Cour de cassation a interprété cette disposition en ce sens que les commissions sont dues à l'agent commercial, sur toutes les opérations conclues dans son secteur, qu'elles aient été réalisées grâce à son intervention ou sans lui (Cour de cassation, chambre commerciale, 5 octobre 2004, pourvoi n° 02-17231 ; Dans le même sens : CJCE, 12 décembre 1996, affaire C-104/95, Kontogeorgas).

Mais qu'en est-il lorsque les opérations ont été conclues par un client appartenant au secteur géographique confié à l'agent commercial auprès d'un tiers, sans que le fournisseur n'y intervienne ?

C'est précisément la question que soulevait l'agent commercial dans le cas d'espèce.

Saisie à titre préjudiciel par la Cour de cassation, la CJCE y a apporté une réponse de principe dans un arrêt du 17 janvier 2008 (CJCE, 17 janvier 2008, affaire C-19/07, Chevassus-Marche).

Elle a considéré, en premier lieu, que "l'agent commercial chargé d'un secteur géographique déterminé n'a pas droit à la commission pour les opérations conclues par des clients appartenant à ce secteur en l'absence d'intervention, directe ou indirecte, du commettant" (Point 21).

En second lieu, elle a précisé qu'il appartient à la juridiction nationale de rechercher si les éléments dont elle dispose, "*appréciés en tenant compte du souci de protection de l'agent commercial (...), ainsi que de l'obligation de loyauté et de bonne foi qui incombe au commettant*", permettent ou non d'établir l'existence d'une telle intervention, "*que cette intervention soit de nature juridique, par exemple par l'intermédiaire d'un représentant, ou factuelle*" (Point 22).

En l'espèce, la Cour de cassation y apporte une réponse pratique.

Après s'être expressément référée à l'interprétation de la Cour européenne, elle relève que l'agent commercial n'a pas démontré que les achats effectués par les deux sociétés implantées sur son secteur d'intervention auprès de centrales d'achats et de revendeurs métropolitains auraient été "*contrôlés*" directement ou indirectement par le fournisseur.

Dès lors, elle approuve la Cour d'appel pour avoir estimé "*que les ventes parallèles invoquées n'ouvraient (...) pas droit, pour l'agent commercial, à percevoir une commission*".

Il incombe donc à l'agent commercial de prouver que l'opération sur laquelle il revendique une commission aurait été conclue grâce à l'intervention directe ou indirecte du fournisseur.

La preuve est aisée lorsque le tiers est le mandataire du fournisseur ou du client, l'opération étant alors conclue directement entre le fournisseur et le client.

Elle est difficile en revanche dans l'hypothèse où le tiers agit comme commissionnaire – ce qui était le cas des centrales d'achat en l'espèce – ou comme revendeur. Le fournisseur ne pouvant être considéré comme le cocontractant du client, l'agent commercial n'a pas droit au commissionnement, sauf pour lui à démontrer que le fournisseur a vendu les produits au tiers afin, précisément, que ce dernier les revende aux clients appartenant à son secteur, participant de fait activement à l'opération.

Rappelons qu'en toute hypothèse, compte tenu du caractère supplétif des dispositions de l'article L. 134-6, le droit au commissionnement indirect peut être exclu par une stipulation du contrat d'agence.

D. Ferré
Concurrences N° 4-2008, www.concurrences.com

Cass. com., 21 février 2012, Distrib c/ Tôlerie du Sud-Ouest, n° 11-13395

La Cour de cassation approuve une Cour d'appel d'avoir validé et appliqué la clause d'un contrat d'agence commerciale prévoyant l'imputation sur l'indemnité de fin de contrat de l'agent de la rémunération due au mandant au titre de l'utilisation par l'agent de son fichier de clientèle

L'arrêt de la Cour d'appel de Pau (CA Pau, 31 janvier 2011, *RG* n° 08/05105, *Sté Distrib c/ Sté Tôlerie du Sud-Ouest*) et, à sa suite, celui de la Cour de cassation qui le confirme en tous points viennent éclairer la problématique de la rémunération de l'exploitation des fichiers de clientèle dans les relations mandant-agent commercial.

Un agent commercial avait assigné son mandant en paiement d'une indemnité de cessation de contrat et d'une indemnité de préavis. Condamné à verser ces indemnités, le mandant avait néanmoins obtenu la compensation de sa créance avec celle qu'il estimait lui être due par l'agent en application de la clause du contrat prévoyant que le mandant "*transmet* [à l'agent] *une liste de clients* [et] *qu'en contrepartie de cet apport de clientèle l'agent reconnaît devoir* [au mandant] *la somme de… euros*".

La Cour de cassation approuve les juges du fond d'avoir opéré cette compensation : "*(…) ayant relevé, par une appréciation souveraine de la commune intention des parties, que l'obligation de régler la somme de… euros contractée par [l'agent], dont les parties étaient convenues de différer le paiement à la fin du contrat par imputation sur l'indemnité due à [l'agent] en cas de rupture, avait pour cause la mise à disposition de l'agent d'un fichier de clientèle lui assurant un revenu sur cette clientèle que [l'agent] n'a pas eu à rechercher, la Cour d'appel, qui n'a pas dit que cette somme constituait le prix d'une clientèle qui aurait été apportée par [le mandant à l'agent], en a exactement déduit que la clause n'avait pas pour objet illicite de limiter le montant de l'indemnité de cessation de contrat.*"

D'emblée, il convient d'exclure que l'exploitation du fichier par l'agent puisse constituer une "*cession*", à son profit, de la clientèle du mandant. Comment pourrait-il en être ainsi alors que, conformément au régime civil du mandat, l'agent est transparent, les relations qui procèdent de son intermédiation s'établissant directement entre le mandant et les clients ? Au demeurant, pourquoi le mandant apporterait-il une clientèle à son agent alors que, précisément, il recourt aux services d'un agent pour que celui-ci lui apporte des clients ?

L'hypothèse d'une cession de clientèle – ou d'un "*apport de clientèle*", pour reprendre l'expression malheureuse de la clause litigieuse – étant écartée ("*La Cour d'appel n'a pas dit que cette somme constituait le prix d'une clientèle qui aurait été apportée par* [le mandant] *à* [l'agent]") se pose la question de la justification de la rémunération du mandant par l'agent en contrepartie de l'utilisation du fichier.

Une rémunération justifiée, selon les juges, par le fait que la mise à disposition du fichier "*dispens*[e] [l'agent] *de rechercher* [cette clientèle]", clientèle "*qu'il lui appart*[ient] *d'entretenir pour lui assurer un revenu minimal défini en fonction du chiffre d'affaires prévisible sur ce segment*".

Ainsi, ce que paie l'agent, c'est l'utilisation d'un document qui, pour lui, représente une valeur ajoutée.

D'abord, parce que le fichier de clientèle permet à l'agent de "*s'économiser*", les noms mentionnés étant toujours des noms qu'il n'aura pas à rechercher. Ensuite, et surtout, parce que le fichier constitue pour lui un précieux outil d'accomplissement de sa mission.

À cet égard, il a été considéré que la rémunération du mandant au titre de la fourniture du fichier de clientèle contredisait l'économie du contrat d'agence commerciale (Ph. Grignon, Droit de la force de vente – Chronique de jurisprudence, *RLDA*, n° 67, p. 68-69). Elle est, bien au contraire, conforme à l'intérêt commun qui caractérise ce type de relation puisqu'il revient à l'agent le soin "*d'entretenir*" les clients figurant sur le fichier, c'est-à-dire les rencontrer, les fidéliser, négocier et, éventuellement, conclure avec eux des contrats au nom et pour le compte de son mandant. Tout cela dans l'intérêt du mandant, mais aussi de l'agent, un revenu minimum lui étant généralement assuré sur le chiffre d'affaires réalisé par le mandant avec cette clientèle.

La rémunération de l'accès au fichier étant admise dans son principe, rien ne s'oppose à ce que les parties au contrat d'agence conviennent que le paiement de cette somme soit retardé à la fin des relations, par imputation sur l'indemnité de fin de contrat de l'agent. Cette banale compensation entre deux créances, si elle "*résulte de la commune intention des parties*", n'a en effet "*pas pour objet illicite de limiter le montant de l'indemnité de cessation de contrat*" (C. com., art. L. 134-12 et L. 134-16).

Ceci étant dit, qu'en est-il du cas où l'indemnité de cessation n'est pas due ? Au moment de la conclusion du contrat, nul ne sait si l'agent aura droit ou pas à cette indemnité, sa faute grave ou une rupture à son initiative faisant échec à son versement (C. com., art. L. 134-13). Dans un tel cas, le mandant devrait-il faire grâce à l'agent du paiement du fichier de clientèle ?

Deux réponses peuvent être apportées à cette question (qui ne s'était pas posée en l'espèce).

La première serait de considérer que l'agent, débiteur d'une obligation de payer son mandant, ne saurait échapper, par suite de son propre fait (faute grave, rupture à son initiative), à ce paiement, qui devra s'opérer directement et non par compensation avec l'indemnité.

La seconde serait de considérer qu'ainsi rédigée, la clause révèle que les parties ont entendu lier le paiement de la rémunération du mandant à celui de l'indemnité de cessation, de sorte que le défaut de versement de la deuxième entraînerait déchéance du droit à la première. Dans ce cas, la prudence commande de "*déconnecter*" le sort des deux créances, par exemple en stipulant que la rémunération du mandant restera due à défaut d'indemnité de cessation de contrat.

D. Ferré

Concurrences N° 2-2012, pp. 84-85

1.3.2.2 Cessation

CJUE, 28 octobre 2010, Volvo Car Germany, C-203/09

La Cour de Justice considère que la directive 86/653/CEE doit s'interpréter en ce sens que le manquement commis par l'agent commercial pendant le préavis de rupture ne prive pas ce dernier de son droit à indemnité de cessation de contrat

La directive 86/653/CEE du 18 décembre 1986 relative à la coordination des États membres concernant les agents commerciaux prévoit en son article 18 sous a) que l'indemnité ou la réparation à laquelle l'agent commercial peut prétendre à la fin de son contrat n'est pas due "*lorsque le commettant a mis fin au contrat pour un manquement imputable à l'agent commercial qui justifierait, en vertu de la législation nationale une cessation de contrat sans délai*".

Pour refuser le versement de cette indemnité à son agent commercial, un mandant allemand se prévalait d'une faute commise par ce dernier pendant le délai de préavis et dont il n'avait eu connaissance qu'après la cessation du contrat. Il fondait sa demande sur l'article 89b du HGB, qui prévoit que l'indemnité de fin de contrat n'est pas due "*si le commettant a résilié le contrat et s'il existait un motif sérieux de résiliation lié à un comportement fautif de l'agent commercial [...]*" (article 89b du HGB transposant les articles 17 à 19 de la directive).

C'est dans ces conditions que la Cour fédérale a posé deux questions préjudicielles à la Cour de justice de l'Union européenne sur le point de savoir :

- d'une part, si l'article 18, sous a) de la directive devait être interprété en ce sens qu'il s'oppose à une "réglementation nationale en vertu de laquelle l'agent commercial n'a pas droit à une indemnité, même en cas de résiliation ordinaire par le commettant, lorsqu'il existait certes à la date de la résiliation ordinaire un motif sérieux de résilier sans préavis le contrat en raison d'un comportement fautif de l'agent mais que ce motif n'en était pas la cause" ;
- d'autre part, si l'article 18, sous a), de la directive devait être interprété en ce sens qu'il s'opposerait "à ce qu'un agent commercial indépendant soit privé de son indemnité de clientèle lorsque le commettant établit l'existence d'un manquement de cet agent, ayant eu lieu après la notification de la résiliation du contrat moyennant préavis et avant l'échéance de celui-ci, qui était de nature à justifier une résiliation sans délai du contrat en cause".

Après avoir déclaré la première question irrecevable, car portant sur une "*situation purement hypothétique qui ne correspond manifestement pas aux faits en cause au principal*", la Cour de justice répond par l'affirmative à la seconde question et énonce que la directive "*s'oppose à ce qu'un agent commercial indépendant soit privé de son indemnité de clientèle lorsque le commettant établit l'existence d'un manquement de l'agent commercial, ayant eu lieu après la notification de la résiliation du contrat moyennant préavis et avant l'échéance de celui-ci, qui était de nature à justifier une résiliation sans délai du contrat en cause*". Elle précise cependant qu'"*il ne saurait être exclu que le comportement dudit agent puisse être pris en compte dans le cadre de l'analyse visant à déterminer le caractère équitable de son indemnité*".

L'analyse des fondements d'une telle solution (I) permet d'en mesurer les incidences en droit interne (II).

Le fondement de la solution

Plusieurs positions ont été soutenues devant la Cour de justice s'agissant de la question de savoir si la directive s'oppose à ce qu'un agent commercial soit privé de son indemnité "*lorsque le commettant établit l'existence d'un manquement de cet agent, ayant eu lieu après la notification de la résiliation du contrat moyennant préavis et avant l'échéance de celui-ci, qui était de nature à justifier une résiliation sans délai du contrat en cause*".

Le mandataire soutenait que rien dans l'article 18, sous a), de la directive "ne permettait de déduire que l'exclusion d'une indemnité devrait dépendre du caractère purement fortuit de savoir si le comportement fautif justifiant une décision de mettre fin au contrat sans préavis a été ou non découvert avant la fin du contrat".

De son côté, le gouvernement allemand proposait de répondre par l'affirmative à la question posée en soutenant qu'en vertu de l'article 18, sous a), le droit à indemnité serait exclu lorsque "*le manquement imputable à l'agent commercial n'était pas directement la cause de la décision de mettre fin au contrat mais qu'il existait toutefois objectivement avant ladite décision et qu'il aurait pu justifier en vertu du droit national une décision de mettre fin au contrat sans préavis*". Ainsi, pour que le comportement fautif de l'agent puisse être invoqué par le mandant pour échapper au versement de l'indemnité, il "*suffirait que le comportement fautif de l'agent puisse être en théorie utilisé par le commettant comme motif de la décision de mettre fin au contrat*". En revanche, l'indemnité serait due lorsque ces deux conditions "*ne sont pas réunies au même moment et que le manquement à une obligation est survenu seulement après la décision de mettre fin au contrat*".

Quant à la Commission, elle soutenait que dans le cas où le mandant "a appris l'existence d'un comportement fautif de l'agent avant la fin du contrat et n'a pas invoqué ledit comportement comme motif de résiliation, le droit à indemnité serait certes maintenu, mais ledit comportement pourrait être pris en compte dans l'ajustement de l'indemnité pour des raisons d'équité".

C'est sur une interprétation littérale de l'article 18, sous a), de la directive de 1986 que se fonde la Cour de justice.

Selon elle, l'indemnité visée par l'article n'est pas due lorsque le commettant a mis fin au contrat "pour" un manquement imputable à l'agent commercial. Elle souligne que l'utilisation de la préposition "pour" démontre que l'intention du législateur était d'"*exiger l'existence d'une causalité directe entre le manquement imputable à l'agent commercial et la décision du commettant de mettre fin au contrat afin de pouvoir priver l'agent commercial de l'indemnité prévue à l'article 17 de la directive*".

Elle ajoute qu'en tant qu'exception au droit à indemnité de l'agent, la directive est sur ce point d'interprétation stricte, ce dont il résulte qu'elle "*ne saurait être interprétée dans un sens qui reviendrait à ajouter une cause de déchéance de l'indemnité non expressément prévue par cette disposition*".

Dès lors, l'agent commercial ne devrait pas pouvoir être privé de son droit à indemnité même si le mandant prend connaissance, après lui avoir notifié la résiliation du contrat moyennant préavis, de l'existence d'un manquement qui aurait été de nature à justifier une résiliation sans préavis ni indemnité du contrat d'agence…

Lorsque la faute a été commise pendant le délai de préavis, le mandant a déjà manifesté sa volonté de mettre fin aux relations, ce dont il résulte que la connaissance d'une faute commise pendant ce délai de préavis n'aurait pas eu d'influence sur sa décision initiale de mettre un terme au contrat.

S'il avait eu connaissance de ce manquement lors de sa commission, le mandant aurait toutefois pu immédiatement mettre un terme à la relation pendant le délai de préavis...

La Cour précise utilement à cet égard que "conformément à l'article 17, paragraphe 2, sous a), deuxième tiret, de la directive, l'agent commercial a droit à une indemnité si et dans la mesure où le paiement de cette indemnité est équitable, compte tenu de toutes les circonstances. Il ne saurait dès lors, être exclu que le comportement dudit agent puisse être pris en compte dans le cadre de l'analyse visant à déterminer le caractère équitable de son indemnité". Elle semble donc admettre que la disposition pourrait permettre de sanctionner par une évaluation à la baisse de l'indemnité de fin de contrat, les comportements fautifs d'agents commerciaux en période de préavis et donc d'ores et déjà assurés du principe du versement d'une indemnité...

La position de la Cour de justice semble donc claire s'agissant du maintien du droit à indemnisation de l'agent en cas de manquement commis pendant le préavis et porté à la connaissance du mandant après la cessation des relations.

On regrettera toutefois qu'estimant irrecevable l'autre question qui lui était posée, elle n'ait pas eu l'occasion de se prononcer sur le sort du droit à indemnisation lorsque le manquement porté à la connaissance du mandant, après la fin des relations, a été commis par l'agent avant même la notification de la cessation des relations moyennant un préavis...

La portée de la solution

En droit interne, l'article L. 134-13 du Code de commerce dispose que la réparation du préjudice subi du fait de la cessation du contrat d'agence n'est pas due lorsque "*la cessation du contrat est provoquée par la faute grave de l'agent commercial*".

Rapporté aux termes de l'article L. 134-13 du Code de commerce, le raisonnement de la Cour de justice devrait conduire à adopter la même solution en droit français. L'utilisation du verbe "*provoquer*" semble bien induire la même exigence d'une causalité directe entre la faute grave de l'agent et la privation de son droit à indemnisation que l'utilisation de la préposition "pour" dans la directive.

C'est précisément cette analyse qui conduit la Cour de cassation à retenir que le comportement de l'agent ne saurait être qualifié de faute grave lorsque le mandant en a eu connaissance avant la rupture du contrat et qu'il n'a fait aucun reproche à son agent à cet égard.

En effet, la tolérance du mandant fait perdre leur gravité aux manquements reprochés et la faute ne peut plus être considérée comme ayant été à l'origine de la cessation des relations contractuelles (Cass. com., 11 juin 2002, *RJDA* 2002, n° 1132 ; Cass. com., 7 avril 2009, *Lettre distrib.*, juin 2009, p. 3).

En revanche, lorsque la faute grave n'a été découverte par le mandant que postérieurement à la cessation du contrat, la Cour de cassation semble alors appliquer la théorie de la "*causalité hypothétique*".

Dans ce cas, elle admet que si la faute commise pendant l'exécution du mandat n'a été portée à la connaissance du mandant que postérieurement à la rupture du contrat, ce dernier peut encore invoquer la gravité de la faute commise pour échapper au versement de l'indemnité de cessation de contrat (CA Paris, 19 juin 2003, D. 2003, AJ, p. 2437 ; Cass. com., 15 mai 2007, pourvoi n° 06-12282).

Très récemment, la Cour de cassation a encore sanctionné une Cour d'appel pour ne pas avoir répondu aux arguments invoqués par le mandant, qui soutenait, pour obtenir la déchéance du droit à indemnisation de son ex-agent, que des faits constitutifs de fautes graves n'avaient été portés à sa connaissance qu'après la rupture du contrat (Cass. com., 1er juin 2010, pourvoi n° 09-14115).

Dans la mesure où la position de la Cour de justice semble limitée au cas dans lequel la faute a été commise pendant le délai de préavis, il semblerait qu'une telle jurisprudence puisse ne pas être remise en cause.

Il conviendrait pour cela d'appliquer la théorie de la "*causalité hypothétique*", c'est-à-dire de raisonner comme si le mandant avait eu connaissance du manquement au moment de sa commission.

Dans le cas où la faute aurait été commise par l'agent avant la notification du préavis, le mandant aurait pu résilier le contrat pour faute privant l'agent du droit à indemnisation.

En revanche, dans le cas où la faute n'aurait été commise par l'agent qu'après la notification du préavis, le mandant n'aurait pas pu s'en prévaloir (même de façon rétrospective) au moment de la résiliation du contrat moyennant préavis pour faire perdre à l'agent son droit à indemnisation.

De sorte que de deux choses l'une :

- soit, la faute cachée a été commise avant la décision du mandant de mettre fin au contrat et, dans ce cas, le droit à indemnisation de l'agent ne devrait pas être maintenu ;
- soit, la faute cachée a été commise après la décision du mandant de mettre fin au contrat, et dans ce cas, le droit à indemnisation devrait être maintenu.

Dans tous les cas, et tel que le précise la Cour de justice, l'indemnité de cessation de contrat réparant le préjudice que cause la fin du contrat à l'agent (système de l'article 17-3 de la directive retenu en France dans les termes de l'article L. 134-12 du Code de commerce), son comportement fautif avant ou pendant le préavis, révélé postérieurement à la cessation du contrat, pourrait être pris en considération dans l'évaluation de son préjudice... (cf. comparer en droit interne avec Cass. com., 23 septembre 2008, pourvoi n° 07-13338, *Gosteau et Niel c/ Sté Eurelco*: dans tous les cas où la faute de l'agent commercial ne revêt pas une gravité suffisante, l'agent a droit à l'intégralité de l'indemnité compensatrice qui lui est due, la faute ne pouvant entrer en ligne de compte pour en diminuer le montant).

D. Ferré

Concurrences N° 1-2011, pp. 117-119

Concurrences +

D. Ferrier, La Cour de cassation estime que le mandant peut invoquer la faute grave de son agent commercial après la rupture du contrat dès lors qu'il n'en a pas eu connaissance préalablement (FDI/Neuf Cegetel), 5 mai 2007, Revue Concurrences N° 3-2007, www.concurrences.com

Cass. com., 6 novembre 2012, Mme X. c/ Éditions Atlas, n°11-25481

La Cour de cassation impute une rupture à un mandant en considérant que le fait qu'ait été utilisé un pouvoir de modification unilatérale convenu n'exclut pas la mise en cause de son exercice, tandis que les Cours d'appel de Toulouse et Montpellier se prononcent sur la gravité des fautes commises par des agents

Le Code de commerce vise les circonstances dans lesquelles l'agent commercial est privé du bénéfice du régime protecteur à la cessation de sa relation avec le mandant, à savoir :

- une faute grave commise par l'agent (art. L. 134-13, 1° C. com.),
- une cessation à l'initiative de l'agent (art. L. 134-13, 2° C. com.),
- et, en tout état de cause, un défaut de notification au mandant de la demande de réparation dans l'année qui suit la date de la cessation (art. L. 134-12, al. 2 C. com.).

Les deux premières hypothèses cristallisent la plupart des contentieux en la matière. Les affaires jugées par la Cour de cassation et les Cours d'appel de Montpellier et Toulouse en fournissent une illustration récente.

En effet, dans la première, un contrat d'agent commercial réservait à l'agent une exclusivité géographique pour une liste de produits figurant en annexe avec une clause d'objectifs. Y était également stipulée une clause selon laquelle "*si le mandant met en vente de nouveaux produits non compris dans l'énumération figurant en annexe, il se réserve le droit d'en confier ou non la vente à l'agent, qui reste libre d'accepter ou de refuser, sans que ce refus puisse faire obstacle à la poursuite du contrat*". Se prévalant de cette clause, le mandant avait notifié à l'agent sa décision à effet immédiat de ne plus lui confier la commercialisation de ses nouveautés. Considérant que cette décision constituait une rupture de son contrat imputable au mandant, l'agent lui réclamait le versement de l'indemnité de fin de contrat. La Cour de cassation censure une Cour d'appel qui avait rejeté la demande de l'agent.

Quant à la deuxième, elle concerne un agent commercial qui avait pour mission de "*provoquer* [l]*es commandes*" de grossistes, bazars, solderies et forains situés dans 21 départements du grand Sud-ouest et qui avait vu son contrat rompu pour faute grave, le mandant ayant constaté que les objectifs contractuels n'avaient pas été atteints. L'agent objectait que la diminution de son chiffre d'affaires résultait de son déréférencement par d'importants clients et que, en tout état de cause, la non-réalisation de ces objectifs ne suffisait pas à caractériser une faute grave. Une Cour d'appel considère que le manque de prospection de l'agent est constitutif d'une faute grave de nature à le priver de son droit à l'indemnité de fin de contrat.

D'ordre procédural, le troisième cas est invoqué par les mandants comme ultime échappatoire au paiement de l'indemnité, comme ce fut le cas dans l'affaire jugée à Montpellier.

En effet, dans cette troisième affaire, à la cessation de la relation avec son agent, un mandant contestait devoir lui verser une indemnité de fin de contrat au motif que l'agent était à l'origine de la rupture et que, en tout état de cause, la faiblesse de ses résultats sur une période de 2 mois et son absence totale d'activité durant 3 mois constituaient des fautes graves le privant de cette indemnité. Une Cour d'appel impute la rupture du contrat au mandant et rejette toute faute grave commise par l'agent.

L'ensemble de ces décisions illustre le soin avec lequel les juges identifient l'auteur de la rupture et apprécient la gravité de la faute commise par l'agent.

L'identification de l'auteur de la rupture

L'indemnité légale n'est pas due lorsque l'agent est à l'initiative de la rupture, à moins que cette cessation ne soit justifiée par des circonstances imputables au mandant (art. L. 134-13, 2°).

La règle découle de l'obligation de loyauté qui pèse sur les deux parties au contrat d'agence commerciale : "*l'agent commercial doit exécuter son mandat en bon professionnel ; le mandant doit mettre l'agent commercial en mesure d'exécuter son mandat*" (art. L. 134-4, al. 3).

Il incombe à l'agent de démontrer que les conditions de l'exception à l'exception sont remplies (Cass. com., 15 novembre 2011, n° 10-26180 et n° 10-26734), étant précisé que le caractère tardif de l'invocation des manquements reprochés au mandant en établit la dimension accessoire et artificielle, la privant ainsi de crédibilité et de pertinence (CA Rouen, 22 mars 2012, RG n° 11/01890).

Ont notamment été retenus comme étant de nature à rétablir le droit à indemnité de l'agent :

- la modification de l'équilibre contractuel, résultant par exemple d'une réduction du taux de commissionnement, d'une brusque augmentation des objectifs (CA Lyon, 16 février 2003, RG n° 01/05518 ; CA Paris, 16 octobre 2002, RG n° 01/20541) ou encore d'une augmentation du tarif des produits contractuels grevant lourdement le chiffre d'affaires de l'agent (CA Aix-en-Provence, 27 novembre 2008, RG n° 06/20393) ;
- la violation d'une exclusivité (CA Paris, 17 janvier 1995, RG n° 93/004927) ou la tolérance d'incursions d'autres représentants sur le territoire exclusif de l'agent (CA Rennes, 1er septembre 2009, RG n° 08/04644) ;
- le refus abusif d'agréer le cessionnaire présenté par l'agent, par exemple lorsque cette décision n'est pas fondée sur des motifs sérieux tenant à l'insuffisance professionnelle ou morale du candidat proposé (CA Rouen, 16 avril 2009, RG n° 07/01513).

Dans les affaires jugées par la Cour de cassation et la Cour d'appel de Montpellier, les agents reprochaient aux mandants de les avoir privés, pour le premier de nouveautés à diffuser, pour le second de l'accès à sa clientèle.

Le mandant mis en cause dans la première affaire avait fait usage de la clause contractuelle lui réservant le droit de confier ou non à l'agent de nouveaux produits non compris dans une liste annexée au contrat, et ainsi notifié à l'agent sa décision de lui retirer sans délai la commercialisation de ses nouveaux produits. L'agent avait alors indiqué au mandant que dans la mesure où la quasi-totalité de son chiffre d'affaires dépendait des ventes de nouveautés, cette "*décision s'analysait purement et simplement en une résiliation unilatérale du contrat* (...) *directement imputable* [au mandant]".

Une Cour d'appel avait débouté l'agent de sa demande d'indemnité, considérant que le mandant n'avait fait qu'appliquer la clause et avait motivé sa décision par les très mauvais résultats de l'agent ; de sorte qu'il ne pouvait lui être reproché aucun manquement contractuel ni méconnaissance de son devoir de bonne foi.

Les juges du fond sont censurés par la Cour de cassation au triple visa des articles 1134 du Code civil, L. 134-4 et L. 134-13 du Code de commerce au motif qu'ils auraient dû rechercher :

- d'une part, "*si le retrait sans condition et immédiat de l'ensemble des produits à venir sans fournir de produits de remplacement était susceptible de permettre à l'agent la poursuite normale de ses objectifs contractuels*" ;
- d'autre part, si cette décision, "*jointe à l'interdiction d'accès au site intranet, n'étaient pas de nature, en rendant impossible la poursuite normale de l'exécution du mandat par l'agent, à constituer des circonstances rendant la rupture imputable au mandant*".

Dans la seconde affaire, le mandant avait informé l'agent par téléphone qu'il "*ne fais*[ait] *plus partie de la société*" et qu'il "*n'av*[ait] *pas de temps à perdre avec des gens comme* [lui]". Ces propos avaient été consignés par l'agent dans son courrier indiquant au mandant qu'il prenait acte de l'interdiction qui lui avait été faite de "*prendre contact avec ses clients*" et qu'il demandait une indemnité de cessation de contrat.

Selon les juges montpelliérains, "*en ayant précisé dans son courrier vouloir obtenir l'équivalence de dommages et intérêts pour s'être vu interdire par le mandant de prendre contact avec ses client,* [l'agent] *a,*

- *d'une part, légitimement considéré que le mandant avait pris l'initiative de la rupture* [du] *contrat* ;
- *d'autre part, marqué ainsi sans équivoque, concomitamment avec la rupture actée par* [le mandant], *sa volonté de* [lui] *réclamer réparation du préjudice subi à raison de cette rupture*".

À cet égard, les juges rappellent que "*cette intention de faire valoir ses droits pouvait être faite en la forme ordinaire prévue à l'article 667 du code de procédure civile* [notification par voie postale ou par remise au destinataire], *dans le délai d'un an de la cessation du contrat, sans qu'il soit nécessaire d'y procéder par voie d'assignation en paiement*".

L'appréciation de la faute commise par l'agent

La rupture fût-elle imputée au mandant, l'agent n'a pas droit à l'indemnité de fin de contrat s'il a commis une faute grave (art. L. 134-13) ; c'est-à-dire une faute telle qu'elle portait atteinte à la finalité commune du mandat d'intérêt commun et rendait impossible le maintien du lien contractuel (Cass. com., 25 octobre 2002, n° 00-18122).

Seuls sont sanctionnés à ce titre les comportements les plus graves de l'agent : refus d'appliquer les méthodes de vente du mandant (Cass. com., 29 novembre 1971, n° 71-10695), insuffisance dans la fourniture d'informations au mandant (Cass. com., 3 janvier 1991, n° 87-16414), vente de produits concurrents sans accord du mandant (Cass. com., 24 mai 2011, n° 10-16969 : *Concurrences* n° 3-2011, obs. DF), ou encore défaillance dans la prospection de la clientèle (Cass. com., 15 sept. 2009, n° 08-16696). Les arrêts des Cours d'appel de Toulouse et Montpellier illustrent cette dernière hypothèse.

Dans la première affaire, l'agent est déchu de son droit à indemnité compte tenu "*de la faiblesse du chiffre d'affaires réalisé tant par rapport à l'engagement mentionné dans le contrat que par rapport à son prédécesseur* [dans] *le secteur*", le carnet des commandes quasiment vide traduisant "*un défaut d'activité manifeste*". À cet égard, les juges considèrent que si la perte de deux importants clients a grevé le chiffre d'affaires de l'agent, elle "*ne peut pas expliquer la faiblesse de* [son] *activité de prospection qui aurait dû être, au contraire, accrue pour compenser ces pertes de relations contractuelles*".

Dans la seconde affaire, le mandant dénonçait la faiblesse des résultats de l'agent pendant deux mois et une absence totale d'activité pendant trois mois. L'agent conserve pourtant son droit à indemnité eu égard à sa "*très grande ancienneté*" : il était "*en relation avec* [le mandant] *depuis près de 19 ans*".

L'appréciation de la gravité de la faute de l'agent tient compte d'un autre élément de contexte : le comportement du mandant. En effet, sa tolérance (Cass. com., 10 mai 2011, n° 10-17952 : *Concurrences* n° 3-2011, obs. DF) ou encore l'absence de reproche ou de mise en garde (Cass. com. 7 avril 2009, n° 08-12832 : *D.* 2009, pan. 2893, obs. D. Ferrier) à l'égard de fautes graves de l'agent l'empêchent de les invoquer ultérieurement.

Tandis que les juges montpelliérains ne manquent pas de relever la passivité du mandant, les juges toulousains relèvent inversement les courriers du mandant faisant part à l'agent de son interrogation sur le contenu de son activité et l'invitant à "*préciser la stratégie qu'il comptait mettre en œuvre pour développer son activité*".

D. Ferré

Concurrences N° 1-2013, pp. 102-104

Concurrences +

D. Ferré, La Cour de cassation se prononce sur les conditions de la rupture du contrat d'agence commerciale et précise la notion de tolérance du mandant à l'égard de son agent fautif ainsi que la charge de la preuve de la faute grave (Free/Libentia ; Seretel), 10 mai 2011 et 24 mai 2011, Revue Concurrences N° 3-2011, pp. 119-121

Cass. com., 9 décembre 2014, HCF, n° 13-23309

La Cour de cassation approuve la Cour d'appel de Colmar d'avoir refusé d'allouer à l'agent, en plus de l'indemnité de cessation de contrat, une indemnité pour refus d'agrément du successeur par le mandant

L'indemnité de cessation de contrat prend nécessairement en compte la perte du droit de présentation d'un successeur du fait de la non-transmission du contrat.

L'agent commercial ne perd son droit à indemnité de cessation de contrat (reconnu à l'article L. 134-12 du Code de commerce) que dans trois circonstances énumérées à l'article L. 134-13 du Code de commerce :

- il a commis une faute grave ;
- il est à l'initiative de la cessation (sauf circonstances imputables au mandant ou dues à l'âge, l'infirmité ou la maladie de l'agent, par suite desquels la poursuite de son activité ne peut plus être raisonnablement exigée) ;
- il cède à un tiers, après accord du mandant, les droits et obligations qu'il détient en vertu de son contrat.

Si les deux premières hypothèses donnent lieu à un contentieux abondant (faute grave) voire très abondant (initiative de l'agent), plus rares sont les décisions relatives à la cession de sa "carte" par l'agent. La Cour de cassation en a rendu une – publiée au Bulletin – le 9 décembre 2014.

L'affaire opposait un agent à son mandant, lequel n'avait pas agréé les deux successeurs proposés. Les juges du fond s'étaient refusé à condamner le mandant à payer à l'agent, non seulement une indemnité de cessation de contrat, mais également l'indemnité contractuellement prévue en cas de "*refus par le mandant de toute succession ou de deux candidats (personne physique ou morale) successivement présentés*".

Rappelons à titre liminaire que même si le contrat en cause anticipait l'hypothèse de sa cession par l'agent, la jurisprudence considère qu'il "*résulte de la combinaison des articles L. 134-13, 3°* [perte du droit à indemnité en cas de cession de la carte] *et L. 134-16* [clauses contraires à l'article L. 134-13 réputées non écrites] *du Code de commerce que la carte d'agent commercial a une valeur patrimoniale et peut toujours être cédée même lorsque le contrat ne le prévoit pas expressément*" (CA Rouen, 16 avril 2009, RG n° 07/01513).

Mais le contrat d'agent commercial présente aussi un caractère *intuitu personae*, dont il résulte que l'agent doit requérir – et obtenir – l'accord du mandant quant au successeur qu'il propose, de façon à ce que le mandant s'assure qu'il sera apte à assurer la diffusion de ses produits dans les mêmes conditions que celles initialement convenues avec le cédant (rien n'empêchant que le mandant et le cessionnaire s'accordent ensuite sur de nouvelles modalités). Le respect de cette condition, imposé par l'article L. 134-13, 3°, est d'ailleurs contrôlé par les juges. Ces derniers vérifient, plus précisément, que le mandant n'a pas abusé de son droit de refuser d'agréer le successeur sans considération objective de ses qualités (Cass. com., 14 janvier 1997, pourvoi n° 94-21795 ; CA Paris, 25 janvier 1995 : *Bull. Joly Sociétés* 1995, p. 413).

C'est la question de la conséquence d'un refus d'agrément "*fautif*" que tranche l'arrêt de la Cour de cassation. À cet égard, deux hypothèses peuvent être distinguées.

La première est celle dans laquelle, face au refus explicite ou implicite (inertie) du mandant d'agréer le successeur proposé, l'agent décide finalement de continuer à exécuter sa mission. Dans ce cas, rien ne semble s'opposer à ce qu'il réclame réparation au mandant, soit pour manquement à son devoir de loyauté (article L. 134-4 du Code de commerce), soit sur le fondement d'une clause prévoyant une telle indemnisation en cas de refus injustifié du successeur présenté ou encore d'inertie du mandant.

L'indemnité de cessation de contrat prend nécessairement en compte la perte du droit de présentation d'un successeur du fait de la non-transmission du contrat

La seconde hypothèse – que l'on devine être celle de l'espèce – est celle dans laquelle l'agent, face au refus du mandant, prend l'initiative de la rupture du contrat. Il récupère son droit à indemnité de cessation de contrat au titre de l'article L. 134-13, 2° du Code de commerce, la cessation du contrat par l'agent étant alors "*justifiée par des circonstances imputables au mandant*" (CA Aix-en-Provence, 8 mars 2007, RG n° 05/11206).

Mais l'agent peut-il en plus espérer obtenir, de la même manière que si le contrat s'était poursuivi, réparation du préjudice distinct résultant pour lui du refus d'agrément ? C'est ce que plaidait en l'espèce l'agent commercial en se fondant sur une clause du contrat stipulant à son profit une indemnité pour refus d'agrément.

La jurisprudence et une partie de la doctrine sont assez incertaines sur le sujet : la première, en jugeant que "*le refus d'agrément sans motif sérieux est susceptible d'engager la responsabilité du mandant ou son obligation au paiement d'une indemnité*" (CA Toulouse, 19 mai 1998, RG n° 96/05181) ; la seconde, en laissant entendre que l'abus dans la faculté de ne pas agréer le successeur ouvrirait droit à une indemnité distincte de l'indemnité de l'article L. 134-12 (cf. JCl. Contrats-Distribution, Fasc. 3515 "*Agents commerciaux – Fin du contrat d'agence – Conséquences et contentieux de la rupture*", 23 à 25, notamment point 24 qui vise la "*clause de droit de présentation sans indemnité expressément prévue*").

La Cour de cassation tranche la question dans un sens défavorable à l'agent : elle approuve la Cour d'appel de Colmar d'avoir, pour refuser de lui allouer une indemnité supplémentaire au titre du refus d'agrément, "*retenu que le préjudice subi par l'agent commercial qui cesse ses fonctions, sans agrément par le mandant du successeur présenté par lui, est déjà réparé par l'indemnité de fin de contrat, laquelle, étant destinée à réparer le préjudice résultant pour lui de la cessation de ses fonctions, prend nécessairement en compte la perte du droit de présentation d'un successeur du fait de la non-transmission du contrat*".

Une telle solution se justifie pleinement en considération de ce que répare l'indemnité de cessation de contrat, à savoir la perte du droit de prospecter la clientèle du mandant et d'en tirer profit. Le principe est celui de la réparation intégrale : tout le préjudice, de sorte que le montant de l'indemnité ne peut pas être fixé forfaitairement à l'avance (sauf à être "causé" en considération de l'anticipation de ce que devrait être le préjudice de l'agent) ; mais rien que le préjudice, de sorte que le montant de la réparation doit s'apprécier au conditionnel, c'est-à-dire en fonction de la perte de revenus qu'aurait retirés l'agent de son activité si elle s'était normalement poursuivie (D. Ferrier et N. Ferrier, *Droit de la distribution*, LexisNexis, 7e éd., 2014 p. 233). Il résulte de cette appréciation au conditionnel, en matière de cession de carte, que si l'activité de l'agent s'était normalement poursuivie, il aurait conservé son droit de présenter un successeur. Comme l'indique la Cour de cassation, l'indemnité de cessation de contrat prend donc "*nécessairement en compte la perte du droit de présentation d'un successeur du fait de la non-transmission du contrat*".

Le principe de la perte du droit à indemnité de cessation de contrat lorsque l'agent cède sa carte conforte cette solution : si l'indemnité n'a plus de raison d'être, c'est parce que le préjudice de l'agent est compensé par le règlement de la valeur patrimoniale de la carte par son successeur ; la jurisprudence considérant que la valeur de la carte se calcule de la même façon que l'indemnité de cessation (*JCl. Contrats-Distribution*, Fasc. 3510 "*Agents commerciaux – Fin du contrat d'agence – Causes de la rupture*", 26).

D. Ferré

Concurrences N° 2-2015, pp. 103-104

Cass. com., 11 mai 2017, La Vie au bord de la mer c/ Le Comptoir Saint Louis e. a., n° 15-12872 et Cass. com., 1er mars 2017, Cafpi, n° 15-12482

La Cour de cassation censure l'application de clauses de non-concurrence insérées dans des contrats d'agence commerciale, faute pour les parties de respecter les critères posés par le Code de commerce et la jurisprudence

Dans une première affaire, une clause de non-concurrence stipulée dans un contrat d'agence commerciale interdisait au gérant de la société d'agence commerciale d'accepter la représentation d'une entreprise concurrente "*dans les villes dans lesquelles il s'est déplacé pour des missions au cours du* (...) *contrat*". Après la dissolution de la société, le gérant était devenu salarié d'un autre agent commercial, et son ancien mandant invoquait la violation de la clause de non-concurrence. La Cour de cassation approuve les juges du fond d'avoir rejeté la demande et considéré que la clause de non-concurrence était nulle dès lors que :

- le périmètre géographique de la clause n'était ni circonscrit, ni déterminable au moment de la conclusion du contrat, mais au contraire "*appelé à s'étendre sans aucune limite à tout le territoire français au fur et à mesure de l'exécution de celui-ci*" ;
- la clause n'était pas proportionnée à l'objet du contrat puisqu'elle n'avait pas pour but de protéger la clientèle du mandant, "*l'objet du contrat consistant en la réalisation de transactions ponctuelles, non ou peu renouvelables, auprès de la population nationale adulte indifférenciée, ce qui exclut toute fidélisation, notion inhérente au concept de clientèle ou même d'achalandage qui suppose une implantation géographique, inexistante en l'espèce*" ;
- la clause n'était pas nécessaire à la protection des intérêts légitimes de son bénéficiaire puisqu'elle n'avait pour objectif que "*d'interdire l'accès au marché national à [son] ancien cocontractant en le privant de la possibilité de continuer à exercer l'activité qu'il avait déjà entreprise, au moins de manière accessoire, avant la conclusion du contrat*".

Dans une seconde affaire, à la suite de la rupture d'un contrat d'agence commerciale, un mandant avait été assigné par son agent en paiement de commissions et de diverses indemnités. Devant les tribunaux, le mandant avait fait valoir à l'encontre de son agent une violation de la clause de non-concurrence stipulée dans leur contrat pour laquelle il demandait des dommages et intérêts. La Cour de cassation approuve une Cour d'appel d'avoir rejeté sa demande, au motif que bien que le contrat d'agence commerciale ait stipulé que l'agent exerçait son activité dans un secteur géographique déterminé, celui-ci avait "*ensuite été modifié à trois reprises sans qu'aucun avenant n'ait pris en considération ce changement*", et d'en avoir déduit que la clause de non-concurrence "*ne peut recevoir application faute de déterminer le secteur géographique actualisé confié à* [l'agent]".

D. Ferré

Concurrences N° 3-2017, pp. 83-84

Concurrences +

D. Ferré, La Cour de cassation approuve une Cour d'appel d'avoir annulé une clause de non-concurrence post-contractuelle stipulée dans un contrat d'agence commerciale à défaut d'être corrélée à la clientèle confiée à l'agent et nécessaire à la protection des intérêts du mandant (Kriss Laure), août 2012 et 15 mai 2012, Revue Concurrences N° 3-2012, p. 121

CJUE, 19 avril 2018, Conseils et mise en relations c/ Demeures terre et tradition, C-645/16

La Cour de justice de l'Union européenne décide que la cessation du contrat d'agence commerciale pendant la période d'essai ne prive pas l'agent de son droit à indemnisation

Le régime de l'agence commerciale, fixé aux articles L. 134-1 et suivants du Code de commerce, transpose les dispositions de la directive 86/653/CEE du 18 décembre 1986 relative à la coordination des droits des États membres concernant les agents commerciaux indépendants.

L'article 17 § 3 de la directive, transposé à l'article L. 134-12 du Code de commerce, permet à l'agent commercial de bénéficier d'un *"droit à la réparation du préjudice que lui cause la cessation de ses relations avec le commettant"*. La directive ne précise pas, en revanche, si l'agent bénéficie encore d'un tel droit à réparation, lorsque la cessation des relations intervient pendant l'exécution d'une période d'essai. C'est précisément sur ce point que la Cour de cassation avait, en décembre 2016, interrogé la Cour de justice de l'Union européenne (CJUE) afin de savoir si *"l'article 17 de la directive 86/653/CEE du Conseil du 18 décembre 1986, relative à la coordination des droits des Etats membres concernant les agents commerciaux indépendants, s'applique (...) lorsque la cessation du contrat d'agence commerciale intervient au cours de la période d'essai qui y est stipulée"* (Cass. com., 6 décembre 2016, pourvoi n° 15-14212).

De manière intéressante – car à contrecourant d'une solution jusqu'à présent admise par la Cour de cassation (Cass. com., 23 juin 2015, pourvoi n° 14-17894) – la Cour de justice répond par l'affirmative que l'article 17 de la directive *"doit être interprété en ce sens que les régimes d'indemnisation et de réparation que cet article prévoit, respectivement à ses paragraphes 2 et 3, en cas de cessation du contrat d'agence commerciale, sont applicables lorsque cette cessation intervient au cours de la période d'essai que ce contrat stipule"*.

La position de la Cour de justice ne surprend toutefois pas en ce qu'elle poursuit l'objectif de protection de l'agent commercial dans sa relation avec le mandant attaché à la directive (cf. CJUE, 17 mai 2017, C48/16). Elle apporte néanmoins d'utiles précisions quant au régime applicable au contrat d'agence commerciale.

Ainsi, sa réponse permet d'exclure toute hésitation quant à la possibilité de stipuler une période d'essai dans un contrat d'agence commerciale (cf. comm. A-C. Martin, L'essentiel, droit de la distribution et de la concurrence, n° 6 Juin 2018). A cet égard, elle conforte en effet les conclusions de l'avocat-général selon lesquelles aucune disposition de la directive ne réglementant la stipulation d'une période d'essai, *"il y a lieu de considérer qu'une telle stipulation, qui relève de la liberté contractuelle des parties au contrat d'agence commerciale, n'est pas en soi interdite par ladite directive"*.

La position de la Cour de justice permet également de mettre un terme à la jurisprudence de la Cour de cassation refusant à l'agent commercial le bénéfice d'une indemnité de cessation de contrat en cas de rupture de ses relations avec le mandant au cours de la période d'essai. Cette solution jusqu'à présent retenue par Cour de cassation avait été motivée par le fait que, selon elle, la stipulation d'une période d'essai dans un contrat d'agence commerciale empêchait la conclusion définitive de celui-ci, privant ainsi le mandataire désigné du statut d'agent commercial pendant la durée d'une telle période. La Cour de cassation en déduisait que, privé du statut pendant cette période particulière, le mandataire ne pouvait se prévaloir du régime qui y est associé et ainsi bénéficier d'une indemnité réparatrice du préjudice subi du fait de la cessation de ses relations avec le mandant.

La Cour de justice n'approuve pas ce raisonnement qui, selon elle, "*ne trouve aucun fondement dans la directive 86/653*". Elle considère au contraire que le contrat d'agence commerciale "*existe à partir du moment où a été conclu un contrat ayant pour objet soit de négocier la vente ou l'achat de marchandises, soit de négocier et de conclure ces opérations pour le compte du commettant, indépendamment de la question de savoir si ce contrat est assorti d'une période d'essai*".

Dans ses motivations, la Cour de justice relève par ailleurs qu'il ressort de la directive que l'indemnité dont bénéficie l'agent commercial vise à réparer le préjudice subi notamment lorsqu'il découle de la cessation des relations contractuelles "*dans des conditions qui privent cet agent des commissions dont l'exécution du contrat lui aurait permis de bénéficier tout en procurant au commettant des avantages substantiels liés à l'activité de cet agent et/ou dans des conditions qui n'ont pas permis à l'agent commercial d'amortir les frais et dépenses qu'il a engagés pour l'exécution du contrat sur la recommandation du commettant*". Elle en déduit que l'indemnité de cessation de contrat vise "*non pas à sanctionner la rupture du contrat*", mais bien à "dédommager l'agent commercial pour ses prestations passées dont le commettant continue à bénéficier au-delà de la cessation des relations contractuelles ou pour les frais et dépenses qu'il a exposés aux fins de ces prestations".

Ainsi, peu importe que la cessation de ses relations avec le mandant soit intervenue au cours d'une période d'essai, l'agent commercial doit percevoir une indemnité de cessation de contrat dès lors qu'il a effectué des prestations dont le mandant continue de tirer des bénéfices à l'issue de la cessation, et même dès lors qu'il a simplement engagé des frais et dépenses pour réaliser ses prestations, "*sur la recommandation*" du mandant qu'il n'a pas amortis.

Au demeurant, il est opportun de rappeler que l'agent commercial devrait logiquement être privé du bénéfice de l'indemnité lorsqu'il est à l'origine de la cessation de ses relations avec le mandant pendant la période d'essai. En effet, l'article 18 de la directive transposé à l'article L. 134-13 du Code de commerce, qui "énumère limitativement les cas de figure dans lesquels *l'indemnité ou la réparation du préjudice n'est pas due*" prévoit que l'agent commercial perd son droit à indemnité lorsqu'il met fin au contrat conclu avec son mandant. On notera au passage que parmi les arguments au soutien de sa réponse, la Cour de justice relève qu'au nombre des cas de figure privant l'agent de son droit à indemnité limitativement listés par la directive, la rupture de la période d'essai n'est pas mentionnée.

Malgré cet éclairage de la Cour de justice, une question pratique demeure en suspens : celle du calcul du montant de cette indemnité en cas de rupture du contrat d'agence pendant la période d'essai.

Rappelons qu'il est d'usage pour les juridictions françaises d'octroyer aux agents commerciaux une indemnité dont le montant équivaut à deux années de commissions (cf. CA Paris, 7 juin 2018, RG n° 16/21999). Toutefois, cette pratique est écartée par les juges du fond – qui bénéficient d'un pouvoir souverain en la matière – lorsqu'elle ne permet pas de fixer l'indemnité correspondant au préjudice réellement subi par l'agent commercial (cf. D. Ferré, Concurrences n° 3-2016). C'est notamment le cas lorsque la relation entre le mandant et l'agent a duré moins de deux années (cf. par ex : CA Paris 7 avril 2016, RG n° 13/19023, CA Toulouse, 23 mars 2016, RG n°14/05597 ; CA Colmar, 11 mars 2016, RG n° 14/01484). Or, la cessation des relations entre mandant et agent commercial au cours de la période d'essai impliquant nécessairement une relation de courte durée – de moins de deux années -, les juges du fond devront adapter le calcul du montant de l'indemnité due à l'agent en fonction des circonstances bien précises de l'espèce, et notamment en fonction des prestations effectuées durant ce court laps de temps par l'agent ainsi que des dépenses engagées par lui.

Les décisions à venir faisant application de la solution dégagée par la Cour de justice mériteront donc que l'on s'attarde sur le calcul du montant de l'indemnité octroyée à l'agent commercial.

D. Ferré

Concurrences N° 3-2018, pp. 108-109

Concurrences +

D. Ferré, Les Cours d'appel de Colmar, Nancy, Lyon, Toulouse et Paris précisent les modalités de calcul de l'indemnité de cessation de contrat (Mme Farge / Cubo Design e.a.), 1er septembre 2016, Revue Concurrences N° 3-2016, pp. 87-88

A.-C. Martin, La Cour de cassation refuse l'application du droit social au locataire-gérant d'un fonds de commerce de station-service et rappelle la nécessité d'une appréciation concrète de l'autonomie de ce dernier (Total marketing services), 23 juin 2015, Revue Concurrences N° 4-2015, p. 131

1.4 Commissionnaire-affilié

1.4.1 Qualification

Cass. com., 29 juin 2010, Chattawak c/ Chantal Peri, n° 09-66773

La Cour de cassation casse l'arrêt de la Cour d'appel de Paris ayant appliqué le régime de l'agence commerciale à un commissionnaire affilié

Nouvelle étape dans une affaire que l'on pouvait croire terminée, l'arrêt de la chambre commerciale de la Cour de cassation du 29 juin 2010 montre combien les tribunaux peuvent éprouver des difficultés pour appréhender la formule de la commission affiliation. Ces difficultés proviennent assurément de la confusion à l'origine de cette formule – au demeurant très répandue – entre le commissionnaire commerçant indépendant qui commercialise auprès de sa clientèle les produits d'un commettant et le commissionnaire affilié mandataire qui commercialise auprès de la clientèle du "*commettant*" les produits du "*commettant*" [D. Ferrier, Requalification d'un commissionnaire affilié en agent commercial : épilogue : D. 2009, p. 1942].

En l'espèce, un franchisé devenu commissionnaire affilié avait informé le commettant de sa volonté de modifier l'implantation de son magasin. Après avoir exigé divers documents relatifs au nouvel emplacement, le commettant mettait fin au contrat. Le commissionnaire affilié assignait alors son commettant en revendiquant l'application du régime de l'agence commerciale.

Dans un arrêt du 26 février 2008, la chambre commerciale de la Cour de cassation avait une première fois reproché à la Cour d'appel de Paris d'avoir appliqué ce régime au commissionnaire affilié tout en le qualifiant de commerçant indépendant propriétaire de son fonds de commerce [Cass. com., 26 févr. 2008, pourvoi n° 06-20772 : JurisData n° 2008-042945 ; D. 2008, p. 2907, D. Ferrier].

Statuant sur renvoi, la Cour d'appel appliquait à nouveau le régime de l'agence commerciale aux motifs que le commissionnaire affilié distribuait exclusivement les produits du commettant, au prix fixé par le commettant, avec une enseigne, du matériel et un stock appartenant ou étroitement contrôlés par le commettant et était "transparent" dans la relation entre le commettant et la clientèle [CA Paris, 9 avr. 2009 : D. 2009, p. 1942, D. Ferrier].

Dans l'arrêt commenté, la Cour de cassation censure une seconde fois la Cour d'appel au visa des articles L. 132-1 et L. 134-1 du Code de commerce, accueillant trois des arguments développés par le pourvoi.

D'abord, la Cour d'appel aurait dû rechercher lequel du commettant ou du commissionnaire avait la qualité juridique de vendeur

Pour appliquer le régime de l'agence commerciale plutôt que celui de la commission, la Cour d'appel de Paris avait relevé dans son arrêt du 9 avril 2009 l'absence d'"*opacité*" du commissionnaire affilié, dès lors que :

- les recettes de ses ventes étaient déposées sur un compte ouvert au nom du "*commettant*" ;

- ses correspondances mentionnaient la dénomination de la boutique du "*commettant*" ;

- ses tickets de caisse comportaient le nom du "*commettant*" ;

- il était tenu d'apposer la seule enseigne du "*commettant*".

Selon le pourvoi, ces éléments "établissant une transparence d'un point de vue purement commercial et matériel, n'étaient pas de nature à établir qui avait du [commettant] *ou du* [commissionnaire affilié] *la qualité juridique de vendeur, tenu des obligations du contrat* [de vente]".

La Cour de cassation suit cette argumentation, en reprochant à la Cour d'appel de ne pas avoir recherché "*laquelle des deux sociétés avait la qualité juridique de vendeur*".

La solution est discutable. La Cour de cassation semble ici confondre la qualification de commissionnaire et le régime juridique qui en découle.

Aux termes de l'article L. 132-1 du Code de commerce, le commissionnaire est celui qui agit pour le compte d'un commettant, mais en son nom propre. À la différence du mandataire civil, qui agit pour le compte et au nom de son mandant. Il en résulte qu'en matière de commission à la vente, c'est le commissionnaire qui a la qualité de vendeur et qui supporte les obligations et responsabilités liées à la vente (obligation de paiement, de délivrance, de garantie des vices cachés), alors qu'en matière de mandat civil à la vente, cette qualité revient au mandant.

Pour établir lequel du représentant ou du représenté a la qualité de vendeur, il convient donc bien de qualifier au préalable leur relation, et pour ce faire de déterminer si le représentant agit en son nom propre ou au nom du représenté.

Ce que la Cour d'appel de Paris semblait avoir correctement réalisé en relevant l'absence d'"*opacité*" du commissionnaire affilié.

À notre sens, c'est davantage parce que les juges du second degré avaient retenu la qualification d'agent commercial sans rechercher si les critères de négociation et/ou de conclusion étaient réunis, que l'arrêt d'appel aurait pu être cassé [Sur ces critères, voir notre commentaire : D. Ferré, "*Statut d'agent commercial : La Cour de cassation et la Cour d'appel de Reims rappellent qu'en l'absence de pouvoir de négociation, le mandataire ne peut revendiquer le statut d'agent commercial*" *(JFL Medical ; LDR Médical ; Les Cuirs Saint-Denis ; Avenir Telecom)*, *Concurrences*, n° 1-2010, n° 30210, p. 114-115].

Ensuite, l'agent commercial n'a pas de clientèle propre

La Cour de cassation censure la Cour d'appel pour avoir retenu "*qu'une clientèle, à l'évidence détachable de la marque* [du commettant], était attachée [au commissionnaire affilié] *qui avait su fidéliser une clientèle en ce lieu, tandis que* [le commettant] *avait pu ouvrir, dans le même temps, un nouveau magasin dans la même ville à son enseigne*" alors que "*l'agent commercial, simple mandataire, n'a pas de clientèle propre*".

La cassation est sévère. La Cour d'appel semblait en effet envisager la possibilité d'un attachement de la clientèle au commissionnaire affilié à titre seulement d'hypothèse : "*Considérant que l'influence [du commissionnaire affilié] sur la clientèle locale attachée à la marque [du commettant], dont les produits étaient exclusivement vendus dans les locaux exploités par [le commissionnaire affilié], est d'autant plus difficile à cerner, qu'hormis la qualité de l'accueil, les moyens mis en œuvre étaient étroitement contrôlés par [le commettant] ; qu'en admettant que [le commissionnaire affilié] ait su fidéliser une clientèle sur le territoire de la ville d'Annecy, l'attachement ainsi manifesté par les clients était, à l'évidence, détachable de la marque [du commettant], qui a pu ouvrir un nouveau magasin à Annecy dès avril 2003, et qui ne démontre pas que les pertes enregistrées par cet établissement en 2003 et 2004 aient une autre origine que les investissements nécessaires à cette installation*".

Mais elle est logique sur le plan des principes. L'agent commercial, en sa qualité de mandataire, développe une activité civile, il n'est pas propriétaire du fonds de commerce. Il conclut des contrats au nom et pour le compte du mandant, de sorte qu'il n'a pas de clientèle propre. C'est précisément pour cette raison qu'il bénéficie en vertu de l'article L. 134-12 du Code de commerce d'une indemnité compensant la perte que lui causera la cessation du contrat du droit de prospecter la clientèle du mandant et d'en tirer profit [Dans le même sens : Cass. com., 10 juillet 2007 : Bull. civ. IV, n° 184].

Enfin, l'agent commercial ne peut être titulaire d'un bail commercial

La Cour de cassation désapprouve également la Cour d'appel d'avoir considéré que "*la cession par [le commissionnaire affilié] du droit au bail des locaux où était exploité le fonds de commerce [...] n'était pas un élément essentiel du litige*" alors que "*la circonstance que [le commissionnaire affilié] ait été titulaire du bail commercial était un élément essentiel pour déterminer si celui-ci avait la qualité de commerçant qu'un agent commercial ne peut posséder*".

Cette solution nous semble erronée, car :

- d'abord, le fait d'être titulaire d'un bail n'emporte pas automatiquement la qualité de commerçant. En effet, d'une part, plusieurs dispositifs confèrent à des non-commerçants le bénéfice du statut des baux commerciaux (artisans, propriétaires de fonds en location-gérance, établissements d'enseignement, EPIC...), d'autre part, les parties non-commerçantes sont toujours libres de convenir d'une extension conventionnelle de ce statut. Par ailleurs, certains commerçants ne peuvent pas bénéficier du statut des baux commerciaux (sociétés commerciales par la forme ayant un objet civil...) ;
- ensuite, certains agents commerciaux peuvent avoir la qualité de commerçant (sociétés commerciales par la forme, commerçants exerçant une activité d'agent commercial à titre accessoire...).

La Cour de cassation a renvoyé l'affaire devant la Cour d'appel de Paris. Si cette dernière venait encore à résister, l'Assemblée plénière serait alors amenée à se réunir.

D. Ferré
Concurrences N° 4-2010, pp. 136-138

Concurrences+

D. Ferré, La Cour de cassation et la Cour d'appel de Reims rappellent qu'en l'absence de pouvoir de négociation, le mandataire ne peut revendiquer le statut d'agent commercial (JFL Medical ; LDR Médical ; Les Cuirs Saint-Denis ; Avenir Telecom), 27 octobre 2009, Revue Concurrences N° 1-2010, pp. 114-115

2. Réseau

2.1 Règles générales

2.1.1 Organisation du réseau

CA Versailles, 24 janvier 2017, Foncia, n°15/00795

La Cour d'appel de Paris et la Cour d'appel de Versailles confortent la liberté pour le franchiseur comme pour le fournisseur promoteur de réseau de réorganiser la distribution de leurs produits ou services

La réorganisation du réseau de distribution s'invite comme un nouveau thème récurrent du contentieux dans ce domaine.

Signe de l'évolution soutenue des conditions de commercialisation imposée par divers facteurs souvent combinés : l'émergence de nouveaux canaux de distribution, notamment avec Internet ; la modification de l'offre et de la demande sous la pression de concurrents mais aussi des consommateurs, notamment en matière de franchise (cf. en matière de distribution sélective Concurrences n° 4-2016, p 112 ; rapp. au cas de modification des éléments de la franchise Cass. com, 19 janvier 2016, n° 14-16272) ; le durcissement du régime applicable à certaines formules contractuelles sous la pression du législateur et des juges, notamment pour la protection des distributeurs et aujourd'hui de leurs salariés.

Signe également de la revendication par les distributeurs si ce n'est de la pérennité tout au moins de la stabilité, voire de la longévité, de la relation commerciale avec leur fournisseur dans le cadre d'un réseau : la stabilité étant au demeurant elle-même promue de manière générale par le législateur et les juges à travers la sanction de la rupture brutale.

La question du non renouvellement du contrat de distribution pour cause de réorganisation du réseau était ainsi au cœur de deux contentieux intéressant l'un la franchise, l'autre la distribution sélective.

Dans les deux cas, en effet, l'argument du promoteur du réseau, face à la revendication du distributeur, était sa liberté de ne pas maintenir la relation contractuelle, sous les seules réserves de respecter les conditions légales (délai de préavis) et le cas échéant contractuelles de cessation du contrat, d'une part, et de ne pas avoir entretenu chez le distributeur la croyance erronée en la poursuite de la relation, d'autre part.

Un contentieux abondant (9 arrêts) portait sur un contrat de franchise en matière d'agence immobilière. Plusieurs franchisés dont le contrat n'avait pas été renouvelé à son terme, reprochaient au franchiseur qui avait antérieurement mis en place un réseau d'agences succursalistes, d'avoir développé le réseau de franchise par un "*recrutement à grande échelle*" (d'environ cent franchisés) avec la volonté de récupérer au terme de chaque contrat de franchise, d'un côté, les agences franchisées les plus rentables en les agrégeant au réseau succursaliste et, d'un autre côté, la clientèle qui avait été attirée par les autres franchisés moins rentables. Le grief était nourri par l'ampleur du non renouvellement qui touchait 55 % des franchisés et 70 % du chiffre d'affaires du réseau de franchise.

Les juges tiennent compte du soupçon mais estiment que ce grand nombre de non renouvellements "*ne saurait à lui seul suffire à établir que le franchiseur s'est employé à utiliser les capacités financières du franchisé à l'unique fin de développer le maillage du territoire et d'assurer la profitabilité de ses succursales intéressées au détriment du franchisé et qu'il a ainsi exercé son activité de franchiseur de manière égoïste sans rechercher le succès du réseau de franchise*". La référence au "*succès du réseau*" traduit une parfaite compréhension de l'opération de franchise et souligne, "*en creux*", l'absence de grief des franchisés sur ce terrain ; en conclusion : n'ont-ils pas bien profité de la relation ?

De plus, au terme d'une analyse minutieuse, les juges relèvent qu'aucune preuve n'est rapportée de la volonté du franchiseur de mettre en œuvre une telle "*stratégie délibérée de déloyauté*" et soulignent le principe de libre réorganisation du réseau par son promoteur pour constater qu'il n'a commis "*aucun abus dans l'exercice de son droit de non renouvellement*".

On observera, par-delà cette solution, que le grand nombre de décisions, au demeurant identiques, rendues à l'initiative des franchisés du réseau montre le caractère de plus en plus "*groupé*" des actions au sein des réseaux et devrait inciter le franchiseur à la prudence.

Le second contentieux portait sur un contrat de distribution sélective parvenu à son terme et dont le renouvellement était exigé par le distributeur parce qu'il était en relation depuis plusieurs années (24 selon lui, mais 8 seulement pour les juges compte tenu de l'absence d'élément formalisant une relation plus longue) et qu'il respectait toujours les conditions de la sélection.

Il faisait en outre valoir qu'il était évincé au profit d'un point de vente où le promoteur du réseau avait décidé de commercialiser directement et sous sa marque les produits couverts par la distribution sélective.

Là encore, les juges estiment que le non renouvellement ne pouvait être en lui-même reproché au fournisseur et ajoutent que ce dernier est "*libre de faire co-exister dans un réseau de distribution différentes catégories de distributeurs selon le type de relation commerciale entretenue avec chacun d'eux*".

Ainsi, dans le prolongement de la jurisprudence qui depuis longtemps refuse de reconnaître au distributeur un droit au maintien de la relation contractuelle avec le promoteur du réseau, se trouve aujourd'hui admis le droit pour ce dernier de modifier l'organisation de ce réseau, sous réserve toutefois de l'absence d'abus dont l'appréciation au fond est encore discrète.

D. Ferrier

Concurrences N° 2-2017, p. 111

Concurrences+

D. Ferrier, La Cour de cassation reconnaît que la réorganisation d'un réseau de distribution sélective peut conduire son promoteur à ne pas sélectionner un distributeur qui satisfait les critères qualitatifs (Guyapat / Rolex et Garage Gremeau / Mercedes-Benz France), 21 juin 2016, Revue Concurrences N° 4-2016, pp. 112-113

2.1.2 Indivisibilité des contrats avec le distributeur

Cass. com., 12 juillet 2011, Carrefour Proximité France c/ Sodéma, n° 10-22930

La Cour de cassation se prononce sur les critères de l'indivisibilité entre contrat de franchise et contrat d'approvisionnement exclusif

L'appartenance d'un contrat à un ensemble contractuel peut avoir des incidences tant au stade de la formation du contrat, que de son exécution ou de sa cessation, pour autant que les contrats soient unis par un lien d'indivisibilité. L'enjeu est important dès lors que la reconnaissance d'une indivisibilité contractuelle a une incidence sur le sort de la convention liée en cas de disparition de la première : à savoir, son anéantissement.

En l'espèce, il était question, plus précisément, de savoir si le non-renouvellement à son terme, d'un contrat à durée déterminée, pouvait entraîner la disparition anticipée d'un contrat à durée déterminée distinct, conclu entre des parties identiques, concourant à la réalisation de la même opération économique.

Une société exploitant un supermarché avait conclu un contrat de franchise d'une durée de sept ans et un contrat d'approvisionnement d'une durée de cinq ans. Au terme de ce second contrat, la société avait notifié au fournisseur/franchiseur le non-renouvellement du contrat d'approvisionnement et avait déposé l'enseigne pour apposer une enseigne concurrente. Le fournisseur avait invoqué le maintien du contrat de franchise en raison de la divisibilité entre ce contrat et le contrat d'approvisionnement.

Selon la Cour d'appel, le contrat de franchise est frappé de caducité en raison de l'arrivée du terme du contrat d'approvisionnement, dès lors que la commune intention des parties était de rendre leurs conventions indivisibles.

La chambre commerciale de la Cour de cassation rejette le pourvoi du fournisseur et approuve la Cour d'appel d'avoir retenu que "*l'intention commune des parties* [était] *de rendre leurs conventions indivisibles*", après avoir constaté que ces deux contrats avaient été "*signés le même jour entre les mêmes parties*", que le fournisseur proposait "*des tarifs de vente à la fois en qualité de fournisseur et de franchiseur*", que "*le contrôle par le franchiseur de la publicité suppos*[ait] *que les produits distribués par le franchisé lui soient fournis par le franchiseur ou une société qu'il contrôl*[ait]"et, enfin, que "*les commandes pour l'assortiment général du magasin* [devaient] *être effectuées auprès du fournisseur agréé par le franchiseur*".

Cet arrêt est, à maints égards, intéressant. Il permet, premièrement, de rappeler qu'à défaut de stipulation expresse d'une clause de divisibilité ou d'indivisibilité, la jurisprudence apprécie subjectivement l'indivisibilité contractuelle et constitue, deuxièmement, eu égard aux intérêts attachés à la reconnaissance d'une indivisibilité entre plusieurs conventions, une nouvelle incitation à destination des rédacteurs d'acte visant à accroître leur vigilance en présence d'un ensemble de contrats.

Sur l'appréciation subjective de l'indivisibilité contractuelle

Les hypothèses d'ensemble de contrats indivisibles ou interdépendants sont très fréquentes dans le domaine économique, tant il est vrai que l'organisation de la distribution de produits ou de services requiert souvent la conclusion d'une pluralité de contrats. Il en va ainsi, notamment, des contrats de prêt et d'approvisionnement [CA Grenoble, 20 juin 2007, Sté générale agricole industrielle et commerciale, JurisData n° 2007-345264] ; de contrats de concession et de financement [Cass. com., 2 février 1993, n° de pourvoi : 91-11569], ou encore des statuts d'association de distributeurs et contrats de panonceau [Cass. Com, 3 décembre 1996 ; n° de pourvoi : 94-21775].

En l'espèce, les parties n'avaient pas pris le soin de fixer précisément, au sein des contrats litigieux, si elles entendaient, ou non, les lier, par la stipulation d'une clause de divisibilité ou d'indivisibilité.

Dans cette hypothèse, la jurisprudence estime, dans sa dernière position, que l'indivisibilité repose sur la commune intention des parties, privilégiant un critère subjectif, fondé sur la volonté des parties, à un critère objectif tenant à l'existence d'un lien de dépendance intrinsèque entre deux contrats.

À rebours de cette jurisprudence, le moyen au pourvoi insistait sur l'existence d'une indivisibilité objective. Selon le moyen du franchiseur, deux contrats ne forment un tout indivisible que lorsque l'exécution d'un des contrats devient impossible sans l'exécution de l'autre.

Or, il ne peut y avoir indivisibilité que dans la mesure où les parties en ont convenu ainsi.

En réalité, deux cas de figure peuvent se présenter, selon que la volonté des parties est, ou non, clairement et expressément fixée dans leurs contrats :

Dans la première hypothèse, la clause de divisibilité ou d'indivisibilité doit recevoir plein effet.

Il est vrai que la Cour de cassation avait admis, pendant un temps, que l'économie générale du contrat était de nature à neutraliser une clause de divisibilité claire et précise et justifier la reconnaissance d'une indivisibilité objective entre deux conventions [Cass. com., 15 février 2000, n° de pourvoi : 97-19793 - Cass. com., 24 avril 2007, n° de pourvoi : 06-10953].

Cette solution n'est plus de mise aujourd'hui [Cass. 1re civ., 28 octobre 2010, n° de pourvoi : 09-68014 ; JurisData n° 2010-019608].

Dans la seconde hypothèse, il revient au juge du fond d'interpréter la volonté tacite des parties.

Lorsque la volonté des parties doit être interprétée, comme dans la décision commentée, les juges du fond examinent non seulement les termes des conventions qui lui sont soumises, mais tiennent compte également du comportement des parties.

Plusieurs éléments de nature différente sont pris en compte par les juridictions du fond. L'appréciation de l'indivisibilité contractuelle suppose, en effet, de s'extraire de l'analyse classique du contrat "*isolé*" afin de prendre en compte les interconnexions existant entre plusieurs contrats conclus pour concourir à la réalisation de la même opération.

En l'espèce, la Cour de cassation approuve la Cour d'appel d'avoir retenu que l'intention commune des parties était de rendre leurs conventions indivisibles dès lors que :

- les deux contrats avaient été signés le même jour entre les mêmes parties ;
- le franchiseur proposait des tarifs de vente à la fois en qualité de fournisseur et de franchiseur ;
- les contrats stipulaient que :
- le contrôle par le franchiseur de la publicité supposait que les produits distribués par le franchisé lui soient fournis par le franchiseur ou une société qu'il contrôle ;
- les commandes pour l'assortiment général du magasin devaient être effectuées auprès du fournisseur agréé par le franchiseur.

La volonté des parties, critère subjectif de l'indivisibilité, s'infère dès lors d'éléments à la fois subjectif (ex : termes du contrat) et objectif (ex : concomitance de la signature des contrats). La solution n'est pas nouvelle [concernant les éléments subjectifs : Cass. com., 15 octobre 1996, n° de pourvoi : 94-18903 ; concernant les éléments objectifs : Cass.1re civ., 1er juillet 1997, n° de pourvoi : 95-15642].

L'appréciation de ces éléments peut d'ailleurs conduire les juges du fond à rejeter tout lien d'indivisibilité [CA Grenoble, 20 juin 2007, Sté générale agricole industrielle et commerciale : JurisData n° 2007-345264].

Sur les conséquences de l'appréciation subjective de l'indivisibilité contractuelle

Le maintien d'une appréciation subjective de l'indivisibilité contractuelle par la jurisprudence est important pour le rédacteur de contrat, puisque les parties peuvent décider de lier ou, au contraire, de maintenir indépendantes deux conventions, par l'insertion d'une clause appropriée.

Dès lors, cette décision doit être lue comme une incitation à stipuler de manière claire et explicite dans chacun des contrats appartenant à un ensemble une clause de divisibilité ou d'indivisibilité, d'autant plus que la jurisprudence a rendu à de telles clauses toute leur efficacité [Cass. 1re civ., 28 octobre 2010, n° de pourvoi : 09-68014 ; JurisData n° 2010-019608].

En effet, l'absence de stipulation particulière au sein de contrats appartenant à un ensemble complexe est source d'incertitude et d'insécurité juridique dans la mesure où le juge pourra, sous couvert de la commune intention des parties, découvrir un lien d'indivisibilité et lui faire produire tous ses effets juridiques, en faisant disparaître les contrats liés au contrat annulé, résilié ou arrivé à son terme.

La Cour de cassation n'avait pas ici à se prononcer sur la nature juridique de l'anéantissement du contrat de franchise.

La Cour d'appel avait prononcé, à cet égard, la caducité du contrat lié au contrat d'approvisionnement arrivé à terme. La solution reste discutée. La Cour de cassation avait déjà retenu la caducité d'un contrat d'approvisionnement à raison de la résiliation du contrat qui lui était lié [Cass. 1re civ., 4 avril 2006, n° de pourvoi : 02-18277 ; Cass. com., 5 juin 2007, n° de pourvoi : 04-20380].

De l'intérêt de prévoir dans les différentes conventions appartenant à un ensemble contractuel des clauses de divisibilité ou d'indivisibilité, véritables instruments de gestion et de partage de risques.

D. Ferré

Concurrences N° 4-2011, pp. 110-112

2.1.3 Exclusivité

2.1.3.1 Détermination unilatérale du prix

Cass. com., 4 novembre 2014, FdG et Camargo c/ Larzul, n° 11-14026

La Cour de cassation approuve la Cour d'appel de Paris d'avoir qualifié d'abusif le prix de vente pratiqué par un fournisseur à l'égard d'un distributeur

Un contrat d'approvisionnement exclusif prévoyait la possibilité pour un fournisseur en chair d'escargots de fixer unilatéralement le prix de vente de ses produits en contrepartie de l'engagement de tout mettre en œuvre pour permettre à son client de faire face à la concurrence. Estimant qu'il avait manqué à cette obligation, le client l'avait assigné en réparation du préjudice subi.

La Cour de cassation approuve la Cour d'appel de Paris d'avoir retenu que le fournisseur n'avait pas permis à son client "*de faire face à la concurrence*" et "*avait abusé de son droit de fixer unilatéralement le prix des marchandises*" en pratiquant à son égard des prix "*25 % plus chers*" que ceux pratiqués avec ses autres clients et en réalisant un taux de marge brute sur ces ventes de "*29 %* [...] *quand il était de 10 % sur les ventes aux autres*".

La solution n'est pas sans rappeler un lointain et célèbre arrêt du 3 novembre 1992 par lequel la Cour de cassation avait approuvé une Cour d'appel d'avoir condamné à des dommages et intérêts un fournisseur (une société pétrolière) qui, "*en privant, en l'absence de tout cas de force majeure, un distributeur agréé des moyens de pratiquer des prix concurrentiels n'avait pas exécuté le contrat de bonne foi*" (Cass. com., 3 nov. 1992, *JCP* 1993 II. 22164, note G. Virassamy ; Defrénois 1993, 1377, obs. J.-L. Aubert, *RTD civ.*, 1993, 124, obs. Mestre). Depuis les arrêts non moins célèbres rendus en Assemblée plénière en 1995 ayant affirmé que l'article 1129 du Code civil n'est pas applicable au prix, peu de décisions ont été rendues en matière d'abus dans la fixation unilatérale du prix par le fournisseur.

La décision rendue par la Cour de cassation le 4 novembre 2014 mérite donc d'être soulignée, même si elle n'a pas les honneurs du bulletin ; ce qui traduit peut être, au demeurant, une certaine prudence des hauts magistrats en la matière, à plus forte raison lorsque l'espèce concerne un secteur d'activité très spécifique.

A.-C. Martin

Concurrences N° 2-2015, pp. 109-110

2.1.3.2 Exclusivité et Internet

CA Bordeaux, 9 juillet 2014, Editions Atlas c/ M. M, RG n° 13/03378

La Cour d'appel de Bordeaux juge que le mandant qui vend ses produits sur Internet n'empêche pas l'agent commercial exclusif d'exécuter son mandat

L'essor des ventes en ligne s'accompagne d'un essor des litiges entre fournisseur et distributeur.

Ceux-ci sont fréquemment traités sous l'angle du droit de la concurrence :

- que celui-ci protège le marché (droit des pratiques anticoncurrentielles) : les autorités de concurrence considérant que les limitations des ventes en ligne des distributeurs membres d'un réseau sont généralement des restrictions anticoncurrentielles de leurs ventes passives (sur l'application du droit de la concurrence aux réseaux de distribution, voir A.-C. Martin et B. de La Mure, "*Quelle stratégie "e-commerce" pour les réseaux de distribution?*", *Journal des sociétés* n° 99, juin 2012),
- ou que celui-ci protège les opérateurs économiques contre les comportements déloyaux de leurs concurrents (droit de la concurrence déloyale) : les distributeurs hors réseaux pouvant par exemple être condamnés au titre de ventes en ligne parasitaires (voir par exemple CA Douai, 19 mars 2013, RG n° 10/06955, *Concurrences* n° 3-2013, obs. A.-C. M. : la vente des produits du promoteur par un tiers hors réseau "*dans des conditions ne répondant pas aux exigences du réseau de distribution notamment quant au service de conseil, à la qualité des produits vendus* (...) *est de nature à nuire à l'image de marque des produits en tant que produits de luxe*" ; le tiers au réseau qui "*s'est affranchi des contraintes pesant sur les membres du réseau de distribution sélective tout en tirant profit du renom de la société* [promoteur du réseau]" a ainsi "*commis des actes de concurrence déloyale et de parasitisme économique engageant sa responsabilité délictuelle à l'égard de la société* [promoteur du réseau]".

Les contentieux entre fournisseurs et distributeurs se déroulent également sur le terrain contractuel, leurs relations étant régies par une obligation de loyauté réciproque, soit au titre du droit commun (art. 1134 C. civ.), soit au titre de textes spéciaux.

Le contrat d'agence commerciale relève de cette seconde hypothèse : mandant et agent ayant tous deux un "*intérêt à l'essor de l'entreprise par création et développement de la clientèle*" (Cass. civ., 13 mai 1885 : *DP* 1885, I, p. 350 ; *S.* 1887, I, p. 220), l'agent doit "*exécuter son mandat en bon professionnel*" et le mandant doit "*mettre l'agent en mesure d'exécuter son mandat*" (art. L. 134-4 C. com.).

L'obligation de loyauté du mandant doit se concrétiser "positivement" : il lui appartient d'informer l'agent (art. L. 134-4 C. com. ; fourniture des documents utiles sur les produits ou services objet du contrat avec le cas échéant des échantillons de produits, les conditions de vente et les données du marché dont il aurait connaissance : D. Ferrier et N. Ferrier, *Droit de la distribution*, Litec, 2014, 7e éd.), mais aussi de le former (pour lui permettre de maîtriser les spécifications des produits ou services et leurs conditions de commercialisation : D. Ferrier, ouvrage précité) et même de "*prendre des mesures concrètes pour*

[lui] *permettre de pratiquer des prix concurrentiels, proche de ceux des produits vendus dans le cadre de ventes parallèles*" de revendeurs s'approvisionnant auprès du mandant (Cass. com., 24 novembre 1998, n° 87-18357).

Elle doit aussi se concrétiser "négativement" : le mandant ne doit pas gêner l'agent dans l'exécution de sa mission, par exemple en désignant d'autres agents commerciaux dans le territoire qu'il lui a confié (CA Paris, 17 janvier 1995, RG n° 93/004927) ou en y intervenant directement (CA Versailles, 7 juillet 1999, RG n° 7024/96).

L'affaire jugée par la Cour d'appel de Bordeaux le 9 juillet 2014 illustre cette seconde hypothèse et s'inscrit dans le droit fil d'une décision de Cour d'appel d'Agen du 9 septembre 2013 (RG n° 12/01175, *Concurrences* n° 1-2014, obs. D. F.).

Un agent commercial dénonçait là aussi la "*concurrence interne*" de son mandant qui, *via* son site Internet, atteignait les clients situés sur son territoire exclusif. Il prétendait qu'ayant ainsi été mis dans l'impossibilité d'exécuter son mandat, il avait dû démissionner et réclamait donc paiement de l'indemnité de cessation de contrat (art. L. 134-13 : perte du droit à indemnité lorsque "*la cessation du contrat résulte de l'initiative de l'agent, à moins que cette cessation ne soit justifiée par des circonstances imputables au mandant*").

L'enjeu des ventes en ligne se révèle une nouvelle fois analogue en matière de réseau de distribution ou de contrat d'agence commerciale : la liberté du fournisseur/mandant de vendre ses produits en ligne (il est maître de l'organisation de la distribution de ses produits) apparait difficilement conciliable avec l'exclusivité accordée au distributeur/agent. En effet, alors que la convention d'exclusivité répond à une véritable stratégie de réservation territoriale, il apparaît difficile d'envisager une répartition géographique dans un monde virtuel où l'internaute accède aux produits où qu'ils se trouvent, sans distinction selon l'implantation géographique des distributeurs/agents exclusifs (A.-C. Martin et B. de La Mure, article précité).

La décision s'inscrit par ailleurs dans le droit fil de la décision des juges agenais. En effet, de même que les juges agenais avaient justifié l'infériorité des prix pratiqués sur Internet par les "*conditions particulières*" des ventes en ligne "*qui génèrent moins de coûts pour* [le mandant] *(pas de remise de fin d'année ni de service après-vente, paiement à l'avance)*", les juges bordelais déboutent l'agent en considérant, sans donner plus de détails, qu'il n'était pas établi que les "*offres commerciales*" du mandant étaient "*comparables dans leur consistance, leur prix et leurs modalités de paiement*" avec celles de l'agent.

Sur Internet, les mandants semblent donc seulement devoir se garder de toute politique "prédatrice".

D. Ferré

Concurrences N° 4-2014, pp. 148-149

Concurrences+

D. Ferré, La Cour d'appel d'Agen juge que le mandant qui vend ses produits à des sites Internet en vue de leur revente n'empêche pas l'agent commercial d'exécuter son mandat (Diffusion commerciale Midi-Pyrénées c/ Figui international), 9 septembre 2013, Revue Concurrences N° 1-2014, pp. 85-86

A.-C. Martin, La Cour d'appel de Douai accueille l'action en concurrence déloyale de promoteurs de réseaux de distribution sélective dénonçant des pratiques de revente hors réseau sur Internet à condition qu'ils rapportent la preuve de la licéité du réseau (Christian Dior), 19 mars 2013, Revue Concurrences N° 3-2013, p. 90

2.1.3.3 Exclusivité et information précontractuelle

Cass. com., 19 janvier 2010, Groupe Expert c/ Epoux C., n° 09-10980

La Cour de cassation précise que la possibilité pour le distributeur d'exercer des activités concurrentes n'est pas de nature à écarter l'application de l'article L. 330-3 C. com. et rappelle que si ce dispositif n'exige pas l'établissement d'une étude du marché local ou d'un prévisionnel d'activité, le débiteur de l'information qui a fourni de tels documents peut néanmoins engager sa responsabilité

Plus de vingt ans après son adoption, la loi dite "Doubin", aujourd'hui fixée à l'article L. 330-3 C. Com., donne encore l'occasion de questions inédites, comme en témoigne l'arrêt rendu par la chambre commerciale le 19 janvier 2010 (Cass. com., 19 janv. 2010, pourvoi n° 09-10980, *Contrats, conc. consom.*, n° 4-2010, comm. 92, note M. Malaurie-Vignal).

À l'origine du contentieux, des époux adhérents d'une coopérative de commerçants détaillants avaient été poursuivis par une banque comme cautions solidaires de la société qu'ils géraient et qui avait été placée en liquidation judiciaire. En défense, les époux avaient appelé en garantie le groupement propriétaire de l'enseigne en soulevant la violation de l'article L. 330-3 C. Com. comme cause des difficultés rencontrées par le point de vente. Ces arguments ayant été entendus en appel (Orléans, 27 nov. 2008), un pourvoi formé par le groupement devait fournir l'occasion de précisions inédites sur le domaine d'application de l'article L. 330-3 C. Com. et de rappels importants concernant son régime.

Sur le domaine de l'article L. 330-3 C. Com.

Le groupement reprochait aux juges du fond d'avoir jugé applicable l'article L. 330-3 C. Com. sans qu'ait été caractérisé un "*engagement d'exclusivité ou de quasi-exclusivité*" à la charge du distributeur. La première branche du moyen unique du pourvoi relevait en effet que le distributeur avait la possibilité d'exercer des activités non concurrentes et n'était par conséquent pas lié par une exclusivité ou une quasi-exclusivité de nature à emporter l'application de la loi Doubin. Pour contredire cette analyse, la Cour énonce sobrement que "*s'il existe pour les adhérents au réseau [...] une possibilité d'exploiter des activités non concurrentes, ils sont, pour les produits couverts par la convention, tenus à une quasi-exclusivité*". Abstraction faite des spécificités du cas d'espèce, on croit comprendre que l'exclusivité et la quasi-exclusivité doivent, pour l'application de l'article L. 330-3 C. Com., être appréciées au regard des seuls produits concernés par la convention, à l'exclusion des produits non concurrents, alors même que ceux-ci pourraient représenter une part importante du chiffre d'affaires. Une telle solution n'emporte pas une pleine adhésion pour au moins deux raisons. D'abord, parce que l'article L. 330-3 C. Com. fait expressément référence à la situation du distributeur tenu par une exclusivité ou une quasi-exclusivité portant "*sur l'exercice de son activité*", et non sur les seuls produits couverts par la convention. Ensuite, parce qu'une telle approche extensive conduirait à soumettre à la loi Doubin des contrats ne répondant pas à l'objectif poursuivi par le législateur, à savoir garantir une information précontractuelle aux distributeurs candidats à une intégration forte au sein d'un réseau, source de dépendance économique. En effet, celle-ci ne peut s'observer qu'en contemplation de l'activité dans son ensemble, et non en regard des seuls produits contractuels. On songe en particulier aux contrats de bière que l'on s'accordait jusqu'ici à extraire du domaine d'application de la loi Doubin, notamment en considération de la faible proportion des produits concernés dans le chiffre d'affaires total du débiteur. On objectera que la condition tenant à la mise à disposition par le fournisseur d'un signe distinctif pour l'exercice de l'activité du distributeur empêche une extension déraisonnable du texte, il n'en demeure pas moins que l'amorce de son application aux distributeurs exerçant plusieurs activités contrarie sa lettre et son esprit.

Sur le régime de l'article L. 330-3 C. Com.

Impuissant à écarter l'application de l'article L. 330-3 C. Com., le groupement contestait sa responsabilité en invoquant l'absence de faute et de rapport causal avec le préjudice allégué, à savoir la liquidation de la société exploitée par les époux et, partant, la mise en œuvre du cautionnement.

Sur le premier point, le groupement estimait que la réalisation d'une étude du marché local ou d'un prévisionnel d'activité ne pouvait justifier une quelconque responsabilité en application de la loi Doubin dès lors que celle-ci n'exige pas la fourniture de tels documents. La Cour répond en énonçant que "*la loi ne met pas à la charge de l'animateur d'un réseau une étude du marché local et qu'il appartient au candidat à l'adhésion à ce réseau de procéder lui-même à une analyse d'implantation précise*" mais pour ajouter aussitôt que "*c'est à bon droit que la Cour d'appel a retenu que dans le cas où une telle information était donnée, ce texte met à la charge du franchiseur une présentation sincère du marché local*", confirmant une solution déjà bien acquise en jurisprudence. Or, en l'espèce, la Cour reprend et approuve les énonciations des juges du fond suivant lesquelles "*le chiffre d'affaires réalisé par* [le distributeur] *a été inférieur de plus de 36 % au chiffre d'affaires prévisionnel et retient que l'ampleur des différences entre prévisions et résultats traduit la légèreté avec laquelle cette étude a été entreprise alors qu'aucune faute de gestion expliquant les déboires du fonds de commerce n'est démontrée*".

Sur le second point, le groupement contestait que sa faute, à la supposer admise, ait pu causer la liquidation de la société exploitant le point de vente et, partant, le préjudice allégué par les époux. La Cour répond que "*les fautes commises par* [le groupement] *dans* [son] *obligation précontractuelle d'étude et de renseignement à l'égard du futur adhérent, qui ont privé celui-ci des éléments d'appréciation lui permettant de se former valablement une opinion sur l'opportunité de son investissement, ont un lien de causalité directe avec la liquidation judiciaire de la société* [exploitant le point de vente] *et donc les préjudices subis par les époux X... du fait de la mise en œuvre de leur cautionnement par la* [banque]".

Un tel raisonnement peut être approuvé si l'on se réfère à la théorie de l'équivalence des conditions : le distributeur n'aurait pas contracté s'il avait connu les perspectives réelles de son engagement, échappant ainsi à la liquidation et à la mise en œuvre du cautionnement. Les conséquences de cette théorie apparaissent cependant excessives : toute liquidation d'un point de vente intégré doit-elle désormais être imputée au groupement lorsque celui-ci a manqué à son obligation précontractuelle d'information ? À l'évidence, non. Une telle responsabilité pourrait légitimement être limitée aux hypothèses révélant que le savoir-faire ou l'assistance du franchiseur n'étaient manifestement pas conformes aux attentes légitimes du franchisé. Au demeurant, la Cour prend soin dans l'espèce rapportée de relever "*qu'aucune faute de gestion expliquant les déboires du fonds de commerce n'est démontrée*", suggérant l'éventualité d'un savoir-faire peu substantiel ou d'une assistance insuffisante. Mais ne convenait-il pas d'opérer des vérifications plus poussées sur ces points ?

N. Eréséo

Concurrences N° 2-2010, pp. 89-90

2.1.4 Cessation du contrat de distribution

Cass. com., 9 novembre 2010, Brasserie du Pacifique, n°09-15889

La Cour de cassation considère que le refus d'approvisionner le concessionnaire exclusif pendant le préavis de rupture n'est pas fautif s'il dispose d'un stock suffisant jusqu'au terme du contrat

Intéressante décision rendue sur la question toujours sensible du traitement des stocks du concessionnaire à la fin du contrat de concession exclusive.

Un contentieux pléthorique mais vain s'était développé pour faire reconnaître le droit du concessionnaire à la reprise de ses stocks par le concédant à la fin du contrat, au motif que le concessionnaire ne pouvait plus, juridiquement (risque de contrefaçon), ou tout au moins économiquement (retrait de l'enseigne, absence de soutien promotionnel du concédant, concurrence du nouveau concessionnaire...), les commercialiser.

Le contentieux à l'origine du présent litige porte sur la revendication, en amont et d'une certaine manière à contre-courant, d'un droit du concessionnaire à être fourni par le concédant pendant la période de préavis. En l'occurrence, le concédant avait résilié un contrat de concession conclu depuis moins d'un an, en respectant un préavis de trois mois et en prévenant le concessionnaire qu'au-delà de sa dernière commande il ne serait plus fourni. Le concessionnaire s'estimait alors victime d'une rupture brutale du contrat et demandait réparation. Les juges d'appel avaient retenu le grief de rupture brutale non en raison de la durée du préavis qui leur paraissait suffisant eu égard à la durée d'exécution du contrat, mais en raison du refus de fournir les produits contractuels jusqu'au terme du préavis. La Cour de cassation admet leur appréciation du caractère suffisant du préavis, mais leur reproche de ne pas avoir recherché si, compte tenu des stocks dont il disposait, le concessionnaire ne pouvait pas normalement assurer la distribution exclusive des produits du concédant jusqu'à la fin de leurs relations.

L'état des stocks apparaît ainsi comme la "variable d'ajustement" de la fin du contrat de distribution exclusive. Il convient que le distributeur, tenu de commercialiser les produits d'un fournisseur, d'une part, dispose de stocks suffisants pour assurer son activité jusqu'à la fin du contrat de sorte qu'une fourniture insuffisante peut être analysée comme une rupture anticipée reprochable au fournisseur en raison de sa brutalité et, d'autre part, ne se trouve pas à la fin du contrat avec des stocks pléthoriques qu'il ne pourrait plus commercialiser de sorte qu'un approvisionnement excessif imposé ou favorisé par le fournisseur pourrait justifier l'obligation de reprendre tout ou partie de ces stocks (D. Ferrier, *Droit de la distribution*, Litec, 2009, n° 661 s.) ; au demeurant dans l'intérêt même du fournisseur et du réseau en évitant ainsi que ces produits se trouvent ultérieurement bradés ou revendus à des distributeurs hors réseau.

L'arrêt du 9 novembre 2010 montre la voie à suivre pour traiter la question du sort des stocks en fin de contrat. Le concédant doit assurer la fourniture des produits dans des volumes permettant une activité normale jusqu'à la fin du contrat ; en retour, le concessionnaire doit assurer la commercialisation normale de ces produits, c'est-à-dire respecter les exigences stipulées à cette fin par le fournisseur et ne pas se désintéresser de l'activité faisant l'objet de la concession malgré son proche abandon. Les clauses de terminaison du contrat devraient s'attacher à ce dénouement de la relation et préciser les conditions de fourniture des produits, d'une part, et le contrôle de leur commercialisation, d'autre part, pendant la période de préavis. L'examen des contrats de distribution exclusive montre que la question est très rarement abordée.

D. Ferrier
Concurrences N° 1-2011, pp. 119-120

Cass. com., 8 octobre 2013, M. X c/ Fiat, n° 12-22952

La Cour de cassation approuve une Cour d'appel d'avoir retenu la responsabilité d'un concédant pour manquement à son obligation de bonne foi dans l'exercice de son droit de résiliation

La question de la rupture des contrats de distribution est aujourd'hui davantage traitée sous l'angle des pratiques restrictives de concurrence que sous celui de la responsabilité contractuelle.

L'article L. 442-6, I, 5° du Code de commerce qui sanctionne le fait de "*rompre brutalement même partiellement une relation commerciale établie, sans préavis écrit tenant compte de la durée de la relation commerciale (...)*", a en effet vocation à s'appliquer à toute relation commerciale, quel qu'en soit le support, y compris s'il s'agit d'un contrat. Ce texte, qui oblige l'auteur d'une rupture brutale à en répondre par le versement de dommages et intérêts destinés à compenser le préjudice subi par sa victime, expose également ce dernier au versement d'une amende civile d'un montant de 2 millions d'euros...

Le contentieux en la matière est en constante augmentation, surtout dans un contexte de crise où les cessations de relations sont fréquentes. En dépit de son caractère éminemment casuistique, puisque seule la réparation du préjudice réellement subi par la victime devrait pouvoir être obtenue, on constate une tendance au développement d'une pratique de la jurisprudence à la forfaitarisation de l'indemnisation de la rupture brutale (en général deux ans de marge brute calculée sur les trois dernières années d'exécution de la relation).

Le contentieux de la rupture brutale est en outre très exigeant car il commande d'avoir dirigé sa demande initiale devant des juridictions spécialisées exclusivement compétentes en la matière. L'article L. 442-6 du Code de commerce aurait donc, presque, fini par faire oublier la responsabilité contractuelle de l'auteur d'une rupture abusive de contrat. La Cour de cassation rappelle, dans une décision rendue le 8 octobre 2013, non seulement que l'abus dans la résiliation d'un contrat peut être sanctionné sur le fondement de l'article 1134 du Code civil, mais surtout que l'abus dépasse largement le cadre de la seule brutalité. En l'espèce, un concédant automobile avait unilatéralement mis un terme au contrat à durée indéterminée le liant à son concessionnaire moyennant le respect d'un délai de préavis (en l'espèce 24 mois, ce qui semblait, en tout cas au regard de la jurisprudence rendue sur le fondement de l'article L. 442-6, I, 5° du Code de commerce, une durée suffisante, dès lors que les juges estiment en moyenne raisonnable d'accorder un mois par année de relation et 20 mois au-delà de 20 ans). Le concessionnaire s'était plaint, non pas de la brutalité de la rupture, mais plus largement de son caractère abusif.

La Cour de cassation approuve les juges du fond d'avoir considéré la rupture abusive, aux motifs "*qu'à la date de la notification de la résiliation, le concédant connaissait l'existence de pourparlers engagés entre son concessionnaire et le repreneur*" et "*qu'il avait précipité la notification de sa décision de résilier sans ignorer la difficulté dans laquelle il plongeait son concessionnaire, auquel il ôtait toute marge réelle de manœuvre pour obtenir un prix raisonnable pour les cessions envisagées au regard de l'incidence d'une telle décision sur la valeur des éléments incorporels des fonds de commerce*", ce dont il résultait qu'il avait "*sciemment entravé la reconversion du concessionnaire*".

Classique en ce qu'elle illustre une rupture manifestement dictée par la seule intention de nuire (cf. N. Mathey, *Contrats, Conc., Consomm.*, déc. 2013, Comm. n° 265), la décision est néanmoins intéressante en ce qu'elle rappelle que l'abus dans la rupture peut se manifester autrement que par de la brutalité et donc être sanctionné sans le secours de l'article L. 442-6, I, 5° du Code de commerce.

A.-C. Martin
Concurrences N° 1-2014, p. 91

2.1.5 Pacte de préférence

Cass. com., 7 octobre 2014, CSF c/ Distribution Casino, n° 13-20406

La Cour de cassation refuse d'accueillir l'action en concurrence déloyale contre le tiers complice de la violation du pacte de préférence stipulé au bénéfice du franchiseur en raison de l'absence de démonstration de préjudice résultant de la désorganisation allégée

Le promoteur d'un réseau de distribution peut le protéger contre la déloyauté de ses distributeurs par la stipulation à son profit de clauses de préférence, de non-concurrence ou encore par exemple de non-réaffiliation. Il peut également protéger le réseau contre la déloyauté des tiers par l'action en concurrence déloyale. Le promoteur peut encore être pris entre deux feux et devoir affronter la complicité des tiers et des distributeurs dans la déloyauté à son égard… Reste à savoir dans ce cas à quel titre il peut obtenir réparation. C'est précisément la question à laquelle la Cour de cassation tente d'apporter une réponse dans l'affaire commentée.

Un franchiseur avait conclu avec le propriétaire d'un fonds de commerce d'alimentation un contrat de franchise prévoyant qu'en cas de cession du fonds pendant la durée du contrat, il aurait la faculté de se substituer à l'acquéreur. Le franchisé ayant cédé son fonds de commerce en violation de ce droit de préférence, il avait été condamné solidairement avec l'acquéreur complice à indemniser le franchiseur en raison de la perte de chance d'acquérir le fonds (cf. CA Toulouse 17 juin 2004 – *adde.* dans la même affaire mais à propos de la rupture du contrat d'approvisionnement prioritaire conclu entre franchiseur et franchisé, CA Toulouse, 4 décembre 2007). Reprochant en outre à l'acquéreur complice un acte de "*concurrence déloyale par désorganisation*" de son réseau de distribution, le franchiseur avait à nouveau assigné ce dernier afin d'obtenir des dommages-intérêts supplémentaires à ce titre. Débouté en première instance comme en appel, le franchiseur faisait valoir au soutien de son pourvoi que les juges du fond avaient ignoré la réalité de la désorganisation de son réseau lui occasionnant un préjudice distinct de celui déjà réparé au titre de la complicité de violation du pacte de préférence.

Aux termes d'une motivation laconique, la Cour de cassation approuve la Cour d'appel de Toulouse (cf. 20 mars 2013, RG n° 11/05979) d'avoir rejeté sa demande à défaut pour le franchiseur d'avoir "*justifié du préjudice résultant de la désorganisation alléguée*". Elle semble donc considérer que si la démonstration de la désorganisation et du préjudice en résultant avaient été faite, une action en concurrence déloyale aurait pu, *a contrario*, prospérer à l'encontre du tiers complice de la violation du pacte de préférence pourtant déjà définitivement condamné à ce titre. Sa solution, qui conduit à distinguer, implicitement mais néanmoins radicalement, tierce complicité de violation d'un pacte de préférence et concurrence déloyale peut sembler logique au plan des principes. Elle apparaît toutefois délicate à mettre en œuvre dès lors que l'on voit mal, en pratique, comment distinguer ce qui devrait relever de l'une ou l'autre des actions, toutes deux fondées sur l'article 1382 C. civ.

Même si l'aide à la violation du pacte de préférence peut également avoir pour but et pour effet de conduire à la désorganisation du réseau de distribution, elle n'en est pas l'effet immédiat

En effet, s'il est classiquement admis que la faute commise par un tiers "*qui aide le débiteur à enfreindre son contrat*" puisse, "*selon la nature du contrat à propos duquel elle est commise*", être sanctionnée dans le cadre de l'action en concurrence déloyale (cf. Y. Picod, Y. Auget et N. Dorandeu, Rep. Dalloz, *V° Concurrence déloyale*, n° 53), cela ne signifie pas que tous les actes de complicité de violation d'obligations contractuelles puissent être, par nature, considérés comme constitutifs d'actes de concurrence déloyale. Rappelons, pour ce qui nous intéresse spécialement, que la complicité de violation d'un pacte de préférence, qui suppose seulement la connaissance du pacte violé et l'intention du bénéficiaire de s'en prévaloir, oblige son auteur à réparer, avec le débiteur de l'obligation contractuelle inexécutée, le préjudice résultant de la perte de chance pour le bénéficiaire de conclure le contrat objet du droit préférentiel. Dès lors, même si l'aide à la violation du pacte de préférence peut également avoir pour but et pour effet de conduire à la désorganisation du réseau de distribution, elle n'en est pas l'effet immédiat. En d'autres termes, une telle faute ne saurait constituer, en soi, un acte de concurrence déloyale par désorganisation. C'est précisément le sens de la solution commentée qui refuse de déduire une concurrence déloyale de la seule complicité de violation d'un pacte de préférence.

La solution mérite donc d'être approuvée au plan des principes car elle rappelle la spécificité de l'acte de concurrence déloyale.

Elle semble à cet égard s'éloigner quelque peu d'une position récemment adoptée par des juges du fond ayant admis que la complicité de violation d'un pacte de préférence puisse en soi être considérée comme un acte de concurrence déloyale par désorganisation… (cf. aux termes d'une lecture *a contrario* : CA Agen, 11 juin 2014, RG n° 12/00812 "*l'achat (…) des fonds de commerce litigieux, franchisés dans un réseau concurrent avant le terme du contrat de franchise et d'approvisionnement, ne constitue pas en soi un acte de concurrence déloyale, dès lors que d'une part, le franchiseur bénéficiaire d'un droit de préférence, avait la possibilité d'acquérir les fonds litigieux aux mêmes conditions et a choisi de ne pas le faire, d'autre part, que le principe de la liberté du commerce et de l'industrie autorise cette pratique relevant de la libre concurrence entre acteurs économiques*", obs. J. Larrieu *in* "*Un an de droit de la concurrence déloyale*", *Propriété industrielle* oct. 2014, n° 9, p. 15).

La solution doit, en revanche, être discutée s'agissant des conséquences de sa mise en œuvre.

En effet, rappelons qu'en l'espèce, la Cour d'appel de Toulouse avait pris soin de préciser (alors que cela ne lui était pas demandé) qu'en dépit de l'identité des parties, l'autorité de chose jugée de la décision ayant condamné le tiers complice ne s'opposait pas à une nouvelle action contre ce même tiers dans la mesure où cette action avait cette fois pour fondement un "*acte allégué de concurrence déloyale*". Elle est implicitement approuvée par la Cour de cassation, alors que la différence de fondement est discutable puisque la complicité de violation du pacte comme l'acte de concurrence déloyale sont tous deux sanctionnés au titre de l'article 1382 du Code civil… En ne censurant pas la Cour d'appel sur ce point, la Cour de cassation autorise donc le promoteur de réseau à introduire une nouvelle action contre le tiers complice, fondée cette fois sur un acte de concurrence déloyale. N'aurait-il pas été plus simple de considérer qu'une même faute puisse, selon les circonstances, être à l'origine de plusieurs préjudices : non seulement celui tenant à la perte de chance de conclure le contrat pour le titulaire d'un droit de préférence, mais également et plus largement, celui tenant, le cas échéant, au "*trouble commercial*" subi par le promoteur d'un réseau de distribution (cf. Y. Picod, Y. Auget et N. Dorandeu, Rep. Dalloz, *V° Concurrence déloyale*, n° 121 et 126) ? Mais, en l'espèce, cela aurait empêché le promoteur du réseau en cause d'engager une nouvelle action sur le seul fondement de la concurrence déloyale…

A.-C. Martin

Concurrences N° 1-2015, pp. 120-121

2.2 Règles spéciales

2.2.1 Approvisionnement exclusif

Cass. com., 15 janvier 2013, FVH, Distridom et Expansion c/ Geimex, Casino et M. X, n° 11-17797

La Cour de cassation applique les articles L. 330-1 et L. 330-2 C. com. à certains accords du secteur de la distribution alimentaire en déclarant caducs ceux conclus pour une durée supérieure à dix ans

L'Autorité de la concurrence l'a longuement déploré à l'occasion de son avis du 7 décembre 2010 : le secteur alimentaire est le théâtre d'engagements contractuels souscrits pour des durées excessives qui ont pour conséquence de bloquer les changements d'enseigne (Avis n° 10-A-26 du 7 déc. 2010, relatif aux contrats d'affiliation de magasins indépendants, § 118 et s.). En effet, les réseaux constitués sous la forme de groupements coopératifs imposent souvent des durées approchant trente années. Les groupes intégrés prévoient des durées plus raisonnables (entre 3 et 9 ans) mais les contrats sont assortis de clauses de tacite reconduction qui, en pratique, sont systématiquement appliquées du fait de la signature de plusieurs actes distincts prévus pour des durées décalées (sur cette stratégie qui permet de prolonger artificiellement la durée des relations, voir Aut. Conc., n° 10-D-08, du 3 mars 2010 relative à des pratiques mises en œuvre par Carrefour dans le secteur du commerce d'alimentation générale de proximité, § 28 et s.).

Face à ces pratiques, les solutions du droit commun sont trop souvent négligées alors que leur mise en œuvre n'appelle heureusement pas les démonstrations très lourdes qui grèvent le droit de la concurrence. Nous songeons notamment aux articles L. 330-1 et L. 330-2 du Code de commerce qui font l'objet de trop rares applications judiciaires. Issus d'une loi du 14 octobre 1943, ces dispositions limitent à dix ans la durée de certaines clauses d'exclusivité et neutralisent les manœuvres par lesquelles un contractant obtiendrait une réitération de l'engagement avant l'expiration du premier contrat. Le texte précise en effet que lorsque l'engagement initial "*est suivi ultérieurement, entre les mêmes parties, d'autres engagements analogues portant sur le même genre de biens, les clauses d'exclusivité contenues dans ces nouvelles conventions prennent fin à la même date que celle figurant au premier contrat*".

Le secteur de la distribution alimentaire gagnerait à intégrer l'existence de ces règles, comme en témoigne la décision – inédite mais digne d'intérêt – rendue le 15 janvier 2013 par la Cour de cassation. Elle illustre les conséquences redoutables que le texte est susceptible de provoquer quand les parties n'en ont pas anticipé les prescriptions.

À l'origine du litige, une société avait reçu le droit exclusif d'exploiter la marque Leader Price dans un certain nombre de départements ou territoires ultramarins, et spécialement la Réunion. Un premier contrat avait été signé le 16 octobre 1997 pour une durée de 8 années avant qu'un second contrat ne vienne le remplacer le 26 mai 2003 – soit deux années avant le terme initialement prévu – mais pour une durée cette fois très importante de 35 années.

Ce dernier contrat avait repris du premier une clause d'exclusivité par laquelle le licencié s'engageait à "*ne s'approvisionner en produits 'Leader Price' qu'auprès du concédant*" et à "*ne vendre dans les magasins à l'enseigne Leader Price que des produits portant le label 'Leader Price', à l'exception de certains produits spécifiques à la région et des produits dont la D.V.L. trop courte ne permet pas de commande sur la métropole*". Le contrat concédait par ailleurs que "*les produits fabriqués localement pourront être mis sous la marque Leader Price, mais après études des produits (échantillons, analyse) afin d'une part de mettre le label sur des produits de qualité, et d'autre part, de voir si ces articles pourraient intéresser d'autres entités exploitant la marque*".

En 2008, suite à une modification de la structure du capital de la société concédante (un actionnaire pesant 50 % avait cédé sa participation à Casino), le licencié qui exploitait plusieurs magasins avait estimé que son partenaire était en situation de conflit d'intérêts puisque le nouvel actionnaire exploitait des enseignes concurrentes. Il avait en conséquence signifié la rupture des relations, tout en opérant un rapprochement avec une autre enseigne (Leclerc). Une assignation était par la suite dirigée contre le concédant et son nouvel actionnaire (Casino) pour faire constater la validité de la rupture et obtenir une condamnation au paiement de dommages et intérêts.

Dans ce contexte (que nous avons simplifié), la Cour de cassation avait à se prononcer sur l'applicabilité des dispositions précitées du Code de commerce et sur les conséquences concrètes qui devaient en résulter au cas d'espèce.

Sur l'applicabilité des articles L. 330-1 et L. 330-2 du Code de commerce

L'applicabilité des dispositions du Code de commerce dépendait de la qualification de la stipulation convenue en l'espèce : était-elle une clause d'exclusivité au sens de l'article L. 330-1 du Code de commerce ? La réponse n'était pas si évidente si l'on se remémore les origines particulières de cet article. Rappelons en effet que la loi du 14 octobre 1943 a été votée pour encadrer des clauses très spécifiques bien différentes de celle conclue en l'espèce. Pour être soumise à la limite de dix ans, la clause devait être mise à la charge d'une entreprise locataire ou cessionnaire d'un bien meuble affecté à sa production (par ex. une machine) et devait prévoir l'interdiction de faire usage de biens semblables ou complémentaires provenant d'une autre entreprise. Étaient spécifiquement visées les pratiques d'une entreprise américaine – l'United Shoe Machinery – qui fournissait à cette époque environ 70 % des machines utilisées pour la fabrication des chaussures et s'assurait de conserver sa domination en enchaînant les industriels à sa cause grâce à des clauses d'exclusivité très contraignantes, reproduites à chaque bon de commande (P. Voirin, "*Commentaire de la loi du 14 octobre 1943*", *DC* 1944, L. 1). Le législateur n'entendait donc pas soumettre les clauses d'exclusivité prévues dans les contrats plus classiques de distribution tels que les contrats de bière, très courants à la même époque. Au demeurant, le texte visait spécifiquement (et vise toujours) les contrats de vente ou de location de biens meubles, et non les contrats-cadres de distribution qui obéissent à une qualification originale, tout en limitant son application aux clauses restreignant la possibilité d'utiliser, et non de revendre, des choses semblables.

C'est seulement à partir du début des années 1970 que la jurisprudence a progressivement étendu le domaine d'application du texte : d'abord aux contrats de bière (Cass. com., 27 janv. 1971, *D.* 1972, jur. p. 536, note J. Ghestin), ensuite aux contrat de pompiste (Cass. com., 27 avr. 1971, *D.* 1972, jur. p. 353, note J. Ghestin ; *JCP* 1972, II, 16975, note J. Boré) puis à l'ensemble des contrats d'affaires (Cass. com. 7 avr. 1992, *JCP éd. E* 1992, II, 333, note M.-D. Schodermeier ; Cass. com., 10 févr. 1998 : *Bull. civ. IV*, n° 71 ; *D.* 1998, somm.

p. 335, obs. D. Ferrier). On ne s'étonnera donc pas de voir le contrat litigieux – sorte de concession exclusive de marque assortie d'une exclusivité d'approvisionnement – soumis à la limitation décennale.

Une difficulté spécifique était cependant posée aux magistrats : la clause litigieuse laissait une certaine marge de liberté au distributeur en lui permettant de choisir ses fournisseurs pour certains produits spécifiques à la région et pour ceux dont la durée de validité était trop faible pour supporter le transport. L'apposition de la marque Leader Price sur les produits fabriqués localement était par ailleurs rendue possible à certaines conditions. L'exclusivité mise à la charge du distributeur n'était donc pas totale ce qui incitait le concédant à défendre que le texte n'était pas applicable. Une telle argumentation pouvait se recommander de la lettre du dispositif qui ne mentionne pas ces clauses dites de "*quasi-exclusivité*", à la différence d'autres textes plus récents. Nous songeons notamment à la loi "*Doubin*" aujourd'hui codifiée à l'article L. 330-3 du Code de commerce qui vise expressément les "*engagements d'exclusivité ou de quasi-exclusivité*", tout comme l'article L. 442-6, II, e) du même Code ou encore l'article L. 7321-2 du Code du travail. Rien de tel à l'article L. 330-1 du Code de commerce qui n'évoque que l'hypothèse d'une exclusivité totale.

Les juges du fond ont pourtant fait application de cet article et ont été approuvés par la Cour de cassation aux motifs "*que les dérogations* [à l'exclusivité] *ne visaient pas des produits concurrents de ceux*" du concédant. En effet, les produits que le licencié pouvait librement acquérir avaient ceci en commun que le concédant n'était pas en mesure de les fournir. La Cour d'appel avait pour cette raison justement énoncé que les exceptions admises par le contrat ne constituaient "*pas les 'objets semblables ou complémentaires' visés par l'article L. 330-1*". *A contrario,* on est tenté d'affirmer que si le contrat laisse au distributeur une certaine liberté, même minime, d'acquérir des produits similaires – et donc concurrents – le texte doit être écarté puisqu'il ne vise pas la quasi-exclusivité. Une même solution devrait *a fortiori* jouer lorsque la liberté ainsi reconnue concerne une proportion significative des besoins de l'acheteur en produits contractuels. De telles conclusions seraient pourtant hâtives. À une reprise au moins, la Cour de cassation a fait une application de l'article L. 330-1 à une clause laissant une grande liberté au distributeur puisque 40 % seulement de ses besoins en produits contractuels étaient concernés par l'exclusivité d'approvisionnement (Cass. com., 26 janv. 1988, n° pourvoi 86-15122, *Sté Chimie et Biologie* c/ *Sté Lerta*). La décision n'a certes pas été publiée et n'a pas davantage été réitérée depuis 25 ans. Elle invite cependant la prudence en ce qu'elle illustre la tendance assez forte observée depuis les années 1970 à conférer aux articles litigieux le périmètre d'application le plus large possible.

Sur l'application des articles L. 330-1 et L. 330-2 du Code de commerce

Une fois jugés applicables à l'espèce, les articles L. 330-1 et L. 330-2 du Code de commerce ont produit des conséquences particulièrement fortes sur l'issue du litige. Approuvés par la Cour de cassation, les conseillers de la Cour d'appel ont d'abord estimé que le second contrat de 2003 n'était que la prolongation du premier conclu en 1997, encore en vigueur à cette époque et qui n'avait jamais été formellement résilié. Comme le débiteur d'exclusivité n'avait à aucun moment recouvré sa liberté – ne serait-ce qu'un instant de raison – le terme *a quo* de la limite décennale devait être calculé à compter de 1997, avec comme conséquence la caducité de la clause reconnue par les juges à partir de 2007, soit avant la rupture notifiée par le licencié en 2008. Une opération simple aurait pourtant permis de prolonger la validité du contrat jusqu'en 2013 : faire acter la résiliation du contrat de 1997 avant de proposer la conclusion de celui 2003.

La caducité de la clause a ensuite provoqué des conséquences en chaîne redoutables. Les magistrats ont en effet estimé que "*dans la commune intention des parties, la clause d'exclusivité d'exploitation participait de l'économie générale de l'opération et était indissociable de la concession*", de sorte que le contrat de 2003 liant les parties devait être considéré comme étant caduc dans son ensemble. En pratique, cette solution a provoqué deux issues heureuses pour le licencié (qui a cependant été débouté du reste de ses prétentions) : en premier lieu, la rupture initiée par lui en 2008 a évidemment été jugée licite puisqu'à cette date aucun contrat ne liait les parties. En second lieu, la caducité du contrat liant les parties a entrainé un effet de contagion sur un autre contrat conclu fin 2003, stipulé expressément indissociable du contrat de concession, et par lequel le groupement s'était vu reconnaitre des droits de préférence sur les magasins exploités par son licencié. Plusieurs cessions de titres avaient d'ailleurs été opérées par les parties en application des droits convenus. Encore une fois approuvés par la Cour de cassation, les juges du fond ont en conséquence annulé ces cessions en ordonnant la restitution des titres litigieux au licencié.

La solution peut cette fois être discutée : les cessions litigieuses avaient en effet été opérées entre 2004 et 2005, soit à une époque où le contrat principal de concession et le contrat accessoire de préférence étaient tous deux encore valables, la sanction attachée à l'article L. 330-1 étant normalement dépourvue d'effet rétroactif (voir Cass. com., 10 fév. 1998 préc., très net en ce sens). Dans ces conditions, n'était-il pas plus judicieux de laisser intactes les cessions litigieuses, qui demeuraient causées, et de ne remettre en cause que celles éventuellement opérées après 2007, date à partir de laquelle l'ensemble contractuel convenu par les parties a été déclaré caduc ? On objectera que la caducité semble connaitre ces dernières années une étonnante mutation, notamment en ce qu'elle autorise parfois des restitutions et donc la remise en cause d'effets antérieurs. D'après la doctrine, ces restitutions ne seraient cependant pas justifiées par un réel effet rétroactif mais plutôt par des notions telles que la répétition de l'indu ou l'équité (sur ces questions, voir M.-C. Aubry, "*Retour sur la caducité en matière contractuelle*", *RTD civ.* 2012, p. 625 et s.).

En l'espèce, l'explication de la solution est probablement étrangère au mécanisme de la caducité et réside dans la notion de cause ou la théorie des vices du consentement. La Cour d'appel de Paris a en effet estimé dans ses considérants que le contrat de préférence avait été conclu comme une garantie au profit du concédant en contrepartie de l'exclusivité de 35 ans accordée au licencié. Or, "*la contrepartie et le souci de garantie qui avaient fait se réaliser les cessions ont disparu une fois les conventions devenues caduques ;* [...] *aucune cause ne sous-tend donc plus les cessions intervenues dans ces deux buts ; qu'il y a lieu de les annuler*". On comprend que le licencié avait consenti les cessions dans la croyance erronée d'une exclusivité de 35 ans. Dans ces conditions, les conventions méritaient certainement d'être annulées : soit sur le fondement de l'article 1131 du Code civil (hypothèse d'une obligation reposant sur une fausse cause), soit en application de l'article 1109 (hypothèse d'une erreur sur un motif entré dans le champ contractuel).

Ces difficultés mises à part, l'arrêt inspire au final deux séries d'observations. En premier lieu, on formule le souhait qu'il inspire une évolution des pratiques observées dans le secteur alimentaire. Certains juges du fond n'ont d'ailleurs pas attendu la Cour de cassation pour découvrir les vertus des articles L. 330-1 et L. 330-2, en décidant par exemple qu'une exclusivité d'enseigne stipulée pour 99 ans dans les statuts d'une société franchisée devait être soumise à la limite de dix ans (Trib. com. Rennes 13 oct. 2009, *Lettre distrib.* juin 2010).

En second lieu, et si l'on s'attarde sur le contexte spécifique ultramarin qui était ici concerné, on ne peut s'empêcher de faire un rapprochement avec le nouvel article 420-2-1 du Code de commerce issu de la loi n° 2012-1270 du 20 novembre 2012 relative à la régulation économique outre-mer. Ce texte qualifie désormais de pratique anticoncurrentielle "*les accords ou pratiques concertées ayant pour objet ou pour effet d'accorder des droits exclusifs d'importation à une entreprise*" implantée en outre-mer. L'article L. 420-4 permet certes de racheter de tels accords mais uniquement lorsqu'ils "*sont fondés sur des motifs objectifs tirés de l'efficacité économique* [réservant] *aux consommateurs une partie équitable du profit qui en résulte*". Or, les justifications de ce type ne pourront certainement pas être admises si l'accord est conclu pour une durée excessive. La durée litigieuse – 35 ans – apparait injustifiable à cet égard, sauf bien sûr à ce que les parties fassent valoir que le licencié était tenu de réaliser des investissements exceptionnellement importants (sur cet argument et ses limites, voir not. avis du 7 déc. 2010, § 123 s).

N. Eréséo
Concurrences N° 2-2013, pp. 84-86

Cass. com., 11 mars 2014, Schoen distribution, n° 12-29820

La Cour de cassation approuve la Cour d'appel de Bourges d'avoir refusé d'annuler un contrat d'approvisionnement exclusif pour absence de cause au motif que la contrepartie ne s'évalue pas seulement au travers de considérations quantitatives mais également qualitatives

L'engagement d'exclusivité d'approvisionnement souscrit par un distributeur appelle-t-il en contrepartie un avantage équivalant à l'enjeu pécuniaire des achats ?

La question nourrit un contentieux en développement dans les "contrats de bière", à l'initiative de distributeurs qui souhaitent changer de fournisseur et bénéficier ainsi des avantages offerts par le nouveau fournisseur en vue de ce "transfert".

En l'occurrence, un débitant de boissons faisait valoir que, tenu d'un engagement minimum d'achat pour un montant de 38 000 € par an pendant sept ans, il ne bénéficiait en retour que d'une mise à disposition de matériel d'une valeur d'environ 6 000 €, de sorte que le contrat était dépourvu de cause du fait du caractère dérisoire de cette contrepartie.

La chambre commerciale de la Cour de cassation approuve la Cour d'appel de Bourges qui avait estimé que "*le contrat contenait des obligations réciproques puisqu'en échange de son approvisionnement en boissons, le revendeur se voyait mettre à disposition du mobilier de terrasse*" *et qui avait ainsi* "*retenu que l'avantage procuré ne s'évaluait pas seulement au travers de considérations quantitatives mais également qualitatives*".

On rappellera que l'article 1106 du Code civil définit le contrat synallagmatique comme celui dans lequel ce qui est consenti par une partie est "regardé comme équivalent" de ce qui est consenti par l'autre.

L'équivalence objective n'est donc pas requise lorsqu'il y a réciprocité d'obligations et, en l'occurrence, la mise en balance des 266 000 € d'achat pendant toute la durée du contrat et des 6 000 € de matériel (pour autant que le rapprochement puisse être aussi abrupt et ne pas tenir compte de l'enjeu économique réel des achats ou de la mise à disposition) n'est pas pertinente.

L'équivalence subjective appelle en revanche attention.

La mise à disposition de matériel pouvait-elle être "regardée" comme l'équivalent de l'engagement d'achat ? Les juges répondent par l'affirmative en estimant que l'avantage procuré par le fournisseur s'évalue "*au travers de considérations qualitatives*". Il en résulte que les modalités de fourniture de produits, la promotion générale de la marque des produits, entre autres "*avantages qualitatifs*", pourraient "*causer*" l'engagement d'achat.

La solution paraît pertinente puisqu'un engagement d'achat exclusif peut-être admis en l'absence même d'assistance matérielle, technique ou commerciale apportée par le fournisseur. C'est ainsi que le contrat d'approvisionnement exclusif se distingue du contrat d'assistance et de fourniture. Dans le premier, les produits, la marque du fournisseur apparaissent suffisamment attractifs pour le dispenser de toute assistance complémentaire. Dans le deuxième type de contrat, une telle assistance est attendue de lui, quelle qu'en soit la forme.

La solution retenue en l'espèce est cependant discutable car si la seule équation entre enjeu pécuniaire des achats et avantage pécuniaire de la mise à disposition ne pouvait pas être déterminante, encore fallait-il préciser la nature de ces "considérations qualitatives" permettant de compléter l'apport de la mise à disposition et de justifier l'engagement du distributeur.

Si l'on considère qu'une telle précision n'est pas requise car il suffit que ces considérations portent sur des "qualités" générales : notoriété de la marque par exemple, il faut en déduire la remise en cause de la jurisprudence qui sanctionne de manière systématique le caractère "dérisoire" de l'assistance du fournisseur (Cass. com., 8 fév. 2005 : Bull. civ. 2005, IV, n° 21 ; D. 2005, pan. 2841, obs. S. Amrani-Mekki ; Contrats, conc. consom. 2005, n° 1104, obs. L. Leveneur ; D. 2006, pan. 515, obs. D.L.F. – Rappr. Versailles, 18 juin 2007 : D. 2008, pan. 2187, obs. D.L.F. – Cass. com., 17 janv. 2012, n° 11-10641. – Colmar, 13 mars 2013, n° 11/05506. – D.L.F. : D. 2014, p. 898. – Th. Lambert, "*Le contrôle de l'assistance dans le contrat de bière*" : D. 2005, chron. p. 1085).

L'arrêt de la Cour de cassation n'est pas publié et doit donc être reçu avec prudence.

Il peut répondre à une espèce ne traduisant aucun réel déséquilibre de la relation, il peut interroger sur une évolution dans l'appréciation de ce déséquilibre.

D. Ferrier
Concurrences N° 3-2014, pp. 105-106

2.2.2. Distribution sélective

2.2.2.1 Conditions

Cass. com., 15 janvier 2013, Auto 24 c/ Jaguar Land Rover France, n° 10-12734

La Cour de cassation considère que les critères de sélection quantitatifs doivent avoir un contenu vérifiable sans qu'il soit nécessaire qu'ils soient objectivement justifiés et appliqués de façon uniforme et non différenciée à l'égard de tous candidats à l'agrément

L'arrêt du 15 janvier 2013 met fin à un contentieux touchant à l'organisation de la distribution automobile.

Etait en débat le qualificatif "*défini*" retenu à l'article 1.f du Règlement CE n° 1400-2002 de la Commission, du 31 juillet 2002, pour justifier la restriction de concurrence résultant de l'élimination des distributeurs non sélectionnés (JOUE L 203, 1er août 2002 JO) : "*... on entend par... système de distribution sélective un système de distribution dans lequel le fournisseur s'engage à ne vendre les biens... qu'à des distributeurs ou des réparateurs sélectionnés sur la base de critères définis...*".

En l'espèce, un distributeur qui n'avait pas été agréé en raison de l'application de critères quantitatifs compris comme ceux "*qui limitent directement le nombre des distributeurs*" (Règlement n° 1400-2002, art. 1.g définissant "*le système de distribution sélective quantitative*"), reprochait au fournisseur de ne pas établir que ces critères étaient "*précis, objectifs, proportionnés au but à atteindre et mis en œuvre de façon non discriminatoire*".

La Cour de cassation reprend l'interprétation donnée par la Cour de justice (14 juin 2012, aff. C-158/11 sur question préjudicielle posée par la Cour de cassation le 29 mars 2011, *D.* 2011, 1068, obs. E. Chevrier, *Concurrences* n° 2-2011, 123, obs. N. Eréséo) des critères de sélection justifiant la limitation du nombre de distributeurs automobiles susceptibles d'être agréés par le constructeur, en posant que si ces critères doivent avoir un "*contenu précis*" vérifiable, en revanche il n'est pas nécessaire qu'ils soient "*objectivement justifiés et appliqués de façon uniforme et non différenciée à l'égard de tous candidats à l'agrément*". Pour la Cour de cassation, les juges du fond ont donc valablement relevé que le fournisseur avait un critère précis de sélection avec 72 contrats pour 109 sites et retenu qu'il n'avait pas à justifier les raisons qui l'avaient conduit à fixer un tel "*numerus clausus*".

La solution établit une distinction nette entre la distribution sélective dite "*qualitative*" dans laquelle les critères doivent être justifiés et appliqués de manière uniforme (en ce sens une décision récente, Cass. com., 18 déc. 2012, n° 11-27342 en matière de vin) et la distribution sélective dite "*quantitative*" (supposant aussi une sélection "qualitative") dans laquelle les critères doivent seulement être vérifiables.

Etant encore précisé que cette distinction entre sélection "*qualitative*" et sélection "*quantitative*" (le choix étant dans une certaine mesure lié à la part de marché du constructeur), est propre à la distribution automobile qui s'est développée sur le modèle de la distribution exclusive ou concession exclusive avant d'évoluer vers la formule de la distribution sélective quantitative puis de la distribution sélective qualitative (N. Eréséo et D. Ferré, *V° Automobile,* Rép. communautaire Dalloz 2011, n° 9 et suivants.

Dans les autres secteurs d'activité qui n'ont pas connu une telle évolution il n'existe qu'une seule alternative entre distribution exclusive et distribution sélective, de sorte que si des critères quantitatifs sont utilisés dans le cadre de la distribution sélective ils doivent alors, de la même manière que les critères qualitatifs, être justifiés et appliqués uniformément (V. Trib. com. Paris, 12 fév. 2012, Lawlex20130000166JBJ).

Il en résulte que la disparition du Règlement 1400-2002 au 1er juin 2013 et la soumission corrélative de la distribution automobile au Règlement 330-2010 devraient, en l'absence d'aménagement opéré par la Commission, entraîner un alignement du régime de la distribution sélective quantitative dans le secteur de l'automobile sur le régime de cette même distribution dans les autres secteurs d'activité. Le constructeur qui entend limiter arbitrairement le nombre de ses distributeurs devra alors opter pour une distribution exclusive ou chercher, au soutien d'une exemption individuelle, des arguments (situation concurrentielle locale, besoins de la clientèle locale, voire historique des implantations...) expliquant l'application non uniforme ou la variabilité des critères.

D. Ferrier
Concurrences N° 2-2013, p. 88

Concurrences +

N. Ereseo, La Cour de cassation pose une question préjudicielle à la Cour de justice sur les conditions de validité des critères quantitatifs de sélection appliqués dans le secteur automobile (Land Rover/ Auto 24), 29 mars 2011, Revue Concurrences N° 2-2011, pp. 123-124

Cass. com., 21 juin 2016, Guyapat c/ Rolex, n° 15-10438

La Cour de cassation reconnaît que la réorganisation d'un réseau de distribution sélective peut conduire son promoteur à ne pas sélectionner un distributeur même s'il satisfait les critères qualitatifs

La distribution sélective a été définie en droit de l'Union européenne, à l'article 1-e du Règlement n° 330-2010 sur les restrictions verticales de concurrence, comme le "*système de distribution dans lequel le fournisseur s'engage à vendre les biens ou services contractuels, directement ou indirectement, uniquement à des distributeurs sélectionnés sur la base de critères définis et dans lequel ces distributeurs s'engagent à ne pas vendre ces biens ou services à des distributeurs non agréés dans le territoire réservé par le fournisseur pour l'opération* [sic] *de ce système*".

La "*fermeture*" du réseau de distribution sélective (le "*système*" selon la terminologie européenne) qui en résulte du fait des refus d'agrément opposés aux distributeurs non sélectionnés, est souvent contestée par ces derniers soit au motif que les critères de sélection ne sont pas pertinents au regard des produits ou services en cause, soit en raison de leur non-sélection alors pourtant qu'ils satisfont ces critères.

Cette dernière situation est l'argument de deux décisions de la Cour de cassation qui permettent de mieux préciser les conditions de la sélection dite "*quantitative*" par laquelle est limité le nombre de distributeurs sélectionnés, au détriment de distributeurs sélectionnables.

La réorganisation du réseau de distribution sélective peut justifier l'éviction de distributeurs satisfaisant les critères qualitatifs de sélection

Dans la première espèce (Cass. com., 21 juin 2016, n° 15-10438), un distributeur, qui avait été sélectionné par un fournisseur de montres de luxe, contestait la résiliation du contrat de distribution sélective à l'initiative du fournisseur, en faisant valoir qu'il répondait toujours aux conditions de sélection. La chambre commerciale de la Cour de cassation rejette le pourvoi formé contre la décision de la Cour d'appel de Paris (19 septembre 2014) qui l'avait débouté. Elle souligne, d'une part, que la cause de la résiliation était non pas le non-respect par le distributeur des conditions de sélection mais la réorganisation par le fournisseur du réseau de distribution sélective ; d'autre part, qu'en l'absence de preuve, rapportée par le distributeur évincé, d'une entente anticoncurrentielle entre fournisseurs sur le marché des montres de luxe, le grief de pratique discriminatoire dans le traitement des distributeurs ne pouvait être retenu.

Les critères de sélection peuvent ne pas être satisfaits au moment de la sélection, par le candidat à l'intégration dans le réseau, si des garanties existent sur leur satisfaction ultérieure

Dans la seconde espèce (Cass. com., 6 septembre 2016, n° 15-11415), un concessionnaire automobile exclusif dont le contrat avait été résilié dans les formes, reprochait au constructeur de ne pas avoir retenu sa candidature comme distributeur sélectionné et d'avoir agréé à sa place un distributeur qui ne remplissait pas lui-même les critères de sélection au moment où les deux candidatures étaient en concours. La chambre commerciale de la Cour de cassation rejette le pourvoi contre la décision de la Cour d'appel de Paris (11 septembre 2014) qui l'avait débouté. D'une part, elle relève que les juges avaient pris soin de contrôler que la sélection du nouveau distributeur était intervenue avant la candidature de l'ancien concessionnaire et que si toutes les conditions de sélection n'étaient pas alors remplies par ce nouveau distributeur, il existait des "garanties sérieuses" pour qu'elles le soient en raison des investissements qu'il avait opérés pour certaines de ces conditions et de la facilité à satisfaire les autres ; d'autre part, elle souligne que le constructeur était maître de son *numerus clausus* (pour la Cour de cassation : "*la Cour d'appel a pu retenir que [le constructeur] pouvait légitimement considérer que son numerus clausus sur l'aire de Dijon était atteint*"). On pourrait s'étonner que la question de la discrimination anticoncurrentielle n'ait pas conduit à l'examen du critère quantitatif de sélection retenu par le constructeur, en raison du caractère sensible et concentré du marché automobile, mais il faut rappeler que, dans ce secteur d'activité, la distribution sélective quantitative fait depuis toujours l'objet d'une considération plus souple du fait de l'importance des investissements requis du distributeur (D. et N. Ferrier, *Droit de la distribution*, Lexis, 7e ed. n° 624 ; CJUE, 14 juin 2012, D 2012 2156, obs. DF).

Ces décisions montrent bien la liberté dont bénéficie le promoteur de réseau dans la détermination d'un critère quantitatif à l'occasion de la réorganisation de son "*système*" de distribution. Il en résulte qu'il appartient au distributeur non sélectionné alors qu'il satisfait les critères, d'établir la preuve d'une volonté d'éliminer la concurrence sur le marché ou d'une mise en œuvre fautive de la réorganisation.

En reconnaissant le libre choix par le promoteur du réseau des distributeurs qu'il sélectionne par application du critère quantitatif, ces deux décisions ne créent aucune confusion entre le régime de la distribution sélective quantitative et celui de la distribution exclusive. Le premier se distingue du second par l'absence d'exclusivité territoriale accordé au distributeur, de sorte que le distributeur sélectionné, à la différence du distributeur exclusif, n'est pas protégé contre les ventes "actives" d'autres distributeurs du réseau fussent-ils situés dans son très proche voisinage.

D. Ferrier
Concurrences N° 4-2016, pp. 112-113

Concurrences+

N, Ereseo, Le Tribunal de commerce de Paris juge que le refus d'agréer des distributeurs qui répondent aux critères qualitatifs ne suffit pas à fournir la preuve d'actes illicites s'il s'agit d'actes isolés ne relevant pas d'un comportement systématique, 21 février 2018, Revue Concurrences N° 2-2018, pp. 94-96

2.2.2.2 Effets

Cass. com., 11 janvier 2005, Auchan France c/ Levi Strauss Continental, n° 02-10566

La Cour de cassation revient sur les conditions de licéité du réseau de distribution sélective et son opposabilité aux tiers

La société Levi Strauss a constaté la présence de produits de marque Levi's dans des magasins Auchan, alors que ceux-ci ne font pas partie de son réseau de distribution sélective. Par jugement du 16 mai 2001, le tribunal de commerce d'Evry, saisi par Levi Strauss, a ordonné à Auchan de cesser immédiatement la commercialisation des produits de marque Levi's en provenance de l'UE et de l'AELE, sous astreinte. Auchan a interjeté appel de cette décision. La Cour d'appel de Paris, dans un arrêt du 7 novembre 2001, a confirmé la décision rendue en première instance. Elle estimait que "*la mise en place d'un réseau de distribution sélective de ces produits par Levi Strauss, dont la qualité des jeans qu'il fabrique depuis plus d'un siècle est reconnue, est justifiée*" et jugeait suffisamment précis les critères de sélection posés par le fabricant de jeans. La société Auchan a formé un pourvoi en cassation.

La Cour de cassation se prononce sur la recevabilité des poursuites pour concurrence déloyale à l'encontre d'Auchan

"Mais attendu que l'effet relatif des contrats n'interdit pas aux tiers d'invoquer la situation de fait créée par les conventions auxquelles ils n'ont pas été parties, si cette situation de fait leur cause un préjudice de nature à fonder une action en responsabilité délictuelle; qu'ayant relevé que la société Levi Strauss International a mis en place un réseau de distribution sélective dans chaque pays européen au travers de treize filiales européennes, parmi lesquelles la société Levi Strauss Continental, ce dont il se déduit que cette société, distributeur agréé pour les produits de marque *Levi's, pouvait invoquer le préjudice né de la concurrence déloyale résultant de la vente des mêmes produits par un opérateur non membre de ce réseau et dont il était allégué que l'approvisionnement était illicite, la Cour d'appel a statué à bon droit et a légalement justifié sa décision*".

La Cour de cassation confirme la validité du réseau de distribution sélective mis en place par Levi Strauss

"*Mais attendu, en premier lieu, que la circonstance qu'un produit ait été commercialisé en dehors d'un réseau de distribution sélective et continue à être ainsi distribué dans certaines zones géographiques n'est pas de nature en elle-même à rendre illicite la commercialisation sous une telle forme de distribution dans d'autres zones géographiques du produit en cause ;*

(...)

Attendu, en deuxième lieu, que l'arrêt estime, en se référant à un avis de la Commission de la concurrence, que compte tenu des caractéristiques du marché des "jeans" et en particulier des structures de l'offre et de la demande, l'organisation d'une distribution sélective par un petit nombre de marques représentatives du "haut de gamme", dont Levi Strauss, ne saurait compromettre gravement le jeu de la concurrence ;

Que l'arrêt constate que les critères de sélection qualitatifs sont objectifs et n'ont pas pour objet ou pour effet d'exclure la grande distribution, que l'arrêt relève encore que les critères de sélection n'imposent pas d'obligations excessives (...)".

La Cour de cassation confirme l'arrêt d'appel ordonnant la cessation de la commercialisation des produits par Auchan

"Et attendu (...) qu'ayant retenu (...) que la société Levi Strauss justifiait de ce que les produits de marque Levi's étaient commercialisés en Europe par un réseau de distribution sélective licite dont la société Auchan n'était pas membre, la Cour d'appel a pu interdire la vente des produits litigieux par cette société (...)".

L'arrêt rapporté présente un intérêt particulier sur plusieurs points :

Sur la possibilité pour un tiers de se prévaloir de la violation d'un contrat de distribution sélective à l'encontre d'un distributeur non sélectionné

Auchan faisait valoir qu'il existait non pas un réseau de distribution sélective mais autant de réseaux que de pays européens, chacun étant constitué par une filiale de la société Levi Strauss International et par un ensemble de distributeurs appartenant au pays considéré. Il affirmait donc que la filiale franco-belge de Levi Strauss ne pouvait pas lui opposer l'interdiction de revente hors réseau imposée par d'autres filiales à leurs propres distributeurs opérant dans d'autres pays européens.

La Cour de cassation écarte cet argument, estimant que l'article 1165 du Code civil n'empêche pas la filiale franco-belge d'invoquer la violation d'une convention à laquelle elle n'était pas partie (les accords de distribution conclus entre les filiales étrangères et leurs propres distributeurs) dans la mesure où cette violation (la vente des produits à Auchan par des distributeurs sélectionnés étrangers) lui causait un préjudice.

La solution a déjà été énoncée par la Cour de cassation, mais dans une situation différente (Cass. com., 1er juillet 2003, D. 2003, p. 2427, obs. D. Ferrier) : un distributeur sélectionné entendait agir en concurrence déloyale contre un autre distributeur du réseau qui ne respectait pas le contrat qu'il avait conclu avec le promoteur du réseau. La Cour reconnaissait à un tiers la possibilité de se prévaloir de la violation d'un contrat de distribution sélective à l'encontre d'un distributeur sélectionné.

La solution énoncée en 2003 pouvait-elle être étendue à l'hypothèse dans laquelle un tiers entend opposer un contrat à un distributeur non sélectionné ? La réponse n'était guère évidente, car la Cour mettait l'accent sur la violation d'obligations contractuelles plutôt que sur le comportement intrinsèquement déloyal dans la commercialisation des produits. Ainsi pouvait-on en conclure que, puisque les distributeurs non sélectionnés ne sont pas contractuellement liés au promoteur du réseau, ils ne peuvent se voir opposer les exigences de la distribution sélective (sur l'opposabilité aux distributeurs non sélectionnés du contrat considéré comme un fait juridique, D. Ferrier, Droit de la distribution, Litec, 3e éd., 2002, n° 613).

L'arrêt rapporté lève les doutes : un tiers peut se prévaloir de la violation d'un contrat de distribution sélective à l'encontre d'un distributeur sélectionné comme d'un distributeur non sélectionné.

Sur la possibilité de faire coexister plusieurs systèmes de distribution différents

Pour contester la validité du réseau de distribution sélective mis en place par Levi Strauss, Auchan s'appuyait sur le fait que ce réseau a été mis en place après des décennies de vente libre, et que ce système de vente libre perdure aux Etats-Unis.

La Cour de cassation rappelle cependant qu'il est possible de faire coexister plusieurs systèmes de distribution différents, dans la mesure où ces systèmes de distribution sont mis en place dans des zones géographiques distinctes. Cette solution est justifiée par le fait que les différents modes de distribution ne sont pas adoptés sur le même marché, de sorte qu'aucune distorsion de concurrence ne peut être identifiée.

D'autres critères que le critère géographique peuvent justifier la coexistence de systèmes de distribution différents : volonté de viser des catégories de clientèle distinctes (grossistes, détaillants, consommateurs finals), de commercialiser les produits haut de gamme selon un mode de distribution différent de celui adopté pour les produits de moyenne et bas de gamme, etc.

Le fait que les produits soient commercialisés à travers un réseau de distribution sélective dans une zone n'empêche pas le fournisseur de distribuer ses produits selon un système de vente libre, sans sélection des revendeurs, dans une autre zone. En effet, les critères définis dans le cadre de la distribution sélective ne sont pas établis parce que la nature des produits imposerait une sélection des distributeurs. Ils sont établis parce que le fournisseur souhaite sélectionner ses distributeurs ; à cette fin, il se fonde sur les caractéristiques des produits pour justifier les critères de sélection. En conséquence, un produit peut être commercialisé en vente libre, quand bien même ses caractéristiques pourraient justifier des critères de sélection, car le fournisseur n'entend pas sélectionner ses revendeurs.

Sur la licéité du réseau de distribution sélective mis en place par Levi Strauss

Auchan reprochait à la Cour d'appel d'avoir violé les articles L. 420-1 et L. 420-4 du Code de commerce, au motif, notamment, qu'elle se bornait à invoquer "*la qualité des jeans fabriqués par Levi Strauss (...) depuis plus d'un siècle*" et leur caractère "*quasiment mythique*" pour justifier le réseau de distribution sélective. La société Auchan faisait valoir que les jeans ne sont pas des produits dont la nature justifie qu'ils fassent l'objet d'une distribution sélective.

Pour être licite au regard du droit de la concurrence selon la CJCE (voir par exemple CJCE, 11 décembre 1980, L'Oréal, aff. 31/80, Rec. CJCE, 3775), un réseau de distribution sélective doit reposer sur des critères de sélection qualitatifs strictement nécessaires à la bonne commercialisation des produits (on notera que le règlement n° 2790-99 exige en son article 1-d que les critères de sélection soient simplement "*définis*"). S'agissant de la commercialisation de jeans, il ne fait guère de doute que des exigences en termes d'assortiment, de présentation des produits, de service à la clientèle, d'emplacement du point de vente, n'apparaissent pas strictement nécessaires.

Cependant, un réseau de distribution sélective peut également reposer sur des critères excédant les nécessités d'une commercialisation normale des produits. L'accord de distribution en cause n'est pas pour autant illicite au regard du droit de la concurrence. En effet, cet accord peut ne pas exercer d'effet sensible sur la concurrence ; il peut alors bénéficier de l'application de la règle "*de minimis*". Si l'accord exerce un effet sensible sur la concurrence, il peut bénéficier d'une exemption par application de l'article 81§3 du Traité CE ou de l'article L. 420-4 du Code de commerce. Cette exemption est la conséquence d'un bilan économique positif de l'accord en cause.

En l'espèce, les critères posés par Levi Strauss excédaient les nécessités d'une commercialisation normale des jeans. Néanmoins, dans un avis du 20 octobre 1983 (Comm. Conc., avis, 20 octobre 1983, V. Selinsky, La distribution sélective des produits de marque, Cahiers dr. entr. 2-1984, p. 17), la Commission de la concurrence a dressé un bilan économique positif des accords de distribution sélective portant sur la commercialisation des jeans "*haut de gamme*". S'appuyant sur cet avis, la Cour d'appel a admis la licéité du réseau mis en place par Levi Strauss. Fort logiquement, la Cour de cassation approuve les juges du fond et rejette le moyen avancé par Auchan.

Par ailleurs, on rappellera que les critères de sélection "*doivent être appliqués de manière non discriminatoire*" (CJCE, 25 octobre 1977, Metro, aff. 26-76, Rec. CJCE, 1875), la jurisprudence ayant précisé que "*les critères ne doivent pas avoir pour objet ou pour effet d'exclure par nature une ou des formes déterminées de commerce qui seraient aptes à cette distribution*" (Paris, 28 janvier 1988, Produits cosmétiques, BOCC 4 février 1988 ; TPICE, 12 décembre 1996, Leclerc, aff. T-19/92, Rec. CJCE, II, p. 1967). Cette exigence de non-discrimination s'impose pour deux raisons : d'une part, les pratiques discriminatoires sont prohibées par l'article L. 442-6 du Code de commerce ; d'autre part, un promoteur de réseau qui appliquerait les critères qu'il a posés à des distributeurs ne les satisfaisant pas montrerait que ces exigences ne sont pas fondées (voir par exemple : Paris, 9 décembre 1997, D. 1998, somm. p. 340, obs. D. Ferrier).

D. Ferrier
Concurrences N° 2-2005, www.concurrences.com

CJUE, 23 avril 2009, Copad c/ Christian Dior, Vincent Gladel, C-59/08

La CJCE décide qu'une clause prévue dans un contrat de licence de marque interdisant la revente des produits à des soldeurs permet au titulaire d'agir en contrefaçon contre le licencié ayant opéré de telles reventes et fait échec à l'épuisement des droits lorsque l'activité des soldeurs est de nature à porter atteinte au prestige de la marque

Tout système de distribution sélective se heurte à des phénomènes de distribution parallèle que le promoteur du réseau s'efforce de combattre afin de préserver la cohérence et la viabilité économique de son modèle de distribution. Dans ce contexte, il est indispensable de stipuler l'interdiction faite aux membres du réseau de commercialiser les produits contractuels à des revendeurs extérieurs au réseau. Cette clause dite "*d'étanchéité*" permet en effet d'engager la responsabilité contractuelle du distributeur défaillant et la responsabilité délictuelle du revendeur parallèle en application de l'article L. 442-6, I, 6° C. Com. qui sanctionne le fait "*de participer directement ou indirectement à la violation de l'interdiction de revente hors réseau faite au distributeur lié par un accord de distribution sélective*".

Le promoteur du réseau cherche cependant à obtenir une protection plus efficace de ses intérêts à travers l'action en contrefaçon de marque. Deux questions se posent à ce titre : le distributeur qui revend les produits dans des conditions contraires aux stipulations de sa licence se rend-il contrefacteur ? Corrélativement, l'acquéreur hors réseau des produits litigieux peut-il lui-même être déclaré contrefacteur ?

Dans son arrêt du 23 avril 2009, la CJUE apporte des réponses très attendues à ces questions. La Cour était saisie de questions préjudicielles posées par la Cour de cassation française (Cour de cassation, chambre commerciale, 12 février 2008, pourvoi n° 06-16202, Europe 2008, n° 11, chr. 1, note. O. Bustin) dans le cadre d'un litige opposant la société Christian Dior SA (Dior), la Société Industrielle Lingerie (SIL) et la société Copad SA (Copad). SIL avait reçu par un contrat de licence de marque le droit de fabriquer et de distribuer des produits de corseterie sous la marque Christian Dior. Ce contrat précisait qu'"*afin de préserver la notoriété et le prestige de la marque, le licencié s'engage à ne pas vendre à des grossistes, collectivités, soldeurs, sociétés de vente par correspondance, par le système du porte à porte ou de vente en appartement, sauf accord préalable écrit du concédant, et devra prendre toute disposition pour faire respecter cette règle par ses distributeurs ou détaillants*". Confrontée à des difficultés économiques, SIL a sollicité sans succès auprès de Dior l'autorisation de commercialiser des produits de cette marque hors de son réseau de distribution sélective. Passant outre le refus de Dior, SIL a vendu des produits revêtus de la marque Christian Dior à Copad, une société exerçant une activité de soldeur. SIL et Copad étaient alors toutes deux poursuivies en contrefaçon devant le TGI de Bobigny puis la Cour d'appel de Paris qui avait rejeté la qualification de contrefaçon mais néanmoins constaté que l'épuisement des droits de la société Dior sur ses marques n'était pas réalisé et avait en conséquence prononcé des mesures d'interdiction, de confiscation et de destruction des produits détenus par Copad. Saisie suite au pourvoi principal de Copad et au pourvoi incident de Dior, la Cour de cassation a posé trois questions à la CJCE permettant de faire le point sur les actions qu'un fournisseur peut diriger contre un distributeur sélectionné ou un revendeur parallèle.

Action contre un distributeur sélectionné

La première directive n° 89/104/CEE du Conseil, du 21 décembre 1988, rapprochant les législations des États membres sur les marques, précise les cas dans lesquels le titulaire de la marque peut invoquer ses droits à l'encontre d'un licencié qui enfreint les limites de sa licence. L'article 8 § 2 dispose en effet que : "*Le titulaire de la marque peut invoquer les droits conférés par cette marque à l'encontre d'un licencié qui enfreint l'une des clauses du contrat de licence, en ce qui concerne sa durée, la forme couverte par l'enregistrement sous laquelle la marque peut être utilisée, la nature des produits ou des services pour lesquels la licence est octroyée, le territoire sur lequel la marque peut être apposée ou la qualité des produits fabriqués ou des services fournis par le licencié*", suivant des termes repris presque à l'identique par L. 714-1 al. 3 du Code de la propriété intellectuelle. La violation de la clause litigieuse interdisant la revente à des soldeurs relève-t-elle de ces articles ?

Pour répondre, la CJUE observe que l'article 8 § 2 dresse une liste exhaustive de clauses dont la violation est susceptible de constituer le licencié contrefacteur (Pts n° 17 et s.). Pour autant, la Cour estime que la clause litigieuse peut être rattachée à la catégorie de celles qui concernent "*la qualité des produits fabriqués*". En effet, "*la qualité de produits de prestige, tels que ceux en cause au principal, résulte non pas uniquement de leurs caractéristiques matérielles, mais également de l'allure et de l'image de prestige qui leur confèrent une sensation de luxe*" (Pt n° 24), la Cour ajoutant que "*les caractéristiques et les modalités propres d'un système de distribution sélective sont susceptibles, en elles-mêmes, de préserver la qualité et d'assurer le bon usage de tels produits*" de prestige (Pt n° 28). Or, "*il ne saurait être exclu que la vente de produits de prestige par le licencié à des tiers qui ne font pas partie du réseau de distribution sélective affecte la qualité même de ces produits*" (Pt n° 30), au sens de l'article 8 § 2 de la directive.

Même si elle n'est pas nouvelle dans son principe (CJCE, 4 novembre 1997, Dior/Evora, Rec. p. I-6013, mais interprétant l'article 7 de la directive et non l'article 8 comme en l'espèce), cette solution trouve ici une expression remarquable en ce qu'elle semble mettre sur le même plan les qualités intrinsèques d'un produit, issues de ses conditions de fabrication, et ses qualités extrinsèques, liées à ses conditions de distribution. La fonction essentielle de la marque qui est de garantir à l'utilisateur final "*l'identité d'origine d'un produit [...] désigné par la marque, en lui permettant de distinguer sans confusion possible ce produit [...] de ceux qui ont une autre provenance*" (Pt n° 22) se prolonge au-delà des seules conditions dans lesquelles le produit est fabriqué : son mode de distribution pourrait également porter atteinte à la garantie d'identité d'origine du produit. Cette fonction essentielle de la marque semble même être dépassée au profit d'une approche exclusivement centrée sur la protection des investissements du titulaire de la marque, sans égard pour d'éventuels risques de confusion portant sur l'identité des produits en cause (Rapp. CJCE, 18 juin 2009, L'Oréal c/ Bellure, JOUE C. 180 du 1er août 2009).

La solution adoptée par la CJUE n'est cependant pas dogmatique. Les juges nationaux sont invités à apprécier au cas par cas ce risque d'atteinte à la qualité extrinsèque des produits en prenant en considérant "*d'une part, la nature des produits de prestige revêtus de la marque, le volume ainsi que le caractère systématique ou bien sporadique des ventes de ces produits par le licencié à des soldeurs ne faisant pas partie du réseau de distribution sélective et, d'autre part, la nature des produits commercialisés habituellement par ces soldeurs, ainsi que les modes de commercialisation usuels dans le secteur d'activité de ceux-ci*" (Pt n° 32). Il n'est en conséquence pas possible d'affirmer que toute revente faite à un distributeur extérieur au réseau manifeste une violation de la qualité du produit au sens de l'article 8 § 2 de la directive. La Cour invite les juges nationaux à tenir compte de l'objet et des modalités de l'activité du revendeur parallèle : les produits proposés par lui et les politiques commerciales qu'il met en œuvre doivent être inconciliables avec l'allure prestigieuse des produits protégés. Les magistrats doivent également tenir compte de critères strictement quantitatifs tenant au volume et à la fréquence des reventes parallèles. Cette position a été discutée par une partie de la doctrine : "*la qualité de contrefacteur du licencié a-t-elle, en bonne logique, des raisons de dépendre du nombre de produits vendus en violation de ses obligations ou de la fréquence de telles ventes ?*" (J. Passa, Droit de la propriété industrielle, t. 1, LGDJ 2009, n° 404, p. 571). Le volume et la fréquence des reventes litigieuses ne renseignent en effet que sur la gravité de l'atteinte et non sur son principe dont l'existence devrait suffire à l'application de l'article 8 § 2 de la première directive sur les marques du 21 décembre 1988.

Action contre un distributeur parallèle

La possibilité d'agir contre le revendeur parallèle pose la question de l'épuisement des droits conférés par la marque prévu à l'article 7 de cette directive. Le premier paragraphe dispose en effet que : "*Le droit conféré par la marque ne permet pas à son titulaire d'interdire l'usage de celle-ci pour des produits qui ont été mis dans le commerce dans la Communauté sous cette marque par le titulaire ou avec son consentement*", ces dispositions étant reprises à l'identique par l'article L. 713-4 al. 1 du Code de la propriété intellectuelle. Un contrat de licence vaut-il consentement absolu et inconditionné du titulaire de la marque à la mise sur le marché de ses produits ou faut-il à l'inverse estimer que toute violation du contrat de licence exclut le consentement du titulaire à l'épuisement de ses droits ? La CJUE répond en adoptant une position médiane consistant à affirmer que seule la violation d'une des clauses mentionnées de manière exhaustive par l'article 8 § 2 de la directive sur les marques (Supra) fait échec à l'épuisement des droits du titulaire (Pt n° 51). Il s'en déduit que lorsque la violation concerne une clause extérieure à cette liste, le licencié n'engage éventuellement que sa responsabilité contractuelle cependant que le revendeur parallèle ne saurait être inquiété en raison de l'épuisement des droits sur la marque.

L'explication d'une telle solution ne figure pas dans l'arrêt mais dans les conclusions de l'avocat général Julianne Kokott qui estime que : "*Les obstacles que le droit des marques dresse à l'utilisation de la marque ne peuvent pas avoir à l'égard des tiers une portée plus étendue que celle qu'ils ont à l'égard du licencié, qui connaît les limites contractuelles de ses droits. On ne voit guère pourquoi les droits conférés par la marque ne devraient avoir qu'une portée limitée à l'égard d'un licencié alors qu'ils seraient entièrement opposables à des tiers étrangers au contrat de licence*" (Pt n° 45). En définitive, le distributeur parallèle qui a acquis le produit marqué auprès d'un licencié ne saurait être poursuivi sur le terrain du droit des marques si le licencié ne s'est pas rendu coupable de contrefaçon du fait de cette revente interdite. Reste alors la possibilité de sanctionner le revendeur parallèle sur le fondement du droit de la responsabilité délictuelle et de l'article L. 442-6, I, 6° C. Com.

Rappelons cependant que l'article 7 § 2 de la directive sur les marques prévoit une exception aux effets de l'épuisement des droits "*lorsque des motifs légitimes justifient que le titulaire s'oppose à la commercialisation ultérieure des produits, notamment lorsque l'état des produits est modifié ou altéré après leur mise dans le commerce*", l'article L. 713-4 al. 2 du Code de la propriété intellectuelle reprenant la même solution.

Était-il possible de mettre en avant de tels motifs légitimes s'agissant de la revente interdite effectuée au profit d'une entreprise exerçant une activité de soldeur ? Après avoir rappelé que l'article 7 § 2 ne dresse pas une liste limitative de motifs légitimes susceptibles d'être soulevés par le fabricant (Pt n° 54), la CJUE indique que "*l'atteinte portée à la renommée de la marque peut, en principe, être un motif légitime au sens de l'article 7, paragraphe 2, de la directive justifiant que le titulaire de la marque s'oppose à la commercialisation ultérieure des produits de prestige qu'il a mis dans le commerce dans l'EEE ou qui l'ont été avec son consentement*" (Pt n° 55. Voir déjà CJCE, 4 novembre 1997, Dior/Evora, Rec. p. I-6013). La simple existence d'un réseau de distribution sélective ne saurait cependant être érigée en motif légitime, comme l'a rappelé la Cour d'appel de Paris (CA Paris, 24 octobre 2008, RTD com. 2009, n° 1, p. 120, obs. J. Azéma). Il convient de mettre en balance, d'une part, l'intérêt légitime du titulaire de la marque ayant fait objet du contrat de licence à être protégé contre un soldeur qui emploie cette marque à des fins commerciales d'une manière qui pourrait porter atteinte à la renommée de celle-ci et, d'autre part, l'intérêt du soldeur à pouvoir revendre les produits en question en utilisant les modalités qui sont usuelles dans son secteur d'activité (Pt n° 56). Il appartient encore une fois aux juges nationaux de vérifier cette atteinte potentielle à la renommée de la marque en prenant notamment en considération "*les destinataires de la revente ainsi que [...] les conditions spécifiques de commercialisation des produits de prestige*" (Pt n° 58). Certaines techniques commerciales dégradantes devraient en particulier mobiliser l'attention des juges. Dans une précédente affaire *Dior* qui concernait des dépliants publicitaires, la CJUE invitait par exemple les juges à vérifier "*si le revendeur avait pris soin*", dans les prospectus, "*de ne pas placer la marque dans un voisinage qui risquerait d'amoindrir gravement l'image que le titulaire a réussi à créer autour de sa marque*" (CJCE, 4 nov. 1997 préc., pt n° 47). Suivant cette directive, des juges du fond ont récemment décidé que la reproduction de la marque Chanel sur des affichettes publicitaires constituait un motif légitime d'opposition à une commercialisation ultérieure au sens de l'article L. 713-4 al. 2 du Code de la propriété intellectuelle (CA Rennes, 20 janvier 2009, JurisData n° 2009-008971). Les affichettes litigieuses étaient en effet caractérisées par une mise en page et un support de médiocre qualité ainsi que par un environnement dévalorisant.

Même s'il laisse de très grandes marges d'appréciation aux juges du fond (Pour une approche très indulgente, voir CA Rennes, 20 janv. 2009, JurisData n° 2009-009211, JCP éd. G n° 46, 9 nov. 2009, 408, note M. Boizard, validant l'association de la marque Hugo Boss à une opération de liquidation motivée par des travaux), l'arrêt rendu par la CJUE le 23 avril 2009 doit être pleinement approuvé dans son principe en ce qu'il autorise la protection de réseaux de distribution dont l'efficacité économique est pleinement reconnue par le droit de la concurrence (Voir règlement (CE) 2790/1999, consid. n° 62). Reste aux plaideurs et aux juges à emprunter les voies ouvertes par la Cour.

N. Eréséo

Concurrences N° 1-2010, pp. 115-117

Concurrences +

N. Ereseo, La CJCE décide qu'une clause prévue dans un contrat de licence de marque interdisant la revente des produits à des soldeurs permet au titulaire d'agir en contrefaçon contre le licencié ayant opéré de telles reventes et fait échec à l'épuisement des droits lorsque l'activité des soldeurs est de nature à porter atteinte au prestige de la marque, CJCE, 23 avril 2009, Copad c/ Christian Dior Couture, aff. C-59/08, Revue Concurrences N° 1-2010, pp. 115-117

Cass. com., 3 mai 2012, Christian Dior e. a. c/ Ebay, n° 11-10508

La Cour de cassation casse partiellement les arrêts par lesquels la Cour d'appel de Paris avait condamné eBay pour atteinte aux marques ou aux réseaux de distribution sélective dans le secteur de la parfumerie

On se souvient que, par trois arrêts rendus le même jour, la Cour d'appel de Paris avait condamné le courtier en ligne eBay à indemniser plusieurs entreprises du secteur de la parfumerie à hauteur de 5,6 millions d'euros (CA Paris, 3 septembre 2010, *Sté eBay Inc* et *eBay AG c/ Louis Vuitton Malletier, JurisData* n° 2010-015044 ; *Sté eBay Inc* et *eBay AG c/ Parfums Christian Dior, JurisData* n° 2010-015041 ; *Sté eBay Inc* et *eBay AGc/Christian Dior Couture, JurisData* n° 2010-015040, *Concurrences* n° 4-2010, p. 138, obs. N. Eréséo), diminuant substantiellement le montant qui avait été décidé en première instance (T. com. Paris, 1ère ch., sect. B, 30 juin 2008, 3 aff. : *Comm. com. électr.* 2008, comm. 113, obs A. Debet, allouant 40 millions d'euros aux titulaires des marques).

Très attendue, la Cour de cassation vient de se prononcer dans cette affaire par trois décisions qui, sans remettre en cause la lutte contre la revente parallèle, infligent de sérieux correctifs aux juges du fond en prononçant une cassation partielle des arrêts rendus par les conseillers parisiens.

Si l'on met de côté le moyen tiré de ce que les constats de l'Agence de protection des programmes auraient dû être écartés des débats, que la Cour a rejeté aux motifs que, la preuve de faits juridiques pouvant être rapportée par tous moyen, ils pouvaient valoir à titre de simples renseignements, l'arrêt apporte en l'espèce des éclairages importants sur la compétence des juridictions françaises, le statut d'hébergeur, les fautes susceptibles d'être relevées à l'encontre du courtier en ligne et les moyens de défense recevables.

Sur la compétence des juridictions françaises

S'agissant de la compétence des juridictions françaises, la Cour de cassation n'a pas innové quant aux principes applicables. Elle a, cependant, contesté partiellement leur application au cas d'espèce.

Sur les principes en eux-mêmes, rappelons qu'après quelques hésitations (Cass. lère civ., 9 décembre 2003, n° 01-03225), la Cour de cassation s'est nettement prononcée en faveur du critère dit de l'orientation donnant compétence aux juridictions françaises pour les seules annonces "*destinées au public de France*" (Cass. com., 13 juillet 2010, pourvoi n° 06-20230, *Bull. civ.* IV, n° 124) ou, plus largement, pour les seuls sites ayant un "*impact économique sur le public français*" (Cass. com., 23 novembre 2010, n° 07-19543, inédit). En matière de contrefaçon de marque, la Cour de justice de l'Union européenne a confirmé ces solutions en invitant les juridictions nationales à rechercher si les offres à la vente sont "*destinées aux consommateurs situés*" sur le territoire couvert par la marque, à l'aide de divers "*indices pertinents*" et, plus particulièrement, en considération des "zones *géographiques vers lesquelles le vendeur est prêt à envoyer le produit*" (CJUE, 12 juillet 2011, aff. C-324/09, *L'Oréal SA e.a/eBay.* Voir cependant en matière d'atteinte aux droits de la personnalité CJUE, 25 octobre 2011, *eDate Advertising e.a.*, aff. C-509/09 et C 161/10, *D.* 2012, p. 1285, obs. S. Bollée et B. Haftel).

Sur la mise en œuvre des principes, la Cour de cassation n'a approuvé que partiellement les solutions dégagées par la Cour d'appel de Paris. Rappelons, en l'espèce, que les titulaires des marques litigieuses poursuivaient l'entreprise américaine eBay Inc, société-mère qui exploite le site eBay.com, et la société suisse eBay AG qui exploite toutes les déclinaisons nationales des sites du groupe (eBay.fr, eBay.uk, eBay.ca, etc.). La Cour d'appel s'était évidement déclarée compétente pour les dommages liés au site eBay.fr mais elle avait également intégré les faits associés aux sites eBay.com (version générique) et eBay.uk (version anglaise), rejetant toute autre déclinaison nationale faute de lien significatif avec le public français.

S'agissant de la version anglaise eBay.uk, la Cour de cassation a approuvé la solution de la Cour d'appel qui avait mis en lumière une certaine complémentarité entre ce site et la version française. En effet, il était établi que le site ebay.fr incitait régulièrement les internautes français à consulter le site ebay.uk pour élargir leurs recherches ou profiter d'opérations commerciales. En revanche, s'agissant de la version générique eBay.com, la Cour de cassation a cassé l'arrêt de la Cour d'appel qui avait retenu sa compétence en insistant sur le fait que "*la désinence 'com' constitue un 'TLD' générique ayant vocation à s'adresser à tout public*", ajoutant que les utilisateurs français pouvaient consulter les annonces mises en ligne sur ce site à partir du site ebay.fr et y étaient même incités. Pour la Cour de cassation, au contraire, ces motifs étaient "*impropres à établir que le site ebay.com s'adressait directement au public de France*". Il aurait sans doute été nécessaire de mettre en lumière un lien plus significatif entre le site et le public français, sans s'arrêter à la désinence qui, en elle-même, ne prouve rien.

Sur le statut d'hébergeur

Les sociétés exploitant les sites eBay ne se contentaient pas de contester la compétence des juridictions françaises, elles revendiquaient, par ailleurs, le confortable statut d'hébergeur prévu par la loi pour la confiance dans l'économie numérique du 21 juin 2004, prise en application de la directive n° 2000/31 du 8 juin 2000.

Les critères de ce statut ont été récemment précisés par la Cour de justice dans les arrêts *Google* (CJUE, 23 mars 2010, aff. C 237/08, *Google/Louis Vuitton Malletier*) et *l'Oréal* (CJUE, 12 juillet 2011, aff. C-324/09, *L'Oréal/eBay*). Il en découle que l'hébergeur doit se contenter d'une fourniture neutre du service au moyen d'un traitement purement technique et automatique des données fournies par les clients. En conséquence, ne saurait revendiquer le statut celui qui joue un rôle actif de nature à lui confier une connaissance ou un contrôle de ces données.

En l'espèce, la Cour d'appel de Paris avait caractérisé un rôle actif, d'une part, en ce que les sociétés eBay fournissaient à l'ensemble des vendeurs des informations pour leur permettre d'optimiser leurs ventes et les assistaient dans la définition et la description des objets mis en vente, en leur proposant notamment de créer un espace personnalisé de mise en vente ou de bénéficier "d'assistants vendeurs" et, d'autre part, en ce que le courtier envoyait des messages spontanés à l'attention des acheteurs pour les inciter à acquérir et invitait l'enchérisseur qui n'avait pu remporter une enchère à se reporter sur d'autres objets similaires sélectionnés par le site.

Ces appréciations ont été approuvées sans réserve par la Cour de cassation en ce qu'elles faisaient ressortir que "les sociétés eBay n'avaient pas exercé une simple activité d'hébergement mais qu'elles avaient, indépendamment de toute option choisie par les vendeurs, joué un rôle actif de nature à leur conférer la connaissance ou le contrôle des données qu'elles stockaient et à les priver du régime exonératoire de responsabilité".

La solution rejoint les principes posés lors de l'affaire *l'Oréal*. La Cour de justice y avait énoncé qu'une plate-forme électronique telle qu'eBay pouvait être reconnue comme jouant un rôle actif en considération de l'assistance apportée aux vendeurs, tout au moins lorsque celle-ci consiste comme en l'espèce "*à optimiser la présentation des offres à la vente en cause ou à promouvoir ces offres*" (CJUE, 12 juillet 2011 préc., point 116).

En l'espèce, la Cour de cassation a semblé estimer que le rôle actif du courtier pouvait être retenu "*indépendamment de toute option choisie par les vendeurs*", c'est-à-dire même lorsque ceux-ci ne bénéficient pas de l'espace personnalisé et de "l'assistant vendeur" proposés par eBay. La précision apparaitra peut-être excessive : n'est-ce pas justement ce type d'assistance qui caractérise le rôle actif du courtier ?

Sur les fautes susceptibles d'être relevées

Le statut d'hébergeur écarté, c'est sur la question de la faute susceptible d'être retenue contre le courtier que la Cour de cassation devait ensuite se prononcer.

En l'espèce, les juges n'avaient pas eu l'audace de retenir la responsabilité pénale de la plate-forme électronique, à l'image de cet arrêt récent qui s'est appuyé sur l'article 321-1 du Code pénal (CA Paris, 23 janv. 2012, *eBay* c/ min. publ., *JCP éd. G* n° 23, 4 juin 2012, 675, note D. Dechenaud, le texte interdit le recel de chose provenant d'un délit, en l'espèce de contrefaçon de marque).

Ils s'étaient, plus classiquement, fondés sur la responsabilité civile du courtier en ligne. Les trois arrêts rendus avaient mis en lumière un devoir de vigilance et de surveillance impliquant, en amont, un filtrage efficace des annonces et, en aval, le retrait de celles qui sont illicites et la suppression du compte des utilisateurs "fraudeurs".

Pour deux des trois arrêts rendus par les juges du fond, le caractère illicite des annonces provenait de ce que les produits mis en vente étaient hors commerce puisqu'ils constituaient de grossières répliques contrefaisantes.

Le troisième arrêt (n° 11-10508) portait cependant sur des produits authentiques. Selon les conseillers parisiens, le caractère illicite des annonces provenait de ce que les produits en question étaient vendus en dehors des systèmes de distribution sélective mis en place par les titulaires des marques. Pour appuyer leur décision, ils avaient cru pouvoir se fonder sur l'article L. 442-6, I, 6° du Code de commerce qui prohibe le fait "*de participer directement ou indirectement à la violation de l'interdiction de revente hors réseau faite au distributeur lié par un accord de distribution sélective ou exclusive exempté au titre des règles applicables du droit de la concurrence*".

Ce fondement se heurtait cependant aux circonstances suivant lesquelles les ventes litigieuses n'étaient pas nécessairement le fait de professionnels, de nombreuses annonces provenant au contraire de simples particuliers. Rejetant par avance cette objection, les conseillers avaient estimé que le texte pouvait sanctionner toute participation "*à la violation d'un réseau de distribution sélective, peu important que cette violation soit commise par un professionnel du commerce ou par un particulier*". Las ! Pour la Cour de cassation au contraire "*les ventes accomplies par de simples particuliers ne sont pas susceptibles de constituer une violation d'une interdiction de revente hors réseau de distribution sélective*".

La solution mérite d'être approuvée. L'article L. 442-6, I, 6° suppose en effet une revente opérée par un distributeur du réseau au mépris d'une clause d'étanchéité. Or, lorsque le distributeur revend le produit directement à un particulier, il ne commet aucune faute susceptible d'engager sa responsabilité en application d'une clause de ce type. Par suite, ni le particulier ni aucun acheteur subséquent ne peuvent engager leur responsabilité sur le fondement de l'article L. 442-6.

Pour autant, la responsabilité d'eBay au titre de la violation des réseaux de distribution sélective peut toujours être envisagée pourvu qu'elle soit limitée aux ventes issues de la violation d'une clause d'étanchéité ou pourvu qu'elle repose sur le droit commun. En marge de l'article L. 442-6, la Cour d'appel de Paris avait d'ailleurs relevé que les opérateurs hors réseau s'affranchissaient "*des contraintes pesant sur les membres des réseaux en cause, tout en bénéficiant de leurs investissements et de leurs efforts pour assurer le renom*" de la marque, ajoutant que la commercialisation de produits portant la mention *"cet article ne peut être vendu que par des distributeurs agréés"* était de nature à renforcer le caractère déloyal de la revente en laissant croire que l'opérateur a été sélectionné. Ces considérations étaient sans doute suffisantes pour justifier la responsabilité d'eBay sur le fondement du droit commun, sans qu'il soit utile de convoquer un dispositif dont l'utilité n'a au demeurant jamais été démontré.

Sur les moyens de défense

Lorsqu'une faute est susceptible d'être reconnue, les moyens de défense soulevés par les courtiers en ligne ou les revendeurs parallèles passent par le droit de la concurrence et la remise en cause de la licéité des réseaux de distribution (J. Vogel, *"La contestation des réseaux de distribution sur le fondement du droit de la concurrence dans la jurisprudence judiciaire"*, *Concurrences* n° 1-2012, n° 41917, p. 1 et s.).

En l'espèce, la Cour d'appel avait rejeté le moyen de défense du courtier en ligne en estimant que les réseaux en cause n'avaient pas d'effet sensible sur la concurrence puisque les parts de marché détenues par chacune des sociétés étaient inférieures à 15 % et que le total des parts de marché était inférieur à 25 %.

La solution procédait semble-t-il de la règle dite *de minimis* qui fixe un seuil de 15 % en dessous duquel les articles 101, § 1er TFUE et L. 420-1 C. com. ne sont généralement pas applicables, et suggérait, pour le cas où ces textes auraient été applicables, que le bénéfice de l'exemption par catégorie pouvait, en toute hypothèse, être invoqué puisque les parties en cause ne semblaient pas dépasser 30 % de parts de marché.

Le bénéfice de ces dispositifs dépend cependant de l'absence de restriction caractérisée. Or, en l'espèce, si la Cour d'appel avait insisté sur le fait que les sociétés poursuivantes n'avaient nullement interdit à leurs distributeurs agréés de recourir au réseau Internet pour vendre et promouvoir les parfums, elle n'avait pas répondu aux conclusions *"par lesquelles les sociétés Ebay soutenaient que les sociétés* [...] *ne pouvaient se prévaloir du bénéfice de l'exemption dès lors que les accords conclus avec les distributeurs de parfums avaient pour objet de fixer les prix de vente"*.

Rendu au visa de l'article 455 du Code de procédure civile, ce dernier motif de cassation évoque la fameuse affaire des parfums qui a justement stigmatisé une entente de fixation des prix dans ce secteur.

Cette affaire n'apparait cependant pas comme devant remettre en cause, en elle-même, la validité des réseaux litigieux.

En effet, une entente de prix mise en place en marge d'un réseau d'accords n'a pas nécessairement d'effet direct sur celui-ci. Soumise à une problématique similaire, la Cour d'appel de Paris a déjà eu l'occasion de juger que *"la décision du Conseil sanctionnant des pratiques d'entente verticales dans le secteur de la parfumerie, n'a pas pour effet d'interdire aux entreprises ayant participé à ces ententes de se prévaloir du règlement d'exemption* [...]*;* [la tête de réseau] *est ainsi bien fondée à revendiquer le bénéfice du règlement* [...] *pour autant que les dispositions qu'elle a mises en place ne recèlent pas de clause tombant dans le champ des restrictions condamnées par ce règlement"* (CA Paris, 4e ch. B, 18 avril 2008, n° 07-04360, *LawLex20080000573JBJ*). Il est vrai que les lignes directrices du règlement n° 330/2010 sont plus nuancées en évoquant une perte d'exemption lorsque le réseau d'accords contient une restriction caractérisée mais également lorsqu'une telle restriction *"est exercée en liaison avec ces accords"* (point 70).

En toute hypothèse, la perte de l'exemption doit sans doute être limitée à la période pendant laquelle la restriction caractérisée a été constatée, sans pouvoir s'étendre au-delà du moment où elle a cessé. Or, en l'espèce, les faits pour lesquels les parfumeurs ont été inquiétés sont très lointains par rapport à ceux qui concernent eBay... Il demeure que la Cour de renvoi devra débattre de cette question, comme des autres motifs de cassation retenus par la Cour.

Malgré les réserves qui sont exprimées dans les trois arrêts, les actions dirigées par les titulaires de marque contre les courtiers en ligne ne sont pas remises en cause dans leur principe. Au contraire, ces décisions confirment la rigueur de la politique européenne par rapport à celle suivie aux États-Unis, notamment suite aux deux arrêts rendus par le Tribunal du District Sud de New York le 14 juillet 2008 (SDNY, 14 juillet 2008, n° 04 CV 4607, *Tiffany* v. *eBay*, *Comm. com. électr.* 2011, chron. 5, P. Kamina) puis par la Cour d'appel de New York le 1er avril 2010 (Second Circuit Court of Appeal, 1er avril 2010, n° 08 CV 3947, *Tiffany* v. *eBay*, *Comm. com. électr.* 2011, chron. 5, P. Kamina).

En apportant une protection un peu plus importante aux industriels, quitte à ronger sur la liberté des commerçants, notre continent montre qu'il n'est pas seulement ce grand marché si souvent décrié.

N. Eréséo

Concurrences N° 3-2012, pp. 123-125

Concurrences +

D. Spector, J. Vogel, E. Pfister, Réseaux de distribution et droit de la concurrence, février 2012, Revue Concurrences N° 1-2012, www.concurrences.com

N. Ereseo, La Cour d'appel de Paris refuse aux courtiers en ligne le régime de responsabilité allégée prévu par la loi pour la confiance dans l'économie numérique et accorde une indemnisation aux fournisseurs dont les marques ont été abusivement exploitées (eBay / LVMH; eBay / Christian Dior), 3 septembre 2010, Revue Concurrences N° 4-2010, pp. 138-140

Cass. com., 22 octobre 2013, Motoworld c/ PC Moto, n° 12-22281

La Cour de cassation censure une Cour d'appel pour avoir écarté, sans autre explication, le grief de manquement à l'obligation de maintenir l'étanchéité du réseau formulé par un concessionnaire à l'encontre de son concédant

Un "*concessionnaire exclusif*" reprochait à un revendeur "*hors réseau*", qui le concurrençait, des actes de concurrence déloyale et au "concédant" l'absence d'"étanchéité du réseau".

Sur le premier grief, la Cour de cassation approuve une Cour d'appel qui avait rejeté les griefs :

- d'utilisation illicite de la marque du concédant, car le revendeur ne s'était pas de ce seul fait présenté comme un concessionnaire ;
- de pratique "d'appel" pour la vente d'autres produits, car la présentation d'une partie seulement des produits de la marque du concédant ne suffisait pas à constituer une telle pratique ;

- de pratiques trompeuses, car ni l'annonce de réduction de prix sous forme de remises, ni les informations fournies sur la garantie n'étaient de nature à induire les clients en erreur.

En revanche, elle estime que la Cour d'appel a écarté indûment le grief d'approvisionnement irrégulier des produits par le revendeur en se basant sur la preuve d'acquisitions régulières jusqu'en juin 2008 alors que des acquisitions postérieures à cette date et non justifiées étaient également invoquées par le concessionnaire. L'objection soulevait, dans un deuxième temps, la question de l'étanchéité du réseau.

La Cour de cassation censure, là encore, la Cour d'appel pour avoir écarté, sans autre explication, le grief formulé par le concessionnaire à l'encontre du concédant alors que la commercialisation des produits par un revendeur parallèle, qui ne démontrait pas la régularité de leur acquisition, était de nature à révéler le manquement du concédant incapable d'empêcher une rétrocession illicite visée par l'article L. 442-6-I, 6° du Code de commerce qui sanctionne le fait : "*de participer directement ou indirectement à la violation de l'interdiction de revente hors réseau faite au distributeur lié par un accord de distribution sélective ou exclusive exempté au titre des règles applicables du droit de la concurrence*".

Rares sont les décisions rendues sur le fondement de cet article (Cf. Rapports CEPC). Celle-ci est d'autant plus intéressante qu'elle concerne un contrat de concession exclusive dont on comprend qu'il a été conclu dans le cadre d'un réseau de distribution sélective. Or, il convient de distinguer les deux régimes en matière de reventes parallèles, malgré l'assimilation opérée à l'article L. 442-6, I, 6° du Code de commerce.

En effet, la distribution sélective doit emporter l'exclusion de tout revendeur qui ne satisfait pas les critères de sélection et, par voie de conséquence, la sanction du distributeur sélectionné et *a fortiori* du promoteur du réseau qui approvisionneraient un revendeur non sélectionné.

La sanction du revendeur non sélectionné pour approvisionnement illicite constitue dès lors la simple application du mécanisme de la tierce complicité qui permet de mettre en cause, sur le terrain de la responsabilité délictuelle, le complice de la violation d'une obligation contractuelle, en l'occurrence l'obligation pour tout membre du réseau de distribution sélective de ne pas vendre à un revendeur non sélectionné. Le promoteur du réseau devant, pour sa part, s'abstenir de fournir un revendeur hors réseau et contrôler le respect de l'interdiction de vente "*hors réseau*" par les distributeurs sélectionnés, mais n'ayant pas, contrairement à l'affirmation de la Cour de cassation, "*l'obligation de maintenir l'étanchéité de son réseau*" (Solution affirmée depuis Com., 27 oct. 1992, *RJDA* 1/1993, p. 17). Une telle obligation n'est, au demeurant, pas concevable en matière de distribution exclusive. En effet, l'exclusivité territoriale conférée par ce type de contrat ne saurait être absolue, de sorte que le concessionnaire doit supporter les ventes passives d'autres concessionnaires et même les ventes actives de revendeurs extérieurs au réseau dès lors que ces derniers ne sont pas, dans le territoire attribué à un concessionnaire, approvisionnés directement par le concédant. Il ne saurait donc être reproché au concédant de ne pas assurer de manière systématique "*l'étanchéité du réseau*" de concession exclusive.

Sauf à admettre que les règles de la distribution sélective complètent celles de la distribution exclusive. Mais au risque de voir une telle combinaison entre les deux formules contractuelles analysée, par application du droit européen de la concurrence, comme un contournement des limitations précisément apportées à l'exclusivité territoriale par le règlement n° 330-2010 qui qualifie de restriction caractérisée l'obligation imposée à un distributeur exclusif de ne pas revendre les produits à un revendeur hors réseau (Règlement, art. 4 b, Lignes directrices, pt 50).

Se trouve ainsi révélée une possible contradiction entre le droit d'origine interne et le droit européen, lorsque ce dernier est applicable bien sûr.

D. Ferrier
Concurrences N° 1-2014, pp. 91-92

CA Paris, 13 mars 2014, Bang & Olufsen, n° 2013/00714

La Cour d'appel de Paris ouvre la voie à une considération plus favorable car nuancée des possibilités d'exemption individuelle de la limitation des ventes par Internet dans les réseaux de distribution

La Cour d'appel de Paris confirme la décision de l'Autorité de la concurrence (déc. n° 12-D-23 du 12 décembre 2012 relative à des pratiques mises en œuvre par la société Bang & Olufsen dans le secteur de la distribution sélective de matériels hi-fi et home cinéma : chronique Distribution, Concurrences n° 1-2013, obs. D. Ferrier) condamnant pour entente la société Bang & Olufsen, fabricant de produits électroniques grand public haut de gamme. En dépit du maintien de la condamnation, la Cour livre une solution nuancée, et donc plus favorable, à l'admission d'une exemption individuelle des interdictions de revente en ligne dans les réseaux de distribution, aux termes de laquelle elle divise par quatre-vingt-dix le montant de l'amende infligée par l'Autorité de la concurrence (de 900 000 euros, soit 5 % de la valeur des ventes de la société Bang & Olufsen, à 10 000 euros).

Pour mémoire, il était reproché à la société Bang & Olufsen d'avoir interdit à ses distributeurs sélectionnés de commercialiser les produits de sa marque via Internet. Ayant refusé de proposer des engagements, contrairement à d'autres sociétés du même secteur (cf. Aut. conc., déc. n° 06-D-28 du 5 octobre 2006), la procédure entamée en 2002 par le ministre de l'Économie s'était poursuivie à son encontre. À la même époque, dans un autre secteur, celui des produits dermo-cosmétiques, l'affaire Pierre Fabre occupait le devant de la scène jurisprudentielle (cf. Cons. conc., déc. n° 08D-25 du 29 octobre 2008) conduisant l'Autorité de la concurrence à suspendre l'instruction du dossier Bang et Olufsen dans l'attente de la réponse de la CJUE à la question préjudicielle posée par la Cour d'appel de Paris en octobre 2009 sur le point de savoir si l'interdiction "*générale et absolue de vendre sur Internet les produits contractuels aux utilisateurs finals imposée aux distributeurs agréés dans le cadre d'un réseau de distribution sélective constitue effectivement une restriction caractérisée de la concurrence par objet (...) échappant à l'exemption par catégorie (...) mais pouvant éventuellement bénéficier d'une exemption individuelle*" (cf. CA Paris, 29 octobre 2009, RG n° 2008/23812). La Cour de justice ayant répondu par l'affirmative (CJUE, 3e ch., 13 octobre 2011, aff. C-439/09), l'instruction de l'affaire Bang et Olufsen avait repris et cette dernière avait été sanctionnée pour entente. À l'époque, la décision de l'Autorité de la concurrence avait été critiquée non seulement en raison de son caractère précipité, à défaut d'avoir attendu le prononcé de la décision de la Cour d'appel de Paris dans l'affaire Pierre Fabre (cf. CA Paris, 31 janvier 2013, RG n° 08/23812, chronique Distribution, Concurrences 2-2013, obs. A.-C. M.), mais surtout de la rigidité de la position retenue quant à l'interdiction de toute limitation des reventes par Internet dans les réseaux de distribution (qualifiée par certains, à l'époque, *"d'acharnement"* : A. Ronzano, Lettre d'information *"creda-concurrence"*, n° 2012-28 du 12 décembre 2012).

Aux termes d'une solution nuancée, la Cour d'appel de Paris semble désormais ouvrir la voie à l'admission de la limitation des reventes par Internet dans les réseaux de distribution, sous conditions. Après avoir confirmé la décision de l'Autorité de la concurrence quant à la caractérisation de la pratique d'entente, la Cour d'appel de Paris étudie la demande d'exemption individuelle formulée pour la première fois devant elle par la société Bang et Olufsen. Force est de relever, à cet égard et à la décharge de l'Autorité, que la société n'avait jamais fait valoir jusqu'alors ni une justification objective de l'interdiction, ni l'existence d'un bilan économique positif de la pratique sur le fondement de l'article 101, § 3, du TFUE, se contentant de soutenir ne pas avoir interdit une telle commercialisation sur Internet (mais seulement la vente par correspondance).

La société Bang et Olufsen soutenait cette fois que l'interdiction de vente par Internet remplissait les conditions d'un bilan économique positif en :

- garantissant *"la viabilité"* de son réseau contre les phénomènes de parasitisme ;
- permettant *"aux acheteurs de ses produits de bénéficier, grâce au maintien de ce réseau, notamment des services liés à une démonstration physique préalable, indispensable à l'acte d'achat"* ;
- n'imposant pas aux distributeurs agréés de *"restriction non indispensable pour atteindre ses objectifs, dans la mesure où le maintien d'un réseau de distribution efficient est nécessaire pour garantir une présentation et une distribution des produits de qualité suffisante"* ;
- n'éliminant pas la concurrence pour une partie substantielle des produits en cause.

Après avoir rappelé qu'il convient, pour apprécier l'existence d'un bilan économique positif, d'analyser les quatre conditions cumulatives de l'article 101, § 3 – à savoir l'amélioration de la production ou de la distribution des produits ou la promotion du progrès technique ou économique (1re condition), la réservation aux utilisateurs d'une partie équitable du profit (2e condition), des restrictions indispensables (3e condition) et l'absence d'élimination de la concurrence pour une partie substantielle des produits en cause (4e condition) – en intervertissant la deuxième et la troisième condition, la Cour d'appel de Paris relève que la preuve du caractère indispensable de la restriction de concurrence (3e condition de l'article 101, § 3, du TFUE) n'est pas rapportée en l'espèce.

Si elle admet sans difficulté que le contrôle par le promoteur de la revente des produits de sa marque par ses distributeurs agréés contribue à l'amélioration de la distribution par la protection contre des phénomènes de parasitisme, elle considère, en revanche, qu'en interdisant de manière totale et absolue à ses distributeurs agréés la revente de ses produits par Internet, la société Bang et Olufsen leur a imposé des restrictions de concurrence "non indispensables pour le maintien d'un réseau de distribution efficient".

Selon elle, en effet, certaines alternatives, moins restrictives de concurrence qu'une interdiction totale et absolue de vente, auraient été suffisantes. Elle relève à cet égard que certains des produits visés par l'interdiction de commercialisation en ligne tels que *"les écouteurs, les casques audio et les accessoires"* peuvent particulièrement se prêter à la vente sur Internet, car ils "ne nécessitent pas dans tous les cas de démonstration en magasin, réduisant ainsi le risque de parasitisme allégué" et "n'engendrent pas de coûts de stockage ou de distribution importants diminuant l'investissement à réaliser par les distributeurs pour la création d'un site Internet". Elle souligne, enfin, la différence entre ce type de produits, "*moins élaborés et moins chers*" et ceux, "*plus complexes*", de la gamme Bang et Olufsen.

Cette considération nuancée de la nature des produits en cause doit être approuvée. Elle conduit à admettre que l'interdiction de revente en ligne portant sur des produits complexes, plus chers, nécessitant une démonstration en magasin et n'intéressant donc "*qu'une clientèle réduite*" (cf. obs. D. Ferrier, loc. cit.) puisse être une restriction de concurrence imposée aux distributeurs pour permettre le maintien de l'efficience du réseau de distribution. Elle rejoint, au demeurant, les constatations déjà faites par le Conseil de la concurrence quant à la nécessité pour le client d'obtenir un conseil dans un point de vente physique avant de pouvoir acheter de tels produits en ligne (cf. déc. n° 06-D-28 précitée, A. Ronzano, Lettre d'information "*creda-concurrence*", n° 2014-29 du 13 mars 2014).

Les conditions de l'exemption individuelle étant cumulatives, resterait au demeurant à apporter la démonstration de ce qu'une interdiction de revente en ligne de tels produits complexes laisserait une part équitable du profit qui en résulte aux utilisateurs et ne conduirait pas à l'élimination de la concurrence pour une partie substantielle des produits en cause.

La solution éclaircit l'avenir des promoteurs de réseaux de distribution sélective, lequel avait pu paraître bien assombri par la décision de la Cour d'appel de Paris dans l'affaire Pierre Fabre (cf. obs. A.-C. M., loc. cit). Elle invite ces derniers à un contrôle raisonné de la distribution de leurs produits sur Internet en veillant à ce que les interdictions de revente en ligne soient légitimes et proportionnées aux risques de déstabilisation de leur réseau. À cet égard, la considération de la nature des produits est essentielle ; la preuve en est (s'il en était besoin !) de la différence d'appréciation d'une même interdiction s'agissant de produits différents (dermo-cosmétiques/hi-fi et home-cinéma et plus encore, produits complexes/produits basiques).

Notons enfin, en l'espèce, qu'en dépit de l'absence d'exemption individuelle, la Cour d'appel de Paris réduit le montant de la sanction prononcée à l'encontre de la société Bang et Olufsen. Pour diviser le montant de la sanction pécuniaire par quatre-vingt-dix, elle relève non seulement que "*le droit et la jurisprudence applicables en la matière n'étaient pas clairement fixés*" au moment des faits reprochés, ce qui aurait dû conduire à "*relativiser la gravité de la pratique*", mais surtout que l'Autorité de la concurrence elle-même avait "*justement estimé que le dommage à l'économie était en l'espèce très limité*".

A.-C. Martin

Concurrences N° 2-2014, pp. 111-113

Concurrences +

D. Ferrier, La Cour de cassation approuve la condamnation sur le fondement de l'article 101 TFUE de la clause exigeant d'un distributeur sélectionné que "les ventes de produits cosmétiques et d'hygiène corporelle soient effectuées dans un espace physique en présence obligatoire d'un pharmacien diplômé" (Caribéenne de diététique et de santé c/ Pierre Fabre dermo cosmetique), 24 septembre 2013, Revue Concurrences N° 1-2014, pp. 87-88

A.-C. Martin, La Cour d'appel de Paris confirme, sur le fondement de l'art. 101, § 1 du TFUE, l'impossibilité d'interdiction de la vente par Internet dans un réseau de distribution sélective lorsque celle-ci n'est justifiée ni par son contexte économico-juridique ni par ses objectifs et refuse, sur le fondement de l'art. 101, § 3 du TFUE d'accorder le bénéfice d'une exemption individuelle (Pierre Fabre Dermo-Cosmétique), mai 2013, Revue Concurrences N° 2-2013, pp. 89-91

D. Ferrier, L'Autorité de la concurrence inflige une amende de 900 000 euros à un fabricant pour avoir interdit à ses distributeurs la commercialisation des produits de sa marque sur Internet (Bang & Olufsen), 12 décembre 2012, Revue Concurrences N° 1-2013, pp. 105-106

A. Ronzano, La Cour de justice de l'Union européenne referme un peu plus la porte à toute admission de la clause interdisant la revente sur internet dans le cadre d'un réseau de distribution sélective (Pierre Fabre), 13 octobre 2011, Revue Concurrences N° 1-2012, www.concurrences.com

CA Paris, 15 novembre 2017, JPL Café Coton c/ BLT Développement, n° 17/04923

La Cour d'appel de Paris confirme la possibilité pour un distributeur hors réseau exerçant en ligne de "casser" les prix habituellement pratiqués au sein d'un système de distribution sélectif ou exclusif

Le contentieux ayant opposé la société *JPL Café Coton*, qui exerce une activité de commerce de gros et de détail de produits textile, à la société *BLT Développement*, spécialisée dans la vente de produits en ligne, vient de connaître son dénouement à la faveur d'un arrêt du 15 novembre 2017 rendu par la Cour d'appel de Paris après cassation d'un premier arrêt et renvoi devant la même Cour autrement composée (Cass. com., 8 nov. 2016, n° 15-15072, *Concurrences* n° 1-2017, p. 111, obs. D. Ferrier; *Lettre distrib.* 2016/12, p. 4, obs. N. Eréséo – Cassant : CA Paris, 21 janv. 2015, RG n° 12/18926).

La société *Café Coton* reprochait à la société *BLT Développement* d'avoir commercialisé en ligne les produits objet de son réseau, sans avoir été agréée et pour un prix particulièrement bas par rapport à celui habituellement pratiqué par les distributeurs sélectionnés par le fournisseur.

Se plaignant d'actes de concurrence déloyale et d'une atteinte à son système de distribution, qualifié par les parties et les juges comme relevant de la distribution exclusive, le fournisseur avait assigné le distributeur afin d'obtenir sa condamnation à des dommages-intérêts. Il avait partiellement obtenu gain de cause lors du premier arrêt d'appel (CA Paris, 21 janv. 2015 préc.), mais les demandes ont été finalement toutes rejetées en conséquence de la censure prononcée par la Cour de cassation.

La Cour d'appel de Paris a en effet estimé : d'abord, que le fournisseur ne rapportait pas la preuve de la licéité de son réseau, ensuite que l'illicéité de l'approvisionnement du distributeur n'était pas davantage rapportée et enfin que le fournisseur ne pouvait pas se plaindre d'une concurrence déloyale.

Dès lors que le fournisseur invoquait l'article L. 442-6, I, 6° C. com. qui sanctionne toute violation directe ou indirecte d'un système de distribution sélective ou exclusive exempté au titre des règles du droit de la concurrence, la Cour d'appel de Paris a été conduite à examiner la licéité du réseau litigieux.

Pour ce faire, elle a constaté que le fournisseur ne pouvait prétendre au bénéfice du règlement d'exemption par catégorie (UE) n° 330/2010 faute de rapporter la preuve de parts de marché inférieures au seuil de 30 %.

Elle a donc soumis le réseau en cause au principe d'interdiction des ententes anticoncurrentielle en rappelant les critères issus de l'arrêt "*Métro*" (CJCE, 25 oct. 1977, aff. 26/76) et repris par la Commission (Lignes directrices sur les restrictions verticales, point n° 175) suivant lesquels l'article 101, paragraphe 1, TFUE ne s'applique pas à un système de distribution sélective visant à préserver la qualité et le bon usage des produits conformément à leur nature lorsque le choix des revendeurs s'opère en fonction de critères objectifs de caractère qualitatif, fixés d'une manière uniforme à l'égard de tous les revendeurs potentiels et appliqués de façon non discriminatoire et lorsque les critères définis ne vont pas au-delà de ce qui est nécessaire.

Curieusement, la Cour d'appel de Paris a jugé ces critères applicables après avoir estimé que le contrat litigieux était un contrat de distribution exclusive et non un contrat de distribution sélective, mais elle a expressément indiqué qu'ils étaient valables également dans cette hypothèse.

La distribution exclusive est pourtant traditionnellement distinguée de la distribution sélective en ce qu'elle permet une sélection discrétionnaire fondée sur des critères strictement quantitatifs que le fournisseur n'est même pas tenu de définir (Cass. com., 1er mars 2011, n° 10-12144, *Concurrences* n° 22011, p. 122, obs. D. Ferrier – Cass. com., 7 avr. 1998, n° 9613219, *Bull. civ. IV*, n° 126). En contrepartie, le fournisseur ne peut pas, sans perdre l'exemption, imposer une clause d'interdiction de revente hors réseau aux distributeurs, tout au moins lorsqu'une restriction des ventes actives est stipulée dans les contrats (Régl. n° 330/2010, art. 4, b, i).

En l'espèce, malgré sa désignation formelle, le réseau litigieux s'apparentait plutôt à un système de distribution à la fois sélectif et exclusif, le cumul entre ces deux formes de distribution pouvant parfaitement bénéficier de l'exemption (v. cept. Lignes directrices sur les restrictions verticales, point n° 176, subordonnant ce cumul à la possibilité pour les distributeurs de procéder à des ventes actives).

Il était donc naturel de soumettre le réseau aux principes applicables à la distribution sélective mais le fournisseur n'en avait pas suivi les prescriptions en s'abstenant notamment de justifier la sélection de ses distributeurs et de préciser la teneur des critères appliqués.

En effet, si la Cour a estimé dans un premier temps que "*la qualité des chemises Café Coton et la notoriété qui en découle*" pouvaient "*justifier la mise en place d'un réseau de distribution exclusive*", elle a, dans un second temps, constaté que les critères de sélection n'étaient pas expliqués et justifiés et que les obligations qui étaient imposées aux distributeurs (personnel compétent, service après-vente efficace, nécessité de veiller à l'approvisionnement constant des magasins, à la formation du personnel et au maintien de la qualité, respect de l'image de marque) étaient imprécis et constituaient, selon les termes utilisés par l'adversaire du fournisseur et repris tels quels par la Cour, "*des évidences commerciales applicables à n'importe quel point de vente*".

La solution souligne l'importance de pouvoir justifier le recours à un système de distribution sélective par la nécessité de préserver la qualité et le bon usage des produits. À cet égard, si des produits relativement courants tels que des chemises ou des cravates peuvent justifier une sélection des distributeurs, le fournisseur doit encore pouvoir expliciter les critères mis en place, en produisant les contrats habituellement proposés aux distributeurs, et justifier chacun d'eux par la nécessité d'une commercialisation adéquate des produits conformément à leur nature.

Sur la licéité de l'approvisionnement du distributeur hors réseau

Même si la licéité du réseau avait été admise, le fournisseur n'aurait pas obtenu gain de cause compte tenu des conditions particulières dans lesquelles le distributeur s'était approvisionné.

Il s'était en effet fourni auprès d'un fournisseur italien qui s'était lui-même fourni auprès de la filiale italienne de la société *Café Coton*. Or, celle-ci n'était signataire d'aucun contrat de distribution exclusive ou sélective et n'avait donc pas pris d'engagement d'interdiction de revente hors réseau. Le contrôle par la société mère de sa filiale était en réalité assuré par des liens capitalistiques forts et une gérance identique de sorte qu'elle n'avait semble-t-il pas jugé utile de s'assurer par contrat de l'étanchéité de son réseau.

Dans ces conditions manifestant une certaine imprudence, les premiers juges (CA Paris, 21 janv. 2015, préc.) avaient très justement estimé que la société *Café Coton* ne pouvait faire sanctionner l'approvisionnement du site marchand en s'appuyant sur l'article L. 442-6, I, 6° C. com., celui-ci supposant de pouvoir établir une participation directe ou indirecte à la violation d'une interdiction de revente hors réseau qui faisait défaut en l'espèce. Au demeurant, même si la filiale italienne à l'origine de l'approvisionnement combattu avait été tenue par une interdiction de revente hors réseau, n'aurait-il pas suffi au site marchand d'établir que son fournisseur direct n'était quant à lui pas signataire d'un tel engagement ? La jurisprudence antérieure à l'adoption du 6° de l'article L. 442-6 décidait en ce sens que le distributeur hors réseau n'avait pas à établir la licéité des approvisionnements opérés en amont du sien (Cass. com., 19 oct. 1999, *Bull. civ. IV*, n° 168 ; *D.* 2001, somm. p. 298, obs. D. Ferrier – Cass. com., 25 avr. 2001, *D.* 2001, 1947, note E. Chevrier) et, en l'espèce, la Cour d'appel de Paris a repris cette solution en retenant qu' "*aucune présomption illicite d'approvisionnement ne pouvant être opposée* [à la société du distributeur], *celle-ci ne saurait être tenue de rapporter la preuve de l'acquisition régulière des chemises Café Coton par la société* (…) *à laquelle elle s'est adressée*". La production des factures émises par cette société, qui n'était tenue par aucune interdiction de rétrocession hors réseau, a donc été suffisante pour établir la licéité de l'approvisionnement du distributeur. Celui-ci doit en effet au moins donner sa source d'approvisionnement, sauf à ce que son silence ne soit interprété comme révélateur d'une source illicite et donc déloyale (Cass. com., 27 oct. 1992, *Bull. civ.* 1992, IV, n° 322 – Cass. com., 15 mars 1994, *Bull. civ. IV*, n° 108).

Sur les actes de concurrence déloyale

La licéité de l'approvisionnement opéré par le site marchand n'avait pas empêché les premiers juges d'entrer en voie de condamnation sur le fondement du droit commun de la concurrence déloyale et parasitaire aux motifs que le site marchand commercialisait les produits "*au prix particulièrement bas de 24,90 Euros la chemise alors que la société JPL Café Coton vend habituellement ses produits à un prix compris entre 80 et 150 Euros l'unité*" si bien que ce site avait profité de la notoriété de la marque du fournisseur acquise grâce à des investissements en se plaçant dans son sillage et en détournant une partie de sa clientèle lui causant ainsi un préjudice commercial de même qu'un préjudice moral en raison du ternissement de l'image de sa marque et de son enseigne (CA Paris, 21 janv. 2015 préc.).

L'arrêt de la Cour d'appel avait cependant été cassé au visa de l'article 1382 (devenu 1240) du Code civil aux motifs, d'une part, que "*la revente à prix réduit d'un produit dont l'approvisionnement illicite n'est pas établi ne constitue pas une faute constitutive de concurrence déloyale et de parasitisme*" et, d'autre part, que la revente à prix bas était également "*un motif impropre à caractériser une atteinte à l'image des produits de la société JPL Café Coton*" (Cass. com., 8 nov. 2016 préc.).

En l'espèce, la Cour d'appel de Paris a repris à la lettre la solution retenue par la Cour de cassation en énonçant que la revente de produits régulièrement acquis n'est illicite que "*si à la distribution hors réseau s'ajoute une faute imputable au distributeur*". Or, le fournisseur n'en démontrait aucune dès lors que le simple "*fait pour un distributeur non agréé ni autorisé, de vendre des chemises, dont l'approvisionnement illicite n'est pas établi, à des prix inférieurs à ceux pratiqués par les membres d'un réseau, n'est pas constitutif en soi, en l'absence d'autres éléments, d'un acte de concurrence déloyale et de parasitisme*".

En droit, ces principes ne peuvent qu'être approuvés.

En effet, hors l'hypothèse d'une revente à perte, expressément sanctionnée par l'article L. 442-2 C. com., une politique de bas prix ne saurait en elle-même caractériser un acte de concurrence déloyale ou parasitaire ; juger le contraire reviendrait à interdire le levier principal par lequel la concurrence s'exerce. Par ailleurs, depuis les années 1980, la jurisprudence décide nettement que le fait pour un tiers de commercialiser des produits faisant l'objet d'un système sélectif ou exclusif sans avoir été agréé n'est pas en soi un acte de concurrence déloyale (solution d'abord retenue en matière de distribution exclusive : Cass. com., 16 févr. et 12 juill. 1983, *Bull. civ.* 1983, IV, n° 69 et 217 ; puis étendue à la distribution sélective : Cass. com., 13 déc. 1988, *Bull. civ.* 1988, IV, n° 344).

Lorsque l'approvisionnement est licite comme en l'espèce, seuls certains actes spécifiques accompagnant la revente comme par exemple des pratiques de marque d'appel (Cass. com., 19 mai 1998, *Bull. civ. IV*, n° 157) ou des conditions particulièrement dégradantes de commercialisation (Cass. com., 23 mars 2010, *Contrats, conc. consom.* 2010, comm. 236, obs. M. Malaurie-Vignal – 24 mai 2011, *Contrats, conc. consom.* 2011, comm. 188, obs. M. Malaurie-Vignal) sont susceptibles de constituer en faute le distributeur hors réseau.

Pour autant, en opportunité, ces principes inspirent les plus grandes réserves compte tenu de la concurrence excessive que livrent les sites marchands "*pure players*" aux distributeurs exploitant des points de vente physique dont les investissements sont injustement parasités. L'Autorité de la concurrence a d'ailleurs eu l'occasion de le souligner en relevant que "*lorsqu'elle vient en concurrence avec un réseau de distribution physique organisé, notamment un réseau de distribution sélective, la vente exclusive sur Internet pose la question de la prise en charge des coûts de constitution du réseau et du parasitisme, et (...) peut être source de distorsion de concurrence entre distributeurs*" (Cons. conc., déc. n° 06-D-24 du 24 juill. 2006 relative à la distribution des montres commercialisées par *Festina France*, point n° 70). Cependant, il ressort de la jurisprudence que la revente parallèle n'est jamais sanctionnée sur le seul fondement du parasitisme mais seulement lorsqu'elle est accompagnée d'autres comportements déloyaux (v. en ce sens, N. et D. Ferrier, *Droit de la distribution*, 8e éd., Lexisnexis 2017, n° 681) qui faisaient défaut en l'espèce.

L'arrêt souligne alors la nécessité pour les fournisseurs de prévenir toute revente parallèle en garantissant l'étanchéité de leurs réseaux. Mais la manœuvre suppose de pouvoir interdire la rétrocession des produits dans tous les territoires, y compris les zones où la distribution sélective n'est pas en place et qui peuvent abriter des opérateurs en ligne.

Or, les clauses prévoyant de telles interdictions sont régulièrement contestées devant les juridictions (sur cette question, v. infra nos observations sur CA Paris, 2 nov. 2017, RG n° 17/03300).

N. Eréséo
Concurrences N° 1-2018, pp. 106-108

Concurrences+

D. Ferrier, La revente, par un distributeur hors réseau et à un prix réduit, de produits de marque faisant l'objet d'une distribution sélective ne constitue ni un acte de concurrence déloyale, ni un agissement parasitaire, ni une atteinte à l'image de la marque (BLT/JPL Café Coton), 8 novembre 2016, Revue Concurrences N° 1-2017, pp. 111-112

D. Ferrier, La Cour de cassation et la Cour d'appel de Versailles se prononcent sur la liberté du promoteur d'un réseau de distribution exclusive de réorganiser son réseau et de fixer les critères de sélection de ses concessionnaires (Nouvelle Sartex/Dim ; Salentine/General Motors France), 1er mars 2011, Revue Concurrences N° 2-2011, pp. 122-123

CJUE, 6 décembre 2017, Coty Germany c/ Parfümerie Akzente, C-230/16

La Cour de justice de l'Union européenne considère qu'un fournisseur de produits de luxe peut interdire à ses distributeurs agréés de vendre les produits sur une plate-forme Internet tierce opérant de façon visible à l'égard des consommateurs

L'arrêt Coty, qui était très attendu, marque une étape importante dans la prise en compte par le droit de la concurrence de l'importance de la protection des réseaux de distribution sélective face à des comportements de vente sur Internet, perçus comme parasitaires. Sans surprise (cf. Cass com., 13 sept. 2017, *Caudalie c/ Enova santé*, n° 16-15067 ; CJUE, concl. A.G. N. Wahl, 26 juill. 2017, *Coty Germany*, aff. C-230/16, *Concurrences* n° 4-2017, p. 110, obs. D. Ferrier), la Cour de justice de l'Union européenne autorise un fournisseur de produits de luxe à interdire à ses distributeurs agréés de vendre les produits sur une plate-forme Internet tierce.

C'est une fois encore le réseau de distribution du groupe international *Coty* qui est à l'origine du contentieux (cf. CA Paris, 25 mai 2016, *France Télévisions c/ Mme Valentina Z*, RG n° 14/03918, *Concurrences* n° 3-2016, p. 93, obs. N. Ereseo ; CA Paris, 29 juin 2016, *Coty France c/ Brandalley*, RG n° 14/00335, *Concurrences* n° 4-2016, p. 113, obs. A.-C. Martin). Dans l'affaire en cause, la société *Coty Germany*, fournisseur de produits cosmétiques de luxe en Allemagne, avait interdit à ses distributeurs de vendre ses produits par l'intermédiaire de plates-formes tierces opérant de façon visible à l'égard des consommateurs. Constatant que l'un de ses distributeurs violait cette interdiction en distribuant ses produits par l'intermédiaire la plate-forme "*Amazon.de*", la société *Coty* l'avait alors assigné devant les juridictions allemandes. Ayant un doute sur la validité d'une telle clause au regard du droit de la concurrence de l'Union européenne, le juge allemand avait saisi la Cour de justice de l'Union européenne.

Quatre questions avaient été posées à la Cour. La première, générale, portait sur la licéité du réseau de distribution sélective considéré au regard du droit des ententes.

Les trois suivantes portaient plus spécifiquement sur la licéité de la clause au regard de l'article 101§1 du TFUE qui prohibe les ententes anticoncurrentielles ainsi qu'aux articles 4 sous b) et 4 sous c) du règlement n° 330/2010 lesquels qualifient de restrictions caractérisées les restrictions de clientèle du détaillant et de ventes passives aux utilisateurs finals.

S'agissant de la licéité du système de distribution sélective considéré

Reprenant un raisonnement désormais classique, la Cour de justice répond qu'un tel système de distribution "*visant à titre principal, à préserver l'image de luxe de ces produits*" est conforme à l'article 101§1 du TFUE, "*pour autant que le choix des revendeurs s'opère en fonction de critères objectifs de caractère qualitatif, fixés d'une manière uniforme à l'égard de tous les revendeurs potentiels et appliqués de façon non discriminatoire et que les critères n'aillent pas au-delà de ce qui est nécessaire*".

La Cour de justice rappelle sur ce point (cf. dans le même sens CJUE, 29 avril 2009, *Copad*, aff. C-59/08) que la qualité de produit de luxe ne résulte pas uniquement des "*caractéristiques matérielles*" des produits en cause "*mais également de l'allure et de l'image de prestige qui leur confère une sensation de luxe*" et que "*cette sensation constitue un élément essentiel desdits produits pour qu'ils soient distingués, par les consommateurs des autres produits semblables et que dès lors une atteinte à ladite sensation de luxe est susceptible d'affecter la qualité même de ces produits*".

La précision, capitale pour comprendre comment s'apprécie le caractère luxueux des produits distribués, constitue certainement le nerf de la guerre. Il n'est point besoin, d'ailleurs, de s'en convaincre puisque la Cour de justice prend bien soin de préciser dans sa décision qu'elle ne revient pas sur la position qu'elle avait adoptée dans une autre, non moins célèbre, affaire : "*l'affaire Pierre Fabre*". Pour mémoire, elle avait, en effet, à cette occasion, considéré comme illicite un réseau de distribution sélective au sein duquel les distributeurs avaient l'interdiction absolue de vendre en ligne des produits, en l'occurrence des produits cosmétiques et d'hygiène corporelle (cf. CJUE, 13 oct. 2011, *Pierre Fabre Dermo-Cosmétique*, aff. C-439/09, *Concurrences* n° 1-2012, obs. D. Ferré ; CA Paris, 31 janv. 2013, *Pierre Fabre Dermo-Cosmétique*, RG n° 2008/23812, *Concurrences* n° 2-2013, p. 89 obs. A.-C. Martin). Pour justifier qu'une même solution puisse conduire à des décisions différentes dans l'une et l'autre affaire, la Cour de justice de l'Union européenne précise, que c'est au regard de la nature des produits en cause dans "*l'affaire Pierre Fabre*" qu'elle avait pu considérer que la nécessité de préserver l'image de prestige des produits concernés ne constituait pas une exigence légitime aux fins de justifier une interdiction absolue de vente de ces produits sur Internet.

Pour déterminer le caractère licite ou illicite du réseau, il faudra donc répondre à la question cruciale, quoique non juridique (*sic*), de l'appréciation du caractère luxueux, ou non, des produits en cause. Les promoteurs de réseaux de distribution sélective sont donc invités à justifier, spécialement, de "*la sensation*" de luxe procurée par leurs produits afin d'assurer la licéité de leur réseau et, par voie de conséquence, sa protection par l'interdiction de la distribution en ligne via des plateformes tierces.

S'agissant de la licéité de la clause interdisant le recours à des plates-formes tierces

Répondant à la deuxième question, la Cour considère que l'interdiction faite aux membres d'un réseau de distribution sélective de produits de luxe, "*visant à titre principal, à préserver l'image de luxe de ces produits de recourir de manière visible à des plates-formes tierces pour la vente sur Internet des produits contractuels*" est conforme à l'article 101§1 du TFUE "*dès lors que cette clause vise à préserver l'image de luxe desdits produits, qu'elle est fixée de manière uniforme et appliquée de façon non discriminatoire, et qu'elle est proportionnée au regard de l'objectif poursuivi*".

La Cour adopte à nouveau un raisonnement classique. Elle insiste toutefois sur le fait que l'interdiction vise des plateformes tierces et précise, à cet égard, que "*l'absence de relation contractuelle entre ces dernières et le promoteur du réseau rend impossible l'imposition de conditions de revente identiques à celles respectées par les distributeurs agréés*". Elle insiste également sur le fait que l'interdiction faite aux distributeurs porte sur le recours à des plateformes qui "*opèrent de façon visible à l'égard des consommateurs*". La visibilité de la plate-forme tierce est, là encore, une condition capitale dans la mesure où c'est précisément cette visibilité qui pourrait affecter la "*sensation de luxe*" des produits en cause.

A contrario donc, la solution pourrait être différente s'agissant de plates-formes cachées au consommateur et à plus forte raison de plates-formes appartenant à des distributeurs agréés. En l'occurrence en l'espèce, la Cour relève que "*les distributeurs agréés sont autorisés à vendre en ligne les produits contractuels par l'intermédiaire tant de leurs propres sites Internet, dès lors qu'ils disposent d'une vitrine électronique du magasin agréé et que le caractère luxueux des produits est préservé, que de plateformes tierces non agréées lorsque l'intervention de ces dernières n'est pas visible pour le consommateur*".

La Cour conclut, au demeurant, sur cette question, que même si la clause lui paraît licite, c'est à la Cour de renvoi qu'il appartiendra in fine de vérifier la réunion des conditions posées.

Répondant enfin aux troisième et quatrième questions, la Cour décide que "*l'interdiction faite aux membres d'un système de distribution sélective de produits de luxe, qui opèrent en tant que distributeurs sur le marché, d'avoir recours de façon visible à des entreprises tierces pour les ventes par Internet, ne constitue pas une restriction de la clientèle, au sens de l'article 4, sous b), de ce règlement, ni une restriction des ventes passives aux utilisateurs finals, au sens de l'article 4, sous c), dudit règlement*".

Ces questions, ainsi que le précise la Cour de justice, n'auront à se poser que dans le cas où la juridiction de renvoi conclura, aux termes de l'analyse concrète des faits, à l'illicéité de la clause au regard de l'interdiction des ententes (parce que, par exemple, non justifiée par la nature des produits, fixée de façon non uniforme ou appliquée de façon discriminatoire). Elle pourrait alors encore, dans un tel cas, bénéficier d'une exemption au titre de l'article 2 du règlement UE n° 330/2010. La Cour de justice précise qu'en l'espèce, les seuils de part de marché prévus pour bénéficier de l'application de l'exemption ne sont pas dépassés et qu'il conviendrait donc de vérifier que le type de restriction en cause ne constitue pas une restriction caractérisée prévue par l'article 4 du règlement, exclusive du bénéfice de l'exemption.

Elle considère sur ce point que la clause interdisant "*aux membres d'un système de distribution sélective de produits de luxe, qui opèrent en tant que distributeurs sur le marché, d'avoir recours de façon visible à des entreprises tierces pour les ventes par Internet*", "*même si elle restreint une forme particulière de vente sur Internet*", ne restreint ni la clientèle à laquelle les distributeurs agréés peuvent vendre les produits de luxe ni les ventes passives des distributeurs agréés aux utilisateurs finals.

Point de restriction de clientèle dès lors que, selon la Cour, il ne paraît pas possible de délimiter au sein du groupe des acheteurs en ligne, les clients de plateformes tierces. Point de restriction des ventes passives dès lors que "*le contrat de distribution sélective en cause au principal autorise, sous certaines conditions, les distributeurs agréés à faire de la publicité par l'intermédiaire d'Internet sur des plateformes tierces et l'utilisation des moteurs de recherche en ligne, de telle sorte que (...) les clients sont normalement en mesure de trouver l'offre Internet des distributeurs agréés, en utilisant de tels moteurs*" et qu'à la différence de ce qui avait été relevé dans "*l'affaire Pierre Fabre*", la clause en cause ne "*prohibe pas le recours à Internet comme mode de commercialisation des produits contractuels*" de manière absolue.

L'affirmation catégorique d'une absence de restriction de clientèle semble hâtive ! Mais, là encore, la question dépasse des considérations purement juridiques et laisse une porte ouverte à la considération future d'une clientèle spécifique aux plates-formes de vente en ligne qui permettent aux consommateurs de disposer d'offres élargies et concurrentes en recourant à une application Internet simplifiée. S'agissant de l'absence de limitation des ventes passives – sans entrer dans le débat de la pertinence, discutable, de l'analogie entre ventes par Internet et ventes passives – la solution est là encore peu convaincante dans la mesure où l'on voit mal comment des distributeurs interdits de vendre via des plates-formes tierces pourraient faire de la publicité par l'intermédiaire de ces mêmes plates-formes.

Reste qu'au-delà du caractère discutable des justifications, il convient de saluer cette décision qui constitue un encouragement à l'encadrement contractuel des reventes en ligne dans les réseaux de distribution.

A.-C. Martin
Concurrences N° 1-2018, pp. 104-106

Concurrences +

N. Jalabert-Doury, L. Eymard, J. Bernard, G. De Stefano, S. Cisnal De Ugarte, W. Koeberlé, M. Blanchard, G. Labate, J. Harvey, Arrêt Coty : Distribution sélective sur Internet et interdiction de vente, mai 2018, Revue Concurrences N° 2-2018, www.concurrences.com

D. Ferrier, La Cour de cassation juge, quelques semaines après les conclusions de l'Avocat général Wahl en réponse à une question préjudicielle posée par le tribunal régional supérieur de Francfort, que l'interdiction faite à un distributeur agréé de revendre en ligne via une plate-forme tierce ne constitue pas en elle-même une restriction caractérisée (Caudalie c/ eNova santé), 13 septembre 2017, Revue Concurrences N° 4-2017, pp. 110-112

N. Ereseo, La Cour d'appel de Paris rejette un recours en concurrence déloyale faute pour le fournisseur de rapporter la preuve de la licéité de son réseau de distribution sélective (France Télévisions/ Mme Valentina Z), 1er septembre 2016, Revue Concurrences N° 3-2016, pp. 93-95

A.-C. Martin, La Cour d'appel de Paris rejette un recours en concurrence déloyale contre une plateforme de vente en ligne faute pour le fournisseur de rapporter la preuve de la licéité de son réseau de distribution sélective (Coty France / Brandalley), 29 juin 2016, Revue Concurrences N° 4-2016, pp. 113-114

A. Ronzano, La Chambre 5-4 de la Cour d'appel de Paris écarte le caractère licite du réseau d'un leader du secteur des produits de beauté au motif que ses contrats comportaient des restrictions caractérisées (France Télévisions/Coty), 25 mai 2016, Revue Concurrences N° 3-2016, www.concurrences.com

A.-C. Martin, La Cour d'appel de Paris confirme, sur le fondement de l'art. 101, § 1 du TFUE, l'impossibilité d'interdiction de la vente par Internet dans un réseau de distribution sélective lorsque celle-ci n'est justifiée ni par son contexte économico-juridique ni par ses objectifs et refuse, sur le fondement de l'art. 101, § 3 du TFUE d'accorder le bénéfice d'une exemption individuelle (Pierre Fabre Dermo-Cosmétique), mai 2013, Revue Concurrences N° 2-2013, pp. 89-91

D. Ferré, La Cour de Justice qualifie de restriction par objet l'interdiction de commercialiser des produits sur Internet, exclut toute exemption au titre du règlement n° 330/2010 mais laisse ouverte la possibilité d'une exemption individuelle dans la mesure d'un bilan économique positif (Pierre Fabre Dermo-cosmétique), 15 février 2012, Revue Concurrences N° 1-2012, pp. 117-118

Cass. com. 16 mai 2018, Coty c/ France télévision e. a., n° 16-18174 et Cass. Com., 16 mai 2018, Coty c/ Brandalley, n° 16-20040

La Cour de cassation rappelle que la stipulation de restriction caractérisée faisant perdre le bénéfice d'une exemption par catégorie n'implique pas nécessairement que le réseau de distribution sélective contrevient aux dispositions de l'article 101 §1 du TFUE

Dans deux affaires différentes, le promoteur d'un célèbre réseau de distribution sélective de produits cosmétiques et de parfumerie de luxe de marques dont sa société-mère est le licencié exclusif dans le monde, avait assigné en cessation de leurs agissements et réparation de son préjudice d'une part un site Internet et, d'autre part, une place de marché, sur lesquels elle avait constaté la commercialisation de ses produits en violation de son réseau.

Dans les deux cas elle s'était vue opposer, par les défendeurs, l'illicéité de son réseau de distribution sélective.

Dans les deux affaires, les Cours d'appel avaient rejeté les demandes du promoteur du réseau. Les juges avaient en effet considéré que la présence de clauses constitutives de restrictions caractérisées au sens du règlement (CE) n° 2790/99 du 22 décembre 1999 (devenu UE n° 330/2010 du 20 avril 2010), excluait tout caractère licite du réseau et, par voie de conséquence, toute possibilité d'agir pour obtenir réparation des préjudices résultant de sa violation.

Dans les deux cas, la Cour de cassation les censure et rappelle que "*la circonstance, à la supposer établie, que l'accord ne bénéficie pas d'une exemption par catégorie n'implique pas nécessairement que le réseau de distribution sélective contrevient aux dispositions de l'article 101, paragraphe 1 TFUE*".

Au premier abord la décision est classique dès lors qu'il est admis de jurisprudence constante qu'un règlement d'exemption par catégorie a une portée simplement probatoire dans la mesure où il permet de présumer de la licéité au regard du droit de la concurrence des accords qui sont conformes à ses prescriptions (cf. N. Eréséo, Lettre de la distribution, juin 2018, p. 1). Lorsque l'accord n'est pas conforme à ses prescriptions, cela ne signifie pas qu'il serait *de facto* anticoncurrentiel, aucune forme d'entente n'étant interdite en soi.

La question probatoire est toutefois importante lorsqu'il s'agit, comme cela était le cas en l'espèce, pour le promoteur de faire respecter l'étanchéité d'un réseau dont la licéité est mise en doute. Dans ce cas en effet, parce que la notion même de reventes hors réseau fautive n'a de sens que si le réseau en cause est juridiquement reconnu et donc licite, le promoteur qui agit en responsabilité contre le revendeur hors réseau doit d'abord en démontrer la licéité.

En cas de respect du règlement d'exemption par catégorie, le promoteur du réseau bénéficie d'une présomption de licéité de son réseau qui facilitera celle de la faute du revendeur hors réseau. En revanche, en l'absence de bénéfice d'une exemption par catégorie la licéité de l'accord pourrait ne plus être présumée dans le cas où il comporterait des restrictions de concurrence par objet. Quoi que plus difficile, la démonstration du caractère non-anticoncurrentiel de l'accord n'est toutefois pas impossible. C'est précisément le sens des deux décisions rendues par la Cour de cassation le 16 mai 2018. (Trop) rapidement, les juges du fonds avaient en effet considéré que la stipulation de restrictions caractérisées dans le contrat de distribution sélective excluait tout caractère licite du réseau. Le raisonnement conduisait :

- d'une part, à assimiler les restrictions caractérisée de concurrence visées par les règlement d'exemption par catégorie à des restrictions par objet ;
- et d'autre part, à fermer toute possibilité pour l'entreprise en cas de caractère anticoncurrentiel de l'entente avéré, de démontrer sur le fondement de l'article 101§3, d'un bilan concurrentiel en réalité positif.

La solution de la Cour de cassation rappelle donc qu'un règlement d'exemption par catégorie permet seulement de présumer non-anticoncurrentiels les accords qui en remplissent les conditions. En revanche la perte de son bénéfice en raison de la stipulation de restrictions caractérisées n'implique pas nécessairement une entente anticoncurrentielle au sens de l'article 101§1. La perte du bénéfice de l'exemption renverse immédiatement la faveur de la présomption si l'accord est considéré comme une restriction de concurrence par objet car elle oblige l'entreprise à démontrer sur le fondement de l'article 101 §3 un bilan concurrentiel positif de sa pratique anticoncurrentielle. S'il ne s'agit pas d'une restriction de concurrence par objet, la perte du bénéfice de l'exemption par catégorie oblige alors le juge ou les autorités de concurrence à démontrer l'existence d'effets anticoncurrentiels qui pourront encore, dans un second temps, être combattus par la démonstration d'un bilan concurrentiel positif sur le fondement de l'article 101§3.

Dans tous les cas donc, la perte du bénéfice de l'exemption par catégorie n'implique pas *per se* une violation de l'article 101§1 du TFUE.

La Cour de cassation, lapidaire, ne se prononce pas expressément sur la question de savoir si la perte du bénéfice de l'exemption par catégorie en raison de la stipulation d'une restriction caractérisée au sens du règlement UE 330/2010 conduit, sur le fondement de l'article 101§1, à considérer établie une restriction de concurrence par l'objet. Le ton laconique visant le caractère "*supposé établie*" de la circonstance selon laquelle l'accord ne bénéficierait pas d'une exemption par catégorie laisse toutefois penser à une solution générale invitant les juges à statuer sur l'article 101§1 du TFUE en qualifiant donc eux-mêmes de restrictions par objet ou par effet les restrictions caractérisées de concurrence considérées. Mais n'irait-elle pas, dans ce cas, à contrecourant d'une position retenue par la Commission qui assimile dans ses lignes directrices accompagnant le règlement UE 330/2010 (cf. point. 23) la restriction caractérisée de concurrence à une restriction par objet ? En somme, si l'on s'en tient strictement aux termes de sa solution, la Cour de cassation sanctionne le raisonnement hâtif des juges du fond qui avaient, selon les termes du pourvoi : "*refusé par principe toute possibilité d'exemption individuelle du contrat en cause, sans même en examiner les conditions*". Les honneurs d'une publication au bulletin permettent toutefois d'en douter. À suivre donc.

A.-C. Martin

Concurrences N° 1-2018, pp. 104-106

2.3 Concession

2.3.1 Concurrence du concessionnaire par le concédant

Cass. com., 29 novembre 2011, Bovami c/ Valgest, n° 10-25799

La Cour de cassation évoque les conditions dans lesquelles un fournisseur peut être conduit à concurrencer son propre distributeur

Un fournisseur peut-il concurrencer lui-même ses distributeurs? C'était la question posée à la Cour de cassation à l'occasion d'un litige s'inscrivant dans le contexte spécifique des "*Relais des mousquetaires*". Mis en place par l'enseigne Intermarché, ces relais assurent l'approvisionnement de zones à très faible densité de population (petits villages isolés par ex.) en collaboration avec le supermarché ou l'hypermarché le plus proche du secteur considéré.

Conformément à ce schéma, la société Bovami (ci-après le concédant), propriétaire d'un hypermarché à Bourg Saint-Maurice, avait conclu un contrat de distribution avec la société Valgest (ci-après le concessionnaire) pour exploiter un relais dans la station de sports d'hiver Arcs 2000. Elle avait dans le même temps donné en location un matériel dénommé "boîtier Tistel" permettant la prise de commande à distance de marchandises.

En marge d'un débat sur une remise de 10% à laquelle le concessionnaire prétendait avoir droit (point que nous ne développerons pas), les parties se reprochaient réciproquement la rupture fautive des conventions. Le concessionnaire avait en effet rompu avant terme les relations contractuelles, excipant le fait que le concédant avait directement fourni sa clientèle, composée exclusivement des personnes résidant dans deux grands chalets touristiques construits à proximité du relais.

Les juges du fond avaient déduit de ces circonstances spécifiques un manquement du concédant à son obligation d'exécuter loyalement le contrat de distribution, ayant eu pour effet de priver le concessionnaire d'une partie du chiffre d'affaires prévu au contrat (CA Chambéry, 31 août 2010).

Peu convaincue par la motivation retenue, la Cour de cassation a décidé de casser l'arrêt d'appel en reprochant aux conseillers de ne pas avoir précisé "*en quoi les ventes consenties par* [le concédant] *en dehors de la zone de chalandise* [du concessionnaire], *au bénéfice d'une clientèle venue s'approvisionner dans son magasin, caractérisaient une exécution déloyale du contrat de concession liant les parties*".

Rendue au visa de l'article 1134, al. 3 du Code civil, cette solution conforte à première vue la possibilité pour tout fournisseur de concurrencer ses propres distributeurs. Le droit positif est cependant plus nuancé et impose de distinguer suivant que le contrat comporte ou non une exclusivité à la charge du fournisseur.

La possibilité pour le fournisseur de concurrencer le distributeur en présence d'une exclusivité

Les possibilités de concurrence du fournisseur peuvent être supprimées par l'effet d'une exclusivité territoriale convenue au bénéfice des distributeurs.

Celle-ci peut en premier lieu découler d'une stipulation expresse, en pratique d'une clause d'exclusivité. Une telle stipulation peut cependant n'offrir que des prérogatives très limitées au distributeur en interdisant seulement une nouvelle implantation dans sa zone sans priver le fournisseur de la possibilité d'y opérer lui-même, par exemple en exploitant un site Internet (sur cette possibilité, voir Cass. com., 14 mars 2006, *Sté Flora Partner c/ Sté Laurent,* pourvoi n° 03-14639). Pour délimiter au cas par cas les contours de l'exclusivité consentie, on attachera beaucoup d'importance au sens littéral des termes du contrat. Les magistrats appliquent en effet le principe d'interprétation stricte pour toutes les stipulations attentatoires aux libertés (voir par ex. CA Paris, 30 mai 2007, S*té MDL France c/ Sté Plum'art Déco*, JurisData n° 2007-339269).

Dans le silence du contrat, l'exclusivité peut en second lieu découler implicitement de la commune intention des parties (art. 1156 C. civ.). C'était semble-t-il l'hypothèse retenue par les premiers juges dans l'affaire rapportée. Le tribunal saisi avait en effet insisté sur la localisation très spécifique du relais exploité par le concessionnaire, en relevant que le chiffre d'affaires de ce dernier ne pouvait provenir que d'une clientèle qualifiée de "*captive*" et constituée exclusivement par les résidents des deux grands chalets installés à proximité du relais et "alimentés" par des tours opérateurs. Compte tenu de ce contexte particulier, les juges avaient alors estimé que la commune intention des parties "*consistait en réalité à accorder l'approvisionnement exclusif de ladite clientèle*". Sans la contester formellement, la Cour d'appel n'a cependant pas insisté sur cette idée d'une exclusivité implicite, préférant centrer le débat sur le terrain de la loyauté contractuelle (*infra*). Une telle position s'explique sans doute par l'existence d'une clause du contrat litigieux qui écartait expressément toute exclusivité au bénéfice du distributeur. Dans ces conditions, et sauf à juger cette clause de "*non exclusivité*" contraire à l'économie générale du contrat (Rappr. Cass. com., 15 février 2000, n° 97-19793, solution rendue au sujet d'une clause de divisibilité et récemment remise en cause par Cass. 1ère civ., 28 octobre 2010, n° 09-68014), il était difficile d'identifier une exclusivité de plein droit à la charge du fournisseur.

La possibilité pour le fournisseur de concurrencer le distributeur en l'absence d'exclusivité

Pour autant, même en l'absence d'exclusivité, il est discutable d'affirmer sans nuance la liberté pour tout fournisseur de concurrencer ses distributeurs.

Le devoir de loyauté (article 1134 al. 3) comme la notion de cause (article 1131) peuvent en effet justifier la condamnation des fournisseurs qui, par la concurrence qu'ils exercent, reprennent d'une main ce qu'ils ont donné de l'autre, en privant le cocontractant de l'utilité attendue du contrat.

Dans le domaine du contrat de franchise, il a par exemple déjà été jugé qu'un fournisseur, même autorisé par le contrat à approvisionner d'autres distributeurs que ses franchisés (stratégie de distribution dite "multicanal"), ne pouvait pas, en multipliant à l'excès ces fournitures parallèles, priver les contrats de franchise de "*tout objet réel et de toute utilité économique*" (CA Toulouse, 16 octobre 2002, *Lettre distrib.* janvier 2003).

C'est une solution comparable qui a semble-t-il été retenue par la Cour d'appel en l'espèce. Selon les conseillers, il découlait de la nature même de l'opération économique convenue entre les parties que la seule clientèle susceptible d'être exploitée par le concessionnaire était constituée par les résidents des deux grands chalets. Dès lors, en exploitant personnellement cette clientèle, le fournisseur avait privé le distributeur de l'utilité qu'il attendait du contrat, violant l'exigence de loyauté contractuelle. Las ! Le raisonnement a été curieusement remis en cause par la Cour de cassation. Reprochant un défaut de base légale, elle a estimé que l'atteinte à la loyauté contractuelle n'avait pas été démontrée par les juges du fond, insistant sur le fait que les ventes litigieuses avaient été opérées en dehors de la zone de chalandise du concessionnaire. Deux raisons au moins peuvent expliquer cette position pour le moins rigoureuse à première vue.

Implicite, la première provient peut-être des dernières évolutions jurisprudentielles en matière de loyauté contractuelle. Depuis quelques années, la Cour de cassation estime en effet que si l'article 1134 du Code civil autorise le juge à sanctionner l'usage déloyal d'une prérogative contractuelle, il ne l'autorise pas à porter atteinte à la substance même des droits et obligations légalement convenus entre les parties (Cass. com., 10 juillet 2007, *Bull. civ.* IV, n° 188). Cette solution n'a certes pas été rappelée en l'espèce mais elle semble tout même avoir guidé la Cour de cassation. Rappelons en effet que le contrat litigieux écartait expressément toute exclusivité au bénéfice du distributeur. Or, en interdisant les fournitures litigieuses sur le fondement de la loyauté contractuelle, les juges avaient semblé remettre en cause la substance même de la stipulation légalement convenue. C'était tout au moins l'opinion défendue dans les moyens du pourvoi qui faisaient expressément référence à la nouvelle jurisprudence de la Cour de cassation en matière de loyauté contractuelle et dénonçaient le paradoxe consistant à reconnaitre l'absence d'exclusivité tout en décidant une sanction qui la supposait nécessairement.

Davantage factuelle mais non moins décisive, la seconde raison se déduit d'une lecture attentive des moyens annexés au pourvoi. Il en ressort que le fournisseur n'avait peut-être pas directement fourni les résidents des chalets, se contentant de répondre à des approvisionnements spontanément opérés par les tours opérateurs, à partir de l'hypermarché de Bourg Saint-Maurice et au bénéfice de ces résidents. À ce titre, les moyens du pourvoi évoquaient "*de simples ventes passives effectuées dans le magasin même*" du fournisseur, celui-ci n'ayant "*effectué aucune démarche active en vue d'attirer ou de fidéliser cette clientèle*" et ne leur ayant "*fourni aucune assistance pour les livrer en marchandise*". On comprend alors la référence faite par la Cour de cassation à des ventes opérées "*en dehors de la zone de chalandise*" du concessionnaire puisque celles-ci avaient été effectuées au sein même de l'hypermarché et non directement auprès des chalets.

Un sentiment d'injustice domine cependant à la lecture de l'arrêt : les attentes du distributeur, qu'on devine légitimes, ont été en l'espèce fortement déjouées par des ventes opérées par le fournisseur lui-même. Si ce sentiment est partagé par la juridiction de renvoi, elle aura le choix :

- soit de maintenir le débat sur le terrain de la loyauté, en insistant cette fois sur le fait que le concédant ne pouvait ignorer que les ventes litigieuses conclues dans son magasin s'opéraient en réalité au bénéfice des chalets et au préjudice de son propre concessionnaire ;
- soit de remettre en cause le contrat mais sur un autre terrain que l'exigence de loyauté, dans la limite bien sûr des règles de procédure. Les prévisions de chiffre d'affaires

énoncées dans le contrat s'étant en l'espèce révélées grossièrement inexactes, le concessionnaire ne pouvait-il pas soulever une erreur sur les qualités substantielles de la chose objet du contrat ? (voir *infra* les observations d'Anne-Cécile Martin sur Cass. com., 4 octobre 2011, *M. X c/ Sté Sodecob*, pourvoi n° 10-20956 et Cass. com., 18 octobre 2011, *Sté Lina's c/ Sté K3*, pourvoi n° 10-23524).

N. Eréséo

Concurrences N° 1-2012, pp. 123-124

2.3.2 Responsabilité du concédant "du fait" du concessionnaire

Cass. com., 6 octobre 2015, Renault c/ DAB, n° 13-28212

La Cour de cassation retient le principe d'une responsabilité solidaire d'un constructeur automobile du fait du dommage causé à un agent par un concessionnaire de son réseau

La concurrence dans le secteur de l'après-vente automobile souffre encore de nombreux dysfonctionnements comme l'Autorité de la concurrence l'a longuement exposé (Aut. conc., avis n° 12-A-21 du 8 oct. 2012, relatif au fonctionnement concurrentiel des secteurs de la réparation et de l'entretien de véhicules et de la fabrication et de la distribution de pièces de rechange : *Concurrences* n° 1-2013, p. 106, obs. N. Eréséo).

Les principales difficultés sont encore aujourd'hui posées par les pièces détachées à travers diverses pratiques ayant pour effet d'entraver l'activité des équipementiers ou de restreindre la liberté d'achat des réparateurs. La Commission n'a pourtant pas ménagé ses efforts ces dernières décennies en adoptant diverses mesures spécifiques, beaucoup plus strictes que celles prévues par le règlement de droit commun (UE) n° 330/2010. Celles-ci figuraient jusqu'au 1er juin 2010 dans le règlement sectoriel (CE) n° 1400/2002 avant d'être reprises – en partie – dans un nouveau règlement (UE) n° 461/2010.

Certaines de celles qui ont été abandonnées ont fait l'objet d'une application intéressante à l'occasion d'une décision rendue le 6 octobre 2015 par la Cour de cassation qui était saisie d'un arrêt de la Cour d'appel de Paris (CA Paris, 19 sept. 2013 ; *Concurrences* n° 1-2014, p. 89, obs. N. Eréséo), rendu sur renvoi après cassation (Cass. com., 15 mai 2012, n° 11-17431 ; *Lettre distrib.* juill./août 2012).

De la lecture des décisions, il ressort qu'un contrat de distribution sélective quantitative avait été conclu en 2003 entre un concessionnaire automobile et un agent. Il portait sur la réparation et l'entretien des véhicules de la marque ainsi que sur la commercialisation par l'agent des pièces détachées fournies par le concessionnaire. Le litige était survenu au sujet d'un avenant déterminant les objectifs de vente pour l'année 2004 que l'agent avait refusé de signer avant de cesser progressivement tout approvisionnement auprès de son concessionnaire. Celui-ci avait alors pris acte de la rupture du contrat en 2005 puis avait assigné son partenaire pour faire constater le jeu de la clause résolutoire et prononcer la résiliation du contrat à ses torts.

La concurrence dans le secteur de l'après-vente automobile souffre encore de nombreux dysfonctionnements comme l'Autorité de la concurrence l'a longuement exposé

Saisis de l'affaire après différentes péripéties judiciaires, le Tribunal de commerce de Lille (le 15 avril 2009) puis la Cour d'appel de Paris (le 16 février 2011) avaient estimé que le contrat était valable au regard du droit de la concurrence, notamment du point de vue du règlement (CE) n° 1400/2002, et avaient prononcé sa résiliation aux torts de l'agent tout en lui enjoignant sous astreinte de déposer l'enseigne.

La Cour de cassation avait cependant cassé l'arrêt rendu par la Cour d'appel de Paris en lui reprochant de n'avoir pas recherché, alors qu'elle "*y était invitée, si la combinaison et l'application de certaines clauses du 'contrat d'agent* [...]*', notamment celles incitant l'agent à se fournir auprès de son concessionnaire (art. 1.2), et prévoyant la fixation d'objectifs annuels de commercialisation de pièces de rechanges Renault (art. 5.2), ne constituaient pas une restriction de concurrence illicite dont la méconnaissance par l'agent ne pouvait, en conséquence, justifier la résolution du contrat*" (Cass. com., 15 mai 2012 préc.).

Autrement composée, la Cour d'appel de Paris avait cette fois rappelé que, par son règlement (CE) n° 1400/2002, la Commission européenne "*a souhaité interdire toute obligation d'approvisionnement excédant 30 % des achats totaux de biens contractuels, notamment de pièces de rechange, estimant qu'au-delà de cette quantité, était créé un état de dépendance ne permettant pas à l'opérateur économique de nouer des relations commerciales avec un opérateur tiers, avec des conditions tarifaires plus avantageuses, entraînant des conséquences en terme de prix pour les consommateurs*" (CA Paris, 19 sept. 2013 préc.).

Elle avait par ailleurs rappelé l'existence de l'article 4, c) du règlement de 2002 qui, dans les systèmes de distribution sélective, qualifie de restriction caractérisée toutes les restrictions à la capacité d'un réparateur de se fournir en pièces détachées auprès du membre du réseau de son choix, peu important le stade du commerce où il opère. En application de ces principes, la Cour avait jugé que si l'agent n'était pas tenu par une obligation formelle de non-concurrence ou restreignant les fournitures croisées, l'ampleur des objectifs que le concessionnaire mettait à sa charge conduisait, de fait, à un approvisionnement quasi exclusif et à une restriction des fournitures au sein du réseau. L'avenant litigieux prévoyait en effet un objectif de 95 000 euros HT qui correspondait à plus de 95 % des achats de pièces de la marque et à près de 70 % des achats totaux toutes marques confondues. Il était en outre établi que l'agent avait vainement cherché à diversifier ses approvisionnements auprès d'autres concessionnaires du même réseau. L'un d'entre eux lui avait notamment opposé un refus en l'invitant à se rapprocher de son "*concessionnaire actuel*", conformément à la politique territoriale du groupe. Le motif du refus, attesté par un courrier, révélait selon la Cour une pratique assimilable à une "*exclusivité territoriale illicite*". En effet, les concessionnaires ne pouvaient semble-t-il pas contracter avec un nouvel agent sans l'accord du constructeur et devaient réaliser des objectifs de vente de pièces détachées sur un territoire défini, la fourniture d'un agent hors territoire n'étant pas prise en considération pour la réalisation des objectifs.

Les concessionnaires ne pouvaient semble-t-il pas contracter avec un nouvel agent sans l'accord du constructeur

Le constat de telles pratiques avait de quoi étonner : les juridictions ou autorités en charge de l'application du droit de la concurrence ont sanctionné à de nombreuses reprises les constructeurs ayant adopté des comportements similaires sur le marché des véhicules particuliers (CJCE, 18 sept. 2003, *Volkswagen* c/ Commission, aff. C-338/00 P, Rec. I. 9189 ; JOCE, n° C 264, 1er nov. 2003 ; TPI, 9 juill. 2009, *Peugeot* et *Peugeot Nederland* c/ Commission, aff. T-450/05, Rec. II. 2533 ; JOUE, n° C 205, 29 août 2009 ; CJCE, 6 avr. 2006, *General Motors*, aff. C-551/03 P, Rec. I. 3173).

En outre, le système mis en place par le constructeur et les concessionnaires conduisait à un cumul entre distribution sélective et distribution exclusive que le règlement de 2002 cherchait pourtant à empêcher, comme la Cour d'appel de Paris l'avait justement relevé.

En conséquence de l'effet anticoncurrentiel attaché aux clauses litigieuses, la Cour avait jugé que l'agent avait pu légitimement cesser d'exécuter le contrat et avait condamné le concessionnaire à l'indemniser à hauteur de 176 520 euros, solidairement avec le constructeur en considération du rôle joué par lui dans l'élaboration d'un système de distribution qui conduisait mécaniquement à verrouiller les approvisionnements de tous les agents de marque.

C'est précisément sur ce point que la Cour de cassation avait été saisie d'un nouveau pourvoi par le constructeur qui reprochait à la Cour d'appel de l'avoir condamné sans avoir caractérisé sa faute et le lien de causalité avec le dommage subi par l'agent.

Le constructeur, qui était à l'origine des conditions de mise en œuvre du contrat litigieux, devait supporter la charge définitive des condamnations *in solidum* prononcées contre lui et le concessionnaire

En réponse, la Cour de cassation a retenu "*qu'après avoir énoncé que le règlement n° 1400/2002* [...] *prohibe le cumul des systèmes de distribution sélective et de concession exclusive dès lors qu'un constructeur dispose d'une part de marché supérieure à 40 % sur le marché des services d'entretien, excluant tout système de distribution sélective quantitative faisant référence à la notion de territoire, l'arrêt relève que l'organisation du système mis en place par* [le constructeur] *tend à rétablir ce cumul car, de fait, l'agent relais n'a pas le choix de son concessionnaire de rattachement, les quotas l'obligeant à travailler avec le concessionnaire de proximité qui a lui-même* [...] *l'obligation de réaliser un montant de revente sur la zone géographique qui lui est attribuée par le constructeur, ce qui l'oblige à imposer des quotas à ses agents relais, et que cette organisation du réseau favorise les pressions sur les agents par le concessionnaire de rattachement, ceux-ci ne pouvant pas, de fait, nouer de relations contractuelles avec un autre concessionnaire agréé, à peine d'exclusion du réseau* [...] ; *que de ces constatations et appréciations, la Cour d'appel a pu déduire que le constructeur, qui était à l'origine des conditions de mise en œuvre du contrat litigieux, devait supporter la charge définitive des condamnations in solidum prononcées contre lui et* [le concessionnaire]".

La solution ouvre des perspectives intéressantes dans tous les réseaux faisant intervenir des sous-distributeurs (master franchise par exemple). En tant que concepteur de l'organisation prise dans son ensemble et rédacteur de tous les contrats qui la constituent, y compris ceux conclus en aval entre distributeurs et sous-distributeurs, le promoteur de réseau est appelé à répondre solidairement de tous les dommages subis par les membres de son organisation ou même leurs clients, tout au moins lorsque ces dommages sont en relation de causalité avec la conception du réseau et le contenu ou la mise en œuvre des actes qui lui donnent corps.

L'entente peut en effet prendre corps dans l'évolution du contrat ou dans les conditions concrètes de son exécution qui dépendent étroitement des interventions du promoteur. En l'espèce, les clauses litigieuses n'entrainaient "*pas en elles-mêmes une obligation d'approvisionnement exclusif qui serait illicite*", comme l'avait relevé la Cour d'appel de Paris, c'était leur application par le concessionnaire du fait du contrat conclu en amont avec le concédant qui se prêtait à la qualification de pratique anticoncurrentielle.

Reste à s'interroger sur le maintien d'une telle qualification depuis l'abrogation du règlement n° 1400/2002 intervenu le 1er juin 2010.

Depuis cette date, les obligations de non-concurrence portant sur les pièces détachées sont en partie soumises au règlement de droit commun (UE) n° 330/2010 et peuvent à ce titre bénéficier d'une exemption par catégorie si elles sont convenues pour une durée déterminée n'excédant pas cinq ans (art. 5). Deux obstacles à l'exemption doivent cependant être relevés.

D'une part, l'accord ne sera pas couvert si les parties détiennent plus de 30 % de parts de marché. L'hypothèse n'est pas d'école dès lors que, pour la Commission, *"les accords obligeant les réparateurs agréés à acheter les pièces détachées aux constructeurs automobiles ne devraient pas bénéficier de l'exemption par catégorie, car les constructeurs automobiles détiennent* [...] *généralement une part de marché supérieure à 30 % sur les marchés des pièces détachées*" (MEMO/10/217, question n° 2).

Le traitement des obligations de non-concurrence portant sur les pièces détachées n'a pas été bouleversé par l'application du nouveau régime d'exemption

D'autre part, si l'accord s'inscrit dans un système sélectif et a pour conséquence de priver le réparateur de la possibilité de se fournir auprès du membre du réseau de son choix, il est susceptible de tomber sous le coup de l'article 4, d) du règlement (UE) 330/2010 qui qualifie de restriction caractérisée tous les obstacles aux *"fournitures croisées entre distributeurs à l'intérieur d'un système de distribution sélective, y compris entre des distributeurs agissant à des stades commerciaux différents*".

Malgré l'abrogation du règlement (CE) n° 1400/2002, l'obligation faite au réparateur de concentrer ses approvisionnements auprès d'un seul opérateur devra par conséquent faire l'objet d'un examen au cas par cas tenant notamment compte de la durée et de la portée des clauses litigieuses, de la part de marché détenue par les parties et surtout de la part de marché totale liée par des obligations de même nature (lignes directrices supplémentaires propres à l'automobile, point 34). En revanche, certaines obligations portant sur les pièces détachées ont semble-t-il vocation à échapper à l'article 101, § 1er du TFUE. La Commission vise à ce titre *"l'obligation faite à un réparateur agréé d'utiliser des pièces de rechange fournies par le constructeur automobile pour les réparations sous garantie, pour l'entretien gratuit et lors du rappel de véhicules automobiles ne sera pas considérée comme une obligation de monomarquisme mais plutôt comme une exigence objectivement justifiée*" (Lignes directrices du règlement automobile, point n° 39, reprenant une solution qui figurait déjà dans le règlement de 2002).

Aussi, en dépit des apparences, le traitement des obligations de non-concurrence portant sur les pièces détachées n'a pas été bouleversé par l'application du nouveau régime d'exemption.

N. Eréséo

Concurrences N° 1-2016, pp. 109-111

Concurrences+

N. Ereseo, La Cour d'appel de Paris prive d'efficacité la clause fixant des quotas d'achat de pièces détachées ayant pour effet de priver un réparateur agréé de la possibilité de se fournir auprès d'un autre membre du réseau (Sergent c/ Distribution Automobile Béthunoise et Renault), 19 septembre 2013, Revue Concurrences N° 1-2014, pp. 89-90

N. Ereseo, L'Autorité de la concurrence identifie cinq obstacles à une meilleure concurrence sur le marché de l'après-vente automobile et énonce une série de recommandations, 8 octobre 2012, Revue Concurrences N° 1-2013, pp. 106-110

2.4 Franchise

2.4.1 Conditions de formation

2.4.1.1 Information précontractuelle

Cass. com., 15 mars 2011, Mikit France c/ M. X, n° 10-11871

La Cour de cassation rappelle que la violation de l'article L.330-3 C.com n'entraîne l'annulation du contrat que si le distributeur apporte la preuve d'un vice du consentement

Contexte de l'arrêt

Aujourd'hui fixée à l'article L. 330 3 du Code de commerce, l'obligation d'information précontractuelle mise en place par la loi dite "Doubin" du 31 décembre 1989 suscite un contentieux récurrent tant le dispositif offre des perspectives intéressantes aux distributeurs concernés.

Les circonstances factuelles sont en effet généralement identiques d'une espèce à l'autre : un franchisé déçu par le savoir-faire communiqué par le fournisseur ou plus largement par les avantages offerts par le réseau cherche dans le grief de violation de la loi "*Doubin*" une voie de sortie honorable. L'annulation du contrat permet en effet de récupérer les différentes sommes versées à la conclusion de la convention (droit d'entrée notamment) ou lors de son exécution (redevances), sans compromettre la possibilité de demander des dommages-intérêts en réparation des divers chefs de préjudice dont le franchisé peut justifier. Elle peut en outre constituer une défense efficace lorsque celui-ci se voit reprocher une violation de ses obligations contractuelles (d'exclusivité ou de non-concurrence le plus souvent).

Les avantages offerts par ces manœuvres sont tels que la Cour de cassation a jugé opportun de poser des limites : la simple violation de la loi "*Doubin*" ne suffit pas à entraîner l'annulation du contrat, a-t-elle affirmé après quelques hésitations, le créancier de l'information doit en outre établir un vice du consentement dans les termes du droit commun (Cass. com., 10 févr. 1998, pourvoi n° 95-21906, *Bull.* IV, n° 71).

Un tel renvoi au droit commun avait cependant de quoi décevoir ceux qui espéraient un réel renforcement de la protection offerte aux distributeurs. Aussi, certains ont estimé que la violation de la loi "*Doubin*" avait au moins pour conséquence de faire présumer l'existence d'un vice du consentement, à charge pour le débiteur de l'information d'apporter la preuve contraire ou de succomber.

La Cour de cassation n'a cependant jamais retenu formellement une telle solution. L'espèce rapportée semble même au contraire s'en écarter ouvertement.

Faits de l'espèce

Etaient concernés plusieurs associés qui avaient conclu un contrat de franchise pour l'exploitation d'un commerce portant sur la livraison de "*maisons en prêt-à-finir*", c'est-à-dire de maisons en kit. Ces associés se plaignaient de ce que le franchiseur avait omis, dans la documentation fournie avant la conclusion du contrat, de faire état de la nécessité pour tout franchisé de disposer d'une maison-témoin dans les trois ans suivant la conclusion du contrat, obligation qui représentait pourtant un investissement considérable.

Les juges du fond en avaient tiré la conséquence que le consentement du franchisé avait été vicié (CA Paris, 5 nov. 2009).

Solution de la Cour de cassation

Pour casser l'arrêt rendu, la Cour de cassation a énoncé deux propositions qui semblent difficilement conciliables si l'on retient le principe d'un renversement de la charge de la preuve :

- d'une part, elle a approuvé les juges du fond d'avoir retenu que "*faute d'attirer spécialement l'attention sur cette charge importante [la maison témoin], qui est un élément essentiel dont les franchisés ne peuvent se dispenser durablement, tous les prévisionnels fournis sont nécessairement faussés, et trompeurs sur les capacités financières à prévoir en début d'exploitation*" ;
- mais, d'autre part, elle a retenu au visa des articles 1116 du Code civil et L. 330 3 du Code de commerce que les juges du fond auraient dû rechercher, avant d'annuler le contrat, "*si le manquement du franchiseur avait déterminé le consentement des franchisés*".

On voit clairement que la première proposition n'a pas valu reconnaissance d'une présomption de vice du consentement; présomption qui aurait permis de faire peser la charge et donc le risque de la preuve sur le franchiseur plutôt que sur le franchisé comme en l'espèce.

Appréciation de la solution

Il appartient en conséquence au créancier de l'information d'apporter aux juges tous les éléments de nature à établir la preuve d'un vice du consentement.

À l'étude de la jurisprudence, une telle démonstration suppose la réunion d'au moins trois conditions qui n'ont vraisemblablement pas été vérifiées en l'espèce.

D'abord, les juges doivent relever le caractère substantiel de l'information omise ou inexacte.

Une hiérarchie mérite en effet d'être établie parmi les informations à fournir prévues par l'article R. 330 1 du Code de commerce, nombre d'entre elles ne pouvant avoir une quelconque influence sur le consentement du franchisé. Il a par exemple déjà été jugé que certaines "*insuffisances ponctuelles dans la documentation dont [le franchisé] excipe et tirées de l'inexactitude du nombre des concessionnaires du réseau, de celui des concessionnaires l'ayant quitté l'année précédente ou de celui des clients par concessions ne peuvent être regardées, à les supposer établies, comme un élément essentiel dont la révélation eût été susceptible de conduire l'intéressé à ne pas conclure le contrat litigieux*" (CA Paris, 24 sept. 2008, ch. 5, sect. A, *Valfinance c/ Malteste,* RG n° 06-04420, *JurisData* n° 2008-374047).

En l'espèce cette première condition ne semblait pas avoir fait défaut. Approuvés en cela par la Cour de cassation, les juges du fond avaient en effet souligné que les prévisions financières du franchisé étaient nécessairement faussées dès lors qu'elles n'intégraient pas le coût de la maison-témoin, qui représentait pourtant un investissement substantiel et indispensable. Or, n'est-il pas souhaitable que tout franchisé puisse s'engager en ayant une idée précise des investissements qu'il convient de faire et des risques qui doivent être pris ? L'article R. 330-1 du Code de commerce semble répondre par l'affirmative en disposant que le document d'information doit comprendre "*la nature et le montant des dépenses et investissements spécifiques à l'enseigne ou à la marque que la personne destinataire du projet de contrat engage avant de commencer l'exploitation*". On objectera que les dépenses litigieuses devaient être effectuées durant les trois premières années et non "*avant de commencer l'exploitation*" comme le mentionne le texte. D'après le franchiseur, elles ne pouvaient par ailleurs être précisément chiffrées avant que ne soient choisis un modèle et un emplacement précis, choix qui interviennent bien après la conclusion du contrat. Mais ces deux arguments, qualifiés de moyens nouveaux ou contradictoires par la Cour, n'ont pas été discutés.

Ensuite, les juges du fond doivent vérifier que l'information omise ou inexacte était inaccessible ou difficilement accessible.

On estime en effet que le défaut d'informations facilement accessibles ne peut avoir une incidence significative sur le consentement du distributeur, ou qu'une telle incidence ne mérite pas d'être corrigée compte tenu des diligences élémentaires qu'il est permis d'attendre de tout professionnel. Dans une espèce, pour retenir l'absence de tout vice du consentement, des juges du fond ont notamment relevé que la documentation fournie n'indiquait certes rien des "*comptes annuels du concédant*" (R. 330-1, 4° C. com.) mais que ceux-ci étaient "*accessibles au greffe du tribunal de commerce[...]*". Par ailleurs, s'agissant de la "*présentation du réseau d'exploitants*" (R. 330-1, 5° C. com.), les magistrats ont jugé qu'"*une simple recherche sur annuaire permettait d'accéder aux coordonnées précises des membres du réseau, leur ville d'implantation étant indiquée*" (CA Toulouse, 26 janv. 2006, *Lettre distrib.* 2006/5).

En l'espèce, il est difficile de savoir si cette condition pouvait être jugée satisfaite. Si le réseau était en cours de création, l'information litigieuse méritait sans doute d'être qualifiée d'inaccessible puisque relevant du seul franchiseur. Si, à l'inverse, le réseau comptait déjà de nombreux franchisés et fonctionnait suivant des modalités connues de tous les professionnels du secteur – ce qui semble être le cas – il était sans doute opportun de reprocher au franchisé de ne pas avoir pris l'initiative de la chercher.

Enfin, les juridictions doivent mettre en évidence l'inexpérience du franchisé quant au secteur d'activité concerné.

Cette troisième condition est sans doute la plus importante dès lors qu'elle s'attarde sur les effets que le défaut d'information a pu avoir sur le distributeur. Sous l'inspiration de la Cour de cassation, elle est régulièrement mise en avant par les juges du fond au soutien du rejet de la demande d'annulation. Il a par exemple déjà été décidé que l'inexactitude d'informations relatives à la rentabilité de l'exploitation ne justifie pas l'annulation du contrat dès lors que le distributeur, en l'espèce locataire-gérant d'une station-service, "*avait exploité depuis plus de six années des stations-service [...]dans des environnements fort différents et avait été à même d'apprécier les chances et les risques d'une telle exploitation*" (Cass. com., 7 juill. 2004, *Bull. civ.* IV, n° 150 ; D. 2005, p. 151, obs. D. Ferrier ; dans le même sens, voir plus récemment : CA Paris, 20 oct. 2010, n° 08/10864, *Concurrences* 1-2011, p. 125).

En l'espèce, et c'est sans doute ce qui a déterminé la cassation, les juges du fond n'avaient pas souligné l'expérience – ou au contraire l'inexpérience – des associés quant au secteur économique concerné. Un professionnel averti de la construction aurait sans doute été convaincu, sans l'assistance du franchiseur, de la nécessité de disposer d'une maison-témoin tout en étant parfaitement conscient des investissements en découlant. À l'inverse, un franchisé moins expérimenté pouvait plus facilement se lancer dans l'ignorance de telles contraintes.

La position rigoureuse réaffirmée en l'espèce par la Cour de cassation était sans doute bienvenue. Le grief de violation de la loi "*Doubin*" tend en effet à devenir systématique alors qu'il n'est que trop rarement fondé (voir *Concurrences n°* 3-2010, p. 105 et s.).

N. Eréséo

Concurrences N° 3-2011, pp. 125-127

Concurrences+

A.-C. Martin, La Cour de cassation rappelle l'importance d'adapter les informations transmises en fonction du profil du candidat à la franchise (Assurtis), 5 janvier 2016, Revue Concurrences N° 2-2016, pp. 123-124

D. Ferrier, La Cour de cassation rappelle que le cessionnaire d'un contrat de franchise doit bénéficier de l'information précontractuelle de l'art. L. 330-3 C. com. et sanctionne, avec la Cour d'appel de Paris, les comportements caricaturaux de franchiseurs ayant vicié le consentement de franchisés pour lesquels l'espérance de gain était déterminante (Chantiers Bénéteau, Chrysalide, Cash Converters Europe, Itegral Diagnostics France), 21 février 2012, Revue Concurrences N° 4-2012, pp. 89-90

N. Ereseo, La Cour de cassation considère que la mauvaise foi du candidat au réseau exclut toute responsabilité en cas de refus d'agrément décidé par le fournisseur (BMW/Sodac), 28 septembre 2010, 20 octobre 2010, Revue Concurrences N° 1-2011, pp. 120-121

N. Ereseo, Les Cours d'Appel de Paris et Dijon rappellent que la violation de l'article L. 330-3 C. Com. entraîne l'annulation du contrat lorsque le manquement à l'obligation d'information à la charge du fournisseur a eu pour conséquence de vicier le consentement du distributeur (BM/Grand Optical Dijon; Phone Pratique/Société française du radiotéléphone; OSD/N. G.), avril 2010, Revue Concurrences N° 3-2010, pp. 105-107

Cass, com., 4 octobre 2011, M. X c/ Sodecob, n° 10-20956 et Cass. com., 18 octobre 2011, Lina's développement, n° 10-23524

La Cour de cassation censure, dans une première décision, des juges du fonds pour ne pas avoir recherché si le consentement du franchisé n'avait pas été déterminé par une erreur substantielle et rappelle, dans une seconde décision, le caractère inconciliable du prononcé de la nullité du contrat et de l'octroi de dommages et intérêts pour inexécution

L'objet du contrat de franchise réside dans la "réitération" (D. Ferrier, *Droit de la distribution*, 5e éd. Litec, 2009, p. 302) d'une réussite commerciale: celle du franchiseur. Avant la conclusion du contrat de franchise, vingt jours au moins, le franchiseur est tenu d'informer le franchisé sur la franchise en lui indiquant, notamment, quelle est l'ancienneté et l'expérience du franchiseur, l'importance et l'évolution du réseau de franchise (art. L. 330-3 et R. 330-1 du Code de commerce) afin de lui permettre une acceptation éclairée du contrat. Autrement dit, le franchisé doit être en mesure d'évaluer quelles sont ses chances de gain s'il décide de "*faire équipe*" avec le franchiseur. Si ce dernier a une obligation d'assistance du franchisé pendant l'exécution du contrat, le contrat de franchise ne transforme pas, pour autant, le franchisé en assisté : celui-ci demeure le seul responsable de sa gestion et c'est à ses risques et profits qu'il exerce son activité. L'obligation d'information précontractuelle à laquelle le franchiseur est légalement tenu ne vise pas à permettre au franchisé d'être garanti de sa propre réussite commerciale mais à garantir la réalité d'une réussite déjà constatée lui permettant de mesurer, en connaissance de cause, les risques de sa future activité... C'est la raison pour laquelle la loi n'exige pas qu'il transmette au franchisé une étude prévisionnelle quant aux résultats futurs de la réitération de la réussite constatée.

C'est à propos de franchisés déçus par la rentabilité de la franchise que la Cour de cassation s'est prononcée dans les décisions commentées. De façon classique, elle rappelle au franchisé déçu que s'il peut obtenir l'annulation du contrat pour violation de l'article L. 330-3 du Code de commerce, il ne saurait en outre obtenir des dommages et intérêts lorsque le défaut de rentabilité de la franchise trouve son explication dans une mauvaise exécution du contrat annulé (Cass. com. 18 octobre 2011) (II). De manière plus remarquable, elle ouvre une brèche à l'admission de la nullité du contrat pour "erreur substantielle sur la rentabilité de l'entreprise" alors même que le franchiseur n'avait pas manqué à son obligation légale d'information précontractuelle (Cass. com. 4 octobre 2011) (I).

Défaut de rentabilité de la franchise : Erreur sur une qualité substantielle ?

Dans une première affaire, un franchisé avait demandé l'annulation de son contrat de franchise en raison de l'obtention de résultats, très inférieurs aux prévisions qui lui avaient été transmises par le franchiseur lors de la signature du contrat de franchise, l'ayant conduit à la liquidation judiciaire très rapidement après le début de son activité.

Une Cour d'appel avait rejeté sa demande au motif que des insuffisances ponctuelles dans la documentation transmise ne sauraient être regardées comme "*un élément essentiel dont la révélation aurait été susceptible de conduire le franchisé à ne pas conclure le contrat*" d'autant plus "*qu'en sa qualité de professionnel averti du commerce ayant exercé pendant plus de vingt ans dans le domaine (...), le dirigeant se devait d'apprécier la valeur de la faisabilité des promesses de rentabilité qui lui avaient été faites dans la mesure où celles-ci ne pouvait comporter de la part du promettant aucune obligation de résultat, que le seul fait qu'un écart soit effectivement apparu entre les prévisions de chiffre d'affaires (...) et les résultats concrets nés de l'exploitation poursuivies par le franchiseur ne saurait être démonstratif, à lui seul, de l'insincérité ou du manque de crédibilité des chiffres et documents fournis par le franchiseur, lequel n'avait pas à garantir la réalisation de quelconques prévisions comptables et qu'il s'ensuit que le franchisé ne rapporte la preuve d'aucun dol et d'aucune erreur*".

La Cour de cassation censure les juges du fond au visa de l'article 1110 du Code civil pour ne pas avoir recherché si les "*circonstances ne révélaient pas, même en l'absence de manquement du franchiseur à son obligation précontractuelle d'information, que le consentement du franchisé avait été déterminé par une erreur substantielle sur la rentabilité de l'activité de l'entreprise*".

Il est de jurisprudence établie que même si le franchiseur n'est pas tenu de transmettre une étude de marché ou de fournir un compte d'exploitation prévisionnel au franchisé, lorsqu'il transmet spontanément ce type de documents visant à établir des prévisions de réussite, il doit le faire de manière sérieuse et sincère (Cf. notamment Cour d'appel de Paris 30 juin 2011). À défaut le contrat de franchise peut être annulé pour dol (Cf. Cour d'appel de Paris 17 mars 2010, JurisData 2010-015258 : annulation pour réticence dolosive caractérisée par le défaut de transmission d'informations crédibles sur les perspectives de rentabilité et la réalité du savoir faire ; Cour d'appel de Paris, 4 décembre 2003, JurisData n° 2003-233437 : annulation pour dol caractérisé par des prévisions d'activité exagérément optimistes). Dans ce cas, il s'agit de protéger le franchisé contre le mensonge ou l'exagération fallacieuse du franchiseur qui l'empêche d'accepter en connaissance de cause le contrat de franchise.

En faisant de la rentabilité une qualité substantielle de la franchise, c'est sur le fondement d'une simple erreur que la Cour de cassation semblerait aujourd'hui prête à admettre l'annulation du contrat de franchise.

Plus qu'une erreur sur la substance, certains ont pu avancer que l'erreur sur la rentabilité semblerait davantage correspondre à une erreur sur la valeur. Or, non seulement l'erreur sur la valeur n'est pas en elle-même susceptible de fonder l'annulation d'un contrat, en outre encore faudrait-il pour constater l'erreur qu'une valeur puisse être attribuée par avance à la réitération de la réussite commerciale qui fait l'objet du contrat de franchise. Or ce n'est pas le cas dès lors que la rentabilité de la franchise a nécessairement un caractère aléatoire puisqu'elle repose sur des prévisions. Pour la Cour de cassation, "*le décalage entre les résultats obtenus et les prévisions* [caractériserait, non pas une pure erreur sur la valeur mais] *une erreur incidente sur la valeur conséquence d'une erreur sur la substance*" (O. Dehaye, note sous la décision commentée, *L'essentiel Droit des contrats*, 1er décembre 2011, n° 11, p. 2). Une telle solution s'éloigne de l'esprit de la formule du contrat de franchise et fait d'un résultat nécessairement aléatoire et qui ne peut être constaté qu'au moment de l'exécution du contrat, un élément d'appréciation du contenu du consentement donné par le franchisé lors de la conclusion du contrat.

Si une telle solution venait à prospérer, il est à craindre que tous les franchisés déçus ne demandent l'annulation de leur contrat au motif que la réitération de la réussite ne leur permettrait pas d'obtenir des résultats au moins équivalents à ceux déjà obtenus par le passé par le franchiseur lui-même ou par d'autres franchisés...

Au demeurant, pour prouver l'existence de cette erreur encore faudra-t-il que le franchiseur ait fourni un prévisionnel ; ce à quoi il n'est pas tenu par la loi dès lors que si l'article R. 330-1 du Code de commerce oblige ce dernier à fournir une "*présentation de l'état général et local du marché des produits ou services devant faire l'objet du contrat et des perspectives de développement de ce marché*", c'est au bénéficiaire de l'information qu'il appartient de procéder lui-même à une analyse de marché ou d'implantation.

Le fait que la loi n'exige pas la transmission de telles informations, conforte dans l'idée que la rentabilité de la franchise ne doit pas être considérée comme une qualité substantielle de la franchise que tout franchisé serait en droit d'attendre. La rentabilité de la réitération de la réussite commerciale du franchiseur a une dimension nécessairement prédictive qui devrait exclure que l'on puisse raisonnablement attendre de ce dernier qu'il la garantisse au franchisé.

Lorsque le franchiseur manque à son obligation d'information précontractuelle en ne transmettant pas les informations requises, ou lorsque le franchiseur transmet des informations erronées ou inexactes, le contrat peut alors être annulé. Il s'agit de protéger le franchisé qui n'a pas été en mesure de procéder, au vu des informations transmises, à une juste appréciation des risques de son activité future.

L'annulation ne devrait pas, en revanche, permettre de sortir à moindre frais d'un contrat dont l'exécution ne s'avère pas aussi rentable que prévu...

Défaut de rentabilité de la franchise : Résultat d'une mauvaise exécution du contrat ?

Dans la seconde affaire commentée (Cass. com. 18 octobre 2011), un franchiseur avait conclu avec une société un contrat de franchise pour l'exploitation d'un concept concernant la fabrication et la diffusion de sandwiches haut de gamme.

Le franchisé avait obtenu auprès des juges du fond l'annulation du contrat de franchise pour manquement par le franchiseur à son obligation d'information précontractuelle. En effet, le franchiseur s'était contenté d'insérer dans le contrat une clause type aux termes de laquelle le franchisé reconnaissait avoir reçu les documents légalement requis sans qu'il soit possible d'établir l'effectivité et la consistance de l'information transmise. Une telle omission considérée comme trompeuse par les juges du fond avait justifié l'annulation du contrat pour dol. En revanche le franchisé avait été débouté de sa demande en réparation d'un préjudice financier résultant de la non-obtention des résultats financiers attendus.

Sur ce dernier point la Cour de cassation rejette son pourvoi au motif que "*la société K3 indique avoir subi, en raison de la carence du franchiseur, dans l'exécution du contrat, une perte de marge correspondant à la différence entre le chiffre d'affaires effectivement réalisé sous franchise et celui qui aurait dû correspondre au seuil de rentabilité*". Or, "*le contrat de franchise annulé étant censé ne jamais avoir existé,* [le franchisé] *ne peut utilement, sauf à méconnaître les conséquences mêmes de la nullité prononcée, réclamer l'allocation d'un préjudice financier correspondant à la non-obtention des résultats commerciaux qu'*[il] eût été en droit d'attendre de l'exploitation de la franchise considérée".

Elle rappelle utilement que si une annulation pour dol permet au franchisé d'obtenir des dommages et intérêts visant à réparer le préjudice subi du fait des manœuvres dolosives ayant conduit à la conclusion du contrat, la non-obtention des résultats commerciaux consécutive à une carence du franchiseur pendant l'exécution du contrat annulé ne permet pas d'obtenir des dommages et intérêts sur un tel fondement. En effet, l'inexécution d'un contrat ne peut être sanctionnée lorsque celui-ci est réputé n'avoir jamais existé. Or en l'espèce, le franchisé réclamait non pas la réparation d'un préjudice consécutif au dol mais l'allocation d'une indemnité correspondant à la rémunération du travail qu'elle avait fourni pour exécuter la franchise annulée...

Cette décision montre bien combien la question de la rentabilité de la franchise est délicate à appréhender et surtout qu'elle ne peut avoir qu'un caractère prospectif puisque ce n'est que dans l'exécution du contrat que son éventuel défaut pourra se vérifier. Ainsi de deux choses l'une, soit l'information transmise sur la rentabilité est mensongère et le contrat pourra être annulé pour dol, et le franchiseur condamné à des dommages et intérêts sur le fondement de la responsabilité délictuelle ; soit l'information n'est pas transmise ou bien n'est pas mensongère et le franchiseur tout comme le franchisé pourront être sanctionnés pour mauvaise exécution de leurs obligations respectives, ayant conduit à un défaut de rentabilité, sur le fondement de la responsabilité contractuelle.

En définitive, lorsque le franchiseur a fait des prédictions que la loi n'exigeait pas qu'il fasse et que ce n'est qu'en considération de leur caractère exagérément optimiste que le franchisé a conclu le contrat, seul le dol devrait permettre à ce dernier d'obtenir une annulation. Le fondement s'accorde mieux avec l'économie de la franchise.

Dans tous les cas, les franchiseurs doivent insister sur le caractère prospectif et donc incertain voire aléatoire des informations éventuellement transmises sur la rentabilité de la future franchise, car ils ne peuvent garantir que la réussite déjà éprouvée sera identique dans de nouvelles "circonstances". Les franchisés, quant à eux, à défaut d'avoir une garantie de succès, ne doivent pas recevoir des informations qui pourraient fausser leur appréciation des risques de l'activité projetée.

A.-C. Martin
Concurrences N° 1-2012, pp. 125-127

Concurrences +

D. Ferrier, La Cour d'appel de Lyon rappelle que l'erreur sur la rentabilité économique de l'opération ne constitue pas une erreur sur la substance (Tech'innove expansion / Ecrinh), 5 juin 2014, Revue Concurrences N° 4-2014, pp. 154-155

2.4.1.2 Savoir-faire

CA Paris, 12 novembre 2014, Platimmo c/ Guy Hoquet immobilier, n° 12/15179

La Cour d'appel de Paris considère qu'un savoir-faire fructueusement mis en œuvre dans un réseau de franchise peut être utilisé par le franchiseur pour le développement d'un autre réseau

Le savoir-faire est un élément déterminant du succès d'une franchise, à défaut duquel le contrat de franchise est considéré comme dépourvu de cause, ou d'objet, et donc nul (Cass. com., 14 sept. 2010, pourvoi n° 09-17079). Aussi, l'argument de l'absence de savoir-faire est fréquemment invoqué par les franchisés lorsqu'ils sont déçus des résultats de la franchise, pour obtenir la nullité du contrat et avec elle la restitution des redevances et du droit d'entrée.

L'arrêt de la Cour d'appel de Paris du 12 novembre 2014 en est une nouvelle illustration, dans une espèce originale où le savoir-faire transmis résultait de la transposition d'un savoir-faire préexistant qui avait été mis en œuvre par le même franchiseur mais dans un autre réseau de franchise. (Étaient également invoquées des insuffisances dans le document d'information précontractuelle remis par le franchiseur, mais en l'occurrence elles ne sont pas considérées comme de nature à affecter le consentement du franchisé).

En effet, ce franchiseur avait formalisé un savoir-faire éprouvé en matière de transaction immobilière et avait décidé de l'utiliser en matière de cession de fonds de commerce. Un franchisé, qui relevait de cette seconde activité et avait subi des pertes financières importantes, avait alors invoqué la nullité du contrat de franchise pour défaut de savoir-faire en s'appuyant notamment sur l'absence d'un site pilote et par voie de conséquence l'absence d'expérimentation d'un savoir-faire.

La Cour d'appel de Paris était ainsi confrontée à la question de savoir si, dans le cas d'espèce, les éléments commerciaux mis au point et transmis par le franchiseur à partir de son expérience dans le secteur des transactions immobilières pouvaient constituer un savoir-faire en matière de cession de fonds de commerce.

Reprenant la définition du savoir-faire retenue par le règlement d'exemption UE n° 330/2010 comme "*un ensemble finalisé de connaissances pratiques, transmissibles, non immédiatement accessibles, non brevetées, résultant de l'expérience du franchiseur, testées sur lui et conférant à celui qui le maîtrise un avantage concurrentiel*", la Cour juge que le savoir-faire éprouvé dans le secteur des transactions immobilières avait pu être transposé pour devenir un savoir-faire dans le secteur des cessions de fonds de commerce.

Considérant le contenu du savoir-faire, la Cour relève l'analogie fructueuse des modalités d'organisation et de commercialisation au sein du réseau, qui sont essentielles dans la mesure où la mise en relation des vendeurs et acheteurs d'immeubles ou de fonds de commerce requiert, de manière analogue, l'harmonisation et la synergie des activités des intermédiaires franchisés à travers notamment la présentation des agences, la mise à disposition d'un logiciel commun, la communication interne, l'approche spécifique du client…

Considérant l'absence de site pilote, la Cour estime qu'elle "*ne démontre pas en soi l'absence de réussite éprouvée du savoir-faire*". Elle relève que, en l'occurrence, le savoir-faire contesté en matière de cession de fonds de commerce "*avait été expérimenté et était transmis par les premiers franchisés du réseau* [dont l'activité était la transaction immobilière], *déjà en place, qui assuraient des formations et animations*" de sorte qu'"*un réel savoir-faire a*[vait] *été transmis*".

L'attention vigilante et plutôt bienveillante ainsi portée aux conditions d'utilisation d'un savoir-faire hors de son domaine d'application initiale pourrait inspirer aux franchiseurs la "*migration*" de leurs méthodes commerciales au-delà du réseau qui en a illustré la première réussite. Encore faut-il que le résultat soit, au moins globalement comme le laisse supposer cette espèce, fructueux.

D. Ferrier
Concurrences N° 2-2015, p. 113

CA Paris, 7 octobre 2015, Gros affaires c/ Guy Hoquet immobilier, n° 13/09827 et CA Lyon, 1er octobre 2015, LFB c/ M. X, n° 13/06572

Les Cours d'appel de Paris et de Lyon relèvent le caractère essentiel des obligations de conseil et d'assistance

Le contrat de franchise repose sur un savoir-faire dont la mise en œuvre appelle un conseil et une assistance de la part du franchiseur. Deux décisions relèvent le caractère essentiel de ces deux éléments et en précisent le contenu.

Considérant le savoir-faire qui avait été transmis par un franchiseur, jusque-là spécialisé dans l'activité de transactions immobilières, à un franchisé souhaitant développer une activité de cessions de fonds de commerce, les juges reconnaissent une possible "déclinaison" dans ce nouveau domaine d'activité, du savoir-faire déjà franchisé dans celui de l'activité immobilière (Cf. CA Paris, 7 oct. 2015).

En l'espèce, le franchisé reprochait au franchiseur son absence d'expérience et par voie de conséquence de savoir-faire en matière de cession de fonds de commerce et demandait l'annulation du contrat de franchise pour défaut de cause.

Les juges reprennent la définition communément acceptée du savoir-faire: "*ensemble finalisé de connaissances pratiques, transmissibles, non immédiatement accessibles, non brevetées, résultant de l'expérience du franchiseur, testées par lui et conférant à celui qui le maîtrise un avantage concurrentiel*", et admettent que "*le défaut de savoir-faire prive le contrat de franchise de cause*".

Ils estiment cependant que le savoir-faire qui avait été transmis au franchisé était "*la déclinaison au secteur des fonds de commerce, de l'expérience acquise en matière de transactions immobilières*" et donc qu'il était "*en partie similaire*". Ils observent ainsi, à partir d'un inventaire des éléments constitutifs du savoir-faire ("bible", formations, communications...), que la plupart de ces éléments sont communs aux deux activités, tout en relevant, au crédit du franchiseur, que certains sont propres à l'activité de cessions de fonds de commerce.

Une intéressante ouverture vers la franchise multi-réseaux…

Le franchiseur qui a connu une réussite commerciale dans un domaine d'activité peut donc utiliser directement et sans nouvelle expérience préalable, dans un domaine voisin, les éléments qui l'ont favorisée: savoir-faire mais également signes distinctifs comme le soulignent ici les juges: "*l'enseigne [du franchiseur], existant depuis vingt ans, est notoire et bénéficie aussi à l'enseigne de [sa seconde franchise]*". Il en ressort une intéressante ouverture vers la franchise multi-réseaux…

Considérant l'obligation de conseil et d'assistance à la charge du franchiseur, les juges estiment qu'elle constitue une "*obligation essentielle du contrat*" même si elle n'est qu'une "*obligation de moyens*" (CA Lyon, 1er oct. 2015).

En l'espèce, le franchisé se plaignait de ne pas avoir été assisté par le franchiseur lors de la recherche d'un local pour son activité de restauration.

Les juges, après avoir relevé que le franchisé avait payé "*une redevance initiale et forfaitaire importante*", estiment que la fixation de quelques rendez-vous entre le franchiseur et le franchisé et la réalisation de quelques recherches de local à l'initiative du franchiseur ne suffisaient pas à justifier l'exécution de son obligation d'assistance, et le condamnent à restituer les sommes perçues au titre de la "*redevance initiale*".

Les termes de la décision ne permettent pas d'apprécier les manquements précisément reprochés au franchiseur; il semble que la proposition de remboursement de la redevance initiale qu'il avait faite avant l'introduction du litige et l'absence de tout commencement d'activité du franchisé aient suffi à nourrir la conviction des juges sur les carences du franchiseur.

De manière générale, la solution invite les franchiseurs à constituer la preuve de leurs diligences au titre de leur obligation de conseil et d'assistance du franchisé, que ce soit au stade de la mise en place ou à celui du développement de la franchise.

D. Ferrier

Concurrences N° 1-2016, pp. 10-11

Cass. com., 5 janvier 2016, Assurtis c/ M. X e. a., n° 14-15701

La Cour de cassation rappelle l'importance d'adapter les informations transmises, notamment celles relatives au concept relevant du savoir-faire, en fonction du profil du candidat à la franchise

Le franchiseur – à l'instar de toute personne qui met à la disposition d'une autre personne un nom commercial, une marque ou une enseigne, en exigeant d'elle un engagement d'exclusivité ou de quasi-exclusivité pour l'exercice de son activité – doit fournir à tout candidat à la franchise des informations qui lui permettent de s'engager en connaissance de cause. Les articles L. 330-3 et R. 330-1 C. com. imposent ainsi au franchiseur la transmission, 20 jours minimum avant la conclusion du contrat de franchise, d'un document d'information précontractuel (DIP) précisant notamment "*l'état et les perspectives de développement du marché concerné*". Le non-respect de cette obligation expose le franchiseur à une sanction pénale (contravention de 5e classe). Elle l'expose également à l'annulation du contrat de franchise si le défaut d'information a vicié le consentement du franchisé et, le cas échéant, à l'allocation de dommages-intérêts réparant le préjudice subi par ce dernier.

Des franchisés, déçus par la franchise, utilisent de façon récurrente l'argument d'un manquement du franchiseur à son obligation précontractuelle d'information pour tenter d'obtenir l'annulation de leur contrat. De telles actions, lorsqu'elles sont engagées, peuvent se propager rapidement au sein du réseau lorsque le franchiseur a transmis des types d'information, peu ou prou, identiques à l'ensemble des candidats à la franchise...

Au-delà de l'intéressante illustration de cet effet de propagation, une série de dix décisions, rendues par la Chambre commerciale de la Cour de cassation le 5 janvier 2016, mérite l'attention. Elle rappelle d'une part, l'importance de l'adaptation des informations transmises en fonction du profil du candidat à la franchise et pose, d'autre part, la question de l'incidence du caractère "novateur" du concept franchisé sur la portée de l'obligation précontractuelle d'information.

La Cour de cassation rappelle l'importance de l'adaptation des informations transmises en fonction du profil du candidat à la franchise

En l'occurrence, dans l'ensemble des espèces considérées, le franchiseur proposait aux candidats à la franchise l'exploitation d'un concept alliant crédit et assurance qualifié, par la Cour de cassation, de "*novateur*". Il n'avait transmis à ces derniers aucune présentation de l'état et des perspectives de développement du marché concerné. Dans chacune des espèces, les juges du fond avaient rejeté les demandes des franchisés se plaignant de ce défaut d'information au motif qu'il n'avait pas été de nature à vicier leurs consentements.

Dans quatre espèces, la Cour de cassation approuve les juges du fond dès lors que les candidats à la franchise disposaient d'une "*bonne connaissance du marché local*" en raison, pour trois d'entre eux, de leur expérience d'une durée conséquente en matière à la fois de crédit et d'assurance, et, pour le quatrième, de son appartenance préalable à un réseau exploité en matière d'assurance mais sous l'enseigne du même franchiseur (pourvois n° 14-15702, 14-15705, 14-15710 et 14-15701). Dans tous ces cas, en effet, les franchisés ne démontraient pas en quoi le défaut de transmission d'informations sur "*l'état et les perspectives de développement du marché concerné*" avait vicié leur consentement. Classiquement, l'expérience des franchisés permet de présumer leur connaissance du marché. On relèvera toutefois que, dans l'une (pourvoi n° 14-15701) des espèces, la Cour de cassation approuve les juges du fond d'avoir considéré que le candidat à la franchise ayant déjà exploité un point de vente sous l'enseigne du franchiseur pour l'exploitation d'un autre savoir-faire (en matière d'assurance) avait une expérience "*lui permettant de connaître les enjeux de son investissement*". La circonstance selon laquelle il n'avait "*pas estimé nécessaire de se livrer à une étude de marché*" (qui conformément à une jurisprudence constante ne doit pas être confondue avec l'état général et local du marché et ses perspectives de développement visés par l'art. R. 330-1 C. com.), autorisait à considérer qu'une telle information n'était pas déterminante pour lui. Relevons que la Cour d'appel de Paris (CA Paris, 16 déc. 2015) avait déjà eu l'occasion d'adopter un raisonnement similaire refusant la possibilité au franchisé de se plaindre d'un vice du consentement lorsqu'il est déjà, par ailleurs, signataire d'un autre contrat de franchise et donc "*informé de la situation réelle du réseau*" (RG n° 13/20186) ou encore s'agissant de la "*reprise d'un fonds de commerce précédemment exploité sous la même franchise*" (RG n° 13/21335).

Dans les six autres espèces, la Cour de cassation censure les juges du fond pour ne pas avoir précisé en "*quoi l'expérience du franchisé acquise dans le seul domaine* du crédit ou de l'assurance selon les espèces *était suffisante pour lui permettre d'apprécier l'état du marché local d'un concept novateur alliant crédit et assurance*" (pourvois n° 14-15706, 1415707, 14-15700, 14-157003, 14-157004 et 14-15708). Comme dans les quatre premières espèces, elle invite donc les franchiseurs à adapter le contenu de l'information précontractuelle transmise en fonction du profil des candidats à la franchise ; en l'occurrence : en fonction de l'expérience de ces derniers en matière à la fois d'assurance et de crédit. Cette fois toutefois, la Cour de cassation souligne, dans son attendu principal, le caractère "*novateur*" du "*concept*" franchisé.

Même si l'information précontractuelle ne vise pas à permettre au franchisé d'être garanti de sa propre réussite commerciale, mais bien de s'engager en connaissance de cause encore faut-il que le franchiseur soit en mesure de justifier l'existence de la réussite qu'il annonce

À défaut de définition par la Cour de cassation de ce qu'il faut entendre par "*concept novateur*", la logique de ces solutions se trouble. En effet, s'il faut entendre par "concept novateur" un concept totalement nouveau qui n'existait pas auparavant, on voit mal en quoi une expérience, même acquise à la fois en matière de crédit et d'assurance, pourrait être considérée comme suffisante s'agissant d'apprécier l'état d'un marché qui, par essence, n'existe pas encore... Encore plus radicalement, l'impossibilité pour le franchiseur de transmettre les informations précontractuelles requises ne pourrait-elle pas, dans certains cas, révéler un défaut de savoir-faire à transmettre ?

Rappelons qu'en matière de franchise, même si l'information précontractuelle ne vise pas à permettre au franchisé d'être garanti de sa propre réussite commerciale, mais bien de s'engager en connaissance de cause – c'est-à-dire en considération de la réalité d'une réussite déjà éprouvée par le franchiseur – encore faut-il que le franchiseur soit en mesure de justifier l'existence de la réussite qu'il annonce. À défaut l'annulation du contrat de franchise ne pourrait-elle pas être demandée, non pas pour vice du consentement dès lors qu'en l'occurrence la Cour de cassation relève que les franchisés étaient parfaitement informés du caractère novateur du "*concept*", mais plus radicalement pour absence de cause ? Au demeurant, dans un tel cas, le contrat pourrait, plus simplement, être requalifié en contrat d'achat exclusif ou de licence d'enseigne, par exemple, et l'article L. 330-3 C. com. trouverait alors toujours à s'appliquer. Logiquement, l'intégrité du consentement du créancier de l'obligation d'information devrait alors être appréciée, non plus en fonction de son hypothétique expérience sur le marché d'un "concept novateur", mais plus simplement en fonction de son expérience sur le ou, en l'occurrence, les marchés concernés. Tout est affaire de définition, certes, mais en matière de franchise, celle du "concept franchisé" reste sensible !

A.-C. Martin

Concurrences N° 2-2016, pp. 123-124

2.4.2 Effets

2.4.2.1 Obligation d'assistance

Cass. com., 19 janvier 2016, Epil Sun et Sud-Est c/ International Esthetique, n° 14-16272

La Cour de cassation admet la possibilité pour le franchiseur de modifier l'enseigne de son réseau

La gestion d'un réseau de distribution suppose de concilier les nécessaires évolutions que celui-ci est amené à connaître avec le principe d'intangibilité de l'ensemble des contrats qui en matérialise l'existence (N. Ferrier, Évolution de la politique du réseau et intangibilité contractuelle, *JDS* n° 49, juin 2012, p. 44 et s.).

Dans la mise en œuvre de cette conciliation, la jurisprudence est heureusement du côté des franchiseurs, ou plutôt des réalités économiques, en retenant "*le droit qu'a tout fournisseur de modifier l'organisation de son réseau de distribution*" (Cass. com., 2 déc. 2008, n° 07-18775, *CCC* 2009, n° 42, obs. N. Mathey), "*sans que ses cocontractants bénéficient d'un droit acquis au maintien de leur situation*" (Cons. conc., déc. 01-D-42, 11 sept. 2001, p. 8), la Cour de cassation ayant même conforté l'affirmation suivant laquelle "*la nature de tout réseau implique la nécessaire évolution de celui-ci*" (Cass. com., 7 janv. 2014, n° 12-17154, *Lettre distribution* fév. 2014, p. 3, obs. N. Eréséo, rejetant le pourvoi dirigé contre CA Paris, 1er fév. 2012, RG n° 09/15447).

Rendu dans la droite ligne de ces solutions, le présent arrêt de la Cour de cassation illustre qu'un franchiseur est en droit de faire évoluer rien moins que l'enseigne de son réseau, la Cour ayant approuvé en tous points une décision en ce sens rendue par la Cour d'appel de Paris (CA Paris, 5 février 2014, RG n° 12/18858, *Lettre distribution* mars 2014, obs. N. Eréséo).

La gestion d'un réseau de distribution suppose de concilier les nécessaires évolutions que celui-ci est amené à connaître avec le principe d'intangibilité de l'ensemble des contrats qui en matérialise l'existence

Était en cause un franchisé qui avait créé deux sociétés afin d'exploiter plusieurs instituts de beauté sous enseigne "*Epil Center*", un contrat de "réservation multizones" ayant planifié une ouverture par an en moyenne. Courant 2006, alors que le franchisé avait déjà ouvert quatre instituts, le franchiseur avait cependant décidé de mettre en place une nouvelle enseigne ("*Esthetic Center*") plus proche de son concept qui couvrait tout un ensemble de prestations de beauté et pas seulement l'épilation. Le franchisé avait par la suite ouvert deux magasins supplémentaires mais non sans se montrer hostile aux changements voulus par le franchiseur, si bien qu'il avait refusé de signer les derniers contrats proposés par son partenaire. Les relations entre les parties s'étaient par la suite dégradées, notamment en raison de la nécessité pour le franchisé de signer un avenant afin de mettre en conformité les premiers instituts ouverts. Le franchisé avait fini par notifier au franchiseur la résiliation de l'ensemble des contrats en vigueur et l'abandon de l'enseigne "*Esthetic Center*" au profit d'une dénomination "*Top Beauté*". Le franchiseur avait alors assigné le franchisé devant le Tribunal de commerce de Paris afin de faire sanctionner la rupture des relations et la création d'un réseau concurrent. Le 23 janvier 2012, le tribunal avait partiellement fait droit à ses demandes, avant que les sociétés franchisées ne soient mises en redressement judiciaire courant 2013. Confirmant partiellement la décision des premiers juges, la Cour d'appel de Paris s'était attardée sur les arguments que le franchisé faisait valoir pour défendre la rupture des relations. Il invoquait à ce titre la nullité du contrat et plus subsidiairement sa résiliation aux torts du franchiseur mais ses demandes ont toutes été rejetées par les magistrats parisiens, approuvés en cela par la Cour de cassation.

En ce qui concerne la demande d'annulation du contrat, le franchisé avançait notamment un vice du consentement en pointant, d'une part, l'absence de délimitation de l'exclusivité territoriale et, d'autre, la dissimulation par le franchiseur de la faillite personnelle et d'une interdiction de gérer de cinq ans qui avaient été décidées contre son dirigeant. La Cour de cassation a cependant approuvé les juges du fond qui avaient retenu que "*n'était justifiée par aucun élément objectif sérieux l'allégation selon laquelle les sociétés* [du franchisé] *n'auraient pas contracté si elles avaient eu l'intégralité des renseignements dont elles déplorent l'absence*".

S'agissant de la délimitation des exclusivités territoriales litigieuses dont le franchisé déplorait l'absence, l'article R. 330-1, 6° du Code de commerce pouvait certes être soulevé au soutien de la demande puisque le document d'information doit mentionner le "*champ des exclusivités*" mais en l'espèce les constatations des juges du fond avaient fait ressortir que les zones en cause avaient été mentionnées et n'avaient fait l'objet "*ni d'interrogation ni de contestation entre les parties*".

La jurisprudence dominante tend à ne tirer aucune conséquence lorsqu'un franchiseur dissimule les déboires qu'il a connus dans le passé

En revanche, s'agissant de la dissimulation des déboires du dirigeant, la décision attaquée témoignait d'une sévérité qui pouvait être discutée. Dans une autre affaire, la Cour d'appel de Paris a par exemple prononcé l'annulation d'un contrat de franchise aux motifs que le franchiseur avait occulté que le directeur régional du réseau avait autrefois connu une déconfiture alors même que celle-ci avait eu pour cadre l'exploitation d'une autre franchise sur un secteur différent (CA Paris, 14 janv. 2015, n° 12/18716 : *Concurrences* 2015/2, p. 115, obs. N. Eréséo). L'article R. 330-1, 4° impose en effet de faire figurer dans le document d'information précontractuelle (DIP) "*toutes indications permettant d'apprécier l'expérience professionnelle acquise par l'exploitant ou par les dirigeants*". Or, l'exigence de sincérité attachée à toutes les indications devant figurer dans le DIP (v. art. L. 330-3, al. 1) impose certainement de ne pas se contenter d'éléments invitant à l'optimisme occultant tous ceux de nature à ternir la réputation et la réalité de l'expérience professionnelle du franchiseur. L'ordonnance portant réforme du droit des contrats conforte d'ailleurs les arguments de ce type en prévoyant désormais expressément que constitue "*un dol la dissimulation intentionnelle par l'un des contractants d'une information dont il sait le caractère déterminant pour l'autre partie*" (art. 1137). Sur le terrain de la responsabilité, l'article 1112-1 prévoit en outre que "*celle des parties qui connaît une information dont l'importance est déterminante pour le consentement de l'autre doit l'en informer dès lors que, légitimement, cette dernière ignore cette information ou fait confiance à son cocontractant*", étant précisé par ailleurs qu'ont "*une importance déterminante les informations qui ont un lien direct et nécessaire avec* [...] *la qualité des parties*". Pourtant, la jurisprudence dominante tend à ne tirer aucune conséquence lorsqu'un franchiseur dissimule les déboires qu'il a connus dans le passé, comme le confirme un autre arrêt rendu durant le même mois par la Cour de cassation (voir *infra* nos obs. sur Cass. com., 5 janv. 2016, n° 14-11624).

Toujours au soutien de l'annulation du contrat, le franchisé regrettait également l'absence d'écrit formalisant les contrats d'exploitations des nouveaux centres sous enseigne "*Esthetic Center*". Mais les juges du fond, approuvés en cela par la Cour de cassation, avaient rappelé que l'écrit ne conditionnait pas la validité du contrat de franchisé et retenu qu'"*en dépit de son refus de retourner le contrat signé,* [le franchisé] *a exploité, en qualité de gérant de la société* [x] *l'institut de* [y] *sous l'enseigne Esthetic Center, ce qui traduit l'existence du contrat de franchise dans les termes et conditions précisés dans la proposition écrite de contrat qui lui avait été adressée, qui reprend les dispositions des contrats Epil Center mot pour mot notamment sur les clauses de non-concurrence*". Ces dernières avaient d'ailleurs été jugées valables par les juges du fond en ce qu'elles se limitaient à interdire la création d'un réseau concurrent et en ce qu'elles étaient limitées dans le temps (un an) et dans l'espace (les villes où les instituts du franchisé étaient exploités), se trouvant ainsi proportionnées à l'intérêt du franchiseur de préserver le réseau existant.

La transformation du réseau appelle un accompagnement des distributeurs

En ce qui concerne la résiliation du contrat, le franchisé estimait qu'il avait légitimement mis un terme aux conventions dès lors que le franchiseur avait eu un comportement fautif en cherchant à imposer la signature d'avenants pour formaliser le changement d'enseigne. Là encore, le franchisé n'a pas obtenu gain de cause, notamment en ce que le franchiseur avait pris des précautions suffisantes pour garantir une transition progressive vers la nouvelle enseigne. L'avenant prévoyait en effet : d'abord, que les franchisés pouvaient continuer à exploiter la marque "*Epil Center*", au moins le temps nécessaire pour assurer la transition vers la nouvelle enseigne. Ensuite, il était convenu qu'un temps suffisant serait laissé aux franchisés pour mettre en œuvre la nouvelle politique, le franchiseur ayant notamment tenu compte des investissements – qualifiés de minimes par les magistrats – que le changement de signe appelait nécessairement. Enfin, l'avenant ne modifiait que l'enseigne, les autres éléments du contrat et notamment les conditions financières et le savoir-faire demeuraient inchangés. Par ailleurs, sur un plan davantage factuel, le franchiseur justifiait avoir maintenu des efforts pour continuer à promouvoir l'ancienne enseigne. Celle-ci était en effet souvent associée à la nouvelle marque dans les communications commerciales et le franchisé n'était pas fondé à exiger des efforts plus conséquents dès lors que tous les autres membres du réseau ou presque avaient déjà adopté le nouveau concept…

Cette affaire illustre une nouvelle fois que le franchiseur est libre de modifier les éléments de son organisation (enseigne, savoir-faire, nombre de points de vente, etc.) pourvu que ces derniers demeurent aptes à permettre la réalisation de l'objectif contractuel et *a fortiori* lorsque les modifications en cause sont la condition d'une telle réalisation. La transformation du réseau appelle cependant un accompagnement des distributeurs faute duquel le franchiseur risque de se voir reprocher une violation de son devoir d'assistance et éventuellement un abus de dépendance économique (C. com., art. L. 420-2 al. 2). Le passage récent de l'enseigne *Champion* à l'enseigne *Carrefour Market* a d'ailleurs offert à l'Autorité de la concurrence l'occasion d'obtenir du franchiseur des engagements de prise en charge d'une partie des travaux de mise en conformité à la nouvelle enseigne sur la simple base d'un risque d'abus de dépendance économique (Aut. conc., D.C. n° 11-D-20 du 16 décembre 2011 relative à des pratiques mises en œuvre par *Carrefour* dans le secteur de la distribution alimentaire).

N. Eréséo
Concurrences N° 2-2016, pp. 124-126

Concurrences +

N. Ereseo, La Cour d'appel de Paris estime que l'annulation d'un contrat de franchise peut être demandée lorsque le franchiseur occulte un échec connu autrefois par le directeur régional du réseau même si cette déconfiture a eu pour cadre l'exploitation d'une autre franchise sur un secteur d'activité différent (Era Global Management, REQ2PAY), 14 janvier 2015, Revue Concurrences N° 2-2015, p. 115

CA Versailles, 8 mars 2016, Laforet Franchise c/ Ensemble et Toit, n° 14/04091

La Cour d'appel de Versailles admet qu'un franchisé puisse être protégé contre l'installation d'un autre franchisé, malgré l'absence d'exclusivité territoriale stipulée à son profit

Après avoir été longtemps discutée, la solution a fini par s'installer en jurisprudence : un contrat de franchise ne suppose pas d'accorder une exclusivité au franchisé si sa réussite peut être obtenue en l'absence d'une telle stipulation (D. et N. Ferrier, *Droit de la distribution*, 7e éd., Lexisnexis 2014, n° 723). La Cour de cassation retient à ce titre que l'absence d'exclusivité territoriale n'est pas, en elle-même, de nature à entraîner l'annulation du contrat de franchise (Cass. com., 16 janv. 1990, n° 88-16421 ; D. 1990, somm. p. 369, obs. D. Ferrier), celui-ci pouvant se satisfaire des trois éléments reconnus comme participant de son essence : savoir-faire, assistance et signe distinctif.

Le franchisé victime d'une concurrence directe dans sa zone de chalandise doit en conséquence établir l'existence d'une clause d'exclusivité et les magistrats n'en présument généralement pas l'existence. La Cour de cassation a par exemple jugé qu'avait violé l'article 1134 du Code civil la Cour d'appel ayant constaté une exclusivité de fait au profit d'un franchisé alors que l'accord de franchise litigieux "*ne stipulait aucune exclusivité territoriale et qu'aucune disposition légale ou réglementaire n'impose pareille exclusivité même en présence d'une exclusivité d'approvisionnement en l'état non établie*" (Cass. com., 19 nov. 2002, n° 01-13492 ; D. 2003, somm. p. 2427, obs. D. Ferrier).

L'absence d'exclusivité territoriale n'est pas, en elle-même, de nature à entraîner l'annulation du contrat de franchise

L'arrêt rendu le 8 mars dernier par la Cour d'appel de Versailles vient nuancer ces solutions en s'appuyant sur le devoir de bonne foi que la récente réforme du droit des contrats n'a pas manqué de consacrer en lui reconnaissant un caractère d'ordre public (art. 1104). En l'espèce, dans le cadre d'une franchise d'agences immobilières, le franchisé reprochait au franchiseur l'ouverture d'une nouvelle agence franchisée à 11 km de son agence alors même que le contrat ne comportait aucune exclusivité territoriale à son profit. Les magistrats ont cependant posé le principe suivant lequel "*le contrat de franchise est conclu dans l'intérêt commun des deux parties*" de sorte "*qu'un processus de partenariat est engagé*" et "*qu'il induit un devoir de coopération*", ajoutant "*que le franchiseur doit faire preuve de loyauté*" et qu'il "*est susceptible de manquer à ce devoir et d'abuser de son droit s'il intègre dans son réseau une agence même existante*". À lire l'arrêt, on comprend que le franchisé était confronté dans sa commune d'implantation à une situation économique difficile, qui était avérée dès la conclusion du contrat et que son partenaire n'ignorait pas dès lors que le DIP évoquait un marché assez étroit (3 000 logements) et peu dynamique sur lequel étaient déjà présentes les principales enseignes concurrentes. Dans ces conditions, il était nécessaire pour le franchisé de prospecter dans les communes avoisinantes et notamment celle dans laquelle le franchiseur avait fini par installer une nouvelle agence. Ces communes formaient en effet pour les magistrats une même zone de chalandise qui était d'ailleurs exploitée par l'ensemble des enseignes concurrentes installées à proximité immédiate du franchisé. Aussi, en installant une nouvelle agence dans la commune voisine du franchisé, le franchiseur avait manqué à son devoir de loyauté. Pourtant, l'agence existait déjà avant qu'elle finisse par rejoindre le réseau en cause mais les magistrats ont estimé que cette intégration lui procurait "*les avantages du réseau et de la franchise*" de sorte que le franchiseur avait bien manqué à son devoir de loyauté et "*à son obligation d'exécuter dans l'intérêt commun des deux parties le contrat de franchise*".

Si cette solution généreuse apparait novatrice à première lecture, sa portée mérite d'être relativisée : les magistrats n'affirment pas que le franchisé bénéficiait d'une exclusivité territoriale implicite. En effet, même si les arguments de ce type peuvent être défendus dans des circonstances très particulières (v. par ex. Cass. com. 3 juillet 2001, *RTD civ.* 2002, p. 293, obs. J. Mestre et B. Fages), la solution suivant laquelle le devoir de loyauté n'autorise pas le juge à porter atteinte à la substance même des droits et obligations des parties (Cass. com., 10 juillet 2007, Bull. civ. IV, n° 188) constitue aujourd'hui un frein considérable à la reconnaissance d'obligations d'exclusivité implicites.

La protection territoriale dont le franchisé a pu bénéficier en l'espèce était en effet toute relative puisque dépendante d'un contexte économique difficile. La sanction de sa violation n'a en outre pas pris le détour d'une interprétation divinatoire du contrat mais ressort d'une application en définitive normale du devoir de loyauté, ici sanctionné en ce que le comportement du franchiseur était susceptible de priver le franchisé des bénéfices attendus du contrat. Compris ainsi, l'arrêt en rejoint un autre rendu il y a presque quinze ans qui avait retenu que si le contrat n'interdisait pas au franchiseur "*toute distribution de ses produits par un circuit autre que le magasin* [du franchisé]", les livraisons opérées dans son territoire ne devaient pas conduire "*à priver l'exclusivité dont bénéficiait* [le franchisé] *de tout objet réel et de tout intérêt économique*" (CA Toulouse, 16 octobre 2002, *Lettre distrib.* janv. 2003).

Dès lors que le projet contractuel n'est pas compromis, le fournisseur retrouve toute latitude pour organiser ou réorganiser son réseau comme il l'entend

C'est en définitive l'aptitude du contrat à remplir son objet (favoriser la réitération de la réussite connue par le franchiseur) qui doit guider l'appréciation du comportement des parties et l'éventualité d'une protection accordée au franchisé contre la concurrence émanant du franchiseur ou des autres distributeurs.

Cependant, dès lors que le projet contractuel n'est pas compromis, le fournisseur retrouve en principe toute latitude pour organiser ou réorganiser son réseau comme il l'entend. Un arrêt rendu le 7 juin dernier par la Cour de cassation illustre cette liberté dans le contexte spécifique de la distribution sélective quantitative (Cass. com., 7 juin 2016, n° 14-22093, voir *supra* les obs. de D. Ferrier). La Cour y approuve nettement l'énonciation suivant laquelle "*dans un système de distribution sélective, le fournisseur détermine librement le nombre d'opérateurs qu'il décide d'agréer et contrôle la localisation de l'établissement principal des distributeurs qu'il agrée*", pour en conclure que deux nouveaux sites pouvaient être installés à proximité d'un point de vente existant. Cependant, la Cour a également repris la constatation suivant laquelle "*l'agrément délivré au* [concurrent] *ne modifiait pas l'équilibre du contrat conclu en 2003 avec la société* [du distributeur] *en imposant à cette société de nouvelles conditions de concurrence défavorables*", confirmant par-là que le comportement du fournisseur peut toujours être jugé fautif s'il compromet l'économie du contrat en contradiction avec le devoir de bonne foi.

N. Eréséo

Concurrences N° 3-2016, pp. 96-97

Cass. com., 15 mars 2017, Holder, n° 15-16406

La Cour de cassation estime que le franchiseur qui conclut un contrat de développement de la franchise doit, au cas d'inexécution liée aux difficultés connues dans la mise en œuvre de la franchise, proposer de nouvelles conditions de développement avant de résilier le contrat et rappelle par ailleurs que le préjudice indemnisable résultant du manquement par le franchiseur à son obligation préalable d'information, est constitué uniquement par la perte de chance pour le franchisé de ne pas contracter ou de contracter à de meilleures conditions, et non par les pertes subies

---

Le franchiseur a une obligation particulière d'information précisée à l'article L. 330-3 C. com. et dont l'exécution est scrupuleusement contrôlée par les juges (CA Paris, 13 févr. 2017, RG n° 15/20233, sanctionne la présentation d'un document d'information conforme aux exigences légales mais antidaté pour faire croire à sa délivrance dans le délai légal). Elle procède de sa position éminente de promoteur d'une activité commerciale fructueuse.

Une illustration forte en est donnée dans une espèce où le franchiseur avait confié à un partenaire (master franchisé? franchisé principal? la qualification n'est ni recherchée ni même évoquée par les juges) le développement de la franchise dans un territoire concédé en exclusivité. Le contrat prévoyait l'ouverture d'un nombre minimal de points de vente franchisés (dix-huit sur une période de cinq ans). La non réalisation de cet objectif étant sanctionnée par la résiliation du contrat.

Un nombre insuffisant d'ouvertures (cinq sur une période de quatre ans) ayant été réalisé, le franchiseur avait, dans un premier temps, résilié le contrat de développement; puis, dans un deuxième temps, cessé toute relation avec les franchisés au terme de leur contrat; enfin, dans un troisième temps, demandé réparation du préjudice que lui avait causé l'inexécution du contrat de développement. Cette dernière demande a suscité en retour la mise en cause du franchiseur pour résiliation abusive du contrat de développement et plus largement pour manquement à son obligation précontractuelle d'information.

S'agissant du contrat de développement, le franchiseur opposait au grief de sa résiliation abusive la stipulation qui prévoyait précisément la résiliation automatique au cas de non réalisation de l'objectif convenu. Les juges du fond avaient écarté l'objection en relevant que le contrat de développement "*ne pouvait être réalisé qu'avec la collaboration étroite et loyale des parties*" et que le franchiseur n'avait pas satisfait cette exigence. En effet, sa maîtrise des paramètres de la réussite aurait dû l'amener à "*vérifier les conditions d'implantation*" des franchisés et le cas échéant à "*refuser un projet s'il ne répondait pas à l'objectif* [de réussite]", et, compte tenu des difficultés rencontrées par les premières ouvertures, aurait dû proposer de nouvelles conditions de développement. La solution était critiquée par le franchiseur au motif que non seulement elle méconnaissait la clause de résiliation automatique convenue, mais surtout elle reconnaissait à sa charge une obligation de renégocier qui n'avait pas, elle, été convenue. La Cour de cassation rejette le pourvoi par une formulation de prime abord ambigüe : "*la Cour d'appel sans obliger* [le franchiseur] *à renégocier* [le contrat] *a pu retenir que la loyauté imposait de négocier si* [le contrat] *s'avérait difficilement réalisable et de proposer des conditions acceptables*". Ainsi, le franchiseur n'aurait pas de manière générale l'obligation de renégocier mais, dans certaines circonstances, commettrait une faute en ne renégociant pas... Il faut semble-t-il comprendre que, pour les juges, le rôle du franchiseur est d'accompagner la mise en œuvre de la franchise et, lorsque celle-ci rencontre des difficultés, de prendre des mesures pour les surmonter : modification des conditions d'activité, modification des conditions financières voire arrêt de l'activité au cas de difficultés insurmontables ou susceptibles d'être très dommageables. En définitive, le comportement attendu du franchiseur est le même à l'égard du "*développeur*" de la franchise qu'à l'égard des franchisés. La solution est rigoureuse mais elle correspond à l'économie de la franchise fondée sur la maîtrise d'un savoir-faire. Il conviendrait alors que les juges en tirent les conséquences dans leur appréciation des relations entre franchiseur et franchisé et cessent de les analyser comme des relations "*structurellement déséquilibrées*". L'équilibre est en effet assuré du fait des diligences et pour le moins de la vigilance attendue du franchiseur dans le développement de l'activité franchisée.

S'agissant des contrats de franchise, le franchiseur contestait le grief de manquement à "*son obligation préalable d'information*", qui aurait conduit les franchisés à l'établissement d'un compte d'exploitation prévisionnel sur "*des bases chiffrées qui faussaient les perspectives réelles de rentabilité des magasins*". L'action était fondée non sur l'article L. 330-3 C. com. dont il est aujourd'hui bien établi qu'il ne commande pas la fourniture par le franchiseur de comptes prévisionnels, mais sur l'article 1240 C. civ. qui permet d'engager la responsabilité délictuelle de l'auteur d'une faute préjudiciable.

Les juges du fond avaient relevé avec soin, d'une part, la participation du franchiseur à l'élaboration de l'étude de marché faite par le franchisé, d'autre part, l'absence de faute reprochable au franchisé et susceptible d'expliquer l'insuffisance de ses résultats. Ils avaient notamment souligné que le franchiseur "*avait une expérience et un savoir-faire technique et commercial éprouvés depuis de nombreuses années*" et qu'il avait fourni des informations conduisant à une étude de marché "*non sérieuse*". La Cour de cassation approuve cette analyse qui conduit, là encore, à aggraver la responsabilité du franchiseur en raison précisément de sa maîtrise des paramètres de la franchise.

Toutefois, alors que les juges du fond avaient indemnisé les frais d'emprunt et de procédure collective de l'un des demandeurs placés sous sauvegarde de justice, ainsi que les pertes et le passif de l'autre demandeur qui avait été mis en liquidation judiciaire, la Cour de cassation rappelle que "*le préjudice résultant du manquement à une obligation précontractuelle d'information est constitué par la perte de la chance de ne pas contracter ou de contracter à des conditions plus avantageuses et non par les pertes subies*" (Rapp Cass. com, 29 mars 2017, n° 15-26032, au cas d'annulation, en l'absence de preuve de "*la perte de chance d'une meilleure occasion de traiter avec un tiers*", le "*préjudice économique direct*" est constitué par "*les investissements et le droit d'entrée*" et non par "*les pertes opérationnelles*").

La décision invite les franchiseurs à la prudence dans l'établissement comme dans le développement de leurs relations avec les franchisés. Se tenir à bonne distance du laxisme et du pointillisme, d'une part, de l'inaction et de l'immixtion, d'autre part (CA Versailles, 1er mars 2017, RG n° 15/02579, l'existence d'un site Internet mis à la disposition des franchisés pour faciliter le recrutement du personnel constitue l'indice de l'existence d'un groupe de reclassement au sens du droit du travail), c'est pratiquer une vertu qui s'appelle la justice…

D. Ferrier
Concurrences N° 3-2017, pp. 89-90

2.4.2.2 Concurrence à l'encontre du franchisé

Cass. com., 30 mai 2018, Sté X c/ Distribution Casino France, n° 17-14303

Selon la Cour de cassation, en l'absence d'exclusivité territoriale reconnue au franchisé, le franchiseur n'a pas l'obligation de l'informer sur sa décision d'installer de nouveaux franchisés sur sa zone de chalandise

Dans le cadre d'un contentieux opposant un franchisé sous enseigne Spar et son franchiseur, le premier, qui ne bénéficiait d'aucune exclusivité territoriale, résilia le contrat, en reprochant au second notamment d'avoir manqué à son obligation de loyauté en ne l'informant pas de l'installation de trois autres franchisés sous une même enseigne dans sa zone de chalandise.

La Cour d'appel de Paris, qui avait écarté le grief (CA Paris, 14 décembre 2016 : AJCA 2017, p. 185, note N. Ereseo) est approuvée par la Cour de cassation qui, après avoir relevé qu'aucune exclusivité ne réservait au franchisé l'utilisation des enseignes de la société Casino dans cette zone de chalandise, en déduit qu'aucune obligation ne pesait sur le franchiseur de l'informer des nouvelles implantations.

Le raisonnement opère ainsi en trois temps : aucune obligation d'exclusivité ne profitait au franchisé, de sorte que le franchiseur avait toute liberté pour installer de nouveaux point de vente sous l'enseigne franchisée, ce qui excluait alors toute obligation d'information du franchisé déjà en place sur la désignation de nouveaux distributeurs. Si le raisonnement paraît implacable, et la solution dès lors logique, chacune de ses étapes appellent quelques précisions.

Sur l'objet de l'exclusivité

Il faut rappeler que celle-ci place son bénéficiaire, en l'occurrence le franchisé, dans une situation différente selon que, sur le territoire qui lui est affecté, elle interdit au débiteur, ici le franchiseur, soit de vendre à des utilisateurs finals, soit d'ouvrir un nouveau point de vente sous la même enseigne ou sous une autre enseigne, soit d'approvisionner d'autres distributeurs là encore de la même enseigne ou d'une autre enseigne. Il importe, à cet égard, d'être particulièrement attentif à la rédaction de la clause d'exclusivité pour autant qu'elle ait été stipulée, l'engagement d'exclusivité ne supposant pas toujours une telle stipulation. En effet, et comme le rappelle N. Ereseo, si, d'une manière générale, l'exclusivité n'est pas inhérente à la franchise (Cass. com., 19 nov. 2002 : D. 2003, somm. p. 2427, obs. D. Ferrier), sauf à être nécessaire à la réitération de la réussite commerciale et à participer alors du savoir-faire (Cass. com., 28 janv. 1980 : JCP G 1981, II, 19533, note J. Azéma. – Cass. com., 16 janv. 1990 : D. 1990, somm. p. 369, obs. D. Ferrier), elle se déduira parfois de manière implicite du contrat. Force est toutefois de constater que dans la présente espèce, il n'était pas contesté que le contrat ne comportait aucun engagement de cette nature mais prévoyait au contraire expressément l'absence d'exclusivité.

Dès lors, en l'absence d'exclusivité territoriale, le franchiseur est effectivement libre d'installer de nouveaux points de vente dans la zone de chalandise du franchisé, y compris sous la même enseigne. Cette liberté s'impose comme découlant de la liberté d'organiser ou faire évoluer son réseau elle-même issue de la liberté d'entreprendre et de la liberté contractuelle.

Pour autant, cette liberté peut se trouver entravée par l'assujettissement du franchiseur à son contrat, simple traduction du principe de la force obligatoire du contrat qui empêche tout contractant d'adopter un comportement qui viendrait ruiner l'utilité convenue du contrat. A ce titre, l'installation de nouveaux distributeurs dans la zone de chalandise du franchisé ne doit pas empêcher celui-ci de tirer du contrat le profit légitimement attendu (V. par ex. Versailles, 8 mars 2016 : Concurrences 3-2016, p. 97, obs. N. Ereseo). Autrement dit, elle ne doit pas remettre en cause la réitération – ou plus exactement l'espérance de réitération – de sa réussite commerciale. On ne saurait en déduire que le franchiseur peut se voir reprocher une baisse de résultat du franchisé, quand bien même serait-elle imputable à sa décision d'installer de nouveaux points de vente. La faute du franchiseur suppose, en effet, que cette réorganisation du réseau rende désormais illusoire toute espérance de réalisation d'une activité bénéficiaire ou rende inatteignable le prévisionnel qu'il aurait préalablement transmis au franchisé (puisque dans ce cas, il faut considérer que les résultats figurant dans le prévisionnels sont entrés dans le champ contractuel (Sur cette question, D. et N. Ferrier, Droit de la distribution, 8e éd. 2017, n° 744). Mais là encore, rien ne permet de dire qu'en l'espèce, le franchisé se soit trouvé, en raison de l'installation des nouveaux distributeurs, dans l'impossibilité d'exercer une activité rentable ou d'atteindre un prévisionnel qui aurait été transmis par le franchiseur.

Sur la portée de cette liberté quant au droit du franchisé à être informé

Les juges déduisent l'absence d'obligation d'information du franchisé sur de nouvelles installations, de l'absence d'exclusivité reconnue à celui-ci.

De prime abord, la déduction ne s'impose pas avec la force de l'évidence. Une chose est d'être libre de désigner des distributeurs dans la zone de chalandise du franchisé, une autre d'être tenu d'informer celui-ci de cette modification du contexte de son exploitation. L'analyse serait évidemment différente s'il fallait appréhender cette information comme le préalable nécessaire afin de permettre au franchisé d'agréer ou d'autoriser la nouvelle implantation. Mais, dans la mesure où une telle prérogative n'est pas reconnue au franchisé, l'argument ne tient pas et l'on pourrait effectivement estimer que, n'ayant pas son mot à dire, il est inutile de l'informer.

Sans qu'il soit besoin de se référer à une quelconque idéologie solidariste du droit commun des contrats, ni se fonder sur le concept plus technique de contrat-coopération caractérisé par un fort devoir de coopération et applicable à l'ensemble des contrats de distribution (sur cette approche, V. la thèse particulièrement stimulante de S. Lequette, *Le contrat-coopération : contribution à la théorie générale du contrat*, préf. C. Brenner, Economica, 2012), on peut toutefois se demander si le contrat de franchise, au regard non seulement de son économie spécifique tenant à la réitération d'une réussite commerciale mais également de ses effets tenant à l'obligation particulière d'assistance à la charge du franchiseur, ne commande pas une exigence renforcée de loyauté, d'où découlerait, notamment, l'obligation pour le franchiseur d'informer le franchisé de toute décision susceptible d'avoir une incidence sur les conditions, ou résultats, de son exploitation. Or l'information sur la mise en place de nouveaux distributeurs est importante pour le franchisé, comme le révèle d'ailleurs le fait que le document d'information précontractuelle délivré avant la conclusion du contrat afin de permettre au franchisé d'être pleinement éclairé sur le réseau qu'il intègre, doit précisément indiquer les principaux distributeurs situés dans sa zone d'activité (C. com., art. R. 330-1, 5°, d).

Au demeurant, pour peu que l'on admettre cette approche, force serait là encore de constater qu'en l'espèce, les juges ont relevé que le franchisé avait nécessairement été informé de l'existence de ces nouvelles installations, du moins de certaines d'entre elles, puisqu'il avait décliné la proposition du franchiseur de s'y associer.

Il apparaît ainsi qu'en examinant le comportement du franchiseur et celui du franchisé, pour établir l'absence de manquement au devoir de loyauté du premier, les juges invitent à une approche plus nuancée que celle associant à la seule absence d'exclusivité l'absence d'obligation d'information sur les nouvelles installations.

On relèvera que le franchisé fonda, en vain, son pourvoi sur deux autres moyens.

Le premier soutenait que la clause de non-concurrence postcontractuelle mise à sa charge créait un déséquilibre significatif entre les droits et obligations des parties au sens de l'article L. 442-6, I, 2° C. com., puisqu'il ne bénéficia en retour d'aucune exclusivité territoriale en cours d'exécution du contrat. Cet argument, s'appuyant implicitement sur un défaut de réciprocité à l'obligation de non-concurrence, dont on sait qu'il constitue souvent un indice de déséquilibre significatif, est écarté. La validité de la clause de non-concurrence est ici appréciée au seul regard des conditions habituelles de légitimité, de limitation dans le temps et l'espace, autrement dit de proportionnalité à l'objectif légitimement poursuivi. Nulle exigence de réciprocité n'est donc ici requise. Au demeurant, on voit mal comment cette dernière pourrait résulter d'une exclusivité territoriale accordée au franchisé, qui poursuit un objectif distinct et qui profite au franchisé pendant l'exécution de la relation et non après son terme (Dans le même sens, N. Ereseo, préc.).

Le second soutenait que la reprise des relations contractuelles avec la société Casino, ordonnée par les juges du fond, était impossible car cette reprise aurait obligé le franchisé à respecter l'interdiction, prévue au contrat, de participer à toute autre activité concurrente ainsi que l'obligation de confidentialité ; alors que la société franchisée était désormais détenue à 100 % par la société Carrefour. Le moyen est là encore écarté au motif que la société Casino ayant fait le choix de renoncer aux clauses stipulées dans son seul intérêt, en l'occurrence la clause de confidentialité et de non-concurrence, la poursuite du contrat ne se heurtait pas à une impossibilité absolue. La solution est logique : dans la mesure où l'engagement inexécuté est destiné à protéger les seuls intérêts du franchiseur, il appartient à celui-ci, et à lui seul, de décider s'il entend ou non maintenir la relation malgré cette inexécution.

N. Ferrier

Concurrences N° 3-2018, pp. 114-116

Concurrences +

N. Ereseo, La Cour d'appel de Versailles admet qu'un franchisé puisse être protégé contre l'installation d'une franchise concurrente malgré l'absence d'exclusivité territoriale stipulée à son profit (Laforet Franchise / Ensemble et Toit), 1er septembre 2016, 8 mars 2016, Revue Concurrences N° 3-2016, pp. 96-97

2.4.2.3 Clientèle du franchisé

Cass. com., 23 octobre 2012, ETE c/ SFR, n° 11-25175

La Cour de cassation approuve les décisions rendues en appel rejetant les demandes d'indemnisation pour la perte de leur clientèle en fin de contrat formées par des distributeurs sur le fondement de l'enrichissement sans cause

La question de l'indemnisation des distributeurs indépendants, en fin de contrat, revient ce trimestre sur le devant de la scène jurisprudentielle. Par deux décisions rendues le même jour, la Cour de cassation refuse à ces derniers la possibilité d'obtenir, sur le fondement de l'enrichissement sans cause, une indemnisation pour la perte de clientèle consécutive à la rupture de leur contrat.

La première décision (pourvoi n° 11-21.978), rendue en matière de franchise, intervient à l'issue d'un second pourvoi en cassation. À l'occasion du premier pourvoi, la Cour de cassation avait pourtant retenu une solution contraire, au demeurant non publiée au Bulletin, aux termes de laquelle elle avait censuré les juges du fond pour avoir refusé l'indemnisation d'un franchisé sur le fondement de l'action *dein rem verso* au motif qu'"*alors qu'elle constatait, tout à la fois, que le franchisé pouvait se prévaloir d'une clientèle propre, et que la rupture du contrat stipulant une clause de non-concurrence était le fait du franchiseur, ce dont il se déduisait que l'ancien franchisé se voyait dépossédé de cette clientèle, et qu'il subissait en conséquence un préjudice dont le principe était ainsi reconnu*" (Cass. com., 9 octobre 2007, pourvoi n° 05-14118, non publié au Bulletin ; *D.* 2008, p. 388, D. Ferrier ; *RTD* civ. 2008, p. 119, P.-Y. Gauthier ; *JCP G* 2007. II. 10211, N. Dissaux ; *Contrat conc. cons.* 2007, n° 298, M. Malaurie-Vignal).

La seconde décision (pourvoi n° 11-25.175), rendue à propos d'un contrat de distribution "*innomé*" qui ne stipulait aucune obligation de non-concurrence post-contractuelle, reprend à l'identique l'attendu de principe formulé par la Cour de cassation dans la première affaire, à savoir que "*les règles gouvernant l'enrichissement sans cause ne peuvent être invoquées dès lors que l'appauvrissement et l'enrichissement allégués trouvent leur cause dans l'exécution ou la cessation de la convention conclue entre les parties*". Lapidaire, la Cour de cassation s'est sans doute voulue efficace : l'indemnisation réclamée par les distributeurs ne saurait prospérer sur le fondement de l'enrichissement sans cause en présence d'une "*convention*", qu'importe la nature de cette dernière et le contenu de ses stipulations. La solution est cette fois publiée au Bulletin.

Fin de l'histoire ? Rien n'est moins sûr... En effet, exclure l'enrichissement sans cause et plus largement le quasi-contrat comme fondement d'une possible indemnisation du distributeur évincé est une chose ; déduire d'une telle exclusion l'anéantissement de toute possibilité (voire opportunité) d'indemnisation de distributeurs indépendants, et surtout de franchisés liés par une clause de non-concurrence post-contractuelle en fin de contrat, en est une autre.

Un fondement écarté, et pour cause !

La question de l'indemnisation de distributeurs indépendants en fin de contrat n'est pas nouvelle. Les locataires-gérants, les franchisés, les concessionnaires exclusifs et de manière générale tous les distributeurs indépendants – dont la position économique parfois déséquilibrée par rapport à celle de leur cocontractant a même conduit à évoquer la possibilité de l'admission d'une "*théorie générale des contrats de distribution*" (cf. D. Ferrier, *Droit de la distribution*, 5e éd. Litec 2008, p. 32 citant G. Virrassamy et M. Béhar-Touchais, *Les contrats de la distribution*, LGDJ 1998) –, ont bien souvent réclamé, en vain, une indemnisation en fin de contrat qui aurait pour objet :

- soit de réparer le préjudice que leur occasionne, pour l'avenir, l'impossibilité de continuer à exploiter une clientèle qui ne leur appartient pas, ou pas en totalité, au moyen d'une "*indemnité de cessation de contrat*" ;
- soit d'obtenir la contrepartie de l'enrichissement procuré à leur cocontractant par "*la conservation*" à son profit de la totalité ou d'une partie de la clientèle propre au distributeur (cf. à propos de l'indemnité de clientèle du VRP, D. Ferrier, *Droit de la distribution*, 5e éd. Litec 2008, p. 58), au moyen d'une "*indemnité de clientèle*".

Ces deux types d'indemnisation, à supposer leurs définition et distinction admises – ce qui ne va pas forcément de soi, selon nous, dès lors que le législateur lui-même utilise parfois les termes d'indemnité "*de cessation de contrat*" et "*de clientèle*" indifféremment voire l'une pour l'autre (cf. pour la confusion sur la nature de l'indemnité perçue par le VRP, D. Ferrier, *op. cit.*) – sont légalement prévues s'agissant de figures particulières de distributeurs. Tel est le cas par exemple de certains distributeurs mandataires (agent commerciaux, gérants-mandataires ou plus largement mandataires dits d'intérêt commun) ou salariés (VRP) pour lesquels le législateur a spécialement édicté des statuts protecteurs spéciaux.

En dehors de ces cas spécifiques, aucune indemnisation de fin de contrat ne saurait être perçue par des distributeurs indépendants, hormis celle visant à réparer le préjudice consécutif à un abus, sur le fondement de l'article 1134 du Code civil, ou à une brutalité dans la rupture, sur le fondement de l'article L. 442-6, I, 5° du Code de commerce.

En effet, quel que soit leur fondement, de telles indemnités ne vont pas – *a priori* – de soi en matière contractuelle. Dès lors que c'est la volonté des parties qui confère sa force obligatoire au contrat, il est à ce titre – et à juste titre – cohérent de considérer que lorsque le consentement de ces dernières est exempt de vice, le contrat reflète un équilibre accepté. Exit donc la sanction générale des contrats lésionnaires, voire léonins…

La question qui se posait, dans les deux espèces commentées, était celle de la possibilité pour un distributeur de percevoir une indemnité destinée à réparer le préjudice causé par la "*dépossession de tout ou partie de sa clientèle*" (pourvoi n° 11-25175) ou "*la perte de* [leur] *clientèle propre*" (pourvoi n° 11-21978) résultant de la rupture d'un contrat de distribution. Il ne s'agissait donc pas de la revendication d'une indemnité dite de cessation de contrat ; laquelle aurait alors été réclamée en réparation d'un préjudice résultant pour le distributeur de la disparition de la possibilité d'exploiter pour l'avenir une clientèle qui ne lui appartient pas.

À ce titre, le mécanisme de l'enrichissement sans cause était, à plusieurs égards, séduisant. L'action *de in rem verso* "*dérivant du principe d'équité qui défend de s'enrichir aux dépens d'autrui*" (Req., 15 juin 1892, *S.* 1893. 1., note Labbé) permet, en effet, d'obtenir la juste contrepartie de tout enrichissement procuré à autrui de manière injustifiée.

Sans entrer dans le détail de l'analyse des fondements de l'action – au demeurant discutés en doctrine –, celle-ci ne saurait prospérer à défaut pour le demandeur de démontrer l'existence, en fait, d'un enrichissement du défendeur à son détriment. Cette preuve est déterminante dès lors qu'"*un appauvrissement ne saurait être redressé lorsque nul n'en a profité*", pas plus qu'un "*enrichissement ne saurait donner lieu à restitution lorsqu'il n'a pas été acquis aux dépens d'autrui*" (J. Flour, J.-L. Aubert et E. Savaux, *Les obligations, 2. Le fait juridique,* éd. Sirey 2007 n° 40). Le succès d'une telle action est en outre soumis à des conditions de droit à savoir, d'une part, l'absence de cause de nature à justifier juridiquement l'enrichissement et l'appauvrissement corrélatif et, d'autre part, le respect de son caractère subsidiaire.

L'absence de cause est généralement appréciée du point de vue de l'enrichi, elle l'est plus rarement du point de vue de l'appauvri (cf. A.-M. Romani, Rep. Civ. Dalloz, *V°* Enrichissement sans cause).

Du point de vue de l'appauvri, il s'agit davantage d'apprécier l'existence d'une cause subjective à l'enrichissement procuré. C'est ainsi que le bénéfice de l'action sera refusé en présence d'un intérêt personnel de l'appauvri à son appauvrissement : tel est le cas par exemple de celui qui assume des dépenses pour l'entretien ou l'amélioration du bien d'autrui "*pour pouvoir tirer profit de* [son] *exploitation*" dès lors que "*les impenses ont été effectuées par le demandeur dans son intérêt, à ses risques et périls et en recueillant le profit*" (cf. Cass. 3e civ., 8 fev. 1972, pourvoi n° 70-13359, Bull. civ. III, n° 88). Au contraire, le bénéfice de l'action sera accordé en présence d'un intérêt commun de l'enrichi et de l'appauvri : tel est le cas par exemple des copropriétaires indivis d'un fonds de commerce dont les "*peines et soins* [de l'un] *profitent à l'entreprise commune*" (cf. Com. 7 mai 1974, pourvoi n° 72-14462 Bull. civ. IV, n° 148)).

Du point de vue de l'enrichi, c'est l'existence d'une cause objective qui justifiera qu'un "*enrichissement qui est injuste du point de vue moral,* [puisse] *être légitime du point de vue juridique*" (P. Roubier, *La position française en matière d'enrichissement sans cause*, Travaux de l'association Capitant, t. 4, 1948, p. 40, cité par A.-M. Romani, *op. cit*, n° 202). C'est ainsi que le bénéfice de l'action sera encore refusé au demandeur en présence d'un contrat – par ailleurs licite et librement consenti – conclu entre ce dernier et l'enrichi. Dans ce cas, l'enrichissement ne saurait être dépourvu de cause même s'il est dépourvu de contrepartie dès lors que la loi ne permet pas de manière générale d'obtenir l'annulation d'un contrat déséquilibré, voire lésionnaire.

L'action doit, en outre, être invoquée à titre subsidiaire. Autrement formulé, elle ne peut être admise si le demandeur dispose, ou aurait disposé si elle n'était pas irrecevable, d'une autre action contre le défendeur enrichi ou d'une action contre une personne en cas d'enrichissement indirect (J. Flour, J.-L. Aubert et E. Savaux, *op. cit.*, n° 52 et s.). Il s'agit là d'éviter que l'enrichissement sans cause ne puisse permettre au demandeur de contourner d'autres règles. La portée de cette condition est largement affaiblie s'agissant du premier cas dès lors que la subsidiarité fait alors "*double emploi avec l'absence de cause*", laquelle est entendu comme "*le titre conventionnel ou légal qui justifie l'enrichissement*" (J. Flour, J.-L. Aubert et E. Savaux, *op. cit.*, n° 56 b)). C'est précisément la raison pour laquelle cette condition n'est pas appréciée en l'espèce par la Cour de cassation.

La Cour de cassation n'apprécie pas davantage la réalité de l'enrichissement invoqué, dès lors que, non seulement il s'agit d'une question qui relève largement du pouvoir souverain des juges du fond, mais qu'en tout état de cause, la question était surabondante puisqu'un titre conventionnel paralysait *de facto* l'action *de in rem verso.*

Reste toutefois que le nerf de la guerre n'est pas abordé – s'agissant particulièrement du contrat de franchise à propos duquel il semble désormais admis que le franchisé serait titulaire à un niveau local d'une clientèle propre et distincte de celle du franchiseur (Cass. 3e civ., 27 mars 2002, pourvoi n° 00-20732) – et que rien ne permet d'affirmer, à la lecture des deux décisions commentées, qu'un mouvement de clientèle au profit de l'un et au détriment de l'autre serait relevé par la Cour de cassation. En appel, les juges du fond avaient d'ailleurs retenu de façon guère plus éclairante, s'agissant du contrat de franchise, "*l'absence de perte de clientèle indemnisable*" pour le franchisé au motif notamment que le non-renouvellement du contrat était "*sans incidence sur la clientèle directement attachée au fonds exploité par le franchisé*" et, s'agissant du contrat innomé, que la clientèle restait "*libre de se tourner*" vers un autre distributeur du fournisseur ou de rester cliente du distributeur évincé.

Dès lors, loin de mettre un terme à la question de l'indemnisation des distributeurs indépendants en fin de contrat, la Cour de cassation relance le débat et invite à la recherche de fondements juridiques alternatifs.

Des fondements proposés en tout état de cause ?

La solution rendue en l'espèce a déjà été qualifiée, à juste titre, d'"*orthodoxe*" (N. Dissaux, "*Propos orthodoxes sur l'indemnité de clientèle du distributeur évincé*" *D.* 2012, n° 42, p. 2862). Toutefois, apportant une solution identique dans les deux espèces sans égards pour la nature et le contenu distincts des deux contrats visés, l'orthodoxie a pu paraître "*dogmatique*" (N. Dissaux, *op. cit.*). Il est en effet regrettable que la Cour de cassation ait renoncé à tenir compte, dans son analyse, de la spécificité de l'une des affaires, tenant notamment à la stipulation d'une clause de non-concurrence post-contractuelle mise à la charge du franchisé.

Toutefois, cette mise hors-jeu de la clause de non-concurrence post-contractuelle a le mérite de permettre de distinguer clairement deux fondements différents susceptibles de légitimer juridiquement un enrichissement et un appauvrissement corrélatif : l'un n'est pas envisagé par la Cour de cassation : il s'agit de la liberté du commerce ; l'autre n'est pas, selon nous, suffisamment justifié : il s'agit de l'économie du contrat.

La liberté du commerce, tout d'abord, peut légitimer l'enrichissement. Après tout, lorsqu'un "*commerçant s'installe, par la clientèle qu'il se crée, il appauvrit ceux qui exerçaient précédemment le commerce. Mais son enrichissement ne saurait être critiqué, en ce qu'il est fondé sur la liberté du commerce*". Dans ce cas, même si certains pourraient le considérer comme moralement injuste, l'appauvrissement est juridiquement légitimé (J. Flour, J.-L. Aubert et E. Savaux, *op. cit.*, n° 33).

Un tel enrichissement ne saurait être critiqué. Il peut toutefois être limité par le contrat, précisément par le jeu d'une clause de non-concurrence post-contractuelle (ou d'une clause de non-réaffiliation). Force est de reconnaître, en l'espèce, qu'admettre l'enrichissement sans cause aurait conduit la Cour de cassation à "*refuser qu'une telle clause pût constituer la cause juridique de l'enrichissement du franchiseur*" (N. Dissaux, *op. cit.*, p. 2863). Toutefois, le refuser au motif de l'existence d'une convention n'exclut pas de considérer que la validité d'une clause de non-concurrence, qui n'était pas contestée, puisse être remise en cause sur d'autres fondements et par exemple sur celui de l'atteinte injustifiée (puisque non rémunérée) à la liberté du commerce.

La situation aurait été radicalement différente, en revanche, si la Cour de cassation l'avait admis dans tous les cas, y compris en l'absence de clause de non-concurrence. Dans ce cas, l'action *de in rem verso* aurait permis d'assurer une indemnisation de principe s'agissant de tous les contrats de distribution... Or, l'enrichissement du fournisseur à la fin du contrat de distribution est-il toujours assuré? Ce dernier, notamment en matière de contrat de franchise – pour lequel la Cour de cassation admet que le franchiseur et le franchisé sont tous deux titulaires d'une clientèle propre, l'un au plan national, l'autre au plan local – ne pourrait-il pas souffrir dans certain cas de l'appropriation d'une partie de sa clientèle, voire de la dépréciation de la valeur de sa propre clientèle en conséquence des agissements à un niveau local de son ex-franchisé?

N'est-ce donc pas *in fine* davantage la question de la contrepartie d'une obligation de non-concurrence qui aurait dû être en l'espèce soulevée devant la Cour de cassation?

C'est en tous cas ce qui semble ressortir de l'analyse comparée des deux affaires. En ignorant volontairement la particularité des deux affaires, la Cour de cassation ferme la porte aux revendications d'une indemnisation générale en fin de contrat de distribution, mais elle ne clôt pas le débat sur la question de l'opportunité de la généralisation de l'obligation d'assortir les obligations de non-concurrence post-contractuelles d'une contrepartie, laquelle pourrait très bien résider dans une indemnité réparant le préjudice que la fin du contrat cause au distributeur qui ne peut plus exploiter sa clientèle propre et par voie de conséquence la perd.

En tous les cas, il n'y a pas de causalité immédiate ou directe entre cette perte de clientèle, à défaut d'exploitation par le débiteur de l'obligation de non-concurrence et un enrichissement corrélatif de la valeur de cette clientèle perdue pour le créancier de l'obligation de non concurrence.

C'est la raison pour laquelle, à défaut de pouvoir compenser cette perte subie par tous en fin de contrat, n'est-ce pas plutôt la compensation d'un gain partagé entre tous pendant l'exécution du contrat qu'il conviendrait de répartir équitablement?

C'est alors sur le terrain du contrat lui-même que la réflexion devrait être conduite. En effet, n'est-il pas de l'économie de certains contrats d'être conclus dans "*l'intérêt commun des parties*"? Les franchisés et franchiseurs ne sont-ils pas des partenaires pour le profit dans la traduction littérale de l'expression anglaise qui nomme le contrat?

C'est cette notion d'intérêt commun, qui justifie que le bénéfice de l'action *dein rem verso* soit accordé à l'appauvri qui, selon nous, aurait mérité d'être envisagée par la Cour de cassation. L'exemple déjà cité de la situation des copropriétaires indivis d'un fonds de commerce est à cet égard éclairant et aurait pu justifier une réflexion *mutatis mutandis*...

En effet dans certains contrats, dont ceux de distribution, les parties ayant entendu dès leur conclusion partager les risques et les profits issus du contrat ont également entendu, en fin de contrat, procéder à une juste répartition des profits et des pertes. Cela pourrait s'appliquer à la clientèle. Toutefois, le caractère nécessairement aléatoire du développement et de l'appropriation d'une clientèle par essence volatile est accepté par les parties. Dès lors, si l'enrichissement n'est que pure coïncidence hasardeuse, il n'en est pas moins consenti par les parties et donc juridiquement causé (cf. sur cette distinction entre cause et coïncidence, G. Julia, "*La réception juridique du hasard*", Communication orale lors du colloque, *Jeu, argent et droit*, organisé par l'IRDA à la Cour de cassation le 13 décembre 2012, publication des actes du colloque, 1er semestre 2013, Dalloz, coll. Thèmes & commentaires).

Pour autant, une telle acceptation des risques suffit-elle à justifier la mise à l'écart du principe de justice selon lequel nul ne doit s'enrichir aux dépens d'autrui ? Rien n'est moins certain. En effet, aux termes de l'article 1135 du Code civil, "*les conventions obligent non seulement à ce qui y est exprimé, mais encore à toutes les suites que l'équité, l'usage ou la loi donnent à l'obligation d'après sa nature*". Ainsi, dans l'hypothèse où une telle indemnisation des distributeurs évincés en fin de contrat "*apparaîtrait opportune, elle est nécessairement une suite du contrat (et pourrait par exemple être fondée sur les articles 1134 et 1135), si en revanche une telle indemnisation n'est pas justifiée au regard du droit des contrats, il n'y a pas de raison que les quasi-contrats prennent le relais. Ceux-ci doivent demeurer subsidiaires et non pas un moyen commode de contourner les autres règles*" (M. Fabre-Magnan, *Droit des obligations*, 2 – Responsabilité civile et quasi-contrats, 2e ed. Thémis 2010, p. 458-459). La justification pourrait être l'existence d'un intérêt commun au développement, si ce n'est d'une clientèle commune, à tout le moins d'une clientèle répartie.

A.-C. Martin
Concurrences N° 1-2013, pp. 110-113

Cass. com., 3 juin 2014, La Cour et Royal Cambon c/ Saint-Honoré 265, n° 13-21345

La Cour de cassation approuve la Cour d'appel de Paris d'avoir rejeté la demande de résiliation d'un contrat de bail commercial formulée par un bailleur, au motif que la fermeture temporaire des lieux nécessitée par la résiliation des contrats de franchise auxquels les preneurs étaient parties n'était pas de nature à faire disparaître leurs fonds de commerce ni leur clientèle préexistante

Par une décision rendue le 3 juin 2014 – qui, à défaut d'avoir les honneurs du Bulletin, mérite néanmoins l'attention – la Cour de cassation revient sur la délicate question de la possibilité pour des franchisés de se prévaloir d'une clientèle propre, distincte de celle de leur franchiseur.

En l'occurrence, deux sociétés titulaires de contrats de bail commercial exerçaient, dans des locaux situés à une prestigieuse adresse parisienne, une activité de vente d'articles de prêt-à-porter et d'accessoires pour l'exploitation de contrats de franchises distincts. Ces contrats ayant été dénoncés, les ex-franchisés avaient alors cédé la totalité des parts des deux sociétés à une troisième société avec laquelle ils avaient conclu un contrat de location-gérance de leurs fonds de commerce respectifs. Les deux boutiques avaient ensuite été réunies et les fonds de commerce exploités par leur locataire-gérant sous une nouvelle enseigne unique.

Le bailleur des locaux commerciaux ainsi réunis, se plaignant de ce que ces opérations avaient été réalisées sans son accord, avait assigné les preneuses en résiliation des baux. Il soutenait, d'abord, que la cession par les preneuses de la totalité de leurs parts sociales constituait une cession déguisée de droit au bail, laquelle était conditionnée, en application des stipulations du contrat de bail, à son accord express. Il prétendait, ensuite, que la résiliation des contrats de franchise avait, en tout état de cause, fait perdre aux preneuses à bail la clientèle attachée à leurs fonds de commerce et, par voie de conséquence, la possibilité de conclure un contrat de location-gérance pour l'exploitation de ces derniers. Il faisait par ailleurs valoir que la convention de location-gérance était en réalité un contrat de sous-location ou de mise à disposition de locaux, et lui était donc à ce titre encore inopposable à défaut d'avoir obtenu son accord exprès.

La Cour de cassation approuve la Cour d'appel de Paris de l'avoir débouté de ses demandes. Après avoir rappelé que "*la cession de la totalité des parts sociales d'une société ne peut être assimilée ni à une cession de bail ni à une cession de fonds*", elle considère qu'une telle cession, qui "*n'entraine pas le changement du titulaire du droit au bail ni du propriétaire du fonds, a pour conséquence de transférer tant l'actif que le passif de la société aux nouveaux actionnaires*". Elle retient ensuite que "*la fermeture temporaire des lieux (...) nécessitée par la résiliation des contrats de franchise et l'aménagement des locaux pour l'exploitation de ces derniers sous une nouvelle enseigne, n'a pas été de nature à faire disparaître les fonds de commerce ni à faire perdre à chacune des sociétés sa clientèle pré-existante*" lors de la conclusion des contrats de location-gérance.

Sans s'attarder outre mesure sur les aspects sociétaires de la décision, il convient de souligner que la décision s'inscrit dans le droit fil d'une jurisprudence désormais établie (quoi que discutée) qui considère que la cession de la totalité des parts sociales ne saurait être assimilée à la cession du fonds de commerce ni à la cession du bail compris dans les éléments de ce fonds (cf. notamment, Cass. com. 12 juillet 1993, RDI 1994 p. 114, adde, note G. Brière de l'Isle et J. Derruppé. Cass. 1ère civ., 6 déc. 1994, Bull. civ. I, n° 365). En effet, dans ce cas, si les parts sociales émises par la société changent bien de mains, la société continue néanmoins d'exister, sans qu'il en résulte un changement de propriétaire du fonds de commerce ou de titulaire du bail commercial.

L'article L. 145-16 du Code de commerce, récemment modifié par la loi n° 2014-626 du 18 juin 2014 relative à l'artisanat, au commerce et aux très petites entreprises (dite "*loi Pinel*"), va au demeurant dans le même sens. L'article encadre en effet la possibilité pour le bailleur d'interférer dans la cession du bail par le locataire à l'occasion de la cession de son fonds de commerce ou plus largement de son "*entreprise*". Les clauses interdisant une telle cession sont réputée non-écrites (cf. loi n° 2014-626 du 18 juin 2014), laissant subsister la possibilité pour le bailleur de la soumettre à son agrément.

Plus radicalement, l'article L. 145-16 du Code de commerce dispose qu'en cas de fusion ou de scission de sociétés, d'apport partiel d'actif et, désormais (cf. loi n° 2014-626 du 18 juin 2014) de transmission universelle de patrimoine réalisée dans les conditions prévues à l'article 1845-4 du Code civil, "*la société issue de la fusion, la société désignée par le contrat de scission ou, à défaut, les sociétés issues de la scission, la société bénéficiaire de la transmission universelle de patrimoine ou la société bénéficiaire de l'apport sont, nonobstant toute stipulation contraire, substituées à celle au profit de laquelle le bail était consenti dans tous les droits et obligations découlant de ce bail*". Pour transmettre le droit au bail sans avoir à recueillir l'agrément de son bailleur, requis aux termes d'une stipulation du contrat, il suffirait donc que soit cédé "*le preneur lui-même plutôt que le bail*" [cf. J. Darmon, note sous CA Paris 10 avril 2013 (décision d'appel ayant fait l'objet du pourvoi dans la décision commentée), AJDI 2014, p. 278].

Reste toujours au bailleur la possibilité de démontrer que la cession de la totalité des parts sociales n'avait d'autre objet que de contourner la clause subordonnant la cession du bail à son accord. C'est précisément ce que soutenait le bailleur en l'espèce. Pour démontrer la fraude, il faisait spécialement valoir que le prix de cession des parts sociales correspondait à la valeur du droit au bail. La Cour de cassation approuve les juges du fond d'avoir rejeté l'argumentaire, dès lors qu'il n'alléguait pas "*du caractère fictif des personnes morales dont les titres étaient cédés*". On regrettera donc l'absence de contestation de la "réalité" d'une société qui, après avoir cédé l'intégralité de ses parts sociales à une autre société, a consenti à cette dernière la location-gérance de son fonds de commerce… La société preneuse ne se contente-t-elle pas, dans ce cas, d'encaisser les loyers de la location-gérance et de payer ceux du bail commercial ?

Le second moyen formulé par le bailleur portait sur la qualification des contrats de location-gérance. Selon lui, à défaut pour les sociétés preneuses d'avoir été titulaires d'un fonds de commerce au moment de leur conclusion, ces contrats devaient être requalifiés en contrats de sous-location ou de mise à disposition de locaux. Il soutenait sur ce point que la disparition des contrats de franchise et la fermeture temporaire des lieux pour les aménager en vue d'un changement d'enseigne avaient nécessairement entrainé la disparition de la clientèle de ses preneuses à bail.

La Cour de cassation ne suit pas davantage son argumentation sur ce point. Dans le prolongement, encore, d'une jurisprudence désormais établie (cf. Cass. civ. 27 mars 2002, Bull. civ. III, n° 77, p. 66), elle rappelle que la clientèle des fonds de commerce n'était pas "*exclusivement attachée aux marques exploitées lors de la conclusion des* contrats [de location gérance] *et pouvait s'adapter à la nouvelle enseigne exploitée* [par le locataire-gérant]". Sa solution doit toutefois être nuancée par les précisions portant sur, d'une part, la particularité des fonds de commerce loués en raison de "*leur exploitation dans un quartier voué à cette activité* [de prêt à porter et d'accessoires de mode]", d'autre part, le fait qu'il n'était pas démontré que "*les produits proposés par la nouvelle enseigne ne s'adressaient pas aux segments de clientèle visés par la précédente*".

La solution de la Cour de cassation permet d'affiner les contours de cette clientèle "*locale*" attachée aux franchisés (cf. déc. précit.). Le franchisé serait donc titulaire d'une clientèle dans le même "*segment*" que celui de son enseigne ; cela ne surprend pas. En revanche, on comprend qu'en l'espèce le franchisé ne pouvait pas perdre sa clientèle "*locale*" en raison du fort potentiel de chalandise du lieu d'exploitation de son fonds de commerce ; et l'on peut, cette fois, douter qu'il en soit de même dans d'autres lieux moins prestigieux ou, à tout le moins, qui ne sont pas "*prédestinés*" au commerce des produits commercialisés sous l'enseigne… De la même manière, lorsque le franchisé est tenu d'une clause de non-concurrence post-contractuelle voire de non-réaffiliation à un réseau concurrent, on peut encore douter de la persistance de sa clientèle "*locale*" et de la survie de son fonds de commerce à la disparition du contrat de franchise.

Si la question de la titularité de la clientèle dans les réseaux de franchise demeure loin d'être réglée, celle de la possibilité pour le bailleur des locaux commerciaux de contrôler l'identité de la personne exploitant le fonds dans ses locaux semble, en revanche, définitivement fragilisée.

A.-C. Martin

Concurrences N° 3-2014, pp. 106-108

2.4.2.4 Engagement de non concurrence post-contractuelle

Cass. com., 30 mai 2012, Speedy France c/ Rapid'auto, n° 11-18779

La Cour de cassation censure une Cour d'appel pour avoir omis, d'une part, de rechercher si lors de la tacite reconduction du contrat, les parties avaient eu "la commune intention de renouveler la clause litigieuse" et, d'autre part, de constater que "cette clause n'était pas proportionnée aux intérêts légitimes du franchiseur"

La validité et l'efficacité de la stipulation d'une clause de non-réaffiliation ne cesse d'alimenter l'actualité jurisprudentielle des contrats de distribution.

La Cour de cassation avait semblé réserver à cette clause, qui "*se borne à restreindre la liberté* [du distributeur] *d'affiliation à un autre réseau*", un régime plus souple que celui réservé aux clauses de non-concurrence, dont l'objet est de "*limiter l'exercice par* [le distributeur] *d'une activité similaire ou analogue à celle du réseau qu'il quitte*" (Cass. com., 28 septembre 2010, pourvoi n° 09-13888, *Bull.civ.* IV, n° 145, *Concurrences*, n° 1-2011, p. 121, obs. N. Eréséo), et avait rappelé que les conditions imposées pour sa validité, à savoir d'être proportionnée aux intérêts légitimes de celui qui l'impose et limitée dans l'espace, dans le temps et dans son objet, sont nécessaires mais suffisantes, aucune contrepartie financière n'étant exigée au profit du distributeur (Cass. com., 31 janvier 2012, n° 11-11071).

La clause de non-réaffiliation est, ces derniers mois encore, au cœur de la jurisprudence de la Cour de cassation. Parmi les décisions rendues, celle du 30 mai 2012 mérite une attention particulière.

Dans cette affaire, qui intéresse plus particulièrement le secteur de la réparation automobile, la société Rapid'Auto s'était vu concéder, aux termes d'un contrat de franchise conclu le 1er décembre 1997, le droit d'exploiter son fonds de commerce sous l'enseigne Speedy pour une durée déterminée de neuf ans. À l'expiration des neuf ans, soit le 1er décembre 2006, le franchisé et son franchiseur avaient continué d'exécuter leurs obligations respectives, le franchisé ayant notamment continué de payer les redevances et d'offrir les produits et services du franchiseur. Deux ans plus tard, en juin 2008, le franchisé avait adressé à son franchiseur un courrier de résiliation de leur contrat à effet au 30 novembre suivant. Se prétendant victime de la violation des dispositions contractuelles relatives à l'interdiction d'affiliation à un réseau concurrent, le franchiseur avait assigné son franchisé en dommages et intérêts.

La Cour de cassation, censure les juges du fond pour avoir rejeté la demande du franchisé, d'une part, sans rechercher si lors de la tacite reconduction du contrat les parties avaient eu "*la commune intention de renouveler la clause litigieuse*" et, d'autre part, sans constater que "*cette clause n'était pas proportionnée aux intérêts légitimes du franchiseur*".

Elle invite les juges du fond à vérifier non seulement que cette clause était proportionnée aux intérêts légitimes du franchiseur, mais surtout qu'elle avait été valablement acceptée par les parties au contrat.

Le contrôle de l'acceptation de la clause de non-réaffiliation

La Cour de cassation rappelle un préalable nécessaire tenant au fait qu'avant même de se prononcer sur la validité d'une clause de non-réaffiliation insérée dans un contrat de franchise, les juges du fond doivent vérifier que celle-ci a été valablement acceptée par les parties au contrat.

La question mérite attention dès lors que le contentieux de la clause de non-réaffiliation porte en général moins sur le principe de l'acceptation par le franchisé d'une limitation à sa liberté de se réaffilier à un réseau concurrent, que sur l'étendue de l'acceptation qu'il a donnée à cette limitation.

Or, dans l'affaire rapportée, le contrat comportant la clause litigieuse avait été conclu pour une durée ferme de neuf ans. La clause de non-réaffiliation stipulée dans ce contrat à durée déterminée visait une interdiction de s'affilier à un réseau concurrent pendant une durée de 1 an. Le fait que les relations se soient poursuivies à l'expiration du terme initialement convenu, sans qu'aucune clause n'en ait prévu les modalités, pouvait faire douter de l'efficacité de la clause stipulée dans le contrat initial.

La Cour d'appel avait retenu qu'à défaut de stipulation dans le contrat de franchise d'une possibilité de "*prorogation ou de renouvellement par tacite reconduction à l'arrivée du terme*", la poursuite de l'exécution du contrat par les parties "*d'un contrat à durée déterminée dont le terme extinctif a produit ses effets,* [avait donné] *naissance à un nouveau contrat de durée indéterminée et dont les autres stipulations ne sont pas nécessairement identiques*". Elle avait considéré qu'il appartenait alors au franchisé d'établir qu'en l'espèce, la clause stipulant à sa charge une "*interdiction absolue en France métropolitaine et pendant une période d'un an à compter de la date à laquelle le contrat aura effectivement pris fin, de s'affilier, d'adhérer, de participer directement ou indirectement à une organisation comparable à celle de la présente franchise* (...)" ne serait pas applicable au contrat ainsi renouvelé par tacite reconduction.

Selon la Cour d'appel, la combinaison des clauses de durée et de non-réaffiliation conduisait à retenir que cette dernière n'était applicable "*que dans le cas où le franchiseur ou le franchisé résiliait le contrat de manière anticipée au cours de ce contrat et dans le cas où ce contrat à durée déterminée expirait* (...) *à l'issue des neuf années*". Dès lors, la faculté pour le franchisé de résilier unilatéralement le contrat à durée indéterminée renouvelé ne résultait pas des stipulations du contrat initial car elle n'entrait :

- ni dans l'un des cas de résiliation anticipée limitativement énumérés par le contrat (à savoir : résiliation unilatérale du franchisé à compter de la deuxième année d'exécution moyennant un préavis de six mois ou résiliation pour faute) ;
- ni dans la prévision contractuelle de l'arrivée du terme du contrat à durée déterminée.

Après avoir précisé que la clause, selon laquelle l'interdiction s'appliquait pendant la période d'un an "*à compter de la date à laquelle le contrat aura effectivement pris fin*", déterminait le point de départ du délai d'une année pendant lequel l'interdiction s'appliquait, sans avoir pour effet de modifier ou d'étendre le champ de son application, la Cour d'appel avait donc décidé que même si la clause de non-réaffiliation "*a pour objet de protéger le savoir-faire et la notoriété* [dufranchiseur], *faute de stipulation expresse étendant son application dans le cas où le contrat initial est renouvelé par tacite reconduction puis résilié pendant le cours du nouveau contrat ainsi formé, cette clause qui porte atteinte à la liberté d'exercice de son activité par le* [franchisé] *n'est pas applicable en l'espèce*".

Devant la Cour de cassation, le pourvoi soutenait que la Cour d'appel aurait violé l'article 1134 du Code civil en omettant de constater l'existence d'une "*circonstance contemporaine de la reconduction manifestant la volonté des parties que cette clause soit exclue du contrat reconduit*". La Cour de cassation accueille l'argument et censure les juges du fond pour avoir omis de rechercher "*si les parties avaient eu la commune intention, lors de la tacite reconduction du contrat, de renouveler la clause litigieuse*".

La reconduction tacite consiste en la poursuite de l'exécution d'un contrat initial terminé ; elle donne naissance à un nouveau contrat. Toute la difficulté résidant dans le point de savoir dans quelle mesure le nouveau contrat emprunte, ou non, aux stipulations du contrat initial... Il est admis que le nouveau contrat qui se forme est "*en tous points identique au premier, sauf (bien sûr) quelques exceptions*", au nombre desquelles figure, outre la durée (indéterminée dans le nouveau contrat), les clauses véritablement accessoires (A. Bénabent, "La prolongation du contrat", *RDC*, 2004, n° 1 p. 117 et s.).

En rappelant aux juges du fond qu'ils doivent rechercher quelle a été la commune intention des parties quant au contenu du contrat tacitement reconduit, la Cour de cassation semble se prononcer indirectement sur le caractère accessoire, ou plutôt non-accessoire, de la clause de non-réaffiliation dans le contrat de franchise : une telle stipulation ne saurait être écartée par le simple fait qu'à l'issue du terme convenu les parties ont continué d'exécuter le contrat sans renouveler expressément leur accord quant à son application...

Or, il n'y a qu'un pas à franchir pour passer d'une clause "*non-accessoire*" à une clause essentielle. Si tel était le cas de la clause de non-réaffiliation, cela ne signifierait-il pas qu'elle serait alors nécessairement justifiée eu égard à la protection des intérêts légitimes du franchiseur ?

Le contrôle de la validité de la clause de non-réaffiliation

En principe, la validité de la clause de non-réaffiliation est soumise à la réunion de deux conditions :

- la protection des intérêts légitimes du franchiseur ;
- la proportionnalité de la restriction de concurrence qui en découle.

Dans sa décision du 30 mai 2012, la Cour de cassation reproche à la Cour d'appel d'avoir refusé l'application de la clause de non-réaffiliation du contrat reconduit tacitement au motif qu'elle "*empêcherait le franchisé de poursuivre l'exploitation de son fonds de commerce et qu'elle était disproportionnée en ce qu'elle* [le] *priverait du support d'un réseau bénéficiant d'une renommée significative*".

Accueillir une telle proposition aurait, en effet, conduit à condamner en soi la clause de non-réaffiliation dès lors que son objectif est, précisément, de s'opposer à l'entrée du franchisé dans un réseau concurrent de celui du franchiseur, ce qui a pour effet inévitable de le priver de la possibilité de poursuivre son activité en bénéficiant du support d'un autre réseau concurrent...

Toutefois, encore faut-il que l'objectif poursuivi par l'insertion d'une telle clause soit justifié par la protection de l'intérêt légitime du franchiseur. Or, en l'espèce la Cour de cassation ne semble pas exiger de la Cour d'appel la vérification précise de cette condition.

Est-ce parce qu'elle présume l'existence d'un intérêt légitime ? Ou bien, parce que la Cour d'appel avait elle-même relevé que la clause avait pour objet de protéger le savoir-faire et la notoriété du franchiseur ?

La clause de non-réaffiliation était, certes, en l'espèce, limitée dans le temps, mais elle visait "*l'ensemble du territoire métropolitain*" (cf. moyens du pourvoi annexés à la décision), ce dont la Cour d'appel avait déduit qu'elle "*conduirait en définitive à empêcher le franchisé de poursuivre l'exploitation de son fonds de commerce ou obérerait tellement les conditions économiques de cette exploitation qu'elle conduirait inexorablement à la cessation de son activité*". Cette motivation n'est pas suffisante pour la Cour de cassation, qui semble reprocher à la Cour d'appel de s'être placée du seul point de vue des intérêts du franchisé, lequel souffre immanquablement de la limitation à sa liberté portée par la clause de non-réaffiliation, et non pas du point de vue du franchiseur, pour apprécier la proportionnalité de la clause aux intérêts légitimes de ce dernier.

La Cour d'appel de Versailles autrement composée devra donc analyser avec davantage de soin la proportionnalité de la limitation résultant de l'obligation de non-réaffiliation, à celle de l'intérêt, que l'on pressent d'ores et déjà légitime, du franchiseur à la stipulation d'une telle clause. À cet égard, elle pourrait trouver des éléments d'inspiration dans une autre décision de la Cour de cassation rendue le 3 avril 2012 (pourvoi n° 11-16301), rejetant le pourvoi formé sur une décision de la Cour d'appel de Paris (obs. N. Eréséo, *Concurrences* n° 2-2011, p. 125-126).

L'affaire concernait cette fois le secteur immobilier. Un franchisé s'était vu conférer, aux termes d'un contrat de franchise conclu le 26 février 2002, le droit non exclusif d'exploiter une agence immobilière à l'enseigne Century 21 Europe Immobilière dans la ville de Manosque. À l'expiration du contrat, il avait adhéré à un réseau concurrent et avait exploité sous une nouvelle enseigne une agence immobilière dans la même ville. Le franchiseur lui avait alors reproché la violation de son engagement de non-réaffiliation qui lui interdisait de "*s'affilier, adhérer ou participer de quelque manière que ce soit à une chaîne concurrente du franchiseur pendant une durée de deux ans sur le territoire de la France Métropolitaine*". La Cour d'appel de Paris avait rappelé que pour être valable, "*une clause de non-réaffiliation doit, d'une part, tendre à la protection des intérêts légitimes de son bénéficiaire et, d'autre part, produire une restriction de concurrence qui soit proportionnée aux intérêts légitimes*".

Rejetant l'argument, excipé en défense par le franchisé, d'une l'absence de légitimité de la clause, elle avait en revanche accueilli celui de l'absence de proportionnalité au motif qu'elle était "*insuffisamment limitée dans l'espace notamment au regard des circonstances de la cause et en particulier du fait que l'activité exercée par la société Europe Immobilier était locale puisqu'elle exploitait une seule agence du réseau Century 21 située à Manosque*".

À cet égard, N. Eréséo souligne, qu'"*a contrario donc, un franchisé qui aurait exploité plusieurs agences réparties sur l'ensemble du territoire national aurait valablement pu se voir opposer ce type de clause*" et que cette position restrictive n'emporterait pas la conviction dès lors que :

- dans les faits de l'espèce, le franchisé avait bel et bien ouvert une nouvelle agence dans la même ville et que la clause ne lui était donc pas opposée "*au-delà de son périmètre légitime d'application*" ;

- et qu'en outre, "*si le savoir-faire mérite réellement protection, on ne voit pas pourquoi* [la clause] *devrait être circonscrite à une partie seulement du territoire où il est exploité*" (obs. N. Eréséo, loc. cit.).

Or, la Cour de cassation ne convainc pas davantage lorsque, rejetant le pourvoi, elle approuve les juges du fond d'avoir "*relevé que la clause, emportant interdiction de s'affilier à un réseau concurrent sur l'ensemble du territoire métropolitain, était insuffisamment limitée dans l'espace du fait que l'activité du franchisé s'exerçait dans une seule agence située à Manosque*" et retenu "*qu'elle n'était pas proportionnée aux intérêts légitimes du franchiseur*". Balayant l'argument de la justification par la nécessité de la protection du savoir-faire du franchiseur, elle retient que "*la Cour d'appel ne s'est pas référée à des circonstances absentes de sa motivation et n'était pas tenue de procéder à des recherches que ses appréciations rendaient inopérantes*".

La Cour de cassation confirme le sentiment déjà formulé dans cette chronique selon lequel "*on croit comprendre que l'objectif des clauses de non-réaffiliation n'est pas tant de protéger le savoir-faire que de permettre au nouveau franchisé installé localement de récupérer la clientèle qui était attachée à l'ancien*" (obs. N. Eréséo, loc. cit.).

La décision ouvre au demeurant quelques pistes pour la Cour d'appel de Versailles, qui statuera sur renvoi dans l'affaire commentée dans ces lignes. Elle pourrait se contenter, après avoir vérifié l'acceptation renouvelée de la clause litigieuse, de prononcer la nullité de la clause de non-réaffiliation sur le seul fondement de l'absence de limitation territoriale et donc de proportionnalité de la clause. Toutefois, on notera qu'elle avait pris soin, dans la décision censurée, de relever que le franchisé exerçait non pas une simple activité de réparation automobile mais précisément une activité "*spécifique de réparation rapide qui se caractérise par des prestations d'entretien courant et de remplacement de certains organes des véhicules automobiles* (...)". Or, la question n'est-elle pas de savoir si cette activité spécifique était ou non, détachable du savoir-faire transmis par le franchiseur ? La Cour de cassation demanderait-elle à la Cour d'appel de préciser ce point, pour apprécier si la clause était ou non essentielle à la protection des intérêts du franchiseur ? Affaire à suivre, donc...

A.-C. Martin

Concurrences N° 2-2013, pp. 126-129

Concurrences+

N. Ereseo, La Cour de cassation invite les juges du fond à tenir compte de l'avis relatif à la concurrence dans le secteur alimentaire rendu le 7 décembre 2010 par l'Autorité de la concurrence (X / Casino), 4 novembre 2014, Revue Concurrences N° 1-2015, pp. 121-123

N. Ereseo, La Cour de cassation approuve la Cour d'appel de Paris d'avoir jugé contraires à l'article L. 420-1 c. com. une clause d'approvisionnement exclusif et une clause de non-réaffiliation qui n'étaient pas justifiées par la nécessité de protéger l'identité commune et la réputation du réseau (Carrefour, Champion), 16 septembre 2014, Revue Concurrences N° 4-2014, pp. 150-151

D. Ferrier, La Cour d'appel de Paris annule au titre d'entente illicite la clause de non-réaffiliation stipulée dans un contrat de franchise conclu entre une enseigne de la grande distribution et un hypermarché (Prodim et Champion/Segurel), 6 mars 2013, Revue Concurrences N° 2-2013, pp. 91-93

N. Ereseo, La Cour d'appel de Paris annule une clause de non-réaffiliation qui n'était pas suffisamment limitée dans l'espace tout en admettant qu'elle était justifiée par la protection du savoir-faire mis au point par le franchiseur (Europe Immobilier/Century 21), 9 février 2011, Revue Concurrences N° 2-2011, pp. 125-126

N. Ereseo, La Cour de cassation considère que la clause de non-concurrence a pour objet de limiter l'exercice par le franchisé d'une activité similaire ou analogue à celle du réseau qu'il quitte, tandis que la clause de non-réaffiliation se borne à restreindre sa liberté d'affiliation à un autre réseau (Prodim), 28 septembre 2010, Revue Concurrences N° 1-2011, pp. 121-123

Biographies

Frédéric Buy

Frédéric Buy, agrégé des Facultés de droit, est professeur à l'Université d'Aix-Marseille (AMU). Il est spécialiste de droit de la distribution, et de droit des affaires de façon plus générale. Il est notamment co-auteur des manuels "Droit de la distribution" (LGDJ, 1ère éd. 2017), "Droit du sport" (LGDJ, 5e éd. 2018) et de l›ouvrage "Lamy Droit du contrat". Il publie par ailleurs régulièrement sur ces thèmes dans les revues nationales (notamment l'AJ Contrat, éd. Dalloz) et contribue à la chronique "Pratiques commerciales déloyales" pour la revue Concurrences depuis 2016.

Muriel Chagny

Professeur de Droit à l'Université Versailles Saint-Quentin-en-Yvelines, Muriel Chagny enseigne le droit de la concurrence et plus particulièrement son application au secteur numérique et ses rapports avec le droit des contrats, le droit de la responsabilité civile et le droit de la distribution. Muriel Chagny est par ailleurs responsable du Master Droit de la concurrence et des contrats. Elle a publié plusieurs articles ainsi que des notes de jurisprudences en droit de la concurrence. Elle est directrice du Laboratoire de droit des affaires et des nouvelles technologies (DANTE).

Sébastien Charrière

Sébastien Charrière est doctorant et membre du Centre de droit de la recherche de Boulogne-sur-mer dirigé par le professeur Daniel Fasquelle. Après un diplôme de droit privé, il a obtenu une maîtrise en droit (théorie juridique et histoire du droit). Depuis 2002, il enseigne le droit civil en tant qu'assistant et ATER depuis 2004. Il prépare actuellement un doctorat sur la "clause de non-concurrence" dirigé par le professeur Daniel Fasquelle.

Mireille Dany

Mireille Dany est avocate, inscrite au barreau de Paris en 1987. Elle a exercé sa profession au sein du cabinet Jeantet & Associés avant de rejoindre le cabinet Clifford Chance in 1996. Elle a rejoint Baker McKenzie SCP en 2003. Elle a exercé en qualité d'associée au sein de Proskauer Rose. Mireille Dany conseille et représente ses clients principalement lors des notifications de concentrations conformément aux règlements de l'Union européenne et aux réglementations françaises; organisation d'achat, rédaction de contrats. Elle agit également en tant qu'avocate devant les autorités de la concurrence. Elle est l'auteur et co-auteur de diverses publications tel que "Le Guide de Négociations Commerciales", "La loi Dutreil et la franchise".

Jean-Patrice de la Laurencie

Spécialiste reconnu du droit de la concurrence, Jean-Patrice de la Laurencie a dirigé le département de la concurrence au cabinet White & Case à Paris jusqu'en 2009. Il s'est concentré sur la concurrence, la régulation et le droit européen. Ses domaines d'expertise comprennent l'assistance au contrôle des concentrations dans le cadre d'enquêtes menées par les autorités de la concurrence et le respect des lois antitrust, la représentation des entreprises nationales et internationales ainsi que les gouvernements devant les autorités et les tribunaux européens et français de la concurrence. Avant de devenir avocat en 1990, Jean-Patrice a été directeur général adjoint au sein de la direction générale de la concurrence, de la consommation et de la répression des fraudes (DGCCRF). Il a fait la plus grande partie de sa carrière administrative (1970-1989) au sein du ministère de l'Économie et des Finances, en tant que spécialiste des questions anti-inflation et antitrust. Il a également été conseiller au sein du cabinet de Jacques Delors lorsque celui-ci était ministre de l'économie et des finances, et conseiller financier auprès de la représentation permanente de la France, auprès de la Commission européenne à Bruxelles.

Valérie Durand

Après un master en droit privé, Valérie Durand a fait une thèse en droit civil et en sciences criminelles intitulée " la prescription en droit civil", à l'Université Saint-Quentin en Yvelines. Elle exerce un poste de professeur associée en droit privé à l'Université Côte d'Opale littoral depuis septembre 2009. Elle enseigne des pans variés du droit civil et concentre ses recherches sur le droit des contrats et le droit de la responsabilité.

Nicolas Eréséo

Nicolas Eréséo est maitre de conférences à l'Université de Strasbourg depuis 2008. Après un master en droit des contrats à l'Université de Droit de Montpellier, Nicolas Eréséo a écrit une thèse portant sur "l'exclusivité contractuelle" sous la direction du professeur Didier Ferrier. Il a soutenu sa thèse en décembre 2007, qui a été rapidement publiée chez Litec dans une collection intitulée : Bibliothèque du droit de l'entreprise (2008). Il est spécialisé en droit de la distribution, en droit de la concurrence et de la protection des consommateurs. Il enseigne à l'Université de Strasbourg mais aussi au Centre d'études international de la propriété intellectuelle ainsi qu'à l'institut d'études politiques. Il a également enseigné dans des universités situées à l'étranger : Holy Spirit University of Kaslik (Lebanon), University of Damas (Syria), etc.

Daniel Fasquelle

Daniel Fasquelle est professeur de Droit depuis 1997. Doyen du département de Droit de l'Université Littoral-Côte d'Opale depuis 1998, il enseigne le droit européen, le droit de la concurrence ainsi que le droit comparé. Il est l'auteur de " American and European Antitrust Law. A study of the Rule of Reason" et co-auteur de nombreux livres et articles. Daniel Fasquelle a lancé un programme de recherche comparative sur "les échanges entre les systèmes juridiques" en partenariat avec Kent Law School, Boston College Law School and les départements de droit des Universités Paris X Nanterre et Lille II.

Dominique Ferré

Dominique Ferré détient une importante expérience dans le conseil en droit national et européen de la concurrence. Il représente ses clients devant les autorités de concurrence nationales et européennes. Il fournit une assistance juridique en matière de pratiques restrictives et de contraintes réglementaires en matière de protection des consommateurs. Il est Directeur du Département droit de la concurrence et de la distribution de Fidal depuis l'année 2000. A ce titre, il est en charge du développement des activités du département et dirige une équipe de 60 avocats en France et les membres du bureau de Bruxelles. Il a dirigé un grand nombre de conférences sur des sujets de droit de la concurrence et de la distribution.

Didier Ferrier

Didier Ferrier enseigne le droit de la distribution et le droit des affaires à l'Université de Montpellier. Il est directeur de la formation doctorale Master Recherche de Droit des contrats d'Affaires. Il est également professeur et administrateur au Centre d'étude internationale de la propriété industrielle (CEIPI/ Strasbourg) et professeur invité dans plusieurs universités : Le Caire (IDAI), Varsovie, Turin... Didier Ferrier est l'auteur de plusieurs ouvrages de droit économique (Droit de la distribution, Litec, 5e éd. 2009 ; La protection de consommateur Dalloz 1986 et Litec 1996 ; Droit du contrôle national des concentrations, Dalloz, 2004). Et d'une centaine d'articles et notes de jurisprudence parus dans plusieurs ouvrages et revues français et étrangers. Il est responsable de la chronique Distribution dans la revue Concurrences. Vice-Président de l'International Distribution Institute, il est également co-chairman du groupe de travail "Contrats internationaux" de la Chambre de commerce Internationale (ICC)

Nicolas Ferrier

Nicolas Ferrier, Professeur à l'Université de Montpellier, dirige le Master 2 Droit de l'entreprise parcours droit de la distribution et des contrats d'affaire. Il est co-auteur d'un livre de droit de la distribution (éditions Lexisnexis) et contribue à l'annotation du Code de Commerce (éditions Lexisnexis). Il est directeur éditorial du mensuel Distribution Newsletter, publié par le Centre du Droit de l'Entreprise de Montpellier. Il dirige l'équipe responsable de la Commission d'étude des pratiques commerciales (CEPC) de la revue annuelle de la jurisprudence relative aux pratiques concurrentielles restrictives.

Jean-Louis Fourgoux

Jean-Louis Fourgoux est le fondateur du cabinet d'avocats Fourgoux & Associés. Il est titulaire d'un DEA en droit des affaires et en droit économique. Il est membre du barreau de Paris et de Bruxelles et est spécialisé en droit économique et européen. Jean-Louis Fourgoux est connu pour son expertise dans le conseil de clients dans des litiges complexes devant la Commission européenne, l'autorité nationale de concurrence et le tribunal de commerce sur les litiges privés en matière d'exécution. Il possède une expérience particulière dans les secteurs de la vente au détail, des médias et de l'énergie. Co-auteur du guide pratique sur le contentieux de la concurrence, il écrit divers commentaires pour Dalloz, Lexis-Nexis. Président du Conseil d'Administration de l'AFEC, Jean-Louis enseigne le droit de la concurrence à l'IEP Sciences-Po Paris et à l'Université de Versailles.

Anne-Cécile Martin

Anne-Cécile Martin est maitre de conférences à l'Université Paris 13 où elle enseigne le droit des affaires et dirige le Master 2 Contentieux. Elle est l'auteur de "L'imputation des risques entre contractants" (prix de la Revue des Contrats, Ed. LGDJ 2009, t. 508) ainsi que de nombreux articles en droit des affaires et de la concurrence. Elle est également membre de la Direction nationale recherche et développement en droit économique du cabinet Fidal.

Rodolphe Mesa

Maitre de conférence en droit privé et sciences criminelles à l'Université du Littoral Côte d'Opale et responsable de la Licence 2, site Dunkerque, Rodolphe Mesa enseigne le droit pénal. Il a écrit une thèse intitulée "Les fautes lucratives en droit privé" sous la direction de Daniel Fasquelle et soutenue en 2006. Il est par ailleurs titulaire d 'une habilitation à diriger des recherches. Il a actuellement sous sa direction, deux thèses.

Mary-Claude Mitchell

Mary-Claude Mitchell a débuté sa carrière auprès de Maître Robert Collin, spécialiste reconnu en droit de la concurrence et de la propriété intellectuelle, dont elle est devenue l'associée en 1987. Elle a développé à ses côtés une double compétence en droit français et européen de la concurrence, de la distribution et de la consommation, ainsi qu'en droit de la propriété intellectuelle pour des clients relevant de secteurs d'activités très divers (luxe, distribution haut de gamme, agroalimentaire, matériels audiovisuels, outillage, communication,...). Elle assiste ainsi les clients français et étrangers du cabinet dans des domaines divers tels que la procédure pénale en matière de pratiques déloyales, le dépôt de plaintes devant des autorités nationales ou européennes de la concurrence, ou encore la mise en place de contrats ou de réseaux de distribution et leur adaptation à la vente en ligne... Par ailleurs, elle est l'auteur de publications des Editions Législatives, de la Revue Concurrences, ou encore de la Revue Internationale de la Concurrence.

Servane Morel

Servane Morel est doctorante et membre du Centre de droit de la recherche de Boulogne-sur-mer (LARJ) dirigé par M. Daniel Fasquelle, professeur de droit, doyen du département de droit de l'Université du Littoral-Côte d'Opale. Après avoir obtenu une maîtrise en droit des affaires et des nouvelles technologies françaises et européennes à l'Université du Littoral, elle prépare actuellement une thèse sur l'application du droit de la concurrence aux entreprises en difficulté financière. Depuis 2003, elle enseigne le droit civil à l'Université du Littoral, d'abord comme assistante puis comme ATER. Elle est membre de l'AFEC.

Jean-Christophe Roda

Professeur à l'université de Lyon III (Jean Moulin) et responsable d'un master en droit comparé, Jean-Christophe enseigne le droit commercial, la concurrence et le droit comparé. Il a été maître de conférences à l'Université d'Aix-Marseille et membre du Centre de droit économique. Il a également été chercheur invité au Washington College of Law et ancien consultant au cabinet d'avocats Racine (Paris). Après avoir soutenue une thèse portant sur la "Clémence en droit antitrust – droit américain et européen comparé" (PUAM 2008), Jean-Christophe Roda a notamment consacré ses recherches aux questions relatives aux ententes (clémence, négociation de plaidoyer) et aux procédures de concurrence. Il a écrit de nombreux articles dans diverses revues, principalement sur le droit de la concurrence international et américain et européen. Il est également intervenu dans de nombreuses conférences et entretient des relations scientifiques régulières avec des organismes de recherche étrangers et des universités telles que le Perelman Center à Bruxelles, le CUF à Moscou ou le CJFREE à Bucarest. Jean-Christophe est membre de l'AFEC (Association Française d'Étude de la Concurrence) et de la SLC (Société de Législation Comparée).

Table des matières

Concurrences
Revue des droits de la concurrence

Revue Concurrences

Revue trimestrielle dédiée aux droits interne et européen de la concurrence

Concurrences est une revue universitaire trimestrielle dédiée aux droits interne et européen de la concurrence. Créée en 2004 par Laurence Idot, Frédéric Jenny et Nicolas Charbit, la revue est un forum de discussions entre universitaires, magistrats et praticiens du droit de la concurrence. Son rayonnement en dehors du champ des spécialistes est tel que plusieurs personnalités publiques de premier plan ont publié des points de vue dans ses colonnes : Jacques Attali, Elie Cohen, François Hollande, Christine Lagarde, Emmanuel Macron, Nicolas Sarkozy…

COMITÉ SCIENTIFIQUE ET COMITÉ INTERNATIONAL

Un Comité scientifique, présidé par Laurence Idot assure l'indépendance de la revue et sélectionne les articles soumis à la revue sur des critères de rigueur de la démonstration et d'objectivité. Un Comité international, présidé par Frédéric Jenny, contribue à la diffusion de la revue à l'international et à l'organisation des conférences hors de l'Europe.

CONTRIBUTEURS

Plus de 1 300 contributeurs provenant de 25 pays ont publié dans la revue Concurrences. Ces contributeurs sont universitaires, magistrats ou représentants d'autorité de concurrence, avocats ou conseils juridiques, tous spécialisés en droit ou en économie de la concurrence.

VERSION ÉLECTRONIQUE

Depuis 2004, Concurrences a publié plus de 10 000 articles. La version électronique Concurrences+ reprend l'intégralité des articles parus dans la version imprimée depuis 2004 ainsi qu'environ 30 % d'articles supplémentaires. Ce supplément électronique correspond à des contributions publiées exclusivement sur le site de la revue notamment en raison de leur ampleur : actes de colloque, articles de fond, contributions économiques, articles de Laurence Idot parus dans des mélanges, commentaires de jurisprudence d'Alain Ronzano parus dans la lettre CREDA Concurrence et l'Actu-concurrence…

www.ingramcontent.com/pod-product-compliance
Lightning Source LLC
LaVergne TN
LVHW020040081026
849580LV00013B/1505